Friedrich Glasl
Krisen, Konflikte, Sternstunden

Friedrich Glasl

Krisen, Konflikte, Sternstunden

Eine Einführung in die Entwicklungspsychologie
anhand der Lebensläufe und Werke
von Paul Gauguin und Gabriele Münter

Verlag Freies Geistesleben

1. Auflage 2022

Verlag Freies Geistesleben
Landhausstraße 82, 70190 Stuttgart
www.geistesleben.com

ISBN 978-3-7725-3141-5

Copyright © 2022 Verlag Freies Geistesleben
& Urachhaus GmbH, Stuttgart
Umschlagbilder: Alamy Stockfoto /
akg-images (© 2021 VG Bildkunst, Bonn)
Druck: NEOGRAFIA, a. s., Martin-Priekopa
Printed in Slovakia

Inhalt

Wie die Idee zu diesem Buch entstanden ist 9

Teil I. Die theoretischen Grundlagen der biografischen Studien

1. Der entwicklungspsychologische Fokus dieses Buches 13
2. Menschenbilder als Basis psychologischer Theorien. 14
3. Das Ich bzw. Selbst als Agens, als Betreiber der Entwicklung 17
4. Mein Verständnis von Entwicklung beim Menschen 22
5. Die somatische Basis der menschlichen Entwicklung 24
6. Die mögliche seelische und geistige Entwicklung im Lebenslauf. 30
7. Mondknoten als Schicksalsmomente 31
8. Die Jahrsiebte der Rezeptiven Phase: Von der Geburt bis zum 21. Jahr. . . 35
   8.1 Erstes Jahrsiebt: Frühe Kindheit bis zum 7. Jahr 35
   8.2 Zweites Jahrsiebt: Kindheit und Jugend von 7 bis 14 Jahren 39
   8.3 Drittes Jahrsiebt: Jugend und Adoleszenz von 14 bis 21 Jahren 45
9. Die Jahrsiebte der Expansiven Phase: vom 21. bis zum 42. Jahr. 48
   9.1 Viertes Jahrsiebt: Adoleszenz von 21 bis 28 Jahren 49
   9.2 Fünftes Jahrsiebt: Erwachsenenalter von 28 bis 35 Jahren 54
   9.3 Sechstes Jahrsiebt: Erwachsenenalter von 35 bis 42 Jahren 59
10. Die Jahrsiebte der Sozialen Phase:
    vom 42. Jahr bis 63. Jahr und darüber hinaus 67
    10.1 Siebtes Jahrsiebt: reifes Erwachsenenalter von 42 bis 49 Jahren 69
    10.2 Achtes Jahrsiebt: reifer, älterer Mensch von 49 bis 56 Jahren 76
    10.3 Neuntes Jahrsiebt: alternder Mensch von 56 bis 63 Jahren 79
    10.4 Zehntes Jahrsiebt: Weisheit im Alter von 63 bis 70 Jahren 84
    10.5 Elftes Jahrsiebt und Folgejahre: die Würde im Alter nach 70 Jahren 89
11. Das Gesamtbild der Entwicklung und Reifung 94
    11.1 Das Wachsen der Kompetenz zur Komplexitätsbewältigung 95
    11.2 Progression oder Regression 108
    11.3 Ausblick 110
    Anmerkungen zu Teil I. 112

Teil II. Paul Gauguin – Leben und Werk
12. Paul Gauguins Vorfahren 115
13. Leben und Werk Paul Gauguins 120
  13.1 Das erste Jahrsiebt von 1848 bis 1855 (Geburt bis 7):
  Im Paradies der frühen Kindheit 120
  13.2 Das zweite Jahrsiebt von 1855 bis 1862 (7 bis 14):
  Die Schulzeit in Orléans 124
  13.3 Das dritte Jahrsiebt von 1862 bis 1869 (14 bis 21):
  Unruhige Jugendjahre 129
  13.4 Das vierte Jahrsiebt von 1869 bis 1876 (21 bis 28):
  Die Wehen der Ich-Geburt 134
  13.5 Das fünfte Jahrsiebt von 1876 bis 1883 (28 bis 35):
  Gesellenzeit und Konflikte zwischen Verstand und Gefühl 139
  13.6 Das sechste Jahrsiebt von 1883 bis 1890 (35 bis 42):
  Turbulente Meisterjahre 148
  13.7 Das siebte Jahrsiebt von 1890 bis 1897 (42 bis 49):
  Midlife-Crisis im ersehnten Paradies 180
  13.8 Das achte Jahrsiebt von 1897 bis 1903 (49 bis 55):
  Leben mit dem Blick über den Horizont 213
  13.9 Ein faustisches Leben 230
  Anmerkungen zu Teil II 235

Teil III. Gabriele Münter – Leben und Werk
14. Gabriele Münters Vorfahren 237
15. Leben und Werk Gabriele Münters 238
  15.1 Das erste Jahrsiebt von 1877 bis 1884 (Geburt bis 7):
  Frühe Kindheit 238
  15.2 Das zweite Jahrsiebt von 1884 bis 1891 (7 bis 14):
  Behütete Kinderjahre 242
  15.3 Das dritte Jahrsiebt von 1891 bis 1898 (14 bis 21):
  Die Eroberung der Freiheit 246
  15.4 Das vierte Jahrsiebt von 1898 bis 1905 (21 bis 28):
  Berufung, Lehr- und Wanderjahre 252
  15.5 Das fünfte Jahrsiebt von 1905 bis 1912 (28 bis 35):
  Entwicklung der Verstandes- und Gemütsseele 276

15.6 Das sechste Jahrsiebt von 1912 bis 1919 (35 bis 42):
Lehrende und Lernende 311

15.7 Das siebte Jahrsiebt von 1919 bis 1926 (42 bis 49):
Der fehlgeleitete Kampfgeist 334

15.8 Das achte Jahrsiebt von 1926 bis 1933 (49 bis 56):
Der Panorama-Blick 351

15.9 Das neunte Jahrsiebt von 1933 bis 1940 (56 bis 63):
Weise werden 370

15.10 Das zehnte Jahrsiebt von 1940 bis 1947 (63 bis 70):
Blumen in der Nacht 385

15.11 Das elfte Jahrsiebt von 1947 bis 1954 (70 bis 77):
Späte Ernte 391

15.12 Das zwölfte Jahrsiebt und Todesjahr von 1954 bis 1962 (77 bis 85):
Bewusstsein an der Schwelle 398

16. Gabriele Münters Lebensweg: Ein michaelisches Ringen 407

Anmerkungen zu Teil III 419

Teil IV. Anhang

17. Bildnachweis zu Paul Gauguins Werken 423
18. Bildnachweis zu Gabriele Münters Werken 425
19. Literaturnachweis zu den Teilen I, II, III 428
20. Zum Autor Friedrich Glasl 437

Wie die Idee zu diesem Buch entstanden ist

Oft werde ich gefragt, wie ich als Konfliktforscher und Mediator überhaupt auf die Idee gekommen sei, Paul Gauguins und Gabriele Münters Lebensläufe und Werke als ihre «Lebensbilder» zu untersuchen und vorzustellen. Das ist einfach erklärt, denn in dieser Arbeit finden meine Fachkompetenz und meine Liebhabereien zusammen: Die Fächer Konfliktpsychologie und Entwicklungspsychologie, vertieft durch die Beschäftigung mit bildender Kunst. «Und warum dann ausgerechnet Gauguin und Münter?», werde ich zumeist weiter gefragt.

Für die Antwort muss ich ein wenig autobiografisch ausholen. Nach meinem Studium der Politikwissenschaften und der Psychologie an der Universität Wien und nach meiner Heirat mit der Niederländerin Hannelie ten Siethoff wurde ich 1967 in die Niederlande an das NPI-Institut für Organisationsentwicklung (Zeist) eingeladen. Dort arbeitete ich zunächst als Assistent und später als Consultant mit dem Gründer Prof. Dr. med. Bernard Lievegoed intensiv zusammen, der zu dieser Zeit in Holland der prominenteste Entwicklungspsychologe/-psychiater war. Von ihm wurde ich auch zur Vertiefung in die Entwicklungspsychologie angeregt. In meinen Vorträgen und Seminaren zur Entwicklung des erwachsenen Menschen sprach ich davon, wie etwa mit dem 49. Lebensjahr ein «Panorama-Bewusstsein» entwickelt werden kann. Mit diesem Bild drückte ich aus, dass Menschen zu einer Synthese oder Metasicht fähig werden und scheinbar unvereinbare Ideen als Komponenten eines größeren Ganzen sehen können. Ihr Bewusstseins- und Verantwortungshorizont weitet sich aus und sie können bei Entscheidungen viel längere Zeiträume überschauen. Für diese Horizonterweiterung fand ich die Metapher «Panorama» zutreffend.

Der zweite Zugang bestand in meinem Interesse für Kunst, besonders auch für Malerei. Das wurde später noch vertieft durch meine Frau, die vor ihrer Ausbildung zur Physiotherapeutin erst an der Akademie für Bildende Künste in Den Haag studiert hatte. Sie brachte in unsere Ehe viele

Kunstbücher ein, in denen wir gerne schmökerten. Eines Tages war ich sehr erstaunt, als ich in einem Buch Gauguins großformatiges Bild sah «Woher kommen wir? Was sind wir? Wohin gehen wir?» – «Soso, ein Panorama», dachte ich, «und wie alt war Gauguin, als er das Bild malte?» Zu meinem Erstaunen war er gerade 49 Jahre alt geworden! Sofort begann ich aufgeregt weiter zu suchen und fand ein zweites Panorama, das er in seinem 51. Lebensjahr gemalt hatte. Und dann schuf er bis zu seinem Tod viele Gemälde, in denen er Buddhismus, Maori-Religion und Christentum zu einer Synthese führte. Das waren doch deutliche Zeichen eines «Panorama-Bewusstseins»!

Nach dieser Entdeckung begann ich Gauguins Biografie intensiv zu studieren und stieß in seinem bewegten Leben auf Ereignisse und Erlebnisse, die ganz typisch sind für bestimmte Lebensphasen und für schicksalshafte Zeitspannen, in denen er sich beim Malen befand und dies in seinen Bildern ausdrückte. Was mich so erstaunte, war zum einen, wie all das in den von der Entwicklungspsychologie beschriebenen Phasen in seiner Biografie auftrat, und was mich zusätzlich frappierte, war zum anderen, wie genau Gauguin das innere Geschehen als Symbolist auf die Leinwand brachte. In Teil II führe ich konkret aus, was ich dabei herausfinden konnte.

Danach dozierte ich während vieler Jahre über Leben und Werk Gauguins als lebendiges, illustratives Beispiel für entwicklungspsychologische Erkenntnisse. In der Interaktion mit den Studierenden gelangte ich zu immer mehr neuen Erkenntnissen, doch nach einiger Zeit fragten die Frauen in meinem Auditorium, ob denn die geschilderten biografischen Gesetzmäßigkeiten auch für Frauen gelten – und ob ich das am Beispiel einer Malerin darstellen könne … und vielleicht so, dass das Leben dieser Frau auch mit den Herausforderungen unserer Zeit zu tun hat. Das sprach mich sehr an, und so begann meine Suche nach einer Malerin, an der sich Ähnliches beobachten und darstellen ließe. Nach dem Studium mehrerer bekannter Künstlerinnen fand ich zu Gabriele Münter, die mit Wassily Kandinsky und der Gruppe «Der Blaue Reiter» eine Wegbereiterin der modernen Malerei war. Sie meisterte die Jahre der größten Not während des Ersten Weltkrieges im Exil in Skandinavien und die schreckliche Zeit in Nazi-Deutschland auf bewundernswerte Weise. Und im Unterschied zu Paul Gauguin, der einen Monat vor seinem 55. Geburtstag starb, erreichte

Gabriele Münter mit 85 Jahren ein hohes Alter und lebte die besonderen Seiten des Weise-Seins. So konnte ich an ihrem Leben und Werk auch noch viel tiefer auf die Phase des reifen Alters eingehen, was ja durch Gauguins Tod im 55. Lebensjahr leider nicht möglich war. Auch bei Gabriele Münter entdeckte ich eine große Stimmigkeit zwischen den Ereignissen des Lebens und der Visualisierung ihres seelischen Erlebens in Zeichnungen und Malereien, nur wird das in ihren Bildern nicht so plakativ deutlich wie bei Gauguin, sondern oft auf eine sehr subtile Art sichtbar. In Teil III wird dies ausführlich dargestellt. Und ich bin den Frauen dankbar, die mir mit ihren Fragen den Anstoß zu dieser Entdeckungsreise gegeben haben.

In Teil I des Buches stelle ich in kompakter Form die Entwicklungsgesetze des menschlichen Lebens aus physiologisch-biologischer Sicht dar, vor allem aber aus seelisch-geistiger Perspektive, als Grundlage für das Verstehen von Pauls und Gabrieles Entwicklungswegen. Ich will betonen, dass ihr Leben und Werk nicht als Beweis für das Bestehen von Entwicklungsgesetzen gemeint ist, sondern als Illustration und Bestätigung für deren allgemeingültige Bedeutung. Zum einen geht es um Bilder von Ereignissen im Lebensgang dieser zwei außergewöhnlichen und grundverschiedenen Menschen, und zum anderen geht es mir um die Bilder, in denen beide ihr Erleben der äußeren und inneren Ereignisse zum Ausdruck gebracht haben. Denn das Besondere von Gabrieles und Pauls Bildern liegt darin, dass in ihnen das Wesentliche der Ereignisse und Erlebnisse in entwicklungspsychologischer Perspektive urbildlich deutlich erkennbar wird.

Bei der Darstellung von Paul Gauguins Leben konnte ich auf Paul fokussieren, wiewohl er als Ehemann und Vater und später als Partner sehr junger Frauen mit Beziehungen in moralischer Hinsicht äußerst fragwürdig umgegangen ist. Bei Gabriele Münter musste ich auch auf biografische Besonderheiten ihres langjährigen Lebenspartners Wassily Kandinsky eingehen, der zehn Jahre älter war als Gabriele. Aus der Disparität ihrer Lebensphasen waren in der Beziehung viele Spannungen, Krisen und Konflikte entstanden, die für die Entwicklung beider Persönlichkeiten sehr herausfordernd waren und sich oft förderlich, oft aber auch hemmend auswirkten. Diese Spannungen werfen gerade zusätzliches Licht auf die Entwicklungsgesetze der Lebensphasen und auf Konflikte in Partnerbeziehungen.

Dieses Buch wollte ich schon seit dreißig Jahren schreiben und konnte es erst jetzt zum Abschluss bringen. Möge es den Leserinnen und Lesern Anregungen zum Reflektieren ihres Lebens und Wirkens geben – so wie es mir in meinem achtzigsten Lebensjahr beim Schreiben selber immer wieder neue Sichtweisen auf meinen eigenen Lebensweg eröffnet hat.

Friedrich Glasl
Seekirchen am Wallersee, im Frühling und Sommer 2020

Teil I.
Die theoretischen Grundlagen der biografischen Studien

1. Der entwicklungspsychologische Fokus dieses Buches

Meine Darstellung von Leben und Werk Paul Gauguins und Gabriele Münters geht von einer entwicklungspsychologischen Perspektive aus. Vor dem Hintergrund genereller entwicklungspsychologischer Erkenntnisse gebe ich zum einen die wichtigsten Lebensdaten dieser beiden außergewöhnlichen Menschen wieder, und darüber hinaus zeige ich, wie beide Persönlichkeiten in ihrem Werk oft genau das zum Ausdruck gebracht haben, was charakteristisch ist für bestimmte Entwicklungsphasen. Bewusst habe ich von sonstigen psychologischen Deutungen abgesehen, wie das beispielsweise öfter auf der Grundlage der Psychoanalyse an Gauguins Bildern versucht worden ist. Das hätte über die Entwicklungspsychologie weit hinausgeführt. Mir war es ein besonderes Anliegen, tiefer auf die von anthroposophisch orientierten Forscherinnen und Forschern gewonnenen Erkenntnisse einzugehen, weil sie mich selbst zu überraschenden Ergebnissen geführt haben. Deshalb bin ich z.B. der Frage nachgegangen, was Gauguin in einem bestimmten Alter dazu bewegt, immer wieder Christusbilder zu malen oder Münter eine Briefe lesende Frau, und was dies über deren seelische Befindlichkeit in diesem Lebensabschnitt sagt.

Die beiden Biografien wurden von mir bewusst ausgewählt, weil ich an ihnen zeigen kann, wie die allgemeinen Prinzipien der psychischen Entwicklung individuell unterschiedlich gelebt wurden. Mein Ziel war es nicht, aus den Biografien Gesetzmäßigkeiten abzuleiten und für die Theoriebildung zu generalisieren, sondern mit ihnen konkret zu illustrieren, was an generellen Prinzipien und Mustern erkannt worden ist.

Es geht mir somit nicht um kunstwissenschaftliche Analysen, und ich wollte auch nicht der Frage nachgehen, wie sich der Malstil im Lauf des

Lebens verändert hat und welche Einflüsse anderer Malerinnen und Maler darin zu erkennen sind. Dafür gibt es zum Glück schon viele ausgezeichnete Analysen und Darstellungen, auf die ich mich bei meinen Untersuchungen beziehen konnte, da die kunstwissenschaftliche Analyse im engeren Sinn nicht in meiner Fachkompetenz liegt.

Was mein Studium der Entwicklungspsychologie betrifft, blicke ich vor allem dankbar zurück auf die Jahre 1967 bis 1985 als wissenschaftlicher Mitarbeiter, Dozent und Berater am NPI-Institut für Organisationsentwicklung (Zeist, Niederlande), dessen Gründer Prof. Dr. med. *Bernard Lievegoed* zu dieser Zeit der prominenteste Entwicklungspsychiater und -psychologe in den Niederlanden war. Sein Buch über den Lebenslauf des Menschen, in deutscher Übersetzung «Lebenskrisen – Lebenschancen», stand nach seinem Erscheinen im Jahr 1974 ungefähr ein Jahr lang als Nummer 1 auf der Bestsellerliste der Sachbücher. So durfte ich an dem Institut tiefe Einblicke in die Entwicklungspsychologie des erwachsenen Menschen, sowohl des Mannes als auch der Frau, erhalten.

In den nachfolgenden Kapiteln lege ich zuerst dar, auf welchem Menschenbild meine entwicklungspsychologischen Betrachtungen beruhen. Dafür ist es notwendig, auch zu umschreiben, wie ich überhaupt Entwicklung des Menschen, im Unterschied zu Wandel, Metamorphose, Entfaltung im Leben, verstehe. Danach stelle ich dar, welche Bedeutung die somatische Basis eines Menschen für seine seelisch-geistige Entwicklung hat. Das alles bildet die Grundlage der Beschreibung der verschiedenen Hauptphasen der möglichen seelisch-geistigen Entwicklung, der Jahrsiebte und besonderen Wendezeiten der sogen. «Mondknoten» im Leben.

In den Teilen II und III werden diese allgemeinen Gesichtspunkte am Lebensgang und künstlerischen Werk von Paul Gauguin und Gabriele Münter konkret anschaulich gemacht.

2. Menschenbilder als Basis psychologischer Theorien

Jede entwicklungspsychologische Theorie beruht auf einem Menschenbild, das entweder explizit offengelegt wird oder mehr oder weniger implizit bleibt. Zum Verständnis der Grundannahmen verschiedener Men-

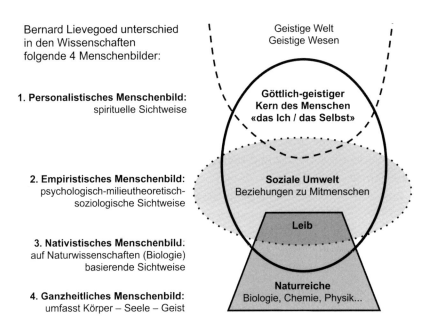

Abb. 1.1: Vier Menschenbilder nach Bernard Lievegoed (mündliche Ausführungen)

schenbilder hat Bernard Lievegoed[1] ursprünglich vier Menschenbilder unterschieden, die er in dem zuvor zitierten Werk erst noch so nannte:
(1) das mechanistisch-materialistische Menschenbild,
(2) das biologische Menschenbild,
(3) das psychologische Menschenbild, und
(4) das personalistisch-geistige Menschenbild.

Später hat er diese Gliederung geändert und vier Menschenbilder unterschieden, die ich in Abb. 1.1 schematisch darstelle.

Gemäß dem 1. materialistischen «*Nativistischen Menschenbild*» wird ein Mensch in seinen seelischen Manifestationen von seiner Körperlichkeit und durch materielle Gegebenheiten des Umfeldes bestimmt. Und weil der Mensch als eine Species im Tierreich gesehen wird, können aus dem Studium des Tierverhaltens gültige Schlüsse auf menschliches Verhalten gezogen werden, wie das die Tier-Ätiologie und Bio-Soziologie tut. Auch dem «homo economicus» liegt ein durchwegs materialistisches Verständnis des Menschen zugrunde.

Dem 2. Typus, dem *«Empiristischen Menschenbild»* zufolge, wird der Mensch als psycho-soziales Wesen maßgeblich von den exogenen kulturellen, sozialen und auch materiellen Gegebenheiten seiner Umgebung geformt, d.h. vom elterlichen Milieu, der Schule, der Kultur des Kollektivs etc., von Belohnung und Bestrafung, wie dies für Burrhus F. Skinner, Sidney W. Bijou, Donald M. Baer und die Behavioristen typisch ist[2]. Ralph Dahrendorf spricht in diesem Sinne vom «homo sociologicus», weil der Einzelne der Schnittpunkt mit der Gesellschaft ist und von dieser durch seine sozialen Rollen bestimmt wird.

Die Vertreterinnen und Vertreter des 3. Typus, des *«Personalistischen Menschenbildes»*, betrachten die geistige Dimension des Menschen als bestimmend für sein seelisches und leibliches Sein. In seiner konsequentesten Form findet es sich heute bei manchen Buddhisten oder Hinduisten und bei einigen spirituellen Schulen. Die Leiblichkeit des Menschen wird dabei manchmal als behindernder Ballast gesehen, von dem man sich durch intensive geistige Übungen lösen sollte. Viele namhafte Vertreterinnen und Vertreter der humanistischen Psychologie haben der geistigen Dimension des Menschen oft eine dominante Position zugesprochen, während ihr beispielsweise Carl Gustav Jung, Abraham Maslow, Roberto Assagioli etc. keine so dominante Stellung zuschreiben.

Der 4. Typus, das *«Ganzheitliche Menschenbild»*, wird in Abb. 1.1 mit dem Oval dargestellt, das Körper, Seele und Geist umfasst und einen Dreiklang bildet. Der Dreiklang kann harmonisch oder auch dissonant sein. Auch der Philosoph Karl Popper betrachtet den Menschen, entsprechend seiner «Drei-Welten-Theorie», als komplexes Wesen, das allen drei Welten zugehörig ist.

Viktor Frankl[3] hat vor dem Hintergrund eines ganzheitlichen Menschenbildes auf Einseitigkeiten in der Psychotherapie hingewiesen: Bei *somatogenen Neurosen* (Sigmund Freud) werden *körperliche Triebe* und Instinkte als bestimmend betrachtet – gemäß dem Nativistischen Menschenbild; bei *psychogenen Neurosen* (Alfred Adler und seine Schule) wird davon ausgegangen, dass *seelische Verwundungen* in zwischenmenschlichen Beziehungen zu Erkrankungen geführt haben – im Sinne des Empiristischen Menschenbildes; bei *«noogenen Neurosen»* hat direkte *geistige Not* zu Erkrankungen geführt – was dem Personalistischen Menschenbild entspricht. Nach Frankl hat jede dieser Anschauungen ihre relative Berechtigung, aber wenn eine Dimension verabsolutiert wird, wird ihr Geltungsbereich überschritten. Viktor Frankl[4] geht deshalb von einer ganzheitlichen Sichtweise aus, die er *dimensional-ontologisches Prinzip* nennt: «Ein Phänomen, das aus der ihm eigenen Dimension in niedrigere Dimensionen hineinprojiziert wird, bildet sich verschieden ab. (...) Projiziert man zum Beispiel einen Zylinder aus der dritten Dimension in zweidimensionale Ebenen, erhält man einen Kreis und ein Rechteck. Der Zylinder besteht aber nicht aus Kreis und Rechteck. Und genau so ist es, wenn Sie den Menschen in die psychologische oder die somatische Dimension hinabprojizieren, dann haben Sie psychische und somatische Phänomene, aber der Mensch ist weder die Psyche, noch das Soma, sondern mehr. Die Einheit lässt sich jedoch nicht in den niederen Dimensionen der psychologischen oder biologischen Analyse finden, sondern nur in der menschlichen Dimension.» Da ist die «coincidentia oppositorum», die Aufhebung der Widersprüche nach Nikolaus von Cues.

In meinem Lehrbuch «Konfliktmanagement»[5] habe ich näher dargestellt, was die drei Dimensionen für die zwischenmenschlichen Beziehungen bedeuten und wie diese Dimensionen der Analyse sozialer Konflikte zugrunde gelegt werden können. Bei jedem Menschenbild wird der Mensch grundsätzlich immer als «offenes dynamisches System» verstanden. Der *geistige Kern* des Menschen, sein «Ich» bzw. das «Selbst» ist mit der geistigen Welt, d.h. mit dem Selbst der Mitmenschen, mit geistigen Kräften und geistigen Wesenheiten in Verbindung. Wenn sich das Ich im Laufe der Entwicklung mehr und mehr mit seinen körperlichen und seelischen Ressourcen verbindet, wird es zum eigenständigen Gestalter des Lebens. Das Ich «plastiziert» das Gehirn, wenn mit geistigen Übungen – Gebet, Achtsamkeitsübungen, Kontemplation, geistige Schulungen, Meditation – auch auf das seelische und körperliche Leben eingewirkt wird.

3. Das Ich bzw. Selbst als Agens, als Betreiber der Entwicklung

Wer vom Ich oder Selbst spricht, stößt in der Psychologie (weniger in der Neurophysiologie) auf begriffliche Schwierigkeiten. Für manche ist es überhaupt fraglich, ob das Ich oder Selbst nicht ein Fantasie-Konstrukt von Dichtern, Philosophinnen, Metaphysikern und Theologinnen sei. Denn da es sich beim Ich (bzw. Selbst) um eine geistige Realität handelt, ist es zum Leidwesen mancher Neurobiologen nicht *physisch* im Gehirn zu finden – «ergo gibt es das Ich nicht!» Auch wenn die neuere Neurobiologie feststellt, dass im Laufe der ersten 2 bis 3 Jahre im Ventromedialen Präfrontalen Cortex (vmPFC, die Gehirnpartie links und rechts direkt über den Augenhöhlen) ein Zentrum entwickelt wird, das als Lokalisierung des Selbst bezeichnet wird.[6] Wenn immer das Selbst als geistige Instanz aktiv wird, bedient es sich dieser physischen Gehirnpartie, so wie sich eine Geigerin ihres Instruments bedient, um Musik hervorzubringen – wobei die Geige natürlich nicht die Geigerin ist.

Für wieder andere wird das Ich oder Selbst als Produkt des Denkens und Fühlens gesehen, was bedeutet, dass es nicht originär besteht, sondern sich aus den psychischen Funktionen ableitet, d.h. aus ihnen «emergiert».

Für die Vertreterinnen und Vertreter exogenistischer psychologischer Theorien, die besagen, dass ein Mensch durch Persönlichkeits-externe Faktoren bestimmt wird (Empiristisches Menschenbild), ergibt sich aus der Schnittstelle der Identifikation mit zugeschriebenen sozialen Rollen das Erleben einer Identität, die mit dem Ich gleichgesetzt wird.

In meinem Verständnis ist das Ich bzw. Selbst eines Menschen das Zentrum aller leiblichen, psychischen und geistigen Funktionen. Deshalb formuliere ich vorerst abstrakt, was ich unter dem *Ich* bzw. *Selbst* verstehe (die ich zunächst noch nicht näher differenziere) und erläutere dies anschließend:

Das Ich bzw. Selbst ist die Instanz, welche der Wahrnehmung des Menschen eine Richtung geben und dem Wahrgenommenen Bedeutung zuschreiben kann; das Ich bzw. Selbst kann das Denken aktiv lenken und kann aus Möglichkeiten des Wollens auswählen; das Ich bzw. Selbst ermöglicht überhaupt dem Handeln Zurechenbarkeit zu einer Person; das Ich bzw. Selbst verleiht als Bezugsinstanz dem zu verschiedenen Zeiten Erlebten sowie den Seinszuständen im Wachen und Schlafen Kontinuität; und das Ich bzw. Selbst kann über seine Funktion als agierende Instanz und deren Sinnhaftigkeit reflektieren. Durch das Ich bzw. Selbst weiß der Mensch über sich Bescheid und kann das Selbst über sich reflektieren und Auskunft geben.

Wenn es kein Ich bzw. Selbst in diesem Sinne gäbe, wären wir völlig passiv immer Eindrücken ausgesetzt, die wir nur isoliert und unzusammenhängend erleben würden; wir könnten nur reagierend Gedanken bilden; und wir wären den unterschiedlichsten Affekten und Triebimpulsen völlig ausgeliefert; menschliche Handlungen wären nicht einem Verursacher zuzurechnen, d.h. es gäbe keinerlei Begründung für eine moralische oder rechtliche Verantwortung; das Ich verleiht dem Wahrnehmen, Denken, Fühlen, Wollen und Handeln eines Menschen Kongruenz; was ein Kind erlebt, gedacht, gesagt und getan hat, hätte später nichts mit dem Jugendlichen und dem Erwachsenen zu tun, der denselben Körper hat wie damals; und jedes Mal, wenn jemand vom Schlaf aufwacht und zu Bewusstsein kommt, wäre er irgendeine «Person»; ein Mensch könnte nicht einmal auf sich selbst zeigen. In welchem Bewusstseinszustand (wachend, schlafend, träumend) wir sind, ist für die Wirksamkeit des Selbst eigentlich nicht relevant, denn wir sind ein und dieselbe Person, ob wir nun bei wachem Tagbewusstsein, schlafend oder bewusstlos sind.

Lorenzo Ravagli[7] zieht sogar den Schluss: «Wir stellen die merkwürdige Tatsache fest, dass die Diskontinuität unseres Bewusstseins unabdingbare Voraussetzung unseres Identitätsbewusstseins ist.» Wobei Ravagli hier mit Bewusstsein das Wach-Bewusstsein meint.

Romano Guardini[8] formuliert zur Kontinuität wie folgt: «In ihnen (FG: den verschiedenen Lebensaltern) ist es immer ein und derselbe Mensch, der da lebt. Und nicht nur das gleiche biologische Individuum, wie bei einem Tier, sondern die nämliche Person, die um sich weiß und die betreffende Lebensphase verantwortet.» Religionen sprechen deshalb oft davon, dass das Ich bzw. Selbst als geistiger Kern eines Menschen unsterblich ist. Und im Verständnis der Anthroposophie erstreckt sich die Kontinuität des unsterblichen (Höheren) Selbst sogar über mehrere Erdenleben, in die es inkarniert, d.h. in denen es sich wieder neu verkörpert. Erik Erikson[9] versteht unter der individuellen Identität ein «dauerndes Sich-Selbst-Gleichsein» und ein unbewusstes Streben nach einer Kontinuität des persönlichen Charakters. Erikson[10] stellt die Frage: «Ist nun die Identität nur die Summe früherer Identifikationen, oder ist sie vielleicht eine Reihe zusätzlicher Identifikationen?» Er hält dieser Auffassung entgegen: «Die Identitätsbildung schließlich beginnt dort, wo die Brauchbarkeit der Identifikationen endet.»[11] Denn die Identität wählt aus den Identifikationen aus, konfiguriert sie und ist diesen übergeordnet. So entsteht ein bewusstes Identitätsgefühl aus dem Erleben eines psychosozialen Wohlbefindens, Herr bzw. Frau im eigenen Körper zu sein, mit der inneren Gewissheit, sich auf dem rechten Weg zu befinden.[12] Julius Kuhl[13] verwendet hierfür den in der Psychologie gebräuchlichen Begriff «Selbstkongruenz». – Diese Instanz, die auswählt, konfiguriert, bestätigt und sich im Evidenz-Erleben seiner selbst bewusst wird, ist in meinem Verständnis das Ich bzw. Selbst eines Menschen.

Ohne das Ich bzw. Selbst als seelisch-geistiges Identitäts-Zentrum wäre ein Mensch der willkürliche und chaotische Sammelplatz von Zuschreibungen, Projektionen, Introjektionen, Übertragungen und gesellschaftlichen Zwängen. Die Präsenz des Ich bzw. des Selbst in den seelischen Aktivitäten ist die Voraussetzung für die Selbststeuerung eines Menschen. Unter Stress wird die Selbststeuerung eingeschränkt und bei Panik unter Umständen vorübergehend paralysiert. Dann übernehmen psychische Mechanismen die Steuerung der seelischen Tätigkeiten, es kommt z.B. zur Einengung des Blickfeldes, zu lückenhaften, einseitigen und gefärbten Wahrnehmungen; Menschen werden getrieben durch Affekte, trachten nach Vergeltung usw. Und diese psychischen Mechanismen führen zu einem Handeln, dessen Folgen sich der Kontrolle der Täterin oder des Täters entziehen. Wenn durch diese Beeinträchtigungen soziale, d.h. zwischenmenschliche Konflikte entstehen und eskalieren, treten immer mehr Wirkungen auf, die von keiner Seite in dieser Form wirklich so gewollt waren. Sie treiben dadurch die Dynamik der «Dämonisierten Zone im Konflikt» voran.[14]

Beim «geistigen Zentrum» eines Menschen kann des Weiteren das «Alltags-Ich» vom «Höheren Selbst» bzw. der «Lichtpersönlichkeit» unterschieden werden; dem steht auf der dunklen Seite die «Schattenpersönlichkeit» bzw. der «Doppelgänger» gegenüber, wie ich später (S. 62 ff.) noch ausführlicher darlegen werde.

Die Kernaussage des Ganzheitlichen Menschenbildes (Abb. 1.1) lässt sich wie folgt zusammenfassen:

Geistig ist der Mensch sozusagen der Autor seiner eigenen Biografie, und wie Lievegoed[15] sagt, gibt das Ich «bewusst und unbewusst unserer Biografie eine Richtung. (...) Der Geist richtet sich auf das Ziel des Lebens, er ist immer *final* orientiert.» Der Mensch lernt im Laufe des Lebens, sein

Leben nach eigenen Werten und Ideen einzurichten und zu gestalten. Er braucht dafür Gestaltungsfreiheit, so dass darin Autonomie entstehen und sich konsolidieren kann. Und autonomes Handeln ist die Voraussetzung der Verantwortungsfähigkeit eines Menschen. Das Ich bzw. Selbst eines Menschen entfaltet sich jedoch nicht isoliert und in Abgeschiedenheit von anderen Menschen, sondern in Interaktion mit anderen Menschen, in Begegnungen von Ich und Du, wie dies Martin Buber ausführt. In der Auseinandersetzung mit anderen Ich-Wesen findet das Ich zu sich selbst.

Seelisch ist der Mensch in Wechselbeziehung zu anderen Menschen, als Individuen und auch als kollektive soziale Systeme. Was ein Mensch wahrnimmt, denkt, fühlt und will wird weitgehend auch durch Beziehungserfahrungen mit anderen Menschen bestimmt.

Leiblich ist der Mensch allen Gesetzen der Natur unterworfen, die von der Biologie, Chemie, Physik und anderen Wissenschaften erforscht werden.

Nach dem Verständnis des *ganzheitlichen Menschenbildes* befinden sich die drei Komponenten des Menschen, Leib und Seele und Geist, in einer wechselseitigen Beziehung zueinander. Was jemand als genetisches Erbe ins Leben mitbringt, welches Temperament ihn prägt, zu welchem Persönlichkeitstyp er neigt, usw., bietet seiner geistigen und seelischen Entwicklung Möglichkeiten und auch Begrenzungen. Wie die Befunde der Neurophysiologie zeigen,[16] kann das menschliche Gehirn durch geistige Aktivitäten ein Leben lang verändert werden, indem sich durch Achtsamkeitstrainings und Meditation die Beschaffenheit des Gehirns nachweislich verändert. Und Forschungen der Epigenetik[17] zeigen, dass sogar gravierende seelische Erlebnisse der Eltern – wie z.B. Kriegserfahrungen, Hunger, Flucht, etc. – über die Erbmasse an spätere Generationen weitergegeben werden können, sodass diese von Gefühlen verfolgt werden, als hätten sie z.B. das Bombardement im Keller selbst erlebt. Der Zusammenhang zwischen Leib, Seele und Geist kann sich auf vielerlei Weise positiv oder auch belastend bemerkbar machen.

In meinen Darstellungen von Leben und Werk Paul Gauguins und Gabriele Münters ist das ganzheitliche Menschenbild der *anthroposophisch erweiterten Anthropologie (Menschenkunde),* wie Rudolf Steiner sie begründet hat, der Ausgangspunkt. Ähnlich wie die anthroposophisch erweiterte Medizin die naturwissenschaftliche Medizin als Grundlage hat und in ihrem ganzheitlichen organismisch-systemtheoretischen Verständnis über sie hinausgeht, so baut auch die anthroposophisch erweiterte Psychologie auf wissenschaftlichen Erkenntnissen der humanistischen Psychologie auf. Die prominentesten Vertreter der anthroposophischen Entwicklungspsychologie kommen bezeichnenderweise alle aus der Medizin, wie z.B. Gudrun Burkhard, Norbert Glas, Karl König, Olaf Koob, Bernard Lievegoed, Rudolf Treichler.

4. Mein Verständnis von Entwicklung beim Menschen

Zu Beginn meiner Beschäftigung mit der Entwicklungspsychologie muss ich auch die Frage beantworten, was ich denn beim menschlichen Lebensgang unter Entwicklung verstehe. Dazu gibt es – entsprechend dem Menschenbild, das jemand vertritt – sehr unterschiedliche Antworten, mit denen ich mich bei meiner eigenen Definition auseinandergesetzt habe.

Mein Entwicklungsverständnis knüpft an bei den verschiedenen Dimensionen und Fragen, die August Flammer[18] allgemein beim Diskutieren von bestehenden Entwicklungsdefinitionen aufwirft, wurde aber wesentlich durch die Auseinandersetzung mit der anthroposophischen Menschenkunde geprägt, wie sie in Rudolf Steiners grundlegenden Werken dargelegt worden ist (siehe Rudolf Steiners Gesamtausgabe GA 12, GA 16, GA 67, GA 293).

Ich bringe erst meine abstrakte Definition und erläutere danach deren Elemente.

Ich verstehe unter Entwicklung
– den Wandel eines Wesens
– und seiner Gleichgewichtszustände
– in einer zeitlichen unumkehrbar fortschreitenden Folge,
– in der sich die Gestalt des Wesens und
– seine gestaltbildenden Prinzipien so verändern,
– dass es seine Potenziale entfaltet
– und dadurch mehr und mehr fähig wird
– zur eigenständigen Bewältigung
– höherer endogener und exogener Komplexität.

Nach meinem Verständnis ist das Subjekt, das sich entwickeln kann, ein mit einem Ich bzw. Selbst begabtes «Wesen», und das kann ein Mensch oder ein von Menschen-Ichen gebildetes Kollektiv sein,
– das fortwährend im Wandel ist und dabei für eine begrenzte Zeit zu einer Stabilität findet, die wieder aufgelöst wird, um eine neue Stabilität zu bilden,
– sodass quasi-stationäre Phasen auftreten, von denen Kegan[19] sagt, «dass sich organische Systeme in gesetzmäßig wechselnden, qualitativ unterschiedlichen Phasen der Stabilität und Veränderung entwickeln»,
– wobei sich der Wandel in einer zeitlichen Sequenz vollzieht und eine Richtung, eine Entelechie bzw. Finalität hat, die als Attraktor des Wandels wirkt, weil Entwicklung, wie Lievegoed formuliert,[20] eine Richtung hat und durch das Ich bzw. Selbst final orientiert ist;
– doch damit ist nicht gesagt, dass Entwicklung immer nur zu einem Fortschritt führt; vielmehr stehen einander ständig progressive (Entwicklung und Fortschritt fördernde) und regressive (hemmende) Kräfte gegenüber, die einander einige Zeit in einem bestimmten quasi-stationären Gleichgewicht halten, und es hängt vom Ich bzw. Selbst ab, welche Kräfte den weiteren Verlauf bestimmen;
– was dabei das Ich bzw. Selbst in der Auseinandersetzung mit den regressiven Kräften an Stärke entwickelt hat, ist für die Qualität und Stabilität der nächsten Phase bestimmend;
– der Übergang von einer Phase zur anderen lässt Krisen entstehen, weil das bisher tragende Prinzip die Gestaltbildung nicht mehr ausreichend stützt, während das neue Prinzip noch nicht hinreichend trägt, sodass es im Bewusstsein zu Schwellenerlebnissen kommt;
– der Wandel betrifft nicht nur die äußere Form, die Gestalt, sondern es ändern sich die gestaltbildenden Prinzipien, die Gesetze, die formbildenden Kräfte und Strukturen des Gesamtsystems und bewirken den Gestaltwandel;[21]
– die progressiven Kräfte des Wandels sind ein Streben, die vorhandenen körperlichen, seelischen und geistigen Potenziale zu erkennen und zu entfalten,
– um immer besser selbstständig, autonom, aus eigener Kraft
– sowohl die eigene (endogene) zunehmende Komplexität zu bewältigen

als auch den immer komplexer werdenden (exogenen) Anforderungen seiner Umgebung gerecht werden zu können,
- indem sowohl bewusst differenziert als auch integriert werden kann;
- somit sind die Zunahme der Selbststeuerung und die Steigerung der Fähigkeit zur Komplexitätsbewältigung die Attraktoren des Wandels;
- und insofern vollzieht sich der Wandel in Stufen der Reifung.

Da im Zusammenhang mit Entwicklung oft auch von «Change» oder «Wandel» oder «Metamorphose» gesprochen wird, habe ich diese Entwicklung als eine besondere Form des Wandels beschrieben: «Entwicklung bedeutet demnach, dass nicht nur äußerlicher Wandel erfolgt – wie Wachstum, Austausch bestimmter Elemente und Verbesserungen –, sondern dass sich mit der Änderung der Gestalt und der Gesamtkonfiguration auch die wesentlichen gestaltbildenden Prinzipien von innen heraus gewandelt haben. In der Systemtheorie wird diese Gestaltung aus eigenen Kräften heute ‹Autopoiese› genannt.»[22] Das heißt, dass die Änderung der Gestalt und der Gesamtkonfiguration die Folge gewandelter endogener Gestaltungskräfte ist.

In den nächsten Kapiteln werden zunächst die körperliche Reifung und auch spätere körperliche Einbußen dargestellt und anschließend die seelische und geistige Entwicklung damit in Verbindung gebracht. Das ist dann die Basis meiner Untersuchungen zum Leben und Werk Paul Gauguins und Gabriele Münters.

5. Die somatische Basis der menschlichen Entwicklung

Zur Orientierung gehe ich sowohl bei der körperlichen Reifung wie bei der seelisch-geistigen Entwicklung generell von Jahrsiebten aus. Schon seit mehr als zweitausend Jahren haben alte Weisheitslehren und Religionen – z.B. der Ägypter, Israeliten, Griechen und Römer – dem menschlichen Lebensgang die Gliederung in Jahrsiebte zugrunde gelegt und diese in Zusammenhang gebracht mit dem Wirken göttlicher Mächte, die als Regenten einzelner Lebensphasen geachtet wurden. Doch auch viele zeitgenössische Biologinnen und Biochronologen – nicht alle! – haben die Bedeutung von Lebensrhythmen erkannt und bestätigen die Einteilung in

Jahrsiebte, wobei zusätzlich noch Interferenzen mit anderen Rhythmen auftreten. Rudolf Treichler[23], Bernard Lievegoed[24] und Joan Borysenko[25] führen namhafte Forscherinnen und Forscher an, die von Sieben-Jahres-Rhythmen ausgehen. Die Grundlage dafür sind allerdings nicht die physiologischen Gegebenheiten, obschon manche Entwicklungspsychologinnen und -psychologen lange Zeit gedacht hatten, dass ein Mensch in sieben Jahren biologisch «rundum erneuert» wird, da sich jede Zelle im Körper in sieben Jahren immer wieder erneuere, und dass darauf die Sieben-Jahres-Rhythmen im menschlichen Lebenslauf basieren. Dass dem nicht so ist, hat der schwedische Biologe Jonas Frisén entdeckt und 2015 publiziert. Er hat erkannt, dass die Erneuerung der Zellen, die sogen. «Zellmauserung», ein fließender Prozess ist, weil nicht alle Zellen gleich schnell erneuert werden.[26] Durch die Aktivität der adulten Stammzellen erneuern sich beispielsweise Zellen des Magens in zwei bis neun Tagen, Lungenbläschen in acht Tagen, Zellen der Luftröhre in ein bis zwei Monaten, rote Blutkörperchen in vier Monaten, Leberzellen in sechs bis zwölf Monaten, Fettzellen in acht Jahren; am langsamsten erfolgt die Zellerneuerung beim Herzen, das im Laufe eines langen Lebens höchstens zu 40% erneuert wird. Der Erneuerungsprozess verlangsamt sich durch eine ungesunde Lebensführung und mit dem Älterwerden. Andreas Kruse weist in Anlehnung an Max Bürger auf das Charakteristische lebender Substanz hin, «dass sie laufend *reversiblen* Veränderungen unterliegt, die dazu dienen, das innere Gleichgewicht des Organismus aufrechtzuerhalten. Das ausgewogene Zusammenspiel der verschiedenen Organsysteme ist Kennzeichen eines gesunden Organismus und ermöglicht die Anpassung an wechselnde Erfordernisse der Umwelt.»[27] Wobei diese Fähigkeit mit zunehmendem Alter allmählich abnimmt. Der Grund dafür ist, so entdeckte der Genetiker Leonard Hayflick, dass sich eine normale Zelle maximal fünfzigmal teilen kann, bei jungen Erwachsenen vierzigmal, während bei einem achtzigjährigen Menschen nur noch wenige Zellteilungen beobachtet werden, wodurch Wunden langsamer heilen (nur Krebszellen können sich uneingeschränkt teilen!).[28] Das bedingt eine höhere Verletzlichkeit (Vulnerabilität) durch Krankheitsanfälligkeit (Morbidität), die aber durch geistig-seelische Entwicklung und gute soziale Bindungen kompensiert werden kann, wie Kruse nachweist.[29]

Forschungsergebnisse der Arbeits- und Sportmedizin haben gezeigt, dass die Muskelkraft in den Dreißigerjahren am größten ist und danach die Anzahl der Muskelfasern und die Muskelmasse insgesamt abnehmen, was sich direkt auf Menschen mit Berufen auswirkt, bei denen es hauptsächlich auf körperliche Leistungsfähigkeit ankommt. Wenn nun das Selbstwertgefühl eines Menschen weitgehend von der Körperlichkeit abhängt, kann dadurch auch sein seelisches und geistiges Identitätserleben dem Abbau der körperlichen Vitalität folgen. Durch regelmäßiges Beanspruchen der Muskeln und gezieltes maßvolles Training kann die Leistungsfähigkeit jedoch bis ins hohe Alter erhalten oder sogar noch verbessert werden.

Zum richtigen Verständnis des körperlichen Alterns ist es aber wichtig, Alter nicht mit Einschränkungen durch Krankheiten gleichzusetzen – was leider oft durch Angehörige geschieht und dann von alten Menschen ins Selbstbild übernommen wird.

Am Ende von Teil I gehe ich noch darauf ein, dass die Jahrsiebte nicht als Schema zu verstehen sind, sondern dass es durch innere und äußere Gegebenheiten und durch bewusstes Handeln zu Verschiebungen, Beschleunigung und Verlangsamung kommen kann.

Wenn hier Altersangaben in Zahlen angeführt werden, bedeutet das nicht, dass genau in dem Alter (oder zum Geburtstag ...) ein bestimmtes Ereignis eintrifft oder dass dann pünktlich eine Phase beginnt bzw. abschließt. Es handelt sich vielmehr um engere oder weitere Zeitspannen. Nur bei manchen besonderen Persönlichkeiten treten äußere und innere Ereignisse ziemlich genau zu der im Schema angegebenen Zeit auf. Deshalb ist zu beachten, dass diese Zahlen Orientierungsgrößen sind und dass in der Wirklichkeit des Lebendigen immer Schwankungen auftreten.

Jeweils drei Jahrsiebte bilden zusammen Hauptphasen: Insgesamt sind es vier, wobei die vierte Phase mehrere Jahrsiebte umfassen kann, die mit zunehmendem Alter immer mehr ineinander verfließen.

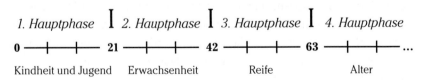

Abb. 1.2: Vier Hauptphasen der menschlichen Entwicklung nach Bernard Lievegoed (1991, S. 49)

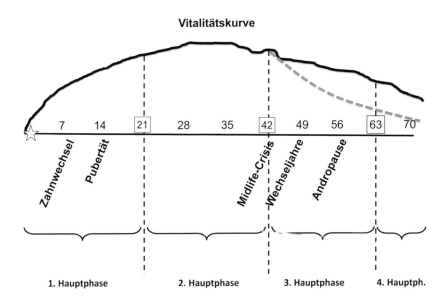

Abb. 1.3: Die Veränderung der körperlichen Vitalität im Lebensgang nach Hans von Sassen (2004) und Wolfgang Döring (2007)

Die körperlichen Kräfte lassen (im Regelfall) in der *ersten Hauptphase* bis etwa zum 21. Lebensjahr einen deutlichen Aufbau erkennen, in der *zweiten Hauptphase* eine Entfaltung und Stabilisierung, mit der *dritten Hauptphase* beginnt ein Abbau, der in der *vierten Hauptphase* zu immer mehr Einschränkungen durch Altersgebrechen führen kann.

Biologen behaupten oft, dass sich die körperlichen Veränderungen nicht in Sprüngen vollziehen[30] («natura non facit saltum»), sondern kontinuierlich. Doch die folgenden Fakten beweisen das Gegenteil. Denn für die körperlichen Kräfte markieren bestimmte Veränderungen deutlich den Beginn eines neuen Lebensabschnittes, der auch mit einem anderen Lebensgefühl zusammenhängt: der Zahnwechsel, die Pubertät, die Leistungshöhe vieler Organe um das 21. Lebensjahr, später das Nachlassen der Vitalität, so dass immer mehr Zeit für körperliche Regeneration nötig wird, und die Wechseljahre und die Andropause. In Abb. 1.3 zeigt die Vitalitätskurve nach der Midlife-Crisis zwei verschiedene Verläufe. Die starke, durchgezogene Linie ist die «idealisierte, zusammenfassende» Vitalitätskurve, in der jetzt nicht die unterschiedlichen Zeiten des Leistungshochs verschiedener

Organe differenziert dargestellt werden, sondern es ist die zusammenfassende Gesamtvitalität eines Menschen, wenn er auf eine gesunde Lebensführung achtet. Die gestrichelte Linie nach der Midlife-Crisis symbolisiert nach Wolfgang Döring den Verlauf der physiologischen Vitalität bei einem Menschen ohne gesunde Lebensführung und ohne körperliches Training, durch das die Muskelmasse erhalten und aktiviert werden könnte.[31]

Für die *physiologischen Reifungsprozesse* ist charakteristisch, dass eigentlich schon mit der Geburt ein Prozess des Abbaus beginnt, wobei in den ersten zwanzig Jahren die aufbauenden Wachstumskräfte überwiegen; denn ginge das Wachstum in dem rasanten Tempo weiter wie in den ersten Wochen und Monaten nach der Geburt, würden wir mit zwanzig Jahren vielleicht eine Körperlänge von sieben bis acht Metern haben. In der Kindheit verlangsamt sich allmählich das Wachstum, weil die Vitalitätskräfte mehr und mehr für die Entwicklung der Denk- und Bewusstseinsfunktionen benötigt werden.

Um das 6./7. Lebensjahr tritt der Zahnwechsel auf, der Hinweise auf die körperliche und seelische «Schulreife» gibt, da jetzt die «Bildekräfte», d.h. die formbildenden Lebenskräfte, die auch die Heilung eines erkrankten oder verletzten Organismus bewirken, dem klassischen Schullernen zur Verfügung stehen.

Zwischen dem 12. bis 14. Lebensjahr markiert die Geschlechtsreife das Ende der Kindheit. Mit der Pubertät gibt es einen merkbaren Wachstumsschub, die Gliedmaßen werden länger und die primären und sekundären Geschlechtsmerkmale verändern sich. Bei Knaben tritt der Stimmbruch auf, und auch bei Mädchen macht sich eine Veränderung der Stimmlage bemerkbar. Die Pubertät setzt bei Mädchen früher ein als bei Knaben, außerdem im städtischen Milieu früher als in ländlichen Regionen – wobei sich seit mehreren Jahrzehnten überall eine Verfrühung der Geschlechtsreife beobachten lässt.

Für viele körperliche Funktionen ist bereits bis zum 21. Lebensjahr das Höchstleistungspotenzial erreicht. Wie die Sport- und Arbeitsmedizin herausgefunden hat, sind nach dem 18. Lebensjahr Beschädigungen des Gehörs irreparabel, und die Lungenfunktion hat im Schwimmsport mit dem 24. Lebensjahr ihre Höchstleistung überschritten. Die Kapazität der Lunge nimmt nach 35 Jahren ab, die Leber verliert zwischen dem 30. und 40. Lebensjahr an Gewicht und hat im Alter nur noch die Hälfte davon, und durch Abflachungen der Zwischenwirbelscheiben ist auch ein Absinken der Leibesgröße zu beobachten, später eine gebeugte Körperhaltung. Die sexuelle Leistungsfähigkeit ist bei Männern etwa um das 30. Lebensjahr am höchsten, bei Frauen, nachdem sie etwa 35 geworden sind. Für Frauen ist die bevorstehende Menopause, die im Schnitt mit 48,5 Jahren auftritt, ein eingreifendes Erlebnis, wenn sie sich dessen bewusst werden, dass sie keine eigenen Kinder mehr bekommen können. Auch bei Männern lassen sich in der Andropause hormonelle Veränderungen konstatieren. In vielen Fällen kompensieren Männer ab dem 40. Lebensjahr das Nachlassen ihrer körperlichen Leistungsfähigkeit mit Fitnesstrainings und sind auch sonst bemüht, die Plateau-Periode ihrer Vitalität zu verlängern. Doch generell weist die körperliche Befindlichkeit der Dreißigerjahre auf hohem Niveau relativ große Konstanz auf.

Der Abbau der körperlichen Kräfte nach dem 40. Lebensjahr wird auch «Involution»[32] genannt. Wie schnell und umfassend sich der Abbau vollzieht, hängt weitgehend von der *Lebensführung in körperlicher, seelischer und geistiger Hinsicht* und auch von unterstützenden Bedingungen im Umfeld ab. Denn es genügt nicht, sich lediglich gesund ernährt zu haben und sportlich aktiv gewesen zu sein, um das Abnehmen der Vitalität zu verzögern oder hintanzuhalten. Vielmehr zeigt sich zum einen, dass sich Menschen trotz enormer körperlicher Einschränkungen seelisch und geistig ständig weiterentwickeln können und menschliche, wissenschaftliche oder künstlerische Höchstleistungen im Alter schaffen. Gabriele Münter und Paul Gauguin sind dafür überzeugende Beispiele. Bekannt sind auch Sportlerinnen und Sportler, die durch Unfälle querschnittsgelähmt sind und dann durch größte Willensanstrengung bewundernswerte menschliche Qualitäten entwickelt haben. Andreas Kruse zeigt am Beispiel der Biografie Johann Sebastian Bachs, der im hohen Alter nach Erkrankung und Augenoperationen noch musikalische Höhepunkte schuf: «Die körperliche Verletzlichkeit schließt derartige Ressourcen, schließt derartige Entwicklungsprozesse, schließt das schöpferische Leben keineswegs aus, sondern kann (...) sogar Entwicklungsanstöße geben.»[33]

Dieser Abschnitt kann nur eine sehr verkürzte Zusammenfassung der physiologischen Veränderungen im Laufe eines Lebens sein. Er dient als grobe Basis für die folgenden kompakten Darstellungen der seelischen und geistigen Entwicklungsprozesse.

6. Die mögliche seelische und geistige Entwicklung im Lebenslauf

In der ersten Hälfte des Lebensbogens – etwa bis zum 35. und 40. Lebensjahr – gehen körperliche und seelische Reifung gewöhnlich Hand in Hand. Ab dann werden die Phasen der seelisch-geistigen Entwicklung nicht mehr so deutlich durch besondere körperliche Veränderungen markiert. Aber es zeigen sich auch hier die vier Hauptphasen der Entwicklung, die in Abb. 1.2 schematisch dargestellt worden sind.

In der indischen und chinesischen Kultur gilt für die *1. Hauptphase*, d.h. die ersten zwanzig Jahre, formelhaft «*lernen*»; für die *2. Hauptphase* von 20 bis 40 «*kämpfen*», für die Zeit danach, die *3. Hauptphase*, «*sozial sein*», und für die *4. Hauptphase* «*weise werden*».

In der Entwicklungspsychologie haben sich für die Hauptphasen die Bezeichnungen 1. «*Rezeptive Phase*», 2. «*Expansive Phase*», 3. «*Soziale Phase*» und 4. «*Weise werden*» bzw. «*Hohes Alter*» eingebürgert.

Die *1. Hauptphase* wird «*Rezeptive Phase*» genannt, weil das Kind bzw. der junge Mensch von der Geburt bis zum 20./21. Lebensjahr in erster Linie aufnimmt, was in seiner Umgebung lebt an Einflüssen, die formen und prägen, und was ihm von Mitmenschen und Gemeinschaften angeboten oder aufgedrängt wird.

Die *2. Hauptphase* wird als «*Expansive Phase*» bezeichnet, weil die erwachsenen Männer und Frauen in diesem Lebensabschnitt ihre Potenziale einsetzen, um sich in der Gesellschaft eine Position zu schaffen (kämpferisch gesprochen: «zu erobern») und zu sichern (kämpferisch: «zu verteidigen»).

Die *3. Hauptphase* wird «*Soziale Phase*» genannt, da sich die Erkenntnis- und Handlungsmotivation jetzt primär anderen Menschen zuwendet. Das Bedürfnis nach Selbstwirksamkeit ist nicht mehr vorrangig auf die eigenen Interessen gerichtet, sondern es schafft dem Menschen Befriedigung, wenn andere – vor allem auch jüngere – Menschen in ihrer Entwicklung gefördert werden können.

In der *4. Hauptphase* sind «*Weise werden*» und «*Weise sein*» eine merkbare Lebenshaltung, weil in ihr die Früchte des Lebens anderen Menschen zur Verfügung gestellt werden. Auch im hohen Alter ist weitere Entwicklung möglich.

Innerhalb der Hauptphasen gibt es neben dem 7-Jahres-Rhythmus auch noch andere Rhythmen und bestimmte Zeitspannen, in denen Schicksalsknotenpunkte auftreten können, auf die vor allem Rudolf Treichler[34] und Florian Roder[35] hinweisen.

7. Mondknoten als Schicksalsmomente

Neben dem Rhythmus der 7 Jahre gibt es noch einen anderen, der sich aus einer astronomischen Konstellation ergibt. Mir ist die Klarstellung wichtig, dass es hier nicht um eine astrologische, sondern astronomische Konstellation geht. Damit ist die Tatsache gemeint, dass die Bahn des Mondes die Bahn der Sonne in der Ekliptik (im Tierkreis) an einer bestimmten Stelle im Zodiak schneidet, und dass sich dieser Vorgang jedes Mal nach 18 Jahren und 7 Monaten und 9-10 Tagen wiederholt. Das bedeutet, dass im Rhythmus von 18 Jahren und 7 Monaten und 9-10 Tagen der Mondstand im Zodiak derselbe ist wie am Tag der Geburt eines Menschen. Das ist der «Mondknoten». Florian Roder hat dies sehr differenziert dargelegt.[36] In Abb. 1.4 werden nun die Vitalitätskurve, die Jahrsiebte und die Mondknoten zusammen dargestellt.

Nun hat sich empirisch herausgestellt, dass in diesem Rhythmus von ca. 18 oder 19 Jahren in der Biografie eines Menschen immer wieder äußerliche und innerliche Ereignisse auftreten, die wie eine «Geburt» verstanden werden können. Die «Geburt» spielt sich dann nicht mehr körperlich ab (wie zwischen dem Mutterleib und dem Kindesleib), sondern auf jeweils anderen Ebenen. Aber es kann von «Geburt» gesprochen werden, weil sich dann ein Mensch von etwas löst, in das er bisher eingebettet war, und er nun ungeschützt in eine neue Lebenswirklichkeit eintritt. Die Mondknoten sind eigentlich auch die «Sternstunden» eines Lebens, weil gleichzeitig mit dem Ablegen manches seelischen Ballasts die eigentliche «Lebensmission» eines Menschen aufleuchtet und neu ergriffen werden kann. Das geschieht beim zweiten (mit ca. 37 Jahren und 2 Monaten) und dritten Mondknoten (mit ca. 56 Jahren) in der Regel auf dramatische oder schmerzhafte Weise – es ist eine «Ausstoßung»!

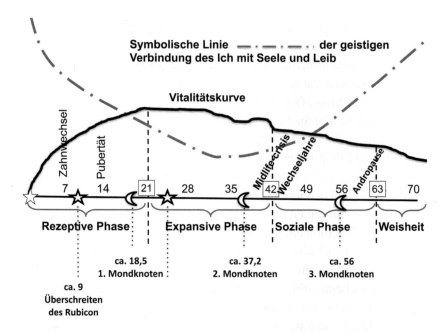

Abb. 1.4: Die Mondknoten in der seelisch-geistigen Entwicklung nach F. Roder (2005)

Wie ich oben betont habe, geht es bei den angegebenen Zahlen immer um Orientierungsgrößen, während im Leben mehr oder weniger große Schwankungen bis zu einem Jahr auftreten können. Nur bei außergewöhnlichen Menschen, wie z.B. Dante Alighieri, Goethe, geschieht das ziemlich genau zu diesen Zeiten, wie Roder[37] mit vielen Beispielen belegt und Immanuel Klotz[38] an Goethes Leben und Michael Ladwein[39] an Rembrandts Biografie zeigt.

Weil die Mondknoten-Erlebnisse für die anthroposophisch fundierte Biografieforschung bedeutsam sind, gehe ich noch tiefer auf sie ein. Und in Paul Gauguins und Gabriele Münters Biografie werden diese einschneidenden Wendeerlebnisse deutlich sichtbar.

Florian Roder hat für jeden Mondknoten ein spezifisches Thema gefunden, mit der Frage: Wovon löst sich diese Person – und wohin geht sie?

Bei der Geburt verlässt ein Mensch als Neugeborener die Umhüllung durch den Mutterleib und wird in die physische Welt «ausgestoßen», wie Hoerner sagt.[40] Das ist für Mutter und Kind ein schmerzvoller Vorgang, und die Psychologie spricht auch vom «Geburtstrauma» des Kindes, dessen Folgen sich im Erwachsenenalter zeigen können.

Beim 1. Mondknoten, den Roder *«Knoten des Aufbruchs»* nennt,[41] verlässt ein junger Mensch mit ca. 18 bis 19 Jahren das elterliche oder pflegende Milieu, das ihm bisher Orientierung, Sicherheit und Geborgenheit geboten hat, das aber bei der Suche nach dem Eigenen als beengend empfunden wird. Die junge Frau bzw. der junge Mann machen in diesem Alter die ersten intuitiven Erfahrungen mit ihrem Höheren Selbst und wollen deshalb einen eigenen Weg beschreiten, auch wenn sie die Welt und deren Gefahren noch nicht kennen. Und das macht zumeist den Menschen Sorgen, die sich bisher für die Führung oder Begleitung dieses jungen Menschen verantwortlich gefühlt haben. Sehr oft ist dieses Lösen von der bisherigen Zugehörigkeit konflikthaft und führt so zu einer besonderen Art der Ausstoßung. Aber bei allem, was für den jungen Menschen selbst noch unklar ist, kommt es beim Griff nach den Sternen, d.h. nach hohen Idealen, zu einem Aufleuchten des Höheren Selbst – zu einer Sternstunde. Dafür werden auch Risiken in Kauf genommen. Auffallend oft kommt es in diesem Alter zu schweren Erkrankungen, häufig auch zu suizidalen Neigungen. Die Bekanntschaft mit dem Tod gehört zu allen Mondknoten.

Beim *2. Mondknoten* (im Alter von ca. 37 Jahren, 2 Monaten und 20 Tagen) besteht die Ausstoßung darin, dass sich jemand entschließt, etwas zu opfern und damit bestehende Bequemlichkeiten und Sicherheiten aufzugeben, um sein eigentliches Lebensziel zu verwirklichen. Damit stößt dieser Mensch oft auf größtes Unverständnis bei seiner Umgebung. Roder nennt diesen Mondknoten den *«Knoten der Wende».*[42] Im Erleben dieses Schicksalsknotens werden oft alte Beziehungen radikal abgebrochen und neue Begegnungen als «Wahlverwandtschaften» gesucht, die anfangs sogar idealisiert vorgestellt werden. Durch die Entwicklung der «Bewusstseinsseele» (siehe später in Teil II, zu Gauguin im 6. Jahrsiebt) im Jahrsiebt von 35–42 wird vor allem danach gestrebt, die entwickelten Potenziale zur Erfüllung der erkannten Lebensaufgabe einzusetzen. Auch bei diesem Mondknoten kommen lebensbedrohliche Krankheiten und andere Todeserfahrungen häufig vor. Paul Gauguins Freund Vincent van Gogh hat sich in dem Alter aus Verzweiflung das Leben genommen, und bei Münter und Kandinsky kommt es jeweils zu einer schmerzhaften Trennung.

Beim *3. Mondknoten* mit ca. 55,8 Jahren, den Roder *«Knoten des Ab-*

*grundes»*⁴³ nennt, wird durch lebensbedrohliche Situationen oder todesnahe Erfahrungen – also wirklich am Abgrund des Lebens stehend! – eine grundlegend neue Sicht auf die weitere Lebensführung gewonnen. Dadurch entwickelt sich ein Bewusstsein, mit dem von jenseits der Todesschwelle auf das eigene Leben geschaut wird. Eigentlich ist dies eine Art von Initiation. Paul Gauguin stirbt kurz vor dem 3. Mondknoten.

Das Erleben des 3. Mondknotens wird in diesem Alter oft als geistige Prüfung empfunden. Sie treibt manchmal aus Verzweiflung zum Suizid, doch wenn die Prüfung bestanden wird, kann sie zu einem Neubeginn führen. Dann konzentriert sich jemand konsequent auf die geistigen Aspekte seines Lebens und bringt dafür Opfer, nötigenfalls bis zur Hingabe der eigenen Substanz.

Im Schema der Abb. 1.4 werden noch zwei weitere Jahresangaben hervorgehoben, auf die ich hier kurz eingehe: das 9. und das 24. Lebensjahr.

Für das innere Geschehen des *9. Lebensjahres* wurde in der Waldorf-Pädagogik der Satz geprägt «Das Kind überschreitet den Rubicon».⁴⁴ Die Metapher des Flusses Rubicon (aus der Geschichte Roms) besagt, dass eine fremde Welt betreten wird. Das Kind lebt bis etwa zum 9. Lebensjahr, wie auch Jean Piaget dies beschreibt, in einer animistischen, magisch-mythischen Welt der Märchen und Legenden.⁴⁵ Das reale Geschehen ringsum wird in archetypische Handlungen übersetzt, in denen Prinzessinnen und Könige und andere Helden für das Gute kämpfen, gefährliche Ungeheuer besiegen und Hexen oder böse Zauberer einer gerechten Strafe zuführen. Gegenwärtig werden vielen Kindern weniger die klassischen Märchen oder Sagen angeboten, sondern sie machen über Film und Fernsehen und über das Internet Bekanntschaft mit Personen wie Harry Potter und anderen, die sich auch moderner Technologien bedienen und dennoch einen Bezug zu den klassischen Urbildern haben. Mit dem 9. Lebensjahr tritt im Kind ein radikaler Wandel des Bewusstseins auf, und es nimmt die oft raue Wirklichkeit des Zeitgeschehens unverhüllt wahr: Armut, Verbrechen, Missbrauch, Krieg, Flucht, Umweltkatastrophen und vieles mehr. Dann empfindet es sich, als wäre es aus dem Paradies vertrieben. Dieses Ausgestoßen-Sein aus der magischen Welt wird als sehr schmerzlich empfunden, Traurigkeit befällt das Kind, und manchmal kommt sogar Todessehnsucht auf. Mädchen empfinden diese «Götterdämmerung» in der Regel viel intensiver als Knaben. Deshalb empfiehlt es sich, diesen Schwellenübertritt – heraus aus der Märchenwelt und hinein in ein nüchternes Erfahren der Realität – mit großer Achtsamkeit zu begleiten. – Aber gleichzeitig tritt eine *Sternstunde* auf, denn durch den wolkenverhangenen Himmel strahlt für kurze Zeit der Leitstern des Kindes hindurch: «Ich will eine Astrid Lindgren werden und Bücher für Kinder schreiben, damit sie glücklich sind», oder: «Ich will wie Robin Hood für die armen Bauern kämpfen!» Das Kind hat nach dem Überschreiten des Rubicon eine erste, wenn auch kindlich-vage Vorstellung davon, wer und was es einmal werden möchte. Diese Vorstellungen sind noch keine wirklichen Berufsbilder, sondern Metaphern für das Ahnen einer grundsätzlichen Streberichtung. Auch der Rubicon wird gegenwärtig durch den Einfluss moderner Medien und sonstiger zivilisatorischer Faktoren manchmal schon etwas früher überschritten.

Die zweite *Sternstunde* tritt ungefähr zum *24. Lebensjahr* auf, indem die Ideale, die mit 18 oder 19 Jahren eine inspirierende Perspektive geboten haben, nun zu erreichbaren Lebenszielen konkretisiert werden. Die idealistische Perspektive bleibt nach wie vor als Motivationsquelle vorhanden, aber die junge erwachsene Persönlichkeit hat indessen gelernt, sich auch Hindernissen zu stellen.

8. Die Jahrsiebte der Rezeptiven Phase: Von der Geburt bis zum 21. Jahr

Bisher sind in Abb. 1.4 die Hauptphasen mit Altersangaben besonderer Ereignisse, wie Zahnwechsel, Pubertät und Mondknoten, vorgestellt und näher erläutert worden. Nun bietet Abb. 1.5 eine Übersicht der drei Jahrsiebte in der Rezeptiven Phase mit Schlüsselbegriffen der Jahrsiebte, die im Text noch näher ausgeführt werden.

8.1 Erstes Jahrsiebt: Frühe Kindheit von der Geburt bis zum 7. Jahr

Das Kleinkind wird von seiner Umgebung physisch und seelisch sehr direkt – im Guten wie im Bösen – beeinflusst. Die Lichtverhältnisse, Farben, Ruhe oder Lärm, die seelische Verfassung der Erwachsenen und deren

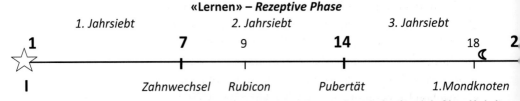

	«Lernen» – *Rezeptive Phase*	
1. Jahrsiebt	2. Jahrsiebt	3. Jahrsiebt
1 ... 7	9 ... 14	18 ... 2
	Zahnwechsel Rubicon	Pubertät 1. Mondknoten

Lernen durch Nachahmung Umgebung wirkt direkt aufs Kind	**Lernen, indem einer Autorität nachgestrebt wird** Als «Autorität» wird gesucht, wer aus sich etwas gemacht hat. Lernen für die Lehrerin/den Lehrer	**Lernen durch wahrhaftiges Verhalten der Referenzpersonen** Suche nach Idealen (Idole als Ersatz) Reibung mit Menschen, um Authentizität zu prüfen
Bindung durch Augenkontakt, Körperkontakt, Zuwendung		
Rhythmus in der Gestaltung des Tages, der Woche, des Jahres schafft Vertrauen, Sicherheit und Geborgenheit	Erleben der Körperlichkeit: Spiel, Sport, Tanz Spiele: Wechsel in verschiedene, möglichst komplementäre Rollen	Geschlechtsreife *und* Erdenreife, Eigeninteresse *und* Weltinteresse Der eigene Gefühlskosmos wird erforscht und ausgeschritten, Parsifal-Gefühl: Suche nach dem «Gral» Sehnsucht (kann in Sucht umschlagen)
Eine bilderreiche Sprache, reich an Gefühlen, bildet Denken und Sprechen	Referenzpersonen: Heldinnen und Helden, Entdeckerinnen und Entdecker	
Magisch-mythisches und animistisches Weltbild	Das Temperament formt sich aus, eigener Sprechstil bildet sich	Emotion und Zorn aus Kampf um Werte Polarisierende Debatten – Dualismen, Denken und Tun sind oft widersprüchlich
ca. im **2./3. Jahr:** «Ich bin ich» Trotzphase – Selbsterleben am Widerstand	ca. im **9. Jahr:** Überschreiten des «**Rubicon**», Kind fühlt sich aus dem Paradies ausgestoßen	ca. im **18. Jahr: 1. Mondknoten:** «Aufbruch» – dafür ist Trennung nötig

Abb. 1.5: Jahrsiebte der Rezeptiven Phase (eigene Darstellung nach B. Lievegoed, 1991, und R. Treichler, 1981)

Verhalten in nächster Nähe, Harmonie oder Streit unter den Eltern und vieles mehr wirken sich früher oder später auf die Organbildung und Gesundheit des Säuglings und Kleinkindes aus. Denn es ist permanent offen für alles, was es in seiner Umgebung vorfindet. Gleichzeitig lebt es aber auch noch in einer offenen Verbindung mit der Welt der Engel, aus der es auf die Erde gekommen ist, und erfährt dadurch noch einen gewissen Schutz. Aber es nimmt vieles von außen auf, und durch die Spiegelneuronen[46] bildet es das Wahrgenommene in sich nach. Wenn andererseits auch die Gefühlsäußerung des Kleinkindes von den Erwachsenen gespiegelt wird, entwickelt es Empathie. Das wird von Daniel Stern[47] «attunement» (Einstimmung) genannt und ist für die Beziehungsfähigkeit von großer Bedeutung. Das Kleinkind ist in Resonanz zur Umgebung, kann aber auch ganz in seiner Innenwelt aufgehen. Es lernt ununterbrochen durch Nachahmung bzw. Nachbildung den aufrechten Gang, das Stehen und Gehen, das Sprechen und Denken und vieles mehr.

Ob das Kleinkind die erste Zeit von Natur umgeben ist oder in einer städtischen Umgebung, ob es im Frieden oder in Kriegszeiten aufwächst, ob es von Menschen liebevoll umsorgt oder als unerwünschtes Kind abgelehnt wird, all das wirkt unbewusst lange weiter. Es wirkt positiv, wenn z.B. aus dem Naturerleben Kraft geschöpft werden kann und später daraus Sehnsüchte nach einer heilen Welt aufkommen; oder die Wirkung kann negativ sein, wenn ständiger Verkehrslärm zu Überreizung führt oder eine graue Betonwüste das Bedürfnis nach Schönheit nicht befriedigen konnte und innere Verödung darin seine Wurzeln hat. Vieles bleibt lange im Unterbewussten gespeichert und kann später in gewandelter Form wirksam werden und ins Bewusstsein aufsteigen.

Damit eine tragfähige und später auch belastbare Bindung entsteht, sind Körperkontakt und Blickkontakt mit dem Kind, sowie liebevolles Ansprechen und jede andere Form der Zuwendung besonders wichtig. Bei der Betreuung von Babys in Brutkästen hat sich gezeigt, dass regelmäßiges Berühren und Streicheln für das Kind überlebenswichtig sind – genau so wie die Muttermilch. Eine rhythmische Gestaltung des Tagesablaufs, wann es Essen und Trinken gibt, wann geschlafen werden kann und wann im Wachzustand Kontakte gepflegt werden, führen zur Grundlegung eines Urvertrauens, wie Erik Erikson[48] dies nennt. Langzeitforschungen haben gezeigt, dass Erwachsene dann ein starkes Bedürfnis nach Sicherheit haben, wenn ein rhythmischer Tagesablauf in der Frühkindheit nicht gegeben war. Wenn sich jedoch das Kleinkind darauf verlassen kann, zu einer bestimmten Zeit zu bekommen, was es braucht, fühlt es sich geborgen, und durch den Rhythmus entwickelt sich ein Urvertrauen.

Es hat sich herausgestellt, dass ein Baby in den ersten Wochen nicht das ganze Gesicht oder die Person der Mutter wahrnimmt, sondern nur deren Mund und Augen. Deshalb ist der Augenkontakt zwischen Mutter und Kind während des Stillens die Grundlage für die entstehende Beziehung und Bindung.

Joan Borysenko[49] führt Forschungsergebnisse an, die gezeigt haben dass, für Mädchen in dem zarten Alter Einfühlung, Zuwendung und Zärtlichkeit,

Bindung und Zugehörigkeit für das Selbstgefühl größere Bedeutung haben als für Knaben. Sie achten auch mehr auf die Körpersprache und können an Mimik und Gesten Gefühle ablesen. Und da Mädchen in der Regel früher sprechen lernen, können sie Gefühle auch früher und besser artikulieren als Knaben. Weil sich die rechte Gehirnhälfte, die für Bilder, Gefühle, Träume, Phantasiespiele, Beziehungen usw. zuständig ist, schneller entwickelt als die linke, werden diese Fähigkeiten beim weiblichen Geschlecht mehr stimuliert als beim männlichen. Und das wirkt sich auch später so aus, dass Frauen mit intuitiven Fähigkeiten den Männern überlegen sind. Neueste neurowissenschaftliche Experimente an der Universität Cardiff[50] zeigen, dass durch das Spielen mit Puppen Empathiefähigkeit entwickelt wird, und da Mädchen dies zumeist viel mehr tun als Knaben, sind sie in dieser Fähigkeit dem männlichen Geschlecht überlegen.

In den ersten 8 bis 9 Lebensjahren lebt das Kind eigentlich mit einem magisch-mythischen, animistischen Weltbild. Es empfindet die Natur als beseelt, spricht mit Steinen, Pflanzen und Tieren, weiß sich von schlechten Geistern umgeben und von guten unterstützt oder beschützt. Es empfindet sich eigentlich eins mit dieser Welt, es ist Teil von ihr. Oft haben Kinder einen sogen. «unsichtbaren Spielgefährten» – wie auch Elisabeth Kübler-Ross[51] berichtet –, mit dem sie plaudern und spielen, dem sie Geschichten erzählen und Geheimnisse anvertrauen. Hier dürfen Erwachsene auf keinen Fall versuchen, dies dem Kind als bloße Phantastereien auszureden, sondern im Gegenteil: Sie sollten dem Erlebensreichtum große Achtung entgegenbringen, weil dieser später zur Grundlage für Intuition und Kreativität werden kann. Deshalb hat die Sprech- und Sprachkultur im Umgang mit dem Kind (und im Umgang der Erwachsenen untereinander!) große formende Bedeutung. Mit einer kultivierten Sprache der Erwachsenen, voll des Bilder- und Gefühlsreichtums, fühlt sich das Kind in seiner Welt direkt angesprochen. Doch beim Erzählen von Geschichten kommt es darauf an, dass das Kleinkind direkten Blick- und Körperkontakt mit der erzählenden Person hat und über die erlebte emotionale Resonanz einen tiefen Zugang in das Wesentliche einer menschlichen Kommunikation bekommt.

Etwa um das 2. oder 3. Lebensjahr geschieht es plötzlich, dass das Kind nicht mehr von sich in der dritten Person spricht, wie «Anne möchte noch länger spielen …» oder «Kurt mag keinen Kohl …». Das Kind entdeckt, dass es zu sich «Ich» sagen kann – und zwar nur zu sich! Es erlebt «Ich bin ich», und das Selbsterleben wird intensiviert, wenn es in die Verneinung, in den Widerstand geht. Das ist dann die erste Trotzphase. Und daran merkt das Kind, dass es von der Welt getrennt ist, ihr gegenübersteht. Wenn dies von Erwachsenen mit viel Verständnis begleitet wird, und vor allem, wenn nicht gedrängt wird, sich «weniger kindisch zu benehmen», geht es bei guter Entwicklung organisch über in ein anderes Weltempfinden. Aber jede Phase hat ihre Berechtigung und braucht ihre Zeit. Die Entwicklung beschleunigen zu wollen, rächt sich später als Überbelastung und hat nachteilige Folgen.

In den Biografien Paul Gauguins und Gabriele Münters zeigt sich deutlich, wie sich die Erlebnisse im ersten Jahrsiebt auf das spätere Leben auswirken. Sie steuern unbewusst Ziele, Werte und Interessen und werden oft erst im hohen Alter wieder ins Bewusstsein gehoben, wenn ein Mensch im Rückblick auf den Lebensweg seine Spuren sucht. Das sollte uns Erwachsenen bewusst machen, welche Verantwortung wir im Umgang mit Kindern haben. Diese Verantwortung beginnt allerdings nicht erst mit der Geburt. Schon während der Schwangerschaft ist besondere Achtsamkeit geboten, da sich aus dem Fehlverhalten der Eltern in der pränatalen Phase erhebliche Beeinträchtigungen des zu gebärenden Menschen ergeben können, wobei die somatischen und seelischen Schäden oft erst in späteren Lebensjahren manifest werden[52]. Und die epigenetische Forschung[53] hat ergeben, dass seelische Traumatisierungen über Generationen genetisch weitergegeben werden können und dann von den Nachfahren erlebt werden, als hätten sie das selbst durchgemacht.

Die bisherigen Darstellungen zeigen, dass sich alles erzieherische Handeln daran orientieren sollte, dem Kleinkind die Bildung des Urvertrauens zu ermöglichen: «Die Welt ist gut.»[54]

8.2 Zweites Jahrsiebt; Kindheit von 7 bis 14 Jahren

Der Übergang vom ersten zum zweiten Jahrsiebt wird durch den Zahnwechsel markiert. Damit geht auch ein Längenwachstum Hand in Hand, wodurch ein Kind z.B. dazu befähigt wird, mit der rechten Hand über den Kopf hin sein linkes Ohr zu ergreifen. Neben anderen Tests ist dies vor allem mit dem Zahnwechsel ein deutliches Signal für die körperliche und seelische «Schulreife». Wenn der Körper die Milchzähne abgestoßen und das dauerhafte Gebiss aufgebaut hat, können die Vitalitätskräfte einer anderen Art zu lernen zur Verfügung gestellt werden. Rudolf Steiner[55] weist darauf hin, dass die Kräfte («Bildekräfte», «Ätherkräfte»), die bisher für die Organbildung benötigt waren, jetzt frei werden für die Ausbildung des Denkens.

Das unbewusste Nach*ahmen* hat sich gewandelt zu einem gezielten Nach*eifern* und Nach*streben* von Menschen, die aus sich etwas gemacht haben und deshalb als Autoritäten verehrt und geliebt werden.[56] Lauer[57] umschreibt recht genau, was für das Kind in dem Alter Autorität ist: «Es erwacht in ihm jetzt der Drang zu wissen, (...) und das Bedürfnis, im moralischen Sinn das ‹Rechte› zu tun. (...) Was aber dieses Bedürfnis kennzeichnet, das ist das Verlangen, in dem Erzieher die *Autorität* zu sehen, die alle die entsprechenden Kenntnisse, Fähigkeiten und Tugenden menschlich repräsentiert.» Das sind die Menschen, mit denen es im Leben als Eltern, Lehrerinnen oder Lehrer und mit anderen Erwachsenen wirklich zu tun hat. Als Autoritäten werden sie allerdings nur dann anerkannt, wenn sie dem Kind auch liebevoll begegnen. Aber darüber hinaus werden Autoritäten auch in der Literatur gesucht: die Heldinnen, die allen Widrigkeiten des Lebens getrotzt haben, die Entdecker, die sich nicht durch die vorgefassten Meinungen der Zeitgenossen davon haben abhalten lassen, Schritte in Neuland zu wagen, und ähnliche Persönlichkeiten. Immer wieder wird der Archetypus des Menschen gesucht, der sich aus eigener Kraft bewährt hat. Am Nachstreben wachsen die inneren Aufrichtekräfte des Kindes in diesem Alter, wohingegen es im dritten Jahrsiebt eher entwicklungshemmend wäre. Ohne Begegnungen mit Autorität (in diesem Sinn) im zweiten Jahrsiebt, und ohne konflikthafte Auseinandersetzung mit ihr und Loslösung von ihr in der Pubertät kann ein jugendlicher Mensch nicht ein mündiges Verhältnis zu Autorität im weiteren Sinn entwickeln, sondern verbleibt oft in Abhängigkeit zu autoritären Personen.[58] Die Abhängigkeit kann auch in einer «Gegenabhängigkeit» («counter-dependency») bestehen, indem gegen alle Personen oder Instanzen, die direktiv-autoritär auftreten, zwanghaft angekämpft wird. Haim Omer und Philip Streit haben im Gegensatz zu den Prinzipien der anti-autoritären Erziehung das Konzept der «Neuen Autorität» entwickelt und geben dazu viele praktische Handlungsempfehlungen.[59] Wenn ein Kind bei gesunder Entwicklung jetzt gefragt wird, wofür es eigentlich lerne, antwortet es: «Für meinen Lehrer und die Lehrerin!»

Das Kind lebt in diesem Jahrsiebt sehr stark in seinem «Rhythmischen System», d.h. im Zusammenwirken von Herz und Lunge, von Herzschlag und Atemrhythmus. Der Atemrhythmus spielt im Gefühlsleben eine wichtige Rolle, da es bei Stress zu Kurzatmigkeit kommt (weshalb zur Entspannung empfohlen wird, «einfach einmal gut durchzuatmen»), oder wenn es einem beim Erschrecken «die Luft verschlägt», wie die Sprachmetapher zutreffend besagt. Über Sport, Musik, Eurythmie und Tanz kann das Kind einen gesunden Atemrhythmus und auch einen guten Rhythmus des Schlafens und Wachens aufbauen,[60] was generell der Gesundheit und dem Lernen zugutekommt.

Während bis zum 7. Lebensjahr die soziale Umwelt wesentlich auf die Familie und Nachbarschaft beschränkt war und nur im Kindergarten eine erste Erweiterung erfahren hat, wird nun für die Entwicklung der sozialen Kompetenz der Platz in der Klassengemeinschaft und die Beziehung zur «besten Freundin» oder zum «besten Freund» immer wichtiger. Die verschiedenen Formen der Ich-Du-Beziehung werden auch spielerisch erprobt und emotional durchlebt.

Dabei hat sich gezeigt, dass Mädchen Beziehungen und Gefühle z.B. bei den Eltern oder Freundinnen und Freunden viel schärfer beobachten als Knaben, «... und sie haben auch keine Hemmungen, sich zu äußern, womit sie ihre Eltern manchmal in Verlegenheit bringen», berichtet Joan Borysenko.[61]

Das Kind vertieft die Entwicklung der Empathie, wenn es bei bestimmten Spielen abwechselnd in sehr verschiedene und komplementäre Rollen schlüpfen muss. Das geschieht beispielsweise in Gruppenspielen, wenn ein Kind einer Gruppe, die eine Kette gebildet hat, gegenübersteht, und ruft: «Wer fürchtet sich vor'm bösen Mann?» Und nachdem alle Kinder «Niemand!» gerufen haben, rennt es zur Kette und versucht sie zu durchbrechen ... um in der nächsten Runde dann selbst wieder Glied der Kette zu sein und ein anderes Kind die Kette aufzureißen versucht. Oder wenn es in einer Spielrunde als Robin Hood reiche Leute ausraubt und Arme beschenkt, ist es in der darauf folgenden Runde der Sheriff von Nottingham und muss den Räuber fangen. Es gibt für ein Kind nichts Schlimmeres, als wenn standesbewusste Eltern meinen, ihr Kind dürfe sich spielerisch nur mit einer akademischen Berufsrolle identifizieren, und nicht auch mit einem Gärtner oder Maurer oder Busfahrer. Der spielerische Rollentausch kommt nicht nur der Empathieentwicklung zugute, sondern fördert in diesem Alter auch die Fähigkeit, die Piaget und Inhelder[62] die «Reversibilität des Denkens» nennen. Sie besteht darin, dass ein Problem aus mehreren Standorten betrachtet werden kann. Das gelingt besser, wenn ein Kind in die Rolle einer anderen Person schlüpft und mit deren Augen in die Welt schaut. Bei der Reversibilität der kognitiven Funktionen – Denken, Wahrnehmen, Urteilen – hat sich gezeigt, dass dabei die Mädchen die rechtshemisphärischen Qualitäten besser mit einbeziehen als die gleichaltrigen Knaben. Dieser Unterschied macht sich auch in der Entwicklung des moralischen Bewusstseins bemerkbar, wie Borysenko aus Experimenten berichtet: Wenn Knaben ein moralisches Urteil zu fällen haben, gehen sie beinahe ausschließlich rational und logisch und außerdem recht zügig und schnell vor, während Mädchen viele miteinander vernetzte Aspekte berücksichtigen und mehr Zeit für ihre Entscheidung brauchen.[63]

Seit etwa dem Jahr 2000 sind immer mehr homosexuelle und transsexuelle Menschen in der Öffentlichkeit sichtbar geworden, für die viele der hier beschriebenen Charakteristika der Entwicklungen, wie sie bei Mädchen oder Knaben zu beobachten sind, nicht völlig zutreffen. Es liegen aber noch keine ausreichenden empirischen Studien vor, um daraus ein spezielles Bild der Entwicklungsphasen ableiten zu können. Aus diesem Grund kann ich in diesem Buch nicht darauf eingehen. Aber hier liegt für die Entwicklungspsychologie ein wichtiges Forschungsgebiet vor.

Im Kapitel 7 habe ich schon das 9. Lebensjahr und das «Überschreiten des Rubicon» erwähnt. Dazu kann es auch noch aus einem anderen Grund kommen. Denn im zweiten Jahrsiebt holt jetzt die linke Gehirnhälfte, die mit rationalem und linearem Denken korreliert, ihre Entwicklung nach. Dadurch muss in der Bewusstseinsentwicklung die magisch-mythische Welt verlassen werden. Das kann im Erleben sensibler Kinder – bei Mädchen intensiver als bei Knaben – kurz zu Zeiten der Trauer oder Melancholie führen, in extremen Fällen auch der Todessehnsucht («Ich will auch zu Oma in den Himmel!»), aber es gibt gleichzeitig ein erstes Aufblitzen des Ich, das in einer kindlichen Form etwas von der Zukunft vorweg nimmt, wie Rudolf Treichler es ausdrückt.[64]

Für diese Phase der Kindheit empfiehlt sich die hygienische, pädagogische und therapeutische Wirkung von Märchen, die von den Erwachsenen erzählt und später von den Kindern selbst gelesen werden.[65] Nach dem 9. Lebensjahr gilt das wache Interesse der Kinder den Geschichten von Helden, die Abenteuer überstanden und etwas Besonderes erreicht haben.

Insgesamt sollte sich das pädagogische Handeln vom Prinzip leiten lassen, dem Kind Erlebnisse zu ermöglichen, die ihm das Gefühl geben: «Die Welt ist schön».

Seit etwa 1920 wird in der industrialisierten Welt beobachtet, dass die *Pubertät* immer früher einsetzt, etwa um das 12. und 13. Lebensjahr, und – wie bereits in Kapitel 5 ausgeführt – bei Mädchen früher als bei Knaben, und generell in städtischen Gebieten früher als in ländlichen. Es hat sich bei Untersuchungen auch gezeigt, berichtet Straube, dass Mädchen, bei denen im Unterricht vor der Pubertät intensiv intellektuelle Fähigkeiten angesprochen wurden, um Monate früher zum ersten Mal menstruieren als Mädchen, die nicht diese intellektuelle Bildung erfahren haben.[66] Das Erleben der ersten Menstruation verdient besondere Beachtung. Trotz viel gut gemeinter Aufklärung wird die Regelblutung von vielen Mädchen wie ein Fluch oder eine Strafe ihres Geschlechts für die Sünden der Eva im jüdisch-christlichen Schöpfungsmythos gesehen. Oft ist das verbunden mit Scham und Schuldgefühlen. Ganz anders wird die Menstruation von der nordamerikanischen Urbevölkerung gewertet, wie Joan Borysenko berichtet: Sie gilt als Zeit besonders positiver Kraft, in der eine Frau Zugang zu kosmischen Kräften hat. Was ja tatsächlich zutrifft, weil die Regel mit den Mondkräften und Mondrhythmen zusammenhängt. Um Frauen in dieser spirituellen Offenheit nicht zu beeinträchtigen, verbringen sie bei den Mohave-Indianern einige Tage und Nächte in «Mondhütten», und die jungen Frauen werden angewiesen, sich bei der Menarche, der ersten Menstruation, ihre Träume gut zu merken, weil ihnen diese etwas über ihre Zukunft verraten.[67]

Deshalb empfiehlt die Ärztin Borysenko, Mädchen so vorzubereiten, dass sie der ersten Menstruation in freudiger Erwartung entgegengehen, weil sich in der ganzen Person des Mädchens ein Wunder ereignet, das ihr als Frau den Zugang zu anderen Welten ermöglicht. Ähnlich rät auch Irène Kummer vor allem den Müttern, liebevoll und freudvoll auf die Menarche ihrer Töchter zu reagieren, weil dadurch die junge Frau mit ihrer Leiblichkeit anders umgehen lernt, als wenn die Menstruation nur als etwas Lästiges oder sogar Unreines gesehen wird.[68] Eine positive Einstimmung ist auch deswegen wichtig, weil es während der Menstruation zu Schwankungen der Wahrnehmung und Sensibilität, der Stimmungslage und Kontaktfreude kommt, die mit den verschiedenen Phasen des Menstruationszyklus zusammenhängen, also endogen bedingt sind, und nicht durch das Verhalten anderer Menschen ausgelöst werden. Damit hat Christiane Northrup die Forschungsergebnisse von Therese Benedek und Boris Rubinstein aus 1939 bestätigt, in denen die unterschiedlichen seelischen Befindlichkeiten beschrieben wurden, die vor, während und nach dem Eisprung auftreten.[69] Das Wissen um diese natürlichen Gegebenheiten ist für eine verstehende Partnerschaft sehr hilfreich.

Ein Verfrühen der Pubertät versetzt Kinder bzw. Jugendliche verstärkt unter Spannung, wenn ihre seelische Entwicklung nicht mit der körperlichen Reifung Schritt halten kann. Physisch wären sie in der Lage, Kinder in die Welt zu setzen, doch geistig-seelisch sind sie selber noch nicht dem Kind-Sein entwachsen. Um diese «Schieflage» zu vermeiden, ist es wichtig, die Beschleunigung nicht zusätzlich zu stimulieren. Doch die gegenwärtige Konsumkultur überflutet die Kinder und Jugendlichen mit sexualisierten Bildern und Geschichten, die das Bewusstsein besetzen können, zumal die Aufmerksamkeit ohnedies stark auf die körperlichen Veränderungen gerichtet ist.

Bis zum 12. oder 13. Lebensjahr formt sich auch das eigentliche und dauerhafte Temperament als Cholerikerin, Phlegmatiker, Sanguinikerin oder Melancholiker aus, mit all seinen Stärken und Schwächen. Es prägt mehr und mehr den für das Kind typischen Lebensrhythmus, den Lern- und Arbeitsstil wie auch die Liebhabereien. Und es ist auch nicht durch «Umerziehung» wirklich zu verändern. Es kommt vielmehr darauf an, dass Eltern, Lehrer und Pädagoginnen die Stärken eines Temperaments erkennen, würdigen und ausbauen und die Schwächen tolerieren, ohne daraus dem Kind einen Vorwurf zu machen. Erst als erwachsene Persönlichkeit kann jemand im Sinne der Selbsterziehung an seinem Temperament arbeiten und die in ihm gegebenen Ressourcen nutzen.

8.3 Drittes Jahrsiebt: Jugend und Adoleszenz von 14 bis 21 Jahren

In diesem Alter orientieren sich Jugendliche für das Lernen an Referenzpersonen, die sie als wahrhaftig und authentisch-stimmig erleben. Das Urteil ihrer Freundinnen und Freunde hat für ihre Selbstwahrnehmung und ihr Selbstwertgefühl großes Gewicht. Deshalb sind Gerüchte und verleumderische Meldungen in den sozialen Medien, im sogen. Cyber-Mobbing, für sie besonders verletzend und treiben sie manchmal aus Verzweiflung in den Suizid. Wenn Jugendliche in diesem Alter gefragt werden, wofür sie lernen und arbeiten, lautet die Antwort sinngemäß: «Für mich und meine Freunde! Und natürlich interessiert mich der Gegenstand X ja auch!»

Durch die hormonalen Veränderungen in der Pubertät ist die Aufmerksamkeit der Jugendlichen stark nach innen gerichtet, auf die körperlichen und seelischen Vorgänge – die sie in sich selbst wahrnehmen und die bei ihnen Fragen aufwerfen, wie die Gefühlswelt der Gleichaltrigen wohl beschaffen sein mag. Um das zu erfahren, werden meistens lange und intime Gespräche mit «Peers» gesucht, in denen Gedanken, Gefühle, Willensregungen, Ideale und Werte ausgetauscht werden, um so herauszufinden, worin nun die eigene Identität besteht, beschreibt Erik Erikson den Prozess der Identitätsfindung in diesem Alter.[70] Zu dem Zweck erkunden die jungen Menschen ihren eigenen Gefühlskosmos und suchen Situationen auf, in denen sie die verschiedenen emotionalen Pendelausschläge ausloten können. Dazu gehören im Besonderen die Erotik und die ersten Erfahrungen mit Sexualität. Sowohl den jugendlichen Männern als den Frauen geht es dabei um Attraktivität und um direktes oder indirektes Werbeverhalten, mit dem erotische Beziehungen geknüpft werden sollen. Die männliche Variante ist immer noch, sich körperlich kräftig und seelisch stark zu zeigen, und dafür dient der athletisch geformte, muskulöse Mann vielen jungen Männern als Leitfigur. Mädchen und junge Frauen unterliegen dabei sehr oft dem Druck eines körperlichen Schönheitsideals, das durch Medien immer und überall suggeriert wird. Aus Sorge um ihre Figur treten bei vielen Mädchen Essstörungen auf, sie neigen zu Anorexie oder Bulimie und versuchen über eine Änderung ihrer Ernährung oder mit oft sonderbaren Diäten dem Schlankheitsbild erfolgreicher Models zu gleichen. Joan Borysenko berichtet von Befragungen in den USA unter Studierenden dieser Altersgruppe, die gezeigt haben, dass 90% der weißen Mädchen der oberen Mittelschicht über ihr Körpergewicht unglücklich waren, ja selbst ihren Körper hassten, während 70% der afro-amerikanischen Mädchen mit ihrem Körper zufrieden waren. Paradoxerweise fanden aber die männlichen Studienkollegen die mageren Mädchen abstoßend und die etwas molligeren attraktiver![71]

Für eine junge Frau hängt die Sorge um ihre körperliche Attraktivität zusammen mit der Frage, wie wohl die privaten und beruflichen Chancen in der Gesellschaft sein werden, wenn sie zur Frau voll herangereift sein wird. Dabei ist, trotz vieler Bemühungen um rechtliche Gleichstellung von Frauen, die offensichtliche oder versteckte Diskriminierung der Frau in unseren Breiten leider noch immer nicht überwunden, und das Aussehen einer Frau spielt für deren Erfolgschancen eine größere Rolle als das Aussehen eines Mannes.

Treichler[72] führt aus, dass die Vitalitätskräfte im ersten Jahrsiebt dem Aufbau der Organe dienten, im zweiten Jahrsiebt metamorphosiert wurden zu Denkkräften, und nun im dritten Jahrsiebt als Kräfte der Phantasie und Liebe wirksam sind. Die frühere und umfassendere Entwicklung der rechtshemisphärischen Fähigkeiten bei Mädchen – nämlich emotionale Intelligenz, ganzheitliches Denken, Beachten von Interdependenzen in Beziehungen usw. –, wie dies in den vorhergehenden Jahrsiebten der Fall war, bewirkt in der Adoleszenz, dass junge Frauen auch jetzt mehr auf die Balance von Verstand und Gefühl achten als junge Männer. Das spielt bei Partnerschaften eine große Rolle. Denn es ist wichtig, dass junge Frauen und Männer in der Adoleszenz ein Gefühl entwickeln für den Unterschied von Liebe, Erotik und Sexualität, damit ihr Gefühlsleben für das weitere Leben nicht reduziert wird und sie dann Sexualität allein für Liebe halten.

Die Adoleszenz ist die Zeit der tiefen Seelenfreundschaften und der (begonnenen und nicht vollendeten) Tagebücher, denen die intimsten Erfahrungen anvertraut werden. Gleichzeitig mit dem Eigeninteresse entsteht auch ein Weltinteresse und erzeugt Spannungen, wenn Geschlechtsreife und Erdenreife nicht in Balance gebracht werden. Das Weltinteresse zeigt sich darin, dass mit starker emotionaler Anteilnahme die herausfordernden Probleme unserer Zeit wahrgenommen und kritisiert werden: Himmelschreiende Armut und obszöner Reichtum, Krieg und Frieden, organisierte Ungleichheit und Diskriminierung, Umweltzerstörung und Klimakatastrophe, usw. Die Entrüstung, die gleichzeitig oft auch Ausdruck der

Hilflosigkeit ist, entlädt sich in Wut und polarisierenden, radikalen Debatten, denen eine klare Dualität von Gut und Böse zugrunde liegt. Im Grunde wird in diesem Lebensabschnitt an solchen Themen die selbstständige Urteilskraft entwickelt, und dazu ist es unvermeidlich, auch übers Ziel hinauszuschießen. Sympathie und Antipathie bestimmen in hohem Maße auch das Denken und Wollen der jungen Menschen. Deshalb sind die in hitzigen Debatten vertretenen Positionen als extreme Formen von gedanklichen Polaritäten zu verstehen, für die durch spätere Erfahrungen noch das richtige Maß gefunden werden muss. Die Gedanken, Gefühle und Intentionen sind dabei zwar in hohem Maße konsistent, jedoch muss ein damit übereinstimmendes Handeln gelingen. Und für die Urteilsbildung muss auch noch ein Weg gefunden werden, das Denken aus der Dichotomie von Sympathie und Antipathie herauszuführen. Die Neigung zu Extremen kann bei übermäßiger Sympathie auch zu Schwärmerei führen und bei dominanter Antipathie zu radikalen negativen Urteilen. Um zu realistischen Urteilen zu gelangen sind deshalb Reibungen mit anderen Menschen nötig und werden auch gesucht.

Die anthroposophisch orientierte Pädagogik wird für das dritte Jahrsiebt von dem Prinzip geleitet, bei den Jugendlichen und Adoleszenten Erlebnisse zu ermöglichen, durch die sie erfahren: «Die Welt ist wahr». Das entspricht auch dem tiefen Bedürfnis in diesem Alter. Die Suche nach Wahrhaftigkeit, Authentizität und Stimmigkeit bei den Erwachsenen wird getrieben von einer Sehnsucht nach hohen, reinen Idealen, um nach ihnen das Leben und das Miteinander der Menschen zu gestalten. Diese Sehnsucht nach einem irgendwo verborgenen «Heiligen Gral» wird auch «Parsifal-Gefühl» genannt. Rudolf Treichler weist als Psychiater auf die Gefahr hin, dass Sehnsucht zur Sucht werden kann, wenn sie keine substanzielle Befriedigung findet. Wenn bei der Suche nach lebenswerten Idealen einem Menschen diese doch als zu hoch und unerreichbar erscheinen, dann muss ein Idol – z.B. ein erfolgreicher Star im Sport oder in der Musik – als Ersatz dienen.[73]

Wie schon in Kap. 7 ausgeführt, wird etwa im 18. bzw. 19. Lebensjahr der 1. Mondknoten erlebt, der «Knoten des Aufbruchs».[74] Der junge Mensch stellt sich kritisch zum Milieu, in dem er bis jetzt aufgewachsen ist, und entscheidet sich auch gegen Widerstand, seinen eigenen Weg zu gehen. Das wird oft als Ablehnung der Werte und Lebensführung der Herkunftsfamilie empfunden und wirkt zutiefst verletzend. Durch die Dynamik der Pubertät kann das besonders heftig und konfliktreich ablaufen. Aber das Ich des jungen Menschen muss sich zu seiner Entfaltung immer mehr seine eigene Umgebung gestalten. Das wird die nächsten Jahre der Adoleszenz bestimmen.

9. Die Jahrsiebte der Expansiven Phase vom 21. bis zum 42. Jahr

In den Jahrsiebten der 2. *Hauptphase* wird hinsichtlich der körperlichen Kräfte in der Regel ganz aus dem Vollen geschöpft. Auch wenn viele Funktionen bereits zu Beginn der Expansiven Phase die Höhen ihrer Leistungsfähigkeit erreicht oder überschritten haben, bleibt die Vitalität auf einem hohen Niveau insgesamt relativ stabil und ist somit die Grundlage für eine positive geistig-seelische Entwicklung und eine gesunde Schaffenskraft. Wenn alte Weisheitslehren diesen Lebensabschnitt die «Phase des Kämpfens» nennen, dann hat dies damit zu tun, dass ein erwachsener Mensch – ob Mann oder Frau – proaktiv (aber nicht immer gleichermaßen ostentativ) seine Position in der Gesellschaft definiert und diese Positionierung durchzusetzen bemüht ist. Das gelingt nicht immer ohne innere und äußere Konflikte.

Nach dem Lernen in der 1. Hauptphase bis etwa zum 21. Lebensjahr, das im Großen und Ganzen von der Umgebung angeboten oder bestimmt wird, hängt die Entwicklung in den drei Jahrsiebten der Expansiven Phase hauptsächlich von der Selbsterziehung des erwachsenen Menschen ab. Das Ich verbindet sich immer mehr mit den physiologischen «Bildekräften», so dass es die körperliche Befindlichkeit, Gesundheit, Genesung und Leistungsfähigkeit beeinflussen kann. Selbsterziehung bedeutet auch, dass das Ich bzw. Selbst die seelischen Funktionen aus eigener Kraft gestalten kann. Durch konsequente Achtsamkeitsübungen[75] kann die Wahrnehmungsfähigkeit geschult werden, und Rudolf Steiners sogen. Nebenübungen[76] tragen zur Schulung des selbstgesteuerten Denkens und zur Bewusstwerdung des Fühlens und des Wollens bei. Christliche Orden und buddhistische Mönchgemeinschaften praktizieren seit hunderten von Jahren Exerzitien und Meditationen, durch die in Verbindung mit Gebet und Ritualen die seelische Entwicklung als Selbsterziehung gefördert wird.

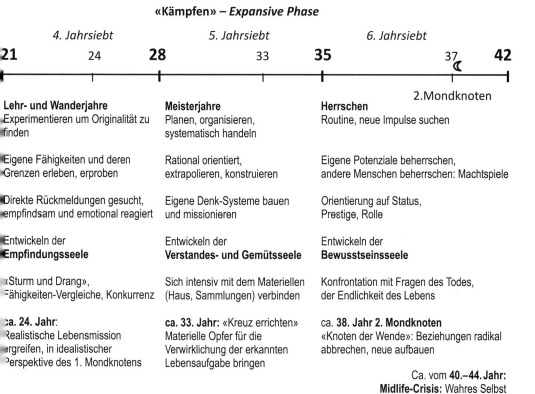

Abb. 1.6: Jahrsiebte der Expansiven Phase (eigene Darstellung nach R. Treichler, 1981, und B. Lievegoed, 1991)

9.1 Viertes Jahrsiebt: Adoleszenz von 21 bis 28 Jahren

Adoleszente drücken mit der Kraft ihres präsenter werdenden Ich mehr und mehr dem Leben ihren eigenen Stempel auf und sind damit beschäftigt, ihre Position in der Welt zu finden. Aber dabei muss immer wieder getestet werden, wie weit die Fähigkeiten tatsächlich reichen und wo Grenzen gegeben sind. Das geschieht mit Experimentierfreude durch «trial and error», d.h. durch Ausprobieren, ohne sich durch Fehler oder Scheitern entmutigen zu lassen. So wird alles Mögliche aufgegriffen, ausprobiert, angenommen und verworfen, um aus der Rückmeldung der Wirklichkeit die eigene Originalität zu finden. Die Rückmeldungen erfolgen nicht allein durch das Wahrnehmen der sachlich-objektiven Wirkungen des Tuns, sondern sie werden auch als direktes, zeitnahes «Feedback» von anderen Menschen – nicht nur von solchen mit mehr Erfahrung – gesucht. Deshalb trifft die Bezeichnung «Lehr- und Wanderjahre» (oder «auf die Walz gehen» früherer Handwerker) auf dieses Jahrsiebt voll und ganz zu.

Wie sehr auch ehrliche Rückmeldungen gebraucht und gesucht werden, fällt es in dieser Phase oft recht schwer, sie anzunehmen. Denn wenn andere zurückspiegeln, wie sie die Wirkungen des Handelns erlebt haben, muss oft die optimistische Einschätzung des eigenen Wissens und Könnens revidiert werden. Das kann als schmerzhaft empfunden werden, wenn das Selbstbild immer wieder in Frage gestellt und angepasst werden muss. Da es zum Experimentieren gehört, sich als junge Erwachsene mit anderen zu vergleichen, besteht auch eine Stimmung der latenten Konkurrenz zu Gleichaltrigen. Darum braucht es starkes Vertrauen in die lauteren Motive der Person, die Rückmeldung gibt; denn wenn der Verdacht aufkommt, dass vor allem aus Konkurrenzgründen Kritik geübt wird, kann das Urteil nur schwer oder gar nicht angenommen werden; und in der Folge wird es mehr oder weniger aggressiv abgewehrt. Dabei können gleichzeitig unrealistische Ambitionen einerseits und – wenn das Angestrebte nicht erreicht werden konnte –, Scham auftreten und zu ambivalenten Gefühlen gegenüber den urteilenden Personen führen. Dabei wird gelernt, die eigenen Perfektionsansprüche zu erkennen und zu relativieren.

Zum Experimentieren gehören auch Erfahrungen mit Verliebtheit und Paarbildung. Die Neurophysiologie hat viele Einsichten geliefert, was alles dazu beiträgt, dass Menschen sich zueinander hingezogen fühlen, und wie dies die ganze seelische Befindlichkeit grundlegend beeinflusst. Hier spielen viele Sinnesreize zusammen, damit Menschen zusammenfinden und gleichsam wie auf einer emotionalen Insel leben. In extremer Weise kann dies zur Kokon-Bildung führen, wodurch kaum Interesse für die Außenwelt besteht. Der Zustand der Verliebtheit kann aber genau so gut starke Energie-Schübe auslösen, so dass tägliche Arbeiten mit viel Elan verrichtet werden. Selbst wenn die Verliebtheit oft wie ein Rauschzustand empfunden wird, so kann in diesem Zustand doch eine erhöhte Selbstsicherheit wahrgenommen werden. In der Partnerbeziehung wird auch der

Prozess der Identitätsklärung vertieft, weil sich ein junger Mensch – wie Erik Erikson ausführt – durch die Begegnung im Partner bzw. in der Partnerin selber zu finden hofft und eine Bestätigung des Selbstwerts sucht.[77]

In Kap. 3 habe ich kurz auf die drei verschiedenen Seiten des Selbst hingewiesen: Da strebt das *Alltags-Ich* nach der Verwirklichung von Idealen, Werten und Lebenszielen des *Höheren Selbst* bzw. der *Licht-Persönlichkeit*, und da wird der *Schatten* bzw. der *Doppelgänger* als Konfiguration der schlechten Eigenschaften und Schwächen einer Person wie ein eigenständiges Wesen erlebbar. Bei der Paar- und Partnerbildung kommt es bekanntlich zu einer gesteigerten Aufmerksamkeit und Wahrnehmung vieler Aspekte der Lichtpersönlichkeit. Ich kann es auch «Geblendet-Sein durch das Licht» nennen, wenn im Verliebtsein die Schattenseiten nicht gesehen oder ignoriert werden. Das drückt sich in der Redensart aus: «Liebe macht blind!» Sie gilt aber nur für die Wahrnehmung der Doppelgänger-Aspekte, die im Zustand der Verliebtheit nicht gesehen werden. Denn in Wahrheit macht die Liebe sehend für die Potenziale eines Menschen, die in seinem Höheren Selbst angelegt sind und sich künftig noch entfalten wollen – gerade auch durch eine reife Partnerbeziehung. Es besteht jedoch die Gefahr, dass durch Schwärmerei anfangs zu hohe Erwartungen an die Geliebte oder den Traummann gestellt werden, denen diese auf Dauer nicht entsprechen können, so dass allmählich Ernüchterung eintritt und eine Trennung im Konflikt folgt. In der Paarbeziehung besteht die Herausforderung darin, sein Selbst nicht im anderen zu verlieren, sondern vielmehr in der Ich-Du-Beziehung zum eigenen wahren Ich zu finden und so dem wahren Ich des Anderen zu begegnen.

Wenn die Paarbildung zu einer dauerhaften Bindung wird, stehen mit der Familiengründung auch Schwangerschaft und Geburt sowie Mutterschaft und Vaterschaft und Pflege der Nachkommen im Mittelpunkt des Interesses. Damit ändert sich der Erlebnishorizont grundlegend. Zur Verantwortung für sich selbst kommt Verantwortung für die Partnerin oder den Partner dazu, darüber hinaus für die gemeinsame Beziehung, dann für Kinder und schließlich auch für die Berufstätigkeit und die Mitwelt. Und es stellt sich die Frage nach einer befriedigenden Balance dieser verschiedenen Welten.

Viele Frauen erleben in dieser Phase ihre erste Schwangerschaft, die für sie und ihren Partner beglückend und herausfordernd oder belastend zugleich ist. Schwangerschaft und Geburt haben für die Frau noch eine tiefere Bedeutung als für den Mann als Erzeuger des erwarteten Kindes. Wenn in der Frau das neue Leben heranwächst, fällt es vielen Männern schwer, Verständnis dafür aufzubringen, dass die werdende Mutter diesem Geschehen viel Aufmerksamkeit zuwendet und insgesamt emotional labiler ist. Das kann vorübergehend die Beziehung belasten. Deshalb betont Irène Kummer, wie wichtig es für eine schwangere Frau ist, dass sie sich bei ihrem Partner oder bei anderen Menschen aufgehoben fühlen kann, «da sie dem neuen Geschehen ausgesetzt ist, sich schutzlos und verletzbar, aber oft auch stark, erotisch und schön findet. Sie braucht auch das Gefühl, dass ihr Kind willkommen sein wird. Die Geburt (…) führt die Frau in einen ekstatischen Zustand, in ein Grenzerlebnis, nachdem sie selber – meist vor dem Durchtritt des kindlichen Kopfes – ein eigentliches Gefühl von Sterben hat, um mit ihrem Kind wiedergeboren zu werden – dies jedoch nur, wenn der Vorgang nicht von Eingriffen verstellt ist.»[78]

Doch nach den herausfordernden Zeiten der Ambivalenzen wird mit dem Erleben der Geburt vieles wieder gut. Auch wenn der Akt des Gebärens für die Frau den definitiven Abschied vom Mädchen-Sein bedeutet und mit Trauer verbunden sein kann.

Viele Frauen erleben in diesem Jahrsiebt Fehlgeburten oder entscheiden sich – oft unter großem Druck – zum Schwangerschaftsabbruch. Solche Erlebnisse berühren die Frau viel tiefer als den Mann, um dessen Kind es dabei geht. Der Tod kommt Frauen um vieles näher, da durch die Schwangerschaft nicht nur eine körperliche, sondern auch seelisch-geistige Beziehung zum Kind entstanden ist. Deshalb ist für die Mutter sowohl bei Fehlgeburten als auch bei einem bewusst herbeigeführten Schwangerschaftsabbruch richtiges Trauern geboten, damit sie wieder zu innerem Frieden kommt, genauso wie beim Tod eines anderen lieben Menschen. Joan Borysenko war Leiterin einer Klinik für psycho-somatische Erkrankungen, in der sie mit Frauen therapeutisch arbeitete, die nach einem Schwangerschaftsabbruch körperlich und seelisch krank geworden waren. Zur Erkrankung haben auch Empfindungen von Scham und persönlichem Versagen und von religiös oder moralisch begründeter Schuld beigetragen. Und in den meisten Fällen fühlten sich die Frauen allein oder in Stich gelassen und konnten mit niemandem vertrauensvoll ihre tiefsten Schicksalsfragen besprechen. Die Therapeutin begleitete die

Frauen bei einem spirituellen Ritual, durch das sie sich zur Verantwortung für ihre Tat bekannten und danach in geistiger Begegnung mit dem Ungeborenen von ihm Verzeihung und Versöhnung als Gnadenakt erfahren durften; dadurch wurden sie von ihren Leiden allmählich geheilt.[79]

Manche Frauen verspüren erst nach ein oder zwei Abtreibungen den Wunsch nach einem eigen-leiblichen Kind. Auch dafür ist eine innere Verabschiedung von den Ungeborenen eine große Hilfe, um dem neuen Leben offenherzig entgegensehen zu können, ohne gleichzeitig von Gewissensbissen geplagt zu werden.

Für viele junge Paare geht der Kinderwunsch aber nicht in Erfüllung. Daran kann eine Beziehung in die Brüche gehen – oder durch gemeinsames Annehmen des Schicksalswinks noch weiter reifen. Vielleicht entscheiden die beiden, ein Kind zu adoptieren, das sonst keine Lebens- und Entwicklungschancen gehabt hätte. Dann können ähnlich intensive Gefühle der Bindung zwischen Eltern und Kind auftreten wie beim biologisch-eigenen Kind.

Durch all die genannten lustvollen und leidvollen Erfahrungen vollzieht sich ein Reifungsprozess, der als *Geburtswehen des Ich* verstanden werden kann. Dafür ist das 24. Lebensjahr ein wichtiger Meilenstein. Erfahrene Therapeutinnen und Sozialarbeiter berichten, dass sehr oft mit 24 das gestärkte Ich ihrer Klienten den Durchbruch zur eigenen Lebensmission schafft. Was mit dem 9. Lebensjahr erst nur eine vage Ahnung einer künftigen Lebensaufgabe ist und dann im 1. Mondknoten zum sehnsuchtsvollen Greifen nach hohen Idealen wird, das verdichtet sich zu einer Kraft, mit der das Leben zielstrebig gesteuert werden kann. Dadurch kann sich der junge erwachsene Mensch immer mehr mit der Erde, mit den Mitmenschen und mit dem Leben schlechthin verbinden. Das bestätigen Erfahrungen in der Drogentherapie, bei der sich gezeigt hat, dass viele Drogensüchtige erst mit dem Erreichen des 24. Lebensjahres dauerhaft ihre Sucht überwinden konnten – was ihnen vorher nicht gelungen war und auch nachher sehr schwierig ist. Dass es gelingt, liegt an der erstarkten Ich-Kraft in diesem Alter. Diese Erfahrung trifft in ähnlicher Weise auch auf andere Projekte des Lebens zu.

Nach dem 24. Lebensjahr wird dann vieles, das der Verwirklichung der erkannten Lebensaufgabe dienen soll, mit Schwung in Angriff genommen. Es entsteht die Dynamik einer «Sturm und Drang»-Zeit, die gerne von

Unternehmen genutzt wird, um innovative Projekte voranzutreiben; dafür wird dann für die Mitarbeiterinnen und Mitarbeitern des vierten Jahrsiebts relativ viel Freiraum geschaffen.

Die hier beschriebenen Charakteristika dieser Lebensphase zeigen deutlich, dass es dabei um die Entwicklung der sogen. «Empfindungsseele» geht, wie dies in der anthroposophischen Menschenkunde genannt wird. Die «Lebensfrage», die sich ein junger Erwachsener jetzt stellt, ist laut Rudolf Treichler: «Wie erlebe ich die Welt und an der Welt mich selbst?»[80]

Das bedeutet, dass nur Erkenntnisse und Erlebnisse in die Persönlichkeit integriert werden, die jemand selbst persönlich empfunden, durchfühlt und durchlitten hat. Gute und wohlmeinende Ratschläge anderer Menschen können zwar interessant sein, dringen aber nicht tiefer. Das wurde schon früh erkannt und für die Berufsbildung genutzt. Bis ins neunzehnte Jahrhundert wurde dieser Weg der Selbstfindung unterstützt durch die Konvention der *Lern- und Wanderjahre,* damit ein junger Handwerksgeselle viele verschiedene Gegenden und Kulturen und Führungsstile der Meister kennenlernte, bevor er selber als Meister sesshaft werden konnte. Heute werden die Lehr- und Wanderjahre junger Akademikerinnen und Akademiker auf andere Weise gelebt, denn es ist leicht möglich, einige Semester oder Jahre im Ausland zu studieren oder dort nach dem Studium Berufserfahrungen zu sammeln, oder als qualifizierte Erwachsene durch verschiedene Abteilungen mit jeweils anderen Kulturen zu wandern und so Erfahrungen mit Vorgesetzten zu sammeln, die unterschiedliche Führungsstile praktizieren; Künstlerinnen und Künstler probieren verschiedene Richtungen und Stile aus, um zu ihrer Originalität zu finden, und vieles mehr.

9.2 Fünftes Jahrsiebt: Erwachsenenalter von 28 bis 35 Jahren

In diesem Jahrsiebt ist durch die Lehr- und Wanderjahre die Persönlichkeit zum mündigen, selbstständigen Erwachsenen gereift und die Meisterjahre können beginnen. Nach Erkenntnissen der anthroposophischen Menschenkunde kommt in den jetzt folgenden Jahren die sogen. «Verstandes- und Gemütsseele» zur vollen Entwicklung. Um Missverständnissen vorzubeugen, bedarf der Begriff «Verstandes- und Gemütsseele» einer Erläuterung. Das rationale Denken entwickelt sich in einem erkennbaren

Schub schon nach dem 14. Lebensjahr und wird üblicherweise durch die Schulbildung gefördert, im Besonderen in Gymnasien, technischen oder kaufmännischen Ausbildungen. Doch mit dem Erstarken des Trieblebens in der Pubertät wird diese Fähigkeit oft in den Dienst der Emotionalität und des unbewussten Wollens gestellt. Dadurch können Gedanken ihren Ursprung in Affekten haben, die zur Rechtfertigung durch das Denken einen rationalen Anstrich bekommen, d.h. «rationalisiert» werden, so dass der emotionale Ursprung verborgen wird.[81] Mit der Reifung der Empfindungsseele sind persönliches Wahrnehmen und Empfinden zur Fähigkeit der kognitiven und emotionalen Empathie geworden, so dass sich jemand in das Denken und Fühlen eines anderen Menschen gut einleben kann. Das ermöglicht ein weitgehend ungetrübtes Mitempfinden des Denkens und Fühlens eines anderen Menschen, ohne dass die eigene leiblich-seelische Befindlichkeit auf einen anderen Menschen unbewusst projiziert wird. Bei aller Empathie bleibt dann noch die Frage offen: Was denke *ich selbst*? Welche Gedanken habe *ich* vielleicht unbewusst von anderen übernommen und für meine eigenen gehalten?

Für die Verstandes- und Gemütsseele fasst Rudolf Treichler die Essenz der «Lebensfrage» so zusammen: «Wie ordnet sich mir die Welt und in der Welt das eigene Leben?»[82]

Nun ist für die Entwicklung der Verstandes- und Gemütsseele wesentlich, dass ein erwachsener Mensch seine *eigene* Gedankenwelt aufbaut – bei aller Anerkennung für Ideen, die er anderen verdankt. So kann er die innere Gewissheit erlangen, dass er in seinen persönlichen Gedanken mit dem Geistigen in der Welt verbunden ist und allgemeine objektive Gesetzmäßigkeiten und Prinzipien erkennen kann (wie z.B. den Pythagoreischen Lehrsatz, die Fallgesetze, die Gesetze des Auftriebs, grammatikalische Regeln etc.). Der Arzt Norbert Glas bringt genau auf den Punkt, wie ein Mensch nach dem 28. Lebensjahr seine Denkkraft erlebt: «Er kann sie nun so ergreifen, dass er zu fühlen beginnt: in dem wahren inneren Denken erfasst er etwas von seinem eigenen Wesen auf der einen Seite und von der Welt auf der anderen. Und zwar nicht so wie vorher, wo sozusagen zwischen seinem Denken immer wieder sein Trieb- und Instinktleben heraufblitzt und zerstörend brennt, sondern wie nun eine Epoche beginnen darf, in der er sich immer mehr befreien kann von diesem vorher ungebändigten Feuer. Der Mensch arbeitet sich nun vor in eine Zeit, in der er, wenn er sich nur richtig bilden will und kann, die Schritte in ein Leben einlenkt, in dem er frei waltet.»[83]

Wenn das mehr und mehr gelingt, kann das Ich dem Verstand sozusagen gleichberechtigt neben dem Gefühl Gehör verschaffen und kann Denken und Fühlen in die Persönlichkeit integrieren. Dann wird es fähig sein, auch in herausfordernden Situationen nicht vor den psychologischen Stress-Mechanismen zu kapitulieren, sondern seine Selbst-Steuerung zu behalten.[84] Das Entwicklungsziel der Verstandes- und Gemütsseele ist nun, dass ein gestärktes Ich sowohl den Verstand als auch das Gemüt – d.h. auch die Potenziale des Gefühlslebens – als gleichwertig berücksichtigen und einsetzen kann. Das Ich kann die Polarität der Verstandes- und Gemütskräfte zu einem stimmigen Ganzen integrieren. Mit dem Integrieren ist allerdings nicht das Erreichen einer stabilen Harmonie gemeint, vielmehr müssen Synthesen von Verstand und Gemüt immer wieder situativ neu gewonnen werden. Friedemann Schulz von Thun spricht in diesem Sinne von *innerer und äußerer Stimmigkeit,* indem ich als Mensch spüre, was «meine Berufung (wo Bedürfnis und Pflicht zur Einheit werden)» ist, und wo «Bedürfnis, Pflicht und Berufung miteinander verbunden werden (…) Was will ich vom Leben und was will das Leben von mir?»[85]

Zu Beginn dieses Jahrsiebts schießen oft Menschen mit der neu erworbenen Fähigkeit etwas über das Ziel hinaus. Rationalität wird sehr betont, Erfahrungen aus der Vergangenheit werden in die Zukunft extrapoliert und sind die Grundlage für systematische Planungen. Dabei werden Gedankengebäude rational konstruiert und gegebenenfalls der Wirklichkeit übergestülpt. Und wenn sich herausstellt, dass es zwischen Planung und Wirklichkeit Diskrepanzen gibt, gilt die zynische Regel: «Umso schlimmer für die Wirklichkeit!»

Die Kraft des klaren Denkens zu erleben, gibt ein deutliches Evidenzgefühl wie bei einem «Aha-Erlebnis». So entsteht ein starkes Bedürfnis, sein eigenes Denkgebäude zu bauen und dieses anderen Menschen als Erkenntnishilfe zur Verfügung zu stellen. Andere Erwachsene können das – trotz der Unterstellung guten Willens – als aufdringliches Belehren, manchmal auch als sektiererisches Missionieren empfinden.

Im Laufe dieser Jahre entwickelt sich mit der gesteigerten Denkkraft ein Selbstwertgefühl, das nicht mehr aus den Rückmeldungen und Urteilen der Mitmenschen gebildet wird, sondern überwiegend auf realistischer

Selbsteinschätzung beruht. Wenn doch das Feedback anderer Menschen gesucht wird, dann dient es in erster Linie zur Bestätigung der Selbstbeurteilung. Es geht nicht darum, es anderen recht zu machen, sondern vielleicht sogar gegen deren Meinung das zu tun, was als richtig erkannt worden ist.

Das Ich bzw. Selbst des Menschen verbindet sich in diesen Jahren – wie Abb. 1.4 symbolisch veranschaulicht – immer tiefer mit der eigenen Körperlichkeit und mit materiellen und gesellschaftlichen Gegebenheiten, die zum Leben gehören. Der Volksmund drückt das in dem Spruch aus, dass in diesen Jahren ein Baum gepflanzt, ein Haus gebaut und ein Kind gezeugt worden sein muss. Viele entdecken in sich eine Sammlerleidenschaft für irgendwelche (oft gar nicht besondere) Gegenstände. Auch sehr ideell orientierte Menschen legen dann Wert auf Besitz und einen gewissen Lebenskomfort. – Doch dazu meldet sich etwa um das 33. Lebensjahr noch eine andere Stimme des Ich und lässt Zweifel aufkommen, ob durch die starke Bindung an materielle Werte oder an Status und Karriere nicht andere wichtige Ziele auf der Strecke bleiben könnten. In so mancher Biografie wird ein ruckartiges Aufwachen beschrieben und hat tiefgreifende Entscheidungen zur Folge: Auf erworbene materielle Sicherheiten wird verzichtet, um doch noch die erkannte Vision und Lebensmission zu verwirklichen. Und es wird auch hinterfragt, ob beim Arrangieren der eigenen Person mit den beruflichen und sozialen Anforderungen nicht doch zu viele Kompromisse zu Ungunsten der eigenen Lebensziele gemacht worden sind. Dies gilt (in unseren Breiten) weniger für Männer als für Frauen, die sowohl Mutterschaft, Eheleben und Berufstätigkeit unter einen Hut bringen wollen. Sie erleben dann rund um ihr 33. Lebensjahr eine Krise, in der sie ihr bisheriges Rollenverständnis kritisch überprüfen und sich entscheiden müssen, was Priorität bekommen soll: Wenn ich als Frau noch keine Kinder habe – will ich noch Mutter werden? Und wie viel Zeit habe ich dafür noch? Und entspricht die Partnerschaft noch den Erwartungen, die ich in der Zeit der Verliebtheit hatte? Wenn die Beziehung nicht mehr von wirklicher Liebe getragen wird – wäre vielleicht eine faktische Trennung oder eine konsequente formal-rechtliche Scheidung eine bessere Lösung? Oder kann ich mit meinem Partner über unsere Beziehung in ein gutes Gespräch eintreten, so dass wir dann unsere Rollen neu aushandeln? – All diesen Fragen liegt ein mehr oder weniger starkes Bedürfnis nach *Unabhängigkeit* zugrunde. Dabei kann es um die Qualität der Beziehung gehen, um die Perspektive beruflichen Weiterkommens oder die finanzielle Abhängigkeit vom Partner.

Wenn Frauen in dem Alter noch keine Kinder bekommen haben – sei es aus eigener Entscheidung oder weil physiologische Gegebenheiten das verhindern –, und wenn sie sich nicht in die Idee verbissen haben, um jeden Preis doch noch ein eigenes Kind zu zeugen, dann können sie andere sinnvolle und befriedigende Formen finden, ein weibliches Grundanliegen zu leben: Sie können sich engagieren, Leben an und für sich zu schützen und zu pflegen. Sie finden Befriedigung in guten Kontakten zu Neffen und Nichten oder Kindern von Freundinnen, sie werden vielleicht aktiv in der Begleitung von Menschen in Seniorenheimen, oder sie übernehmen Rollen, wie etwa als Mentorin oder Coach oder Lebensberaterin und Ähnliches, oder engagieren sich ehrenamtlich für Menschen in Not, für die Wahrung der Menschenrechte, oder für die Natur und die Lösung der drängenden ökologischen Probleme und vieles mehr.

Der Religionsphilosoph Romano Guardini drückt das Lebensgefühl des Erwachsenen – ob Mann oder Frau – in dieser Situation so aus: «Er (FG: der erwachsene Mensch) erfährt, dass die Wirklichkeit des sozialen, politischen, wirtschaftlichen Lebens, die er aus der Unbedingtheit der Idee und der Reinheit der Gesinnung heraus ändern will, viel zäher ist als er gedacht hat. Das Richtige wird gesehen und gesagt, aber deshalb noch nicht angenommen. (…) Die gleiche Erfahrung macht er auch mit sich selbst. Die Tatsache, dass er etwas für sich recht erkannt hat, bedeutet noch in keiner Weise, dass er es auch tut. Immer wieder versagt er (…)», und es bildet sich die Überzeugung, «… es komme letztlich nicht darauf an, Geld und Macht zu gewinnen, sondern etwas Wertvolles zu leisten und aus sich selber einen rechten Menschen zu machen. (…) Nun entwickelt sich das, was Charakter heißt: die innere Festigung der Person. Sie ist nicht Starrheit, keine Verhärtung der Gesichtspunkte und der Haltungen; besteht vielmehr im Zusammenschluss des lebendigen Denkens, Fühlens, Wollens mit dem eigenen geistigen Kern.»[86]

9.3 Sechstes Jahrsiebt: Erwachsenenalter von 35 bis 42 Jahren

In diesem Lebensabschnitt geht es – nach der anthroposophisch orientierten Entwicklungspsychologie – um die Entwicklung der «Bewusstseinsseele», und diese wird in den nachfolgenden Jahrsiebten immer mehr erweitert und vertieft. Was ist nun der wesentliche Unterschied zur vorhergehenden Phase? Mit der ausgebildeten Verstandes- und Gemütsseele konnten die gemachten Wahrnehmungen und Empfindungen gedanklich verarbeitet werden. Dabei waren die seelischen Kräfte in erster Linie stark nach außen gerichtet. Und auf der Grundlage des von außen Aufgenommenen konnte nun das rational und gemüthaft geleitete Handeln den Anforderungen der Außenwelt entsprechen. Hierfür war eine Bewusstheit «erster Ordnung» schon vorhanden, denn das Wahrgenommene, das Gedachte und Getane waren bei wachem Bewusstsein auch gewollt. Doch nunmehr bedeutet «Bewusstseinsseele», dass sich zusätzlich ein «Bewusstsein zweiter Ordnung» entwickelt, ein Meta-Bewusstsein, mit dem das Ich wie aus Distanz auf sich selbst und seine seelischen Aktivitäten schaut. Es kann, was es in einer konkreten Situation denkt, fühlt und will, von einer höheren Warte aus beobachten und bestätigen oder korrigieren oder verwerfen. Das ist oft anstrengend und spannungsreich. Jetzt wird es den Menschen zu einem großen Anliegen, ihre seelischen Kräfte auf ihr eigenes Innenleben zu richten – jedoch nicht aus Selbstverliebtheit, sondern um die eigenen Ziele besser erfassen und verwirklichen zu können. Deshalb sind Menschen in dieser Phase mit sich selbst eher mehr unzufrieden als zufrieden, da sie sich die immer wieder auftretenden Diskrepanzen zwischen ihrem Denken und Tun eingestehen. Viele machen in diesem Alter folgende Erfahrung: Während sie gerade sprechen oder handeln, schauen sie sich selbst wie von außen über die Schulter zu und beurteilen gleichzeitig ihr Reden und Tun für sich im Stillen. Dem liegt der Anspruch nach gedanklicher Kohärenz, Schlüssigkeit und Stimmigkeit zugrunde. Die Kehrseite dieser Entwicklung ist, dass auch das Verhalten anderer Menschen – vor allem auch der Ehefrau bzw. des Ehemanns – kritischer gesehen wird, und im schlimmsten Fall zum Herumhacken und Nörgeln verführt. Denn es fallen jetzt bestimmte störende Verhaltensmuster auf, die vorher auch vorhanden waren, jedoch nicht beachtet oder liebevoll übersehen wurden. Das kann die Beziehung sehr belasten, wenn sich die Aufmerksamkeit immer mehr auf die Schattenseiten der Persönlichkeit richtet. So erklärt sich in diesem Alter die Zunahme der Scheidungsrate, die mit der sich ankündigenden Midlife-Crisis noch gesteigert wird.

Menschen sind sich in diesem Jahrsiebt darüber im Klaren, dass sie im Laufe der Jahre ein eigenes Denkgebäude mit einem Menschen- und Weltbild aufgebaut haben, und sie können zu dieser Philosophie stehen – sowohl in ihrem Wahrheitsgehalt als auch in all ihren Unvollkommenheiten. Für die Bewusstseinsseele ist also ein starkes Bedürfnis nach Authentizität und Identität bestimmend. Treichler[87] führt als charakteristische Fragen, die sich jemand in dem Zustand stellt, sinngemäß an: *Was* sind meine Werte? Und *warum* sind es meine Werte? Was will ich damit wirklich *erreichen* und was nicht? Was steckt für mich eigentlich dahinter? Was sind meine *wahren* Motive? War Geltungssucht die Triebfeder? Gebe ich mich vielleicht irgendwelchen Illusionen hin? Was ist Wahrheit? Was ist Schönheit? Was ist das Gute? Und Treichler fasst dies paradigmatisch so zusammen: «*Im Zentrum der Bewusstseinsseele wird die Welt erkannt, das eigene Bewusstsein erwacht am Wesen der Welt und findet so zur Selbsterkenntnis.*» Und die «Lebensfragen» der Bewusstseinsseele lauten (S. 67): «*Wie finde ich zum Wesen der Welt und zum eigenen Wesen, und wie kann ich in der Welt mein Wesen verwirklichen?*»[88] Roder nennt als Essenz der Bewusstseinsseele «das Erwachen des Ichs im Bewusstsein seiner selbst».[89] Und das kann durch äußere Ereignisse zwar angestoßen, aber nur mit innerer Arbeit durch sich selbst geleistet werden. Oft findet erst jetzt jemand zu einem neuen «Lebensauftrag», der schon mit 24 geahnt wurde und nicht beherzt ergriffen worden ist.

Der erwachsene Mensch hat im Lebensgang bis hierher genügend Selbstkenntnis erlangt und weiß um seine Potenziale. Er kann sie beherrschen und deshalb bewusst einsetzen – sowohl für seine Arbeit, die Nutzen für andere Menschen stiften soll, wie auch für den Eigennutzen. Damit ist eine Schattenseite der Entwicklung der Bewusstseinsseele angesprochen: Mit zunehmender Individuation neigt das Ich, das auf sich gerichtete Ego, auch zum *Egoismus*. Es ist nicht nur Selbstbewusstsein entstanden, sondern auch Bewusstsein für den eigenen Status und die Symbole, durch die der Status zur Schau gestellt wird. Lievegoed weist auf die Schattenseite hin, dass dieses Bewusstsein genutzt werden kann, die Möglichkeiten der Einflussnahme und der Machtausübung zu erweitern, um in «Machtspielen» sich selbst und anderen seine Bedeutung zu beweisen.[90] Gudrun Burkhard charakterisiert dies sehr drastisch: «Wir können in diesem Alter zu großen Egoisten und Despoten werden. In jeder Biografie besteht jetzt die Gefahr, ein kleiner Napoleon zu werden (Napoleon krönte sich selbst mit 35 Jahren!).»[91]

Die Entfaltung der Potenziale und das Bewusstsein ihrer Wirkungen kann in diesem Alter auch schon zum Erleben von Routine werden, bei der das Herz nicht immer ganz dabei ist. Beunruhigende Gefühle des Leerlaufs treten häufiger auf. Darum werden in Gedanken oftmals Szenarien durchgespielt, wie wohl das Leben in den nächsten zwanzig bis dreißig Jahren aussehen mag, wenn der bisher beschrittene Weg extrapoliert wird und sich wie gewohnt fortsetzt. Dabei kann sich immer mehr Unruhe und Unzufriedenheit breitmachen. Und ähnlich wie um das 33. Lebensjahr stellen sich unausweichlich Fragen nach der Sinnhaftigkeit des Lebens, bis dafür eine befriedigende Antwort gefunden ist.

Ungefähr um das 37. oder 38. Lebensjahr kann das Erleben des *2. Mondknotens* einen tiefen Einschnitt bewirken. Die bisherigen Fragen und Zweifel können dabei kulminieren im «Knoten der Wende», wie ihn Roder[92] nennt. Wende bedeutet hier, dass etwas zurückgelassen werden muss, das bislang Orientierung und Geborgenheit geboten hat. Ja mehr noch: Beim 2. Mondknoten bedeutet Wende *nicht Aufbruch* wie beim 1. Mondknoten, sondern *Umbruch*. Und das ist jetzt vor allem *Abbruch*. Was ans Gewohnte bindet, muss abgebrochen werden, damit für etwas grundsätzlich Neues Platz geschaffen wird. Hier zeigt sich immer wieder, dass bestehende Beziehungen radikal – oft im heftigen Konflikt – abgebrochen werden und nach neuen Partnerschaften gesucht wird, um mit ihnen das zu schaffen, was bisher nicht gelungen ist. Der Ernst der Entscheidungssituation wird oft durch die Beschäftigung mit Fragen vertieft, was der Tod bedeute und was bisher an Nützlichem für andere Menschen geleistet werden konnte. Verschiedene Faktoren wirken hier zusammen, dass sich immer öfter auch der Gedanke an den Tod aufdrängt. Das Abnehmen der körperlichen Vitalitätskräfte wird durchaus empfunden und steigt aus dem Unterbewussten auf. Anstoß dazu kann auch der Tod von Freundinnen oder Freunden in einem ähnlichen Alter geben, wenn im Rückblick auf deren Leben auf einmal ein klares Thema oder Lebensziel erkannt wird. Aber oft konfrontiert eine schwere Erkrankung jemanden mitten im Leben mit der

Frage, welche Sinn-Orientierung denn bisher verwirklicht werden konnte. Im Leben der Frau kann vor allem eine Fehlgeburt, vielleicht die schwere Erkrankung eines Kindes oder dessen Tod dazu Anstoß geben. Gudrun Burkhard fasst die Gemütslage einer ihrer Patientinnen so zusammen: «Es ist so, als ob der Todesengel von der anderen Seite, vom Ende des Lebenslaufs her, herüberschaut und zu einem spricht: Achte darauf, was du in den nächsten Jahren noch alles tun möchtest, was du verpasst hast und was du noch in die Tat umsetzen willst.»[93] Es stellen sich die Fragen nach «Haben oder Sein», wie sie Erich Fromm formuliert hat: Was *habe ich* alles an Besitz, Status, Image in der Außenwelt usw. – und was *bin ich* eigentlich, wenn all das wegfällt? Geht es mir um Schein oder um Sein?[94]

Für viele Frauen fällt der 2. Mondknoten zusammen mit der Frage, ob sie nach einigen Jahren der Arbeit für Kinder und den Haushalt wieder in ihren Beruf einsteigen wollen. In dieser Zeit haben sie über ihre Potenziale reflektiert und sind oft etwas unsicher, ob ihr Wissen und Können noch dem gegenwärtig geforderten Stand entspricht. Dabei unterschätzen die meisten Frauen ihre Fähigkeiten. Denn die Erziehungsarbeit in der Familie hat Frauen einen Zuwachs an sozialer Kompetenz und Unabhängigkeit gebracht und sie haben gelernt, nein zu sagen, was vor allem in Dienstleistungsberufen gefragt ist. Aber auch wenn sie meinen, dass sie durch Weiterbildung erst wieder den Anschluss finden müssen, so sind sie jetzt anders als vor Jahren motiviert, ihren Beruf auszuüben. Denn indessen hat die Frage nach dem Sinn an Bedeutung gewonnen.

In dieser Situation kommt es darauf an, dass ein klares Bild vor der Seele steht, *wohin* die Lebensreise gehen soll und was im Neuland konkret getan werden müsste. Denn wenn aktionistisch nur irgendetwas unternommen wird, ohne Orientierung auf das Wofür und Wohin, ist die Wahrscheinlichkeit sehr groß, dass die Stimmung des 2. Mondknotens nach kurzer Zeit in die *Midlife-Crisis* mündet. Diese beginnt etwa mit dem 40. Lebensjahr und kann mehrere Jahre andauern, bis der «innere Umbau» gelungen ist. Denn für die Bewältigung der Krise ist als erstes entscheidend, ob ihr Bestehen überhaupt wahrgenommen und die mit ihr verbundene Herausforderung erkannt und angenommen wird. Und als zweites ist die Entschlossenheit zur Neuorientierung gefordert.

Die Kernfrage dieser Krise besteht in der Konfrontation des «Alltags-Ichs» eines reifen, mündigen Erwachsenen mit seinem «Höheren Selbst» auf der einen Seite und seinem «Schatten» bzw. «Doppelgänger» auf der anderen Seite. Diese Begriffe aus der anthroposophischen Menschenkunde bedürfen an dieser Stelle einer Erläuterung. Wie in Kap. 3 bereits kurz angedeutet, ist das geistige Zentrum eines Menschen dreigliedrig zu verstehen. Es gibt das «gewöhnliche Ich» eines Menschen, das sich im Alltag in jeder Sekunde seines Lebens immer wieder für die gute oder schlechte Seite in ihm selbst entscheidet; ich spreche auch vom «Alltags-Ich»,[95] das in Beziehung zu den beiden anderen Gliedern des Selbst ist: zum «Höheren Selbst» als Licht-Seite, und zur dunklen Seite, dem «Schatten» bzw. dem sogen. «Doppelgänger».

Wie in Kap. 8.2 schon kurz beschrieben, gibt es etwa mit dem 9. Lebensjahr eine «Sternstunde», eine kurz aufblitzende Erfahrung, die in dem Kind einen starken Wunsch ausgelöst hat, etwas Bestimmtes im Leben werden zu wollen. Der Wunsch ist noch vage und kleidet sich in Vorstellungsbilder aus der Erlebniswelt des Kindes, aber es zeichnet sich darin eine bestimmte Qualität ab – es darf nur nicht gedacht werden, dass damit schon ein konkretes Berufsziel gemeint sei. Doch es ist an sich bemerkenswert, dass eigentlich jedes gesunde Kind vorhat, etwas aus sich zu machen, jemand zu werden und nicht in der Kindheit stecken zu bleiben. Zur zweiten Begegnung mit dem Höheren Selbst kommt es im 1. Mondknoten, wenn Jugendliche, von der Sehnsucht nach hohen Idealen bewegt, für sich einen Leitstern erkennen und sich deshalb von ihrem bisherigen Umfeld trennen wollen. Und dafür nehmen sie Konflikte in Kauf. Die dritte Begegnung mit dem Höheren Selbst wird rund um das 24. Lebensjahr erlebt. Dadurch konnten schon konkrete und realisierbare Ziele ergriffen werden, zu deren Umsetzung noch Lebenserfahrungen durch Versuch und Irrtum gewonnen werden mussten. Das Höhere Selbst ist jedoch nicht eine zufällige Wunschliste von Werten, Zielen und Tugenden, die sich im Laufe des Lebens ansammelt, sondern es *konfiguriert sich wesenhaft* und inspiriert als innere Stimme, als Gewissen oder als intuitive Entwicklungsrichtung das Alltags-Ich. Außer den genannten Zeitspannen in der Biografie gibt es immer wieder besondere Momente, die von Abraham Maslow «Peak Experiences» genannt werden.[96] In solchen «Gipfelerlebnissen» kommen Gefühle auf, die sich so umschreiben lassen: Ich bin in mir selbst stimmig, ich bin in Übereinstimmung mit meiner Ideal-Vorstellung, wie ich werden möchte. Und diese Momente erlebe ich so, als stünde die Zeit still; und ich bin in inniger Verbindung mit der Natur, der Welt, ja mit dem Kosmos, und auch mit all meinen Mitmenschen. Das schenkt inneren Frieden und Glück. Das Erleben der Begegnung mit dem Höheren Selbst tritt nicht nur zu den genannten biografischen Momenten auf, sondern es stellt sich auch bei besonders beglückenden Momenten ein, z.B. wenn das gerade geborene Kind zum ersten Mal in den Armen gehalten wird und geistig für kurze Zeit geschaut wird, was es mit der Inkarnation dieses Wesens auf sich hat; oder es tritt auch in besonders lebensbedrohlichen Situationen auf – wie z.B. an einer kritischen Stelle bei einer Bergtour –, und gibt auch da einen Ausblick frei auf die eigene Lebensmission.

Für Viktor Frankl[97] steht die Frage nach dem Sinn eines Lebens für seine therapeutische Arbeit im Mittelpunkt. Er drückt sehr klar aus, dass es nicht darum geht, dass wir dem Leben einen Sinn *geben*, sondern dass wir dem Leben einen Sinn «*ent*-nehmen»; indem wir auf die Lebensfragen antworten, unser Leben *ver*-antworten; deshalb ist «Selbstverwirklichung» nicht der Sinn bzw. Zweck des Lebens, sondern eine Folge, die sich dann einstellt, wenn der Mensch den Lebensfragen antwortet. Frankl betont deshalb, «Glück soll und darf und kann nie Ziel sein, sondern nur Ergebnis.»[98]

Zum Verständnis des «Schattens» greife ich auf Umschreibungen Carl Gustav Jungs und beim Begriff «Doppelgänger» auf Rudolf Steiner zurück. C. G. Jung hat den Begriff «Schatten»[99] geprägt für die Gesamtheit der Eigenschaften, Schwächen, unmoralischen Triebe eines Menschen als Teil seiner Persönlichkeit, die aber zumeist aus dem Bewusstsein verdrängt werden, weil sie von ihm selbst oder von anderen als schlecht bewertet werden.[100] Die Mitmenschen nehmen den «Schatten» oft nur als lästig, unangenehm oder gefährlich wahr, er kann aber dämonische Züge annehmen und zu heftigen Konflikten führen.[101] Die anthroposophische Menschenkunde spricht nicht vom Schatten, sondern vom «Doppelgänger eines Menschen».[102] In diesem Sinne hat jeder Mensch mit allem was er im Laufe des Lebens gedacht, gefühlt, gesagt und getan hat, seinen «Doppelgänger» geschaffen, der das imaginativ personifizierte Bild seiner Schwächen und Fehler ist, die er mit seinem Leben in die Welt gesetzt hat. Und so wie ein Mensch im wörtlichen Sinn seinen Schatten nicht los werden kann, wenn er noch so hoch springt oder weit weg läuft, so haftet der Schatten bzw. der Doppelgänger an einem Menschen. Er kann sich nicht von ihm trennen – er kann ihn nur durch Selbsterziehung wandeln. In diesem Sinn gilt für das Verhältnis zum Doppelgänger, was Christian Morgenstern sagte: *«Jeder von uns hat etwas Unbehauenes, Unerlöstes in sich, daran unaufhörlich zu arbeiten seine heimlichste Lebensaufgabe bleibt.»*[103]

Der Schatten bzw. der Doppelgänger fordert einen Menschen zeitlebens heraus, ihn sehen zu lernen und als zu ihm gehörig anzuerkennen, um ihn dann zu erlösen, indem sein Alltags-Ich an ihm arbeitet und mit den Kräften seiner Lichtseite den Schatten verwandelt. Mit der Midlife-Crisis wird bewusst erlebt, wie das Alltags-Ich im Spannungsfeld zwischen Licht und Schatten kämpft mit dem Doppelgänger, um ihn mit den Lichtkräften des Höheren Selbst sozusagen aufzuhellen und zu erlösen. Ein Urbild dieses Kampfes ist die Erzählung im Alten Testament[104] vom Kampf des Erzvaters Jakob, dem sich beim Durchqueren eines Flusses ein mächtiges Wesen – ein Engel – in den Weg stellt und mit ihm die Nacht hindurch ringt, bis Jakob ihn als Engel erkennt und um seinen Segen bittet. Gauguin bringt dies als seinen eigenen Kampf ins Bild, wie in Kap. 13.7 dargestellt wird.

Statistiken zeigen, dass vor allem Menschen der Altersgruppe 40 bis 45 auszuwandern versuchen (z.B. nach Kanada, Australien, Neuseeland, etc.), dass Ehescheidungen auffällig zunehmen und ein radikaler Wechsel in einen völlig neuen Beruf gewagt wird (z.B. ein sehr geschätzter Hausarzt wird Biobauer, ein renommierter Architekt erlernt das Fach des Geigenbauers, eine erfolgreiche Scheidungsanwältin sattelt um zur Paar- und Familientherapeutin, etc.). Für die wirkliche Bewältigung der Krisenherausforderung ist entscheidend, ob nur die äußeren Lebensumstände bzw. die Partnerin oder Partner gewechselt werden, oder ob ein Mensch ernsthaft an seiner eigenen Persönlichkeit arbeitet. Denn jeder nimmt sich selbst in die neue Partnerschaft oder in die neue Lebenssituation mit. Wenn nicht wirklich erkannt worden ist, dass es um den Wandel der eigenen Persönlichkeit geht, kommt es in der neuen Konstellation höchstwahrscheinlich nur zur Neuauflage der alten Probleme. Jürg Willi hat aufgrund seiner Erfahrungen mit Scheidungen von Ehepaaren entdeckt, dass in der neuen Partnerschaft nach anfänglichen Änderungsbemühungen das alte Beziehungsmuster wiederholt wird, und hat dieses gemeinsame «Wiederholungs-Spiel» einfach «Kollusion»[105] genannt.

An Beispielen meiner Praxis als Mediator in sehr stark eskalierten Konflikten in Organisationen zeige ich in einigen Büchern,[106] dass die Aufforderung zur Wandlung des Doppelgängers die eigentliche Herausforderung der Midlife-Crisis auf individueller Ebene ist, und dass sich diese Krise sehr oft auch auf die Organisation auswirkt. Dabei habe ich immer wieder die Erfahrung machen dürfen, dass Menschen (und Organisationen) große Entwicklungsschritte machen konnten, wenn sie sich mutig der Konfrontation mit ihrem Doppelgänger gestellt hatten und dessen Aufforderung zur Selbsterziehung annehmen konnten. Dies ist eine Chance, zu Dimensionen des Lebens zu finden, die das Persönliche transzendieren.

Bei der konstruktiven Bewältigung von Krisen hat es sich als große Hilfe erwiesen, wenn Menschen in der Lage waren, anzuknüpfen bei Idealen und Visionen, die sie in der Jugend oder Adoleszenz hatten. Dafür bringe ich an dieser Stelle ein Gedicht ein, das ich in Kapstadt im «Museum of District Six» gefunden habe. Es stammt von einem Schwarzen, Laugston Hughes, der in diesem Stadtviertel neben indischen und malayischen Menschen gewohnt hatte, bis das Apartheidsregime alle Häuser brutal abreißen ließ, weil District Six zu einem Gebiet für Weiße erklärt worden war:

> *Hold fast to dreams.*
> *For if dreams die*
> *Life is a broken winged bird*
> *That cannot fly.*

Ich habe mir erlaubt, es frei zu übersetzen:

> Behalte Träume dir – vor allen Dingen!
> Wenn deine Träume sterben, dann
> Bist du ein Vogel mit gebroch'nen Schwingen,
> Der nicht mehr fliegen kann.

In «Träumen», die intuitive Visionen sein können, ist eine Kraft eingeschlossen, die sich vielfach erst später entfaltet und dann heilend wirkt.

Die *Resilienzforschung* hat Erkenntnisse gebracht, die auch für die «normalen» biografischen Lebenskrisen hilfreich sind, nicht nur für außergewöhnliche Ereignisse. Andreas Kruse[107] bringt dazu eine aktuelle Übersicht und führt neben *internalen Merkmalen* auch *externale Merkmale* an. Zu den internalen Besonderheiten gehören die Fähigkeiten, Emotionen kontrollieren zu können, Wahrnehmungen bewusst selektieren und differenziert deuten zu können, eigene Ressourcen zur Bewältigung gut einschätzen zu können etc.). Wenn Menschen von der Idee ausgehen, dass Glück und Unglück, Sternstunden und Krisen zum Leben gehören, die für ihr Dasein einen tieferen Sinn haben können, schöpfen sie daraus Kräfte, immer wieder Neues zu versuchen. So hat sich gezeigt, dass Menschen mit einer religiösen oder spirituellen Orientierung aus diesen Krisen anders hervorgehen und zu Leistungen fähig sind, die sie bisher selber nicht für möglich gehalten haben. Sie sind über sich selbst hinausgewachsen. Bei dem Neuen, das sie dann schaffen, erleben sie die Wirksamkeit des Höheren Selbst in sich auf eine Art, wie es das Wort des Apostels Paulus besagt: «Nicht ich – sondern der Christus in mir!»

Zu den *externalen Merkmalen* sind nach Kruse fördernde Umstände im Umfeld zu zählen, wie vor allem eine gute soziale Vernetzung, Unterstützung durch Mitmenschen, institutionelle Unterstützungssysteme etc. Durch das Zusammenwirken internaler und externaler Faktoren können Menschen ihrem Leben eine gute Wendung geben und daran noch weiter reifen, da Wendepunkte auch Entwicklungspotenziale beinhalten.[108] Generell gilt für jede Krisenbewältigung, was die Positive Psychologie[109] als «adaptive Flexibilität» bezeichnet. Damit ist gemeint, dass sich Menschen produktiv an Situationen anpassen können und sich nicht an alte Lösungsmuster klammern, die sich früher einmal in anderen Situationen bewährt haben.

10. Die Jahrsiebte der Sozialen Phase: vom 42. Jahr bis 63. Jahr

Etwa mit 40 Jahren ist in der Regel die Lebensmitte erreicht. In der zweiten Lebenshälfte muss sich die geistig-seelische Entwicklung immer mehr vom Abbau der körperlichen Kräfte unabhängig machen können, sonst geht es geistig-seelisch bergab. Ob das geschieht, hängt von der geistigen Regsamkeit in der Rezeptiven Phase und von der Selbsterziehung in der Expansiven Phase ab. Die Entwicklungspsychologie ging lange davon aus, dass es bis zur Lebensmitte «Entwicklungsgewinne» gibt, während

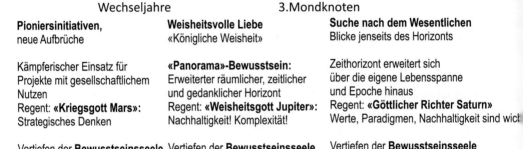

Abb. 1.7: Jahrsiebte der Sozialen Phase (eigene Darstellung nach B. Lievegoed, 1991, und J. Borysenko, 2001)

im Alter die «Entwicklungsverluste» dominieren.[110] Dafür wurde in erster Linie auf die körperlichen Veränderungen geschaut. Seit den Forschungen von Leopold Rosenmayr[111] weist die Altersforschung immer mehr auf «Entwicklungsgewinne» hin, weil gegenwärtig durch bessere materielle Grundlagen neue Freiheiten gewonnen werden.

Generell lässt sich sagen, dass für die Vitalität nach der relativ stabilen Plateauphase bis ca. zum 42. Lebensjahr eine Involution beginnt. Im Leben der Frau hat dies wegen der Wechseljahre, die im Durchschnitt etwa um das 48. Jahr mit der Menopause abgerundet sind, zumeist tiefgreifende seelische Folgen.

Seelisch-geistig kann sich ein Mensch trotz des Abfalls der Vitalität zu besonderen Höhen weiter entwickeln – in vielen Fällen geschieht dies eigentlich gerade durch die Auseinandersetzung mit den abnehmenden Körperkräften.

10.1 Siebtes Jahrsiebt: reifes Erwachsenenalter von 42 bis 49 Jahren

Die nachhaltige Bewältigung der Midlife-Crisis erfordert erfahrungsgemäß einige Jahre größter seelischer Anstrengung. Denn auch wenn die Herausforderungen des Doppelgängers erkannt und angenommen worden sind und mit den Kräften des Höheren Selbst mehr und mehr eine Veränderung erlebbar wird, so kann sich leider kein Mensch von einem Tag auf den anderen total wandeln. Er muss mit Phasen des Fortschritts und der Rückfälle in alte, eingeschliffene Verhaltensmuster rechnen. Doch wenn einmal die Entwicklungsrichtung gefunden ist und die Selbsterziehung mit Entschlossenheit in Angriff genommen wird, kann eine dauerhafte geistige und soziale Neupositionierung gelingen. Der Gestaltpsychologe Metzger hat darauf hingewiesen, dass es bei der Arbeit mit dem Organischen (und Seelischen) – anders als bei anorganischer Materie – auf das Dulden von Umwegen ankommt.[112] Das gilt besonders für den Lebensweg.

Viele Menschen sehen rückblickend ihr Ringen in der Krise als Abwerfen eines behindernden Ballasts, den sie mitgeschleppt haben. Gerade wenn sie längere Zeit im Finstern suchend umhergeirrt waren und endlich Licht am Ende des Tunnels sehen, fühlen sie sich umso mehr frei für einen Aufbruch in Neuland. Bisher gebundene Kräfte stehen dadurch für Initiativen selektiv zur Verfügung.

Im Zuge der Auseinandersetzung über «Verluste und Gewinne» des Alterns haben Margret und Paul Baltes eine *Theorie der Selektiven Optimierung mit Kompensation*[113] entwickelt, die eine gute Orientierung für die Potenziale nach der Midlife-Crisis bietet. Unter *Selektion* verstehen sie, dass unbewusst oder auch bewusst realistische Lebensziele ausgewählt werden, auf die sie ihre Ressourcen ausrichten. Mit *Optimierung* meinen sie, dass die bestehenden Ressourcen gepflegt und verbessert werden, mit denen die Ziele verwirklicht werden können. Als *Kompensation* bezeichnen sie Anpassungsaktionen auf Einbußen von Ressourcen, um die

Funktionstüchtigkeit möglichst lange zu gewährleisten. Das zeugt davon, dass sie jetzt über eine realistische Einschätzung ihrer Ressourcen verfügen.

Wenn Menschen die Krise bestanden haben, können sie sich als Pioniere für Projekte einsetzen, deren Ziel das Schaffen von Werten für andere ist und nicht mehr primär dem Eigennutzen dienen. Sie können anspruchsvollere Vorhaben systematisch planen und sie über einen Zeitraum von mehreren Jahren mit Ausdauer verfolgen. Ihr *räumlicher Horizont* und die *zeitliche Perspektive* haben sich merkbar erweitert. *Räumliche* Horizonterweiterung bedeutet, dass sie komplexere Situationen besser meistern können, weil sie in Interdependenzen und Vernetzungen denken; *zeitliche* Horizonterweiterung besteht darin, dass sie über eine größere «Zeitspannen-Kapazität» (time-span-capacity nach Elliot Jaques[114]) verfügen, die sie befähigt, komplexe Vorhaben über einen Zeitraum von zwei, vier oder mehr Jahren zu planen, zu begleiten und zu einem guten Abschluss zu bringen. In der Umsetzung bleiben sie kurssicher, auch wenn sie beträchtliche Umwege machen müssen, um ans Ziel zu gelangen. In Kap. 1.1 (S. 95 ff.) wird dies noch näher erläutert.

Diese Fähigkeiten sind als *strategische Kompetenz* zu verstehen. Und darin manifestiert sich etwas Besonderes im Leben, von dem schon die Ägypter und Römer überzeugt waren: Nämlich dass vom 42. bis 49. Lebensjahr der *Kriegsgott Mars* der «geistige Regent» ist. Mit Mars ist nicht der physische Himmelskörper des Planeten Mars gemeint, sondern die geistig-seelischen Kräfte, über einen Zeitraum von wenigstens zwei Jahren zu planen und zu handeln – das ist genau die Umlaufzeit des Planeten Mars um die Sonne von der Erde aus gesehen! – und größere Zusammenhänge dynamischer und vernetzter Systeme zu verstehen und zu nutzen. Strategische Kompetenz bedeutet auch, Imaginationen von Ziel- und Wegvorstellungen entwickeln und motivierend anderen Menschen vermitteln zu können. Darum durfte bei den Römern ein Mann erst nach Vollendung des 42. Lebensjahres eine Funktion als Heerführer übernehmen. In unserer Zeit bedeutet das, dass sich reife Frauen und Männer mit «martialischem Kampfgeist» am liebsten für größere und bedeutende Sachen einsetzen wollen, auch wenn sie wissen, dass dies auf Unverständnis oder Widerstand stoßen wird.

Andreas Kruse weist auf Joan und Erikson hin, die in Anknüpfung an

Lars Tornstam *Ich-Integrität* und *Gerotranszendenz* als Entwicklungsgewinn nennen.[115] Robert Peck differenziert Gerotranszendenz und unterscheidet drei Spannungsfelder: (a) *Körper-Transzendenz* als persönliche Stärke bedeutet, dass jemand zu den körperlichen Einbußen konstruktiv steht und nicht am früheren Körper-Ideal festhält («Körper-Präokkupation»); (b) *Ego-Differenzierung* als seelische Errungenschaft äußert sich darin, dass sich jemand nicht mit der bisherigen Berufsrolle identifiziert («Berufs-Präokkupation»); (c) *Ego-Transzendenz* ist dann errungen, wenn jemand nicht mehr davon ausgeht, dass sich alles um seine oder ihre Person drehen muss.[116] Die Essenz dieser Spannungsfelder ist, dass mit «amor fati», der Liebe zum Schicksal, sich ein Mensch durchringt zu sich selber, indem er (a) den körperlichen Zustand so bejaht, wie er ist und wie er Potenziale birgt, und nicht dem vergangenen Hochgefühl der Expansiven Phase nachtrauert, dass er sich (b) nicht durch Rollen und Images von anderen definieren lässt, sondern sich zu sich selbst bekennt, und dass er (c) sein selbstsüchtiges Ego überwindet und mit seinen Erfahrungen und Ressourcen einer Sache dient, die über ihn hinausführt.

Diese Haltung ist als Frucht durch Schwierigkeiten und Leid gereift. Sie kann auf unterschiedliche Weise praktisch umgesetzt werden. Bei vielen Frauen hat sich Folgendes gezeigt: Wenn sie im Rückblick auf ihr bisheriges Leben zur Erkenntnis kommen, dass sie bis dahin in großer Abhängigkeit gelebt haben, weil ihre Rolle überwiegend von anderen Menschen definiert worden ist – z.B. von ihrem Ehemann oder den Pflichten als Mutter –, kann dies, wie Gudrun Burkhard beschreibt, zu einer feministischen Rebellion führen. Dann wird jede Gelegenheit genutzt, sich kämpferisch für Veränderungen der Geschlechterrollen zu engagieren.[117] Für die weitere Reifung ist nun entscheidend, ob die Kampfeskraft in erster Linie dazu gebraucht wird, um *gegen etwas* aufzutreten – oder zu kämpfen *für etwas*, das von einer konstruktiven Vision getragen wird. Denn wer *gegen etwas* kämpft, befindet sich vielleicht – ohne sich dessen bewusst zu sein – noch in einer Counter-Dependency (Gegen-Abhängigkeit), die doch noch eine Abhängigkeit von dem Bekämpften ist.

Eine andere Problematik erleben Frauen, die sich als Zwanzig- und Dreißigjährige aus Überzeugung weitgehend der Erziehung ihrer Kinder und der Gestaltung des Familienlebens hingegeben haben. Wenn die Kinder nach und nach die Familie verlassen haben und irgendwo außer Haus ihrer Ausbildung nachgehen, dann entsteht das «Leere-Nest-Syndrom». Da die gewohnte Beziehung zu den Kindern wegfällt, erhält die Beziehung zum Partner wieder mehr Aufmerksamkeit. Wenn dabei hauptsächlich die Schwächen oder Schattenseiten des Partners gesehen werden, ist das schwer zu verarbeiten. Diese Frauen geraten dann oft in ein Sinn-Vakuum und müssten sich umorientieren. Manche wollen dennoch um jeden Preis an der alten Mutterrolle festhalten und merken nicht, dass gerade dies der Beziehung zu den Kindern schadet, wenn diese nicht den benötigten Freiraum erhalten.

Oft tritt bei Männern und Frauen eine Schattenseite der Mars-Regentschaft als problematisch in Erscheinung – wenn die neue Schaffenskraft nicht metamorphosiert und für sinnvolle Projekte eingesetzt wird: Dann werden andere Menschen belehrt oder auf aggressive Weise kritisiert. Auch bittere Ironie und kalter Zynismus sind als intellektuelle Aggression fehlgeleitete Formen der Mars-Kraft, denn hier zeigt sich nicht, dass jemand *für etwas glüht*, sondern vielmehr *eiskalt gegen etwas kämpft*, damit nach dem Zerstören Raum frei werde für etwas Neues. So kann ein zwanghafter Kampfgeist aufkommen, durch den sich jemand z.B. in einen Rechtsstreit verbeißt und die eigene Weiterentwicklung blockiert oder sich mit der Zeit selbst zerstört. Gabriele Münter befand sich, da sie sich von Kandinsky verraten fühlte, längere Zeit in diesem Zustand.

In der Expansiven Phase ging es dem erwachsenen Menschen zumeist darum, seine Selbstwirksamkeit erleben und demonstrieren zu können, indem *er* etwas leistet; und dabei war es ihm (meist nicht bewusst) wichtig, sich und anderen zu zeigen, wer Urheberin oder Urheber dieser Leistung ist. In der Reifephase nach der Krise tritt das in den Hintergrund und es entsteht ein inneres Anliegen, durch seinen Einsatz dazu beizutragen, *dass etwas Wichtiges getan wird*. Es verschafft dann mehr Befriedigung, jüngere und fähige Menschen mit Rat und Tat darin zu unterstützen, *dass sie* ihre Leistung erbringen. Dabei können aufgrund der erworbenen strategischen Kompetenz motivierende imaginative Zielbilder mit den Jüngeren erarbeitet bzw. vereinbart werden, die von ihnen selbstständig umgesetzt werden. Die zurückhaltende Unterstützung und Begleitung gilt gleichzeitig sowohl der Zielerreichung als auch der Entwicklung der Potenziale der jüngeren Generation.

Problematisch läuft es jedoch, wenn die Krise nicht durch innere Wandlungsfähigkeit aus eigener Kraft und Entschlossenheit bewältigt werden konnte. Dann sehen oft Menschen nach dem 40. Lebensjahr die Dreißigjährigen, die auf der Höhe ihrer Vitalität sind, als Konkurrenten und fühlen sich von ihnen bedroht, weil diese als viel energischer wahrgenommen werden. Das kann sich dann in einem krampfhaften Verteidigen und Absichern der eigenen Position äußern. Oder es wird mit allen Mitteln versucht, die Vitalität der Expansiven Phase künstlich – oder wenigstens dem Schein nach – zu verlängern, indem intensives Fitnesstraining und Sport betrieben werden. Oder es soll durch Schönheitsoperationen, mit Hormonkuren und betont modischer Kleidung die physische Attraktivität erhalten werden. Die Kernfrage der Entwicklung ist jedoch, ob die körperlich bedingte Mahnung zu einem Wandel der Lebensführung so verstanden wird, dass nur Äußerliches verändert wird – oder dass es um die Suche nach einer neuen Innerlichkeit geht, die sich in authentischem Verhalten äußert. Die Mars-Kräfte können sich dann pervertiert in einer durchwegs kämpferischen Haltung manifestieren, indem sich eine nörglerische Haltung herausbildet und vieles kritisiert oder zynisch abgewertet wird. Oder indem man sich auf das Bekämpfen und Niederringen eines Menschen versteift, von dem man einmal Unrecht erlitten hat und für das jetzt Rache genommen wird. Dies sind die typischen Schattenaspekte der Mars-Kräfte.

Bei vielen Frauen lösen die Wechseljahre durch die Minderung der weiblichen Hormone Östrogen und Progesteron und die Zunahme des männlichen Hormons Testosteron große Verunsicherungen aus. Beim *Mann* sind in diesem Alter die hormonalen Umstellungen gerade entgegengesetzt, da die Produktion der weiblichen Hormone zunimmt und die der männlichen vermindert wird. Carl Gustaf Jung hat die sich daraus ergebenden Veränderungen im Seelenleben des Mannes und der Frau genau studiert. Er spricht beim Mann, bei dem seelisch die femininen Qualitäten zunehmen, von der Entwicklung der *Anima*, und nennt die Zunahme der maskulinen seelischen Qualitäten bei der *Frau* die Entwicklung des *Animus*. Im Grunde bringt es für beide Geschlechter die Fähigkeit zur Integration der weiblichen und männlichen seelischen Kräfte zu einem mehr androgynen, ganzen Menschen. Aber für beide hat diese Entwicklung zur Folge, dass sie ein neues inneres Gleichgewicht finden müssen. Irène Kummer charakterisiert dies sehr treffend: «Es geht hier darum, ‹weiblich› und ‹männlich› als Chiffren für Geben und Nehmen, für passiv und aktiv, ins Fließen zu bringen, indem Mann und Frau die ‹je andere› Ausdrucksform und Haltung hinzugewinnen und integrieren.»[118]

Für Frauen machen sich die hormonalen Umstellungen der Wechseljahre, die etwa 2 bis 3 Jahre dauern, in unerfreulichen körperlichen Symptomen bemerkbar. Das sind schmerzhafte Spannungen an den Brüsten, Hitzewallungen, Nachtschweiß und Schlafstörungen, Migräne bei der Periode, Müdigkeit, gelegentliche Muskelschmerzen, etc. Das hat auch psychische Auswirkungen: Stimmungsschwankungen, Reizbarkeit, Beunruhigung bezüglich des Frau-Seins, starke Zunahme oder Abnahme des sexuellen Interesses, Angst vor einer eventuellen Osteoporose, usw. Dazu trägt in hohem Maße die grundsätzliche negative Einstellung vieler Frauen zur Menopause bei. Und vice versa wirkt sich die seelische Verfassung wiederum auf die körperliche Befindlichkeit und Gesundheit aus. Das wird in therapeutischen Programmen zur Stress-Reduktion genutzt, die z.B. Jon Kabat-Zinn entwickelt[119] und mit nachweisbarem Erfolg angewandt hat.[120]

Frauen machen in der Zeit des Klimakteriums auch neue Erfahrungen, wie Joan Borysenko aufgrund jahrelanger Arbeit mit Patientinnen beschreibt: Ihr Traumleben wird lebhafter, sie haben Erlebnisse des Déjàvu, sie entwickeln einen klaren Sinn für zeitliche Zusammenhänge und Synchronizität, und ihre Intuitionen erweisen sich immer häufiger als richtig.[121] Das gibt ihnen Vertrauen in ihre Urteilsfähigkeit und stärkt ihre Durchsetzungskraft. Sie werden aufmerksam für kleinere Ungerechtigkeiten, die ihnen oder anderen zugefügt werden, und setzen sich tatkräftiger als bisher für deren Beseitigung ein. Einer Patientin verdankt Borysenko einen besonderen Hinweis auf die «psychospirituellen Chancen von Hitzewallungen», als diese erzählte, dass in einem tibetanischen buddhistischen Kloster in einer Vollmondnacht Mönche in einer eiskalten Höhle sitzen, nackt und nur in mehrere nasse Tücher gewickelt. Diese Tücher sollen sie trocknen durch ihre Körpertemperatur, die beim richtigen Meditieren entsteht. Der Mönch, der in der Nacht die meisten Tücher trocknen kann, gilt als der am weitesten fortgeschrittene Geistesschüler. Denn nach buddhistischer Auffassung verbrennen durch Meditation unsere Fehler, falschen Auffassungen und Ich-Anhaftungen, die uns an der vollständigen Erkenntnis unseres wahren Selbst hindern. – Dadurch kam Joan Borysenko auf die Idee, die Hitzewallungen nicht als lästige Symptome abzuwerten, sondern als Chance freudig zu begrüßen und beim Aufkommen der Hitze geistig in die Mitte zu nehmen.[122] Was Frauen in der letzten Zeit als ärgerlich, belastend oder ermüdend erlebt haben, kann dadurch im spirituellen Feuer verbrannt werden. Die leiblich-seelisch-geistige Wärme steht symbolisch für die Fähigkeiten, über die Frauen dank der Menopause verfügen. Auch wenn Männer in dem Alter nicht durch derartige körperliche Vorgänge dazu angeregt werden, können sie durch intensive meditative Übungen seelisch-geistige Wärme entwickeln, die für das nächste Jahrsiebt eine tragende Kraft ist. Denn die Öffnung für spirituelle Erfahrungen gehört zu den wesentlichen Errungenschaften des Lebens nach dem 49. Lebensjahr – egal ob Frau oder Mann.

Es ist ein weiteres Charakteristikum dieses Jahrsiebts, dass bei Frauen wie auch bei Männern eine starke Neigung entsteht, mit Verschiedenem gründlich aufzuräumen. Das können angesammelte Gegenstände, Kleider, Bücher und andere materielle Güter sein. «Mit leichterem Gepäck zu leben ist ein Mittel, um unsere Bindungen an die Welt zu lockern und unsere Energie für bessere Zwecke aufzusparen», findet Borysenko.[123] Und das gilt gleichermaßen für Frauen und Männer. Aber Aufräumen bedeutet auch, dass Beziehungen zu manchen Menschen nicht mehr aufgegriffen oder sogar aktiv beendet werden, weil sie von wesentlichen Aufgaben abhalten können. Und es gehört zur gewonnenen Authentizität, Bekanntschaften respektvoll aber entschieden aufzulösen und nicht weiterzuführen, nur weil man bisher nicht den Mut hatte, ehrlich zu sein. Ruth Schmid-Heinisch spricht hier von einem Prozess der «zweiten Abnabelung»: «Tatsächlich verlangt die Lebensmitte von Frauen eine zweite Abnabelung, nämlich sowohl von der Abhängigkeit zu Kindern wie gegenüber dem Partner, den eigenen Eltern und einer allgemeinen Diktatur von angeblichen Pflichten.»[124] Und Irène Kummer nennt dies die eigentliche Emanzipation: «... die Sorgfalt für sich selbst, den liebevollen Umgang mit den eigenen Gefühlen, Regungen und Wünschen. Sich ernst nehmen. Und sich beim Wort nehmen. Daraus entsteht die Tat – auch die kämpferische – um den eigenen Stellenwert, um den Spielraum zum Experimentieren und zur kreativen Phantasie.»[125]

Die hier genannten Fähigkeiten der Reife entwickeln sich nicht nur im Berufsleben und in Führungsfunktionen, sondern im einfachen Leben auch bei der Gestaltung und Pflege der jüngeren Generation in der Familie, in der Nachbarschaft, im Bekanntenkreis oder in Freizeitaktivitäten. Und sie bewegen viele Menschen dazu, sich außerhalb ihres Berufs für ehrenamtliche Tätigkeiten einzusetzen, NGOs zu unterstützen, sich für brennende gesellschaftspolitische Fragen, für die Stärkung von Demokratie und Rechtsstaat und Ähnliches mehr zu engagieren. Es gibt viele Möglichkeiten, die besonderen Gaben der «Mars-Regentschaft» nutzbringend anzuwenden. Das gilt für reife Frauen genau so wie für Männer, die ihren Lebensentwurf immer wieder neu schreiben, weil sie bei den Berg- und Talwanderungen ihres Lebens auf einmal hinter den Bergen, die sie bisher gesehen und als Ziel angesteuert haben, nach deren Besteigen ganz neue Gipfel und neue Landschaften entdecken, die noch schönere Bergerlebnisse und Weitblicke versprechen.

10.2 Achtes Jahrsiebt: reifer, älterer Mensch von 49 bis 56 Jahren

Beim Übertritt in das achte Jahrsiebt kann sich nochmals eine wesentliche Erweiterung des Bewusstseins und eine Befähigung zur umsichtigen Lebensgestaltung vollziehen. Wenn die Entwicklung durch alle Krisen und Prüfungen gut verlaufen konnte, ist der Regent des neuen Lebensabschnitts nicht mehr der «Kriegsgott Mars», sondern der «Weisheitsgott Jupiter». Im alten Rom konnte ein Mann erst mit 50 Jahren in den Senat aufgenommen werden, auf dass er mit der Weisheit des Jupiter die Geschicke des Staates lenke. Jupiter (oder Apollo) ist der Archetypus königlicher Weisheit, die kein kalter Intellekt ist, sondern von Wärme, Verständnis und Liebe getragen wird. «Königlich» ist diese Weisheit, da die Königin und der König nicht die einander widersprechenden Interessen einzelner Stände oder Landesteile bedienen dürfen, sondern das Wohl des ganzen Volkes im Bewusstsein haben sollen, und darüber hinaus noch gute Beziehungen ihres Landes zu anderen Königreichen pflegen. Das ist ein sehr weiter «räumlicher Bewusstseinshorizont».

Der zeitliche Verantwortungshorizont weitet sich noch einmal wesentlich aus und kann etwa 12 Jahre und mehr umfassen. Ob dies tatsächlich so geschieht, hängt davon ab, dass die Entwicklung auch bis hierher nicht behindert oder durch schwere Schicksalsschläge durcheinandergebracht worden ist. Bei guter Entwicklung entspricht die jetzt erreichte Zeitspanne der Umlaufzeit des Planeten Jupiter um die Sonne, nämlich 12 Jahre.

Dies alles schafft gute Voraussetzungen für ein Denken und Handeln im Sinne der Nachhaltigkeit. Das Mitgefühl als Mutter oder Vater ist ab jetzt nicht mehr auf die eigenen Nachkommen gerichtet, sondern weitet sich aus auf die engere und weitere Umgebung oder – unpathetisch gemeint – auf die Menschheit. Deshalb nennt Gudrun Burkhard diese Phase auch die «moralisch-ethische Phase».[126] Es wird mehr auf das eigene Gewissen gehört und darauf geachtet, was die Gesellschaft von einem reifen Erwachsenen wirklich braucht. Die bisher erworbenen Fähigkeiten werden nicht zum Eigennutz, sondern zum gesellschaftlichen Nutzen eingesetzt. Die Ego-Transzendenz geht noch weiter als im vorhergehenden Jahrsiebt.

Die räumliche und zeitliche Erweiterung des Bewusstseinshorizonts wird noch ergänzt durch die Fähigkeit, in sehr unterschiedlichen Philosophien und Religionen Gemeinsamkeiten zu erkennen und zu schätzen, um Synthesen zu bilden, wie dies auch Andreas Kruse feststellt.[127] Das Denken ist ganzheitlich und vernetzt, geht grundsätzlich von Entwicklungsideen aus und befähigt zum Lösen komplexer Probleme. So werden auch Möglichkeiten gesehen, z.B. Ökonomie und Ökologie nicht als einander ausschließend zu betrachten, sondern als Werte-Polaritäten, von denen jede Einseitigkeit, jedes Zuviel oder Zuwenig unheilvoll ist; deshalb ist nach einer Synthese zu suchen – nicht nach einem Kompromiss.

Kruse führt zahlreiche empirische Untersuchungen an, die belegen, dass Menschen in diesem und im weit höheren Alter weniger selbstzentriert sind, kosmische Bezüge herstellen, auf spirituelle Werte ausgerichtet sind und sich vermehrt für Entsagung entscheiden. Und sie wollen schöpferisch tätig sein und sich selbst aktualisieren.[128]

Der Dichter Hermann Hesse erfasst diese Haltung in den folgenden Sätzen sehr prägnant: «Die Seele des Menschen in ihrer Heiligkeit, in ihrer Fähigkeit zu lieben, in ihrer Kraft zu leiden, in ihrer Sehnsucht nach Erlösung, die blickt uns aus jedem Gedanken, aus jeder Tat der Liebe an, bei Plato und Tolstoi, bei Buddha und Augustinus, bei Goethe und in Tausendundeiner Nacht. Daraus soll niemand schließen, Christentum und Taoismus, platonische Philosophie und Buddhismus seien nun zu vereinigen, oder es würde aus dem Zusammengießen aller durch Zeiten, Rassen, Klima, Geschichte getrennte Gedankenwelten sich eine Idealphilosophie ergeben. Der Christ sei Christ, der Chinese sei Chinese, und jeder wehre sich für seine Art, zu sein und zu denken. Die Erkenntnis, dass wir alle nur getrennte Teile des ewig Einen sind, sie macht nicht *einen* Weg, nicht *einen* Umweg, nicht ein einziges Tun oder Leiden auf der Welt entbehrlich.»[129] Paul Gauguin bringt diese Synthese-Haltung nach dem 49. Lebensjahr in mehreren Bildern auf großartige Weise zum Ausdruck, und Gabriele Münters Werk zeichnet sich durch eine hohe Variabilität der Stile aus, mit denen sie den Besonderheiten des Gegenstandes gerecht wird.

Möglich wird eine so umfassende Haltung durch eine hohe «Ambiguitäts-Toleranz», was bedeutet, dass Spannungen zwischen unterschiedlichen bis gegensätzlich erscheinenden Denk- und Wertsystemen verständnisvoll ausgehalten werden; dann besteht auch kein Bedürfnis nach simplifizierenden Entweder-Oder-Lösungen. Und mit einer gut entwickelten «Strukturauflösungs-Fähigkeit» können mehr oder weniger eingeschliffene Denkgewohnheiten gelockert und aufgelöst werden. So wird Raum geschaffen für umfassende innovative Denkansätze und Problemlösungen – ohne jedoch neuen philosophischen Moden hinterherzulaufen.

Die Entwicklung der *Anima* im Mann hat ihn für Intuitionen empfänglich gemacht und die Entwicklung des *Animus* in der Frau hat ihre Entscheidungs- und Handlungskompetenz gestärkt. Bei beiden Geschlechtern haben die androgynen Qualitäten zugenommen.

In der Theorie der «spiral dynamics», die ursprünglich von Clare W. Graves entwickelt[130] und später von Don Edward Beck mit Christopher C. Cowan operationalisiert und popularisiert wurde,[131] wird diese Bewusstseinshaltung als eine der höchsten Entwicklungsstufen, nämlich als Integrations- und Synthese-Fähigkeit betrachtet, wie sie auch Susanne Cook-Greuter[132] beschreibt. Nur mit dieser Haltung ist eine Lösung der gegenwärtigen Probleme des Klimawandels überhaupt möglich.

Für diese umfassende Haltung habe ich den Begriff «Panorama-Bewusstsein» geprägt. Und wie ich in der Einleitung schrieb, hat mich der Begriff «Panorama» überhaupt auf Paul Gauguins Leben und Werk neugierig gemacht und zu diesem Buch angeregt. «Panorama-Bewusstsein» ist eine Vertiefung der Bewusstseinsseele, deren Fähigkeiten im 8. Jahrsiebt heranreifen. Bei gesunder Entwicklung und häufiger Aktualisierung sind diese Fähigkeiten auch in den folgenden Lebensjahren verfügbar und können noch vertieft werden.

Aber es sind auch Fehlentwicklungen und Schattenseiten der Jupiter-Haltung möglich. Der umfassende Blick und der sehr weite räumliche und zeitliche Horizont können zu Überheblichkeit führen. Dann werden andere Menschen – seien es die eigenen Kinder oder Enkelkinder, die unterstellten Mitarbeiterinnen und Mitarbeiter, die Vorgesetzten, die Politikerinnen und Politiker etc. – besserwisserisch belehrt, indem auf den Erfahrungsvorsprung gepocht wird. Die eigenen Erkenntnisse sind das einzige Maß der Wahrheit und werden manchmal zur Grundlage eines theoretischen Konzepts, das jenseits der praktischen Anforderungen konstruiert wird. Unzufriedenheit mit dem Lauf der Dinge, die nicht beeinflusst werden können, ist dann die Grundstimmung dieses Menschen, der mit sich und der Welt hadert und manchmal auch Anspruch erhebt auf Ämter, für die außer ihm sonst niemand wirklich kompetent sei.

Diese Fehlentwicklungen bestätigen, dass dort, wo viel Licht ist, auch viel Schatten besteht, und da der Kampf zwischen Licht und Dunkel lebenslang nie definitiv zum Sieg des Lichts führt, kann das Wissen um solche Schattenseiten Menschen in ihrem Ringen unterstützen.

10.3 Neuntes Jahrsiebt: alternder Mensch von 56 bis 63 Jahren

Um das 56. Lebensjahr (astronomisch genau: 55 Jahre und 10 Monate) stellen sich beim 3. Mondknoten am Übergang von einem Jahrsiebt zum anderen wiederum Fragen zum «Woher und Wohin?» Florian Roder spricht vom *«Knoten des Abgrundes»*.[133] Es hängt von den Antworten auf die bisherigen Prüfungen durch die verschiedenen Lebenskrisen ab, wie tief und herausfordernd die Fragen empfunden werden, die dieser Mondknoten an den alternden Menschen stellt. In jeder Lebensphase geht es immer wieder darum, wie sehr Authentizität wirklich gelebt wird. Wenn diese Fragen bereits zu Neubesinnungen und konsequenten Umsetzungen bewegt haben, wird das Thema des 3. Mondknotens eher als Bestätigung erlebt, auf dem richtigen Weg zu sein. Der Regent des neunten Jahrsiebts ist der *Saturn*. Diether Lauenstein führt an, dass von den Römern die Saturnzeit als der Lebensabschnitt gesehen wurde, in dem Gericht gehalten wird.[134] Und da früher viele Männer das 56. Lebensjahr nicht überlebten, weil sie Lungenentzündung oder Herzprobleme bekommen hatten, drückte sich darin aus, dass ein Mensch über sein Leben Rechenschaft abzulegen hat. Für die Bewusstseinshaltung in dieser Lebensphase sind moralische Ansprüche an sich selbst bestimmend. Lauenstein schreibt: «Der Saturn leitet den, der ihn bejaht, zu seinem verborgenen geistigen Wesen hin.» So öffnet der «alte Saturn» gelegentlich schon die Fenster zur Ewigkeit.

Mit diesem Mondknoten stellt sich laut Roder die Frage: «Gehört dieses oder jenes Ziel wirklich zu meinem innersten, das irdische Dasein überdauernden Wesenskern? Oder ist es bei genauerer Prüfung doch nur ein Kleid, eine zeitgebundene Hülle, die ich fälschlicherweise meinem Ich zugerechnet habe?»[135]

Menschen im Berufsleben werden sich dessen bewusst, dass die Berufstätigkeit in einigen Jahren zu Ende sein wird und dass sich damit auch Einkommen, Status und Ansehen, aber auch berufliche Erfüllung radikal ändern werden. Auch der Gedanke an das Lebensende kann zur Beunruhigung Anlass geben.

«Noch einmal muss alles durch das ‹Stirb und Werde› gehen», schreibt Lievegoed, «die gefundenen Werte geraten nicht eigentlich ins Wanken, aber es wird deutlich, dass wir sie uns noch nicht tatsächlich angeeignet haben. Wenn wir uns ehrlich fragen, was wir denn nun als die Frucht unseres Lebens durch das Tor des Todes mitnehmen werden, dann fällt vieles von dem weg, was immer noch an Wissen, Stellung und Erfahrung geknüpft ist.»[136] Vor allem unternehmerisch aktiven Menschen kann es schwer fallen, sich innerlich schon von etwas zu lösen, das sie selbst aufgebaut haben, und von dem sie nicht sicher sind, dass es in ihrem Geist fortgeführt wird. Dazu kommen vielleicht auch Sorgen, dass im fortgeschrittenen Alter wegen körperlicher Gebrechen Abhängigkeiten entstehen könnten, die einen Verlust der Selbstbestimmung zur Folge hätten. Die Sorge kann verstärkt werden, wenn beim Altern auch eine Beeinträchtigung verschiedener Sinne zur Kenntnis genommen werden muss, da wir nicht mehr so gut hören, sehen, riechen oder schmecken können, wodurch mitunter Ängste vor künftiger Vereinsamung aufkommen. Norbert Glas gibt dafür als Arzt wichtige praktische Empfehlungen, wie wir den Einschränkungen der Sinne am besten begegnen können, auf die ich hier nur hinweisen und nicht näher eingehen kann.[137]

Etwa mit 56 Jahren treten Männer in das *Klimakterium virile* ein, in die sogen. «Andropause», in der sich im Körper hormonale Umstellungen vollziehen, da der Testosteronspiegel abnimmt, aber die Zeugungsfähigkeit noch weiter bestehen bleibt. Die typischen Symptome sind ein Nachlassen der physischen und psychischen Leistungsfähigkeit, Schlafstörungen, Herzklopfen und eine Abnahme der Potenz. Das löst bei vielen auch seelische Probleme aus und kann zu Krisen in der Partnerschaft führen. Wie im Leben der Frau die Wechseljahre schon im 7. oder 8. Jahrsiebt zu seelischen Verunsicherungen geführt haben und durch eine neue Besinnung auf den Lebensentwurf der nächsten Jahre bewältigt wurden, so kann die Andropause nun für den Mann zur Herausforderung werden. Und je mehr er sich in der bisherigen Lebensführung durch seine Körperlichkeit definiert hat – was sein attraktives Aussehen und die körperliche Leistungsfähigkeit betrifft, wie z.B. beim Sport –, desto schwieriger kann die Auseinandersetzung mit diesen Tatsachen des Lebens werden. Deshalb ist jetzt eine wahrhaftige geistige Orientierung geboten im Sinne der vorhin erwähnten Körper-Transzendenz, Ego-Differenzierung und Ego-Transzendenz, um sich bewusst immer mehr zu lösen vom Verhaftet-Sein des Ich an den Körper und an externale Gegebenheiten. Eine Fehlentwicklung wäre es, wenn jemand mit aller Gewalt eine Verlängerung der körperlichen Vorzüge suchte sowie modische Kleidung und einen Lebensstil, der eher einem Dreißigjährigen angemessen wäre. Oft merken Männer gar nicht, dass sie deswegen von ihrer Umgebung belächelt und nicht mehr ganz ernst genommen werden.

Doch anstatt in sich hineinzugrübeln, was sich alles an bedrohlichen Dingen im Körper abspielt, können sich Männer besser altruistischen Aufgaben zuwenden, in denen sie ihre Erfahrung nutzbringend zur Verfügung stellen. Einige Untersuchungen haben generell erkennen lassen, dass Menschen gesünder und länger leben, wenn sie Kontakte aufrecht erhalten und gesellschaftlich nützliche Dinge tun; und Frauen sind mehr der Gefahr von Depressionen ausgesetzt, wenn sie zu keiner sinnvollen Außenorientierung finden.[138]

Die Aufforderung zu sinnvollen Tätigkeiten für andere ist auch die Botschaft der typischen Krankheiten des Alters, wie zu hoher Blutdruck und Zuckerkrankheit. Durch Änderungen des Lebensstils – vor allem durch Bewegung, rhythmischen Wechsel von Arbeit und Muße, Umstellung der Ernährung und Verzicht auf bestimmte Genussmittel – kann *Entsagung* gelernt werden. Doch generell kann – analog zu Erkenntnissen der Hirnforschung – gesagt werden: Wir werden, was wir tun! Damit gewinnt die geistige Führung die Oberhand über den Körper.

Beobachtungen der körperlichen Involution geben neben den anderen Erlebnissen Anstoß zur Rückschau auf das eigene Leben, um dabei den sprichwörtlichen «roten Faden» zu finden, der die Leitthemen des eigenen Lebensentwurfs miteinander verbindet. Es ist erstaunlich, wie konkret dabei Details des damaligen Geschehens in der Erinnerung auftauchen: wie der Ort genau ausgesehen hat, zu welcher Tageszeit es war, ob es warmes oder kaltes Wetter gewesen ist, auch Gerüche werden erinnert, die sich ja oft dem Gedächtnis tief einprägen. Und die Erinnerungsbilder treten – wie Filmleute sagen würden – mit «objektiver Kameraführung» auf, als würde man als Außenstehender sich selber bei einer Szene beobachten. Während ansonsten Erinnerungsbilder mit «subjektiver Kameraführung» so auftauchen, wie sie aus eigener Sicht als beteiligte Person gesehen wurden, ohne selbst im Bild zu erscheinen. Oft ist die Zeit der Rückschau der Anlass, ein Testament zu verfassen und manche Besitztümer zu verteilen. Das kann ein Gefühl der Befreiung geben. «So entwickelt man einen gewissen Grad von Selbstlosigkeit und Uneigennützigkeit: Man übt sich, einem anderen etwas zu gönnen», fasst der holländische Psychiater und Märchendeuter A. J. Welman zusammen.[139]

Beim Rückblick auf das Leben kann Wehmut oder Bedauern aufkommen, wenn erkannt wird, dass so manches unterlassen worden ist, das aus jetziger Sicht wichtig gewesen wäre. Aber Selbstvorwürfe würden nichts bringen, weil ja das Leben noch weiter geht. Sein Leben zu evaluieren, um zu sehen, was in der noch bevorstehenden Zeit sinnvoll getan werden kann, ist in mehrfacher Hinsicht nützlich. Denn es ist nie zu spät, ein erfülltes Alter zu erleben.

Bei der Zusammenschau all dieser Aspekte wird deutlich, dass es im Grunde das Höhere Selbst ist, das diese Fragen an das Alltags-Ich stellt. Fragen können aber auch plötzlich durch gravierende gesundheitliche Probleme auftreten. Statistiken zeigen nämlich (nicht nur im alten Rom, wie oben erwähnt) mit dem 56. Lebensjahr auffällig viele Herzinfarkte und Herz-Lungen-Beschwerden, die zu einer grundlegenden Neubesinnung auffordern. So manche Persönlichkeit hat nach solchen Erfahrungen ihre Machtposition aufgegeben und ihre Lebensziele konsequent verfolgt – oft auf ganz andere Art als bisher und überhaupt nicht spektakulär im Lichte der Öffentlichkeit.

Aber auch wenn der 3. Mondknoten in einem Leben nicht so dramatisch auftritt, stellen sich oft Ängste ein und werfen erneut die Frage nach der Sinnhaftigkeit des Lebens auf. Offenbar ist daran nicht vorbeizukommen. Eine authentische Antwort kann sein, künftig mehr auf sein Herz und die Stimme des Gewissens zu hören und auch eine mögliche Vereinsamung nicht zu scheuen. Eine wirklich befriedigende Antwort kann sich jemand nur aus der inneren Ruhe heraus selber geben. Der Blick darf sich allerdings nicht einengen auf das, was in der Expansiven Phase erlebt und geschaffen worden ist. Mit der Suche nach dem Wesentlichen entsteht bei vielen Menschen ein neues Verhältnis zu religiösen Fragen, vielleicht zur Mystik, denn es kommt vermehrt zu Blicken in eine Welt, die nicht mit Geburt und Tod begrenzt ist. Lievegoed zitiert hierfür zustimmend den gealterten Goethe, der diesen Lebensabschnitt «mystische Phase» genannt hatte.[140]

Die treibende Kraft dieses Lebensabschnittes ist die *Suche nach dem Wesentlichen*. Schon im achten Jahrsiebt hat sich der zeitliche Horizont ausgeweitet, doch jetzt kann das weit über die eigene Lebensspanne und die aktuell gegebene Epoche gehen. Der Zeit- und Verantwortungshorizont umspannt als sogen. «Enkeltauglichkeit» sogar mehrere Generationen und geht über die 12 Jahre der «Jupiter-Haltung» weit hinaus. Der Verantwortungsraum ist nicht mehr auf die eigene Individualität und die mikro-soziale Welt der Familie fokussiert, sondern richtet sich auf das Makro-Soziale. Das Zeitgeschehen im weiteren Umkreis kommt einem sehr nahe und berührt die Seele, als ginge es um die eigene Kernfamilie. Dann werden kritische Auseinandersetzungen mit den in Politik und Wirtschaft gelebten Werten wichtig und berühren auch das Gemüt sehr stark. Auch werden die Prinzipien und Paradigmen hinterfragt, die z.B. in der Medizin oder Wirtschaft als Selbstverständlichkeiten gelebt werden. Immer mehr Menschen wenden sich darum der alternativen oder komplementären Medizin oder der biologisch-dynamischen und ökologischen Landwirtschaft und alternativen Formen des Geldwesens zu; sie erheben ihre Stimme gegen den Rüstungswettlauf, setzen sich für den Schuldenschnitt armer Länder ein, machen sich Gedanken über die Verschmutzung der Meere, achten auf Recycling, und ähnliches mehr. All das kann Ausfluss einer spirituellen Weltsicht sein, die sich nicht mit dem herrschenden Materialismus in Wissenschaft, Wirtschaft und Politik begnügt.

10.4 Zehntes Jahrsiebt: Weisheit im Alter von 63 bis 70 Jahren

In dieser Phase schreitet der Abbau vitaler Kräfte weiter voran. Desto mehr kommt es deshalb auf «Gerotranszendenz», d.h. auf geistige Regsamkeit und Präsenz an, die sich – der Involution zum Trotz – auch noch weiter entwickeln können. Dem Wachsen der Weisheit und dem Engagement für andere Menschen und gesellschaftlichen Anliegen sind keine biologischen Grenzen gesetzt. Joachim Bauer weist für diesen Lebensabschnitt auf die psychotherapeutischen Erfahrungen mit «Post Traumatic Growth» hin.[141] So wie z.B. die Diagnose einer schweren Erkrankung Menschen in eine tiefe Krise stürzen kann, so kann es alternden Menschen auch beim Verlust bestimmter körperlicher Fähigkeiten ergehen. Aber statt Resignation kann die Antwort auch eine aktive Bewältigung eines Traumas sein: Die Selbstwahrnehmung wird intensiver, die bisherige Werteordnung wird kritisch überprüft und revidiert, es findet eine Beziehungsselektion und Konzentration auf bedeutungsvollere Freundschaften statt, in allem erfolgt eine stärkere Sinn-Zentrierung und es werden neue Wege beschritten. All das lässt sich als «Altersweisheit» bezeichnen.

Was zeichnet Weisheit eigentlich aus? Romano Guardini versucht folgende Umschreibung: «Weisheit ist etwas anderes als scharfer Verstand oder praktische Lebensklugheit. Es ist das, was entsteht, wenn das Absolute und Ewige im endlich-vergänglichen Bewusstsein durchdringt, und von dort aus Licht auf das Leben fällt.»[142] Mit Hermann Hesse möchte ich ergänzen: «Wissen kann man mitteilen, Weisheit aber nicht. Man kann sie finden, man kann sie leben, man kann von ihr getragen werden, man kann mit ihr Wunder tun, aber sagen und lehren kann man sie nicht.»[143]

Joan Borysenko betont für das Weise-Werden von Frauen: «Die Klischeevorstellung vom Altern als einer fortschreitenden Funktionseinbuße stimmt im Allgemeinen nur für Menschen, die ihre Aktivität einschränken. Das Sprichwort ‹Wer rastet, der rostet› hat für das letzte Viertel des Lebens mehr Gültigkeit denn je.»[144] Sie zitiert (S. 307) Untersuchungen der Neurologin Marian Diamond, « ... aus denen hervorgeht, dass sich das weibliche

Gehirn während unseres ganzen Lebenszyklus in einer Weise weiterentwickelt, die das interdependente, prophetische Denken fördert.» Deshalb nennt Borysenko Frauen dieses Alters, bei denen sich besondere Stärken entwickelt haben, die «Wahr-Sagerinnen». In der Antike machten solche Frauen in den Orakeln Vorhersagen zur Zukunft. Die anthroposophisch fundierte Entwicklungspsychologie spricht in den Jahren nach 63 von der Erkenntniskraft der *Intuition*[145] oder von «*Altershellsichtigkeit*»[146]. Durch die Fähigkeit der Intuition ist es möglich, sich so in das Wesen eines Menschen, eines Tieres, einer Pflanze, einer Landschaft hineinzuversetzen und damit zu verbinden, dass aus dem Eins-Sein Erkenntnis gewonnen wird. Das ist die Grundlage der Weisheit. Was Rudolf Treichler zur Charakterisierung der Bewusstseinsseele sagte, trifft auf die Intuition voll zu: «Es gehört zu den *Evidenzerlebnissen* der Bewusstseinsseele, wenn nun im Zentrum dieser Seele (...) etwas vom Wesen des Gegenstandes erscheint, wie ein Blitz einschlagend oder wie ein Licht, das langsam einleuchtet. Die Empfindung stellt sich ein: Das ist die Wirklichkeit, die einzige Wirklichkeit, die es im Grund gibt.»[147] Und Treichler zitiert eine ähnliche Aussage Herbert Witzenmanns: Die «Charakteristik der Intuition ist zugleich eine solche der Evidenz, der Einsichtigkeit.» Intuition ist als Fähigkeit nicht erst in diesem Alter verfügbar, sondern tritt ansatzweise auch schon viel früher auf und kann systematisch geübt werden, wie Regina Morgenstrahl in ihrer empirischen Studie in vielen Einzelheiten ausführt.[148]

In diesem Alter kommt auch öfters das Bewusstsein der Endlichkeit des Lebens, des «memento mori» auf. Doch das Wissen um die zeitliche Nähe zum Tod jagt einem weise-werdenden Menschen keine Angst ein und treibt ihn nicht in die Panik. Vielmehr entwickelt sich eine Gewissheit, dass mit dem Sterben nicht alles zu Ende ist, sondern dass es zwei Welten gibt: Die eine Welt ist die der Erscheinungen, die wir mit allen Sinnen wahrnehmen und in der wir unser Leben gestalten, und die andere Welt wirkt hinter den Erscheinungen; wir können sie nicht mit unseren gewöhnlichen Sinnen wahrnehmen, sondern mit anderen Organen. Und durch die Pforte des Todes treten wir hinüber in diese andere Welt. Dem Tod folgt keineswegs das Nichts, sondern eine andere Seinsweise des Menschen.

Die Herausforderung in diesem Alter besteht eben darin, die Endlichkeit des Lebens annehmen und bejahen zu können. Romano Guardini nennt diese spannungsreiche Zeit «die Krise der Loslösung».[149] Denn es dringen die neuen Erfahrungen ins Bewusstsein, dass die Vitalität unumkehrbar abnimmt und ein Ende bevorsteht. Das wird verstärkt, wenn immer wieder wahrgenommen wird, dass gute Freunde oder Bekannte wegsterben und sich jemand die Frage stellt: «Wann bin ich an der Reihe?» Die Gefahr besteht darin, dass Resignation aufkommt und kein Interesse mehr für Kolleginnen und Kollegen oder Menschen im Umfeld besteht, weil nur noch darauf gewartet wird, bis endlich die Pension angetreten werden kann – auch wenn für das «Danach» keine Sinnorientierung bestehen sollte![150]

Sehr viele Menschen haben in dem Alter das Bedürfnis, anderen aus ihrem Leben zu erzählen und ihre Lebenserfahrung an jüngere Menschen weiter zu geben. Und obwohl oft das Kurzzeitgedächtnis schon sehr nachgelassen hat, steigen im Langzeitgedächtnis wichtige Erlebnisse lebendig auf. Das ist auch eine Form, das eigene Leben in Rückschau zu evaluieren. Und dafür ist ehrliche Anteilnahme der Zuhörerinnen und Zuhörer sehr wichtig, vor allem, wenn dadurch die Dankbarkeit der erzählenden Person für ihr Leben zum Ausdruck kommt. Das Erzählen bedeutet, mit der Rückschau gleichzeitig Vergebung in zweierlei Hinsicht zu üben: Vergebung vom anderen zu erbitten und Vergebung dem anderen zu geben. Nur so kann jemand mit sich und dem anderen versöhnt werden. Auch das muss oft noch gelernt werden. Jean Monbourquette bietet sehr praktische und vor allem auch tief wirksame Übungen, wie wirkliches Vergeben «gelernt» und geschenkt werden kann.[151]

Der Benediktinermönch und Zenmeister, Bruder David Steindl-Rast, gibt mit Betrachtungen, Gedichten und Übungen zur Dankbarkeit sehr gute Hilfen, mit denen Menschen leichter eine positive Haltung zum Älterwerden entwickeln könnten. Er bringt ihnen nahe, wie ein echtes und tiefes Gefühl von Dankbarkeit nicht nur die Grundlage einer guten Beziehung zu den Mitmenschen, sondern auch zum Leben, zur Natur, ja zum Kosmos ist.[152] Als Leitsatz dient, «dass nicht das Glücklichsein zur Dankbarkeit führt, sondern die Dankbarkeit zum Glücklichsein.»[153] Mit dieser Haltung braucht sich niemand von der Welt zurückzuziehen, sondern kann von seinem Fensterplatz aus die Welt beobachten, wie Sybille Sulser dies in Anlehnung an Robert Rössle nennt.[154]

Doch wer die Bewältigung der «Krise der Loslösung» nicht schafft, klammert sich noch mehr an das Bisherige und erhofft dessen Fortsetzung –

wenn schon nicht auf natürlichem Weg, dann eben künstlich. Dem hält Guardini entgegen: «Die positive Bewältigung der Krise besteht in der Annahme des Alterns. In der Annahme des Endens, ohne ihm weder zu verfallen – noch es gleichgültig oder zynisch zu entwerten. Darin realisiert sich eine Gruppe sehr nobler und für das Ganze des Lebens wichtiger Haltungen und Werte: Einsicht, Mut, Gelassenheit, Selbstachtung, Aufrechterhaltung des gelebten Lebens, des geschaffenen Werkes, des verwirklichten Daseinssinnes …»[155] Damit werden auch Neid und Ressentiments überwunden und es entsteht das Urbild des weisen Menschen. Und der Religionsphilosoph Guardini führt weiter aus (S. 57): «Aus dem Gefühl der Vergänglichkeit kommt aber auch etwas in sich selbst Positives: das immer deutlicher werdende Bewusstsein von dem, was nicht vergeht, was ewig ist.» Henning Luther nennt diese Haltung, das «Leben als Werk» zu betrachten und es so, wie es sich vollzogen hat und gestaltet werden konnte, gut zu finden – auch wenn diese Haltung nicht frei von Zweifeln und Ambivalenz ist – einen Ausdruck der Ich-Integrität.[156]

Wie Hermann Hesse im hohen Alter zum Tod steht, hat er in vielen Aphorismen zum Ausdruck gebracht. Er hasst ihn nicht und fürchtet ihn auch nicht, denn (S. 178 f.) «Wenn ich einmal untersuchen wollte, mit wem und mit was ich nächst meiner Frau und meinen Söhnen am meisten und am liebsten Umgang habe, so würde sich zeigen, dass es lauter Tote sind, Tote aller Jahrhunderte, Musiker, Dichter, Maler. Ihr Wesen, verdichtet in ihren Werken, lebt fort und ist mir viel gegenwärtiger und realer als die meisten Zeitgenossen. (…) Wie da so allmählich alle hinwegschwinden und man am Ende weit mehr Nahe und Nächste ‹drüben› hat als hier, wird man unversehens selber auf dies Drüben neugierig und verlernt die Scheu, die der noch fester Umbaute davor hat.»[157]

Es gibt in vielen Kulturen Rituale, wie sich die Überlebenden von den Verstorbenen verabschieden und damit lösen können, sodass sie die Verstorbenen und sich selbst freigeben. Mit dem jüdischen Trauerritual «Schiwa sitzen»[158] leisten Angehörige und Freunde den Hinterbliebenen eine Woche lang Gesellschaft und erzählen sich Lebensepisoden mit der verstorbenen Person. Dabei wird auch gegessen und getrunken. Unter Muslimen gibt es eine vergleichbare Tradition: Der Herd der Witwe darf nach dem Tod ihres Mannes 40 Tage nicht warm werden, und das heißt, dass sie die ganze Zeit von Angehörigen, Freundinnen und Freunden zum

Essen eingeladen wird und so immer in Gesellschaft ist. Solchen Gepflogenheiten liegt große Weisheit zugrunde, denn für ein gutes Verarbeiten von Trauer sind Gespräche mit empathischen Menschen eine große Hilfe.

Oft leiden Menschen darunter, dass sie mit einem Menschen einen Konflikt hatten, der aber vor dessen Tod nicht mehr aufgelöst werden konnte, und machen sich jetzt Vorwürfe. Doch es ist möglich, einen Konflikt zu lösen, auch wenn keine Begegnung mit dem Konfliktpartner mehr möglich ist, weil der vielleicht in einen anderen Weltteil emigriert oder schon gestorben ist. Ich habe dafür eine Methode entwickelt und in meinem Buch *Konflikt, Krise, Katharsis und die Verwandlung des Doppelgängers* ausführlich beschrieben, die ich «Goldene Augenblicke» nenne.[159] Sie kann mithilfe von zwei oder drei Menschen des Vertrauens ausgeführt werden und arbeitet mit der Kraft von Urbildern, wie wir sie aus Mythen und Märchen kennen. Die «goldenen Augenblicke» sind besondere Momente in einer Auseinandersetzung mit dem Konfliktpartner, in denen sich der Partner nicht vom Doppelgänger hat treiben lassen, sondern auf sein Höheres Selbst gehört hat und aus eigener Kraft aggressives Verhalten abbricht. Indem nun zwei oder drei «Goldene Augenblicke» so konkret und genau wie zwei oder drei Filmszenen den Vertrauenspersonen erzählt werden, arbeiten diese heraus, was in den Momenten wohl der Doppelgänger eingeflüstert haben mag und welche Appelle dagegen das Höhere Selbst ausgesprochen hat, die zum Abbruch des aggressiven Handelns geführt haben. Es ist entscheidend für die positive Wirkung dieser Übung, dass niemand versucht, die Situation psychologisch zu analysieren und zu deuten, sondern dass die Bilder miteinander nur entwickelt und erzählt werden. Das hat eine therapeutische Wirkung, wie sie von Märchen bekannt ist.[160]

Nach Guardini liegt die neue Qualität von Frauen und Männern im hohen Alter in etwas Besonderem: «Sie haben eine Würde, die nicht aus Leistung, sondern aus dem Sein kommt – und das ist die Stimmigkeit von Bewusstsein, moralischer Haltung, Mitgefühl und einem Tun, das nicht primär den Eigeninteressen dient. In ihrem Wesen wird etwas gegenwärtig, das kaum anders als mit dem Begriff des Ewigen bezeichnet werden kann.» Es ist die Fähigkeit, die «... in der Erfüllung eben dessen besteht, was ‹Enden› heißt. In jener Voll-Endung, die nicht in der Aufgipfelung einer großen Tat, oder im Bestehen eines tragischen Schicksals, sondern im vollen Zu-Ende-Bringen der Aufgabe besteht, die das Dasein als solches (...) dem Menschen stellt. Dieses Enden reißt das Leben nicht ab, sondern geht in es ein, wird selbst zu ‹Leben›.»[161] Hingegen klammert sich der «senile Mensch» an das Schwindende und macht sein ganzes Sein von diesem abhängig.

Ich bezeichne Pläne und Vorhaben zu bestimmten Projekten und Arbeiten, die in dieser Phase in Angriff genommen werden, als eine «Lose-Blatt-Ausgabe». Dies ist eine bewusste Analogie zu bestimmten Sammelwerken, die laufend fortgeschrieben werden und eigentlich kein Abschlussdatum haben. Es zeugt nach Henning Luther von einer guten Entwicklung, wenn das «Leben als Fragment», Erreichtes und Unerreichtes bejaht wird.[162] Diether Lauenstein hat dasselbe sehr treffend wie folgt beschrieben: «Arbeitspläne über Wochen hin oder gar wie früher über Jahre hin kann es nun für mich nicht mehr geben. Ich lebe also nicht in Gnadenjahren, wie man diese Lebenszeit wohl nennt, sondern ich lebe nur in Gnadentagen. Ich könnte sagen, (…) mein Lebensheft ist vollgeschrieben. Es steht nun alles so darin, wie es eben dasteht; es gibt keine Korrektur mehr. Aber lose Nachtragblätter werden mir gewährt …»[163]

10.5 Elftes Jahrsiebt und Folgejahre: Würde im hohen Alter nach 70 Jahren

Wenn Menschen einmal die Tatsache des Endens bejaht haben, öffnen sich andere Sinne und sie machen oft viele kleine, aber besondere Entdeckungen. Sie beobachten die Veränderungen der Jahreszeiten, achten auf Vogelstimmen, nehmen das Aufblühen und Verwelken von Blumen intensiv in sich auf und vieles mehr. Die Welt kann überraschend in einem schönen satten Farbenglanz erstrahlen. Und die Gedanken gehen in eine Welt, die jenseits des eigenen Kommens und Gehens Bestand hat. Es eröffnen sich allmählich Ausblicke in den Urgrund allen Seins, in eine geistige Welt, die um uns ist und an der wir Teil haben können. Rudolf Steiner hat dafür die tröstenden Worte gefunden: «Ohne dass man durch die Tragik des Lebens durchgeht, aber sie auch überwindet, öffnen sich nicht die Tore in die geistige Welt.»[164] Ähnliches besagt die Theorie der *Grenzsituationen* von Karl Jaspers, dass wir oft erst in Grenzsituationen unserer Existenz zur Klarheit finden, weil dann eine grundsätzliche Neuorientierung unumgänglich ist.[165]

Erich Fromm betont, dass es lebenslang um Geboren-Werden geht: «Die

Geburt ist nicht ein augenblickliches Ereignis, sondern ein dauernder Vorgang. Ziel des Lebens ist es, ganz geboren zu werden, und seine Tragödie, dass die meisten von uns sterben, bevor sie ganz geboren sind. Zu leben bedeutet, jede Minute geboren zu werden. Der Tod tritt ein, wenn die Geburt aufhört.»[166]

Der katholische Theologe Hans Küng charakterisiert die Öffnung eines Menschen für Fragen des Todes und eines ewigen Lebens als Aufgehen in einem großen Urvertrauen: «An ein ewiges Leben glauben heißt, mich in vernünftigem Vertrauen, in aufgeklärtem Glauben, in geprüfter Hoffnung darauf verlassen, dass ich einmal voll verstanden, von Schuld befreit und definitiv angenommen sein werde und ohne Angst ich selbst sein darf; dass meine undurchsichtige und ambivalente Existenz, wie die zutiefst zwiespältige Menschheitsgeschichte überhaupt, doch einmal durchsichtig und die Frage nach dem Sinn der Geschichte doch einmal endgültig beantwortet werden.»[167]

Es ist bezeichnend, dass im Mittelalter der Todestag eines Menschen der «dies natalis» genannt wurde, d.h. Tag der Geburt in der geistigen Welt. Elisabeth Kübler-Ross ist damit berühmt geworden, dass sie als Ärztin und Psychiaterin viele Tausende Menschen bei ihrem Sterben begleitet hat und sich wissenschaftlich mit dem Tod und mit Nahtod-Erlebnissen befasste. Sie bringt ihre Erkenntnis so auf den Punkt: «Das Sterbeerlebnis ist fast identisch mit der Geburt. Es ist eine Geburt in eine andere Existenz, die ganz, ganz einfach bewiesen werden kann. Zweitausend Jahre lang hatte man Sie dazu ersucht, an die jenseitigen Dinge zu ‹glauben›. Für mich ist es nicht mehr eine Sache des Glaubens, sondern eine Sache des Wissens.»[168]

Wenn jemand mit diesem Verständnis, dass Sterben eigentlich ein Geboren-Werden ist, an Bestattungsfeierlichkeiten von Freunden teilnimmt, bekommt so ein Ritual noch eine andere Dimension und gibt auch Kraft für die eigene Auseinandersetzung mit dem Sterben. Daran kann ein Mensch für Dinge wach werden, die er im Leben bisher übersehen hat. Und so betont Joan Borysenko, «… dass der Tod ein letzter Wachstumsprozess ist und nicht eine Phase des Zerfalls und des Scheiterns.»[169] Weil das Sterben zum Lebensganzen dazugehört, sollte es nicht verdrängt werden. Gestützt auf über 25.000 studierte Fälle beschreibt Kübler-Ross die drei Stadien des Sterbens, wie sie von Menschen berichtet wurden, die klinisch bereits tot waren und wieder ins Leben zurückgekehrt sind: (1) Im Stadium 1 ist das Ablegen des toten Körpers so, wie wenn ein Schmetterling aus dem Kokon schlüpft; (2) im zweiten Stadium hört und sieht dieser Mensch alles, was um ihn herum geschieht und gesprochen wird – auch wenn er vor dem Sterben schon lange taub oder blind war; (3) um dann im dritten Stadium unvorstellbar intensives Licht und unfassbare Liebe zu erleben, bis er schließlich im Zeitraffer und bis in die kleinsten Details alles, was er im Leben gesagt und getan hat, vor sich abrollen sieht.[170] – Deshalb können wir auch am Totenlager zu einem Verstorbenen sagen, dass uns etwas leid tut, dass wir ihm vergeben und dankbar sind, betont Kübler Ross. Ähnliches berichtet auch Iris Paxino, die auf Möglichkeiten hinweist, wie in geistigen Begegnungen mit Sterbenden oder Verstorbenen noch Erlösung von seelisch belastenden Ereignissen erreicht werden kann.[171] Es ist für alternde Menschen gut, dies zu wissen, weil sie darauf vertrauen können, dass sie auch mit einem Verstorbenen noch manches ins Reine bringen können und im Tode nicht allein sind. Das befreit von belastenden Schuldgefühlen und Selbstvorwürfen.

Es ist gut, Menschen zu kennen, die in aller Ruhe die Hinterlassenschaft regeln und eine Patientenverfügung gemäß allen formalen Kriterien schreiben, und die selbstbewusst zu erkennen geben, wie das Bestattungsritual gestaltet werden soll: Wer soll als Rednerin eingeladen werden, und welche Musik soll gespielt werden, manchmal auch, wie es mit der Kleidung der Trauergäste und mit Blumen etc. gehalten werden soll. Das ist eine letzte empathische Geste gegenüber den Hinterbliebenen und nimmt ihnen Lasten ab, weil sie in der Regel viele bürokratische Formalitäten zu erledigen haben. Manchmal schreiben Menschen als Frucht des Reifungsprozesses einen persönlichen Abschiedsbrief an ihre besten Freunde und bedanken sich für alles, was sie von ihnen empfangen konnten.

Nach Irene Johanson, Priesterin der Christengemeinschaft, kann der alternde Mensch, beginnend mit dem 7. Jahrsiebt (also schon mit 42 Jahren), «sehend» werden. Er kann Lichtschauungen haben und durch spirituelle Erlebnisse dem Christuswesen nahekommen.[172] Dies sind sehr berührende Erfahrungen, wie sie auch von Menschen berichtet werden, die ein Nahtod-Erlebnis hatten. So schrieb George Ritchie, dass er als US-Soldat bei der Befreiung eines KZs einem Häftling begegnete, der dem Hungertod nahe war. Doch aus dessen Augen strahlte ein besonderes Licht, obschon seine Frau und seine Kinder im KZ vor seinen Augen erschossen worden waren. Denn er hatte sich entschlossen, die Mörder seiner Familie und Freunde auf keinen Fall zu hassen, sondern seine Feinde zu lieben.[173] Er hatte in der größten Not eine spirituelle Christus-Begegnung erfahren, die ihm dazu die Kraft gab und der er treu blieb.

Viele Menschen sind auf «Spurensuche ihrer Identität», stellen sich Fragen nach ihrer Herkunft und beginnen mit Ahnenforschung. Dafür gibt es heute ziemlich viele Agenturen, die den Weg durch alle möglichen Archive zu finden wissen. Die dabei gemachten Entdeckungen geben vielleicht einen anderen Blick auf die Eltern und deren Opfer für ihre Kinder und Kindeskinder. Das stärkt ein Gefühl von Dankbarkeit und Güte.

Irène Kummer findet für diese Haltung eine treffende Formulierung: «Die letzte Auseinandersetzung mit dem gelebten Leben weist deshalb hinaus in Horizonte unserer überindividuellen Geschichte und bekommt auch von dorther eine neue Bedeutung.»[174] Vielleicht liegt dem das tiefere Bedürfnis zugrunde, auf diese Weise doch noch manche rätselhaft verwickelten Beziehungen durchschauen und verstehen zu können. Gerade, wenn etwas wie sinnloser Zufall ausgesehen hat, kann sich im Rückblick herausstellen, dass genau so ein unerwünschtes Ereignis notwendig war, um aus dem gewohnten Trott herausgerissen zu werden und sich aufs Neue darauf zu besinnen, was einem wirklich wesentlich ist. Wenn jemand dabei von Reinkarnation und Karma als Evidenzerlebnis ausgeht, können mit den strengen Methoden der Karma-Forschung von Rudolf Steiner moralisch relevante Erkenntnisse gewonnen werden.[175] Sollten diese Übungen jedoch nur aus narzisstischer Neugier gemacht werden, müssen sie zu Illusionen und ernsthaften Persönlichkeitsstörungen führen. Wenn aber in methodischer Strenge beharrlich und seriös geübt wird, können sich daraus Impulse für die Selbsterziehung ergeben, d.h. dass Untugenden des «Schattens» oder des «Doppelgängers» gewandelt werden können.[176] Dafür ist es eigentlich nie zu spät. Und entscheidend ist nicht, ob diese Wandlung abgeschlossen werden kann, sondern, ob sie überhaupt gewollt wird und ob damit ein Anfang gemacht wird. Die Übungen von Gudrun Burkhard und von Leo van der Brug und Kees Locher sind dafür eine große Hilfe.[177, 178]

Auch für diesen Lebensabschnitt gilt es bis zuletzt in Demut zu erkennen, dass Entwicklung nur im Spannungsfeld progressiver und regressiver

Kräfte möglich wird. Wenn das Ich in der Auseinandersetzung mit seinen Licht- und Schattenkräften auf die Inspirationen des Höheren Selbst hört, kann es am Ringen mit dem Doppelgänger erstarken. Und dadurch kann dieser Mensch wachsen und reifen, bis in den Moment des letzten Atemzuges hinein. Diese Frucht geht auch mit dem Tod nicht verloren, da sie nach meiner Überzeugung in das Kraftfeld der Erde eingeschrieben worden ist.

Im vorliegenden Kapitel habe ich die seelisch-geistige Entwicklung eines Menschen in der Lebenszeit nach dem 70. Jahr nicht mehr näher differenziert, sondern als einen offenen Prozess beschrieben. Andreas Kruse hat in seinem Institut in Heidelberg die Lebensphase des hohen Alters, auch der 85- bis 100-Jährigen, vielfältig und sehr differenziert untersucht und bietet viele wertvolle Erkenntnisse. Mit seinen Forschungsergebnissen[179] können viele stereotype Bilder des *modus deficiens* ausgeräumt werden, in denen das Altern mit Krankheitsprozessen – vor allem Demenz – gleichgesetzt wird. Es zeigt sich, dass Menschen nach wie vor Weltinteresse und Weltgestaltungsinteresse haben, sich um die Geschicke der Gesellschaft Sorgen machen, sich trotz körperbedingter Einschränkungen fürs Gemeinwohl engagieren usw. Die Sorge *für* und *um* andere Menschen, die Pflege emotional tieferer Begegnungen, das Interesse am Wohlergehen von Familienangehörigen und Nachbarn, die Teilhabe an Bildungsaktivitäten der jungen Generation, die Beschäftigung mit der Zukunft des Staates und der Gesellschaft etc. haben eine sehr große Bedeutung. All das manifestiert sich auch in einem hohen Anteil an ehrenamtlichen Aktivitäten. Diese Interessen sind nicht nur wertvoll für das soziale Umfeld alter Menschen, sondern tragen zu ihrer eigenen Resilienz bei, sodass ihr Immunsystem länger funktionstüchtig und ihre Mortalität signifikant geringer ist.

Doch mit zunehmendem Alter wird die Entwicklung immer mehr vom Ich eines Menschen in Auseinandersetzung mit seinem Höheren Selbst und seinem Schatten bzw. Doppelgänger bestimmt, denn bis zuletzt besteht das Spannungsfeld zwischen Progression und Regression. Und deshalb ist die Frucht der Selbstentwicklung selbstverständlich individuell sehr verschieden. Umso dankbarer bin ich, dass ich im Teil III am Leben von Gabriele Münter, die erst kurz nach ihrem 85. Geburtstag starb, zeigen kann, welche menschliche Reife ein Mensch erringen kann, «der immer strebend sich bemüht», wie dies Goethe an Faust zeigt.[180]

11. Das Gesamtbild der Entwicklung und Reifung

Das Leben eines Menschen entfaltet sich im Spannungsfeld von Körper, Seele und Geist. In den Kapiteln 1 bis 10 sollte deutlich werden, dass dieser Prozess immer wieder durch Krisen, Sternstunden, Wendepunkte und Bewährungsproben geht. Während die Entwicklung in der ersten Lebenshälfte mit der somatischen Reifung Hand in Hand geht, löst sich die seelisch-geistige Entwicklung später mehr und mehr von den körperlichen Bedingungen. Deshalb ist es nach dem 70. Lebensjahr kaum mehr möglich, neue Qualitäten, die das Ich als Frucht der Selbstentwicklung schafft, deutlich von denen der vorhergegangenen Phase zu unterscheiden. Die errungenen Qualitäten der Erkenntnis, der Haltung und des Könnens gehen immer mehr ineinander über, weil sie einander gegenseitig bedingen. Ich habe dennoch versucht, für das hohe Alter weitere Grade der Reifung ansatzweise zu charakterisieren, wie sie sich an reifen Persönlichkeiten – wie beispielsweise an Gabriele Münter – beobachten ließen.

Bei den hier beschriebenen Jahrsiebten mit den Mondknoten, Sternstunden und Krisen geht es nicht um ein normatives Schema. In Kap. 8.2 und 8.3 habe ich bereits darauf hingewiesen, dass z.B. durch die Beschleunigung der körperlichen Reifung in der industrialisierten Welt und im städtischen Bereich die Pubertät früher auftritt. Und auch wenn die körperlichen Voraussetzungen, um Kinder in die Welt zu setzen, schon im Alter von beispielsweise 14 Jahren gegeben sind, ist noch nicht die seelisch-geistige Befähigung zur Elternschaft gegeben. Dann sind die körperliche und seelische Reife nicht kongruent, die Entwicklung weist eine «Schieflage» auf. Es gibt genügend Beispiele dafür, wie junge Mütter im 4. oder 5. Jahrsiebt versuchen, all das noch nachzuholen, was sie durch die frühe Mutterschaft versäumt haben. Dadurch können sich die eigentlichen Qualitäten der Empfindungsseele oder der Verstandes- und Gemütsseele in dem Lebensabschnitt nicht so entfalten, wie es bei einer ungestörten Entwicklung möglich gewesen wäre.

Dem steht andererseits gegenüber, dass durch besondere Ereignisse eine Beschleunigung oder eine Verlangsamung der Entwicklung eintreten kann. Wenn z.B. ein 16 Jahre altes Mädchen durch den frühen Tod der Mutter als älteste von fünf Geschwistern in die Mutterrolle gedrängt wird, reift sie an dieser Herausforderung und entwickelt die Qualitäten der Adoleszenz und der jungen Erwachsenen viel früher – oder sie scheitert an dieser eminenten Überforderung und leidet für ihr weiteres Leben daran.

Oder es kann durch zutiefst verletzende Ereignisse, z.B. von einem geliebten Menschen im Stich gelassen worden zu sein, eine lang anhaltende Krise entstehen, wodurch die weitere Entwicklung – vielleicht nur vorübergehend – gehemmt wird. Da in jeder Entwicklungsphase nicht nur positive Qualitäten geweckt werden, sondern auch deren Schattenseiten oder regressive Deformierungen vordergründig dominieren können, mögen die typischen Charakteristika dieser Phase nicht deutlich in Erscheinung treten. Vielleicht werden sie durch ernsthafte Bemühungen der Selbstentwicklung nach einiger Zeit überwunden, wie dies Gabriele Münter nach Kandinskys «Verrat» gelungen ist (siehe Teil III, Kap. 15.7).

Es hat spürbare Auswirkungen, ob die Entwicklung in einer Lebensphase eine «vollständige» ist, oder nur eine «teilweise». So ist es möglich, dass z.B. jemand in der Midlife-Crisis neue Einsichten der Selbsterkenntnis gewonnen hat und Entscheidungen zur Änderung des Lebens trifft, dass sich aber ein Umschwung nur im kognitiven und intentionalen Bereich vollzogen hat, während das Gefühlsleben und die Haltung nicht in gleichem Maße erfasst worden sind, wie dies in Teil II in Kap. 13.7 einige Zeit bei Paul Gauguin und in Teil III in Kap. 15.5 bei Gabriele Münters Partner Wassily Kandinsky zu erkennen ist.

Um den Lebensbogen als Ganzes vor Augen zu haben, bringe ich in Abb. 1.8 nochmals einen Überblick über die Charakteristika der drei Hauptphasen und der einzelnen Jahrsiebte.

In den folgenden Abschnitten beleuchte ich noch einige besondere Aspekte, die für die Entwicklung einer Persönlichkeit von Bedeutung sind.

11.1 Das Wachsen der Kompetenz zur Komplexitätsbewältigung

Da nach meinem Verständnis (Kap. 4) Entwicklung eine Richtung hat und wesentlich als Ziel anstrebt, die Fähigkeit zur Komplexitätsbewältigung zu steigern, tragen bestimmte Forschungsergebnisse der Psychologen *Elliot Jaques*, *Benjamin Bloom* und *Hans von Sassen* Wichtiges zur Erweiterung

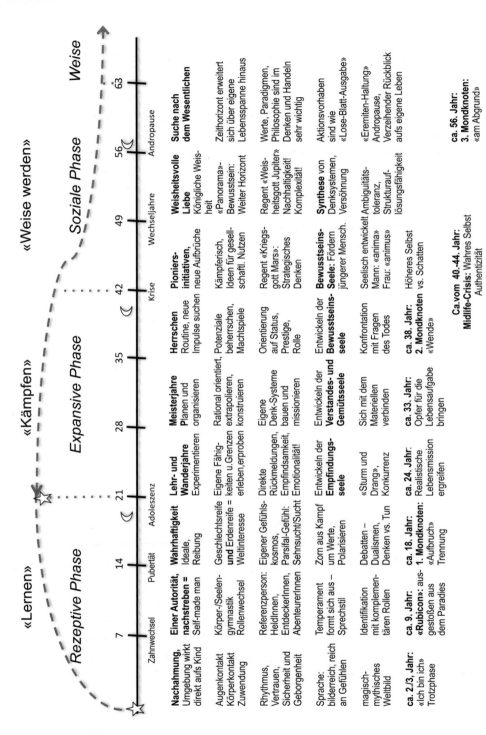

und Vertiefung entwicklungspsychologischer Theorien bei. Sehr aufschlussreich sind vor allem die Entdeckungen von Elliot Jaques, der eine psychologische Untersuchung bei Tausenden von Führungspersonen verschiedener hierarchischer Ebenen durchführte.[181] Er ging dabei den Fragen nach: Aufgrund welcher Fähigkeiten wurden bestimmte Führungspersonen mit mehr Verantwortung betraut und wodurch sind sie in der Hierarchie aufgestiegen und anderen übergeordnet? Er fand heraus, dass dies nicht am IQ lag, denn ihnen unterstellte Mitarbeiterinnen und Mitarbeiter hatten oft einen viel höheren IQ als deren Vorgesetzte. Es lag nicht am höheren Status der Herkunftsfamilie, auch nicht an der höheren Schulbildung, nicht am Alter und den Jahren der Berufserfahrung, nicht an der Körpergröße oder an der Qualität der Stimme usw. Der Hauptgrund war die Zunahme einer besonderen Art der sogen. «Frustrationstoleranz». Es stellte sich heraus, dass sie besser imstande waren, nach einer verbindlich getroffenen Entscheidung längere Zeit als ihre Mitarbeiterinnen und Mitarbeiter Ungewissheit auszuhalten und abzuwarten, ob sich ihre Entscheidung in der Wirklichkeit als richtig oder falsch erweisen sollte. Jaques nannte diese Zeitspanne «Time-Span». Das ist die Gesamtzeit, beginnend mit der einmal verbindlich getroffenen Entscheidung, über die Planung **und** Umsetzung **und** Evaluation der Umsetzungsergebnisse, wie dies in Abb. 1.9 mit den einzelnen Elementen des Time-Spans dargestellt wird. Die Time-Span-Capacity X (oder der Zeithorizont X) wird in Monaten oder Jahren angegeben.

Nun kann mit den validierten Instrumenten von Elliot Jaques gemessen werden, wie viele Monate oder Jahre der tatsächliche Zeithorizont eines Menschen umfasst, so wie er sich in seiner Haltung und im tatsächlichen Verhalten während dieser Zeitspanne ausdrückt.[182] Eine ungefähre Selbsteinschätzung ist möglich, wenn sich jemand anhand der Abb. 1.9 ehrlich darauf besinnt, wie lange Zeit sie oder er nach der definitiven Entscheidung ein bedeutendes Projekt vorbereitet, **und** wie lange Zeit sie oder er beharrlich an der Umsetzung arbeitet, ohne das Interesse daran zu verlieren, **und** wie lange sie oder er sich auch die Zeit nimmt, die erreichten Ergebnisse mit den Zielvorstellungen zu vergleichen und kritisch zu überprüfen, ohne das Interesse an dem Projekt zu verlieren.

Abb. 1.8: Gesamtübersicht der Hauptphasen und Jahrsiebte (links)

Time-Span-Capacity nach Elliot Jaques

Die Zeitspannen-Fähigkeit ist eine besondere Form der «Frustrationstoleranz»,

das ist die Fähigkeit einer Person,
 eine bestimmte Zeit lang (= X)
  Unsicherheit über die wahrscheinlichen Auswirkungen
  einer verbindlich getroffenen Entscheidung und ihre Richtigkeit
  auszuhalten und die Umsetzung zielbezogen voranzutreiben.
Zeitspanne X ist die gesamte Zeit ab der verbindlichen Entscheidungsvorbereitung bis zum Abschluss der Evaluation des Ergebnisses:

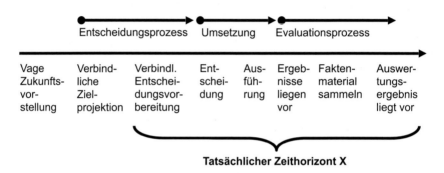

Abb. 1.9: Die Time-Span-Capacity nach Elliot Jaques

Als Besonderheit stellte sich empirisch heraus, dass die faktische Zeitspannen-Fähigkeit (Zeithorizonte) eines Menschen statistisch signifikant in einer von 7 Kategorien auftrat. Diese Kategorien sind folgende:

1) Die allermeisten Führungspersonen verfügten über einen kurzen Zeithorizont von *1 Monat*; es gab praktisch keine Menschen mit einem Zeithorizont zwischen 1,3 bis 3 Monaten.

2) Die zweitgrößte Gruppe von Führungskräften hatte einen längeren Zeithorizont von *rund 4 Monaten,* jedoch praktisch niemand von 5 bis 7 Monaten.

3) Dann folgten Führungspersonen mit einem Zeithorizont von *rund 8 Monaten.*

4) Die nächste und wiederum kleinere Gruppe waren Führungspersonen mit einem Time-Span von *ca. 1 Jahr.*

5) Viel weniger Managerinnen und Manager hatten einen Zeithorizont von rund *2 Jahren;* es fanden sich so gut wie keine Menschen mit Zeithorizonten zwischen 2,5 und 9 Jahren.

Mögliche Sprünge bei der Entwicklung der Zeithorizonte

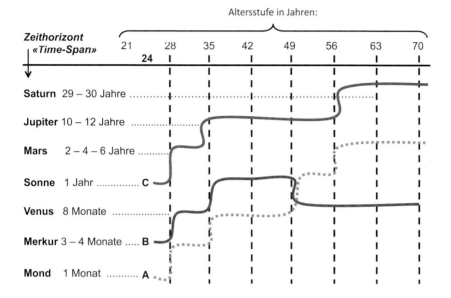

Abb. 1.10: Die Stufen der Time-Span-Capacity und deren Reifung im Lebenslauf

6) Noch viel kleiner war die Gruppe von Managerinnen und Managern mit einem Time-Span von *rund 10 bis 12 Jahren*.

7) Mit Abstand folgte die kleinste Gruppe, die über einen Zeithorizont von *28 bis 30 Jahren* verfügte. Diese Fähigkeit ist besonders in der Politik, in der Entwicklungszusammenarbeit mit Ländern der Dritten Welt, im Top-Management großer Konzerne und konkret in der Flugzeugindustrie sowie Energie- und Verkehrswirtschaft gefordert. Ganz, ganz selten wurden noch Führungspersonen gefunden, die einen Time-Span von mehr als 30 Jahren hatten.

Jaques stellte darüber hinaus fest – und zwar unabhängig von entwicklungspsychologisch orientierten Forscherinnen und Forschern –, dass sich der Zeithorizont eines Menschen an den Übergängen der Jahrsiebte änderte und sich so entwickeln konnte, dass er in die nächstweitere Kategorie eintrat, z.B. von 1 Jahr in 2 Jahre. Allerdings ließ sich der tatsächliche Zeithorizont, den jemand sozusagen als «Startkapital» ins Erwachsenenleben einbringt, erst mit dem 24. Lebensjahr zuverlässig feststellen.

Mögliche Entwicklungssprünge dieser Art im Laufe des Älterwerdens sind in Abb. 1.10 schematisch dargestellt. Voraussetzung für derartige Sprünge ist, dass jemand nicht durch die Organisation, durch eine zu restriktive Funktionsumschreibung oder durch ein einengendes Kontrollverhalten der übergeordneten Stelle an der Entwicklung gehindert oder sogar «verstümmelt» wird. Auch persönliche Schicksalsschläge können einen Menschen generell so sehr verunsichern, dass sich das auf seine «Frustrationstoleranz» negativ auswirkt.

Die Linien A, B und C symbolisieren die Entwicklungslinien von drei fiktiven Personen, die hier nur als Illustration dienen. In diesem Beispiel entwickelten sich A und C immer weiter, während B mit dem 49. Lebensjahr durch schlechtes Führungsverhalten der vorgesetzten Stelle von einer Time-Span-Capacity von 1 Jahr auf einen Zeithorizont von 8 Monaten zurückfiel. Dass die Time-Span-Capacity einen regressiven Verlauf nimmt, kann auch durch generell einengende Bedingungen in einer Organisation geschehen, wenn z.B. die Funktionsumschreibung nur einen sehr eng begrenzten Entscheidungs- und Verantwortungsspielraum erlaubt, oder wenn die übergeordneten Stellen sehr kurzzyklische Kontrollen durchführen, etc.

Bei einer Untersuchung in den Niederlanden zeigte sich, dass Führungspersonen zwar in ihrer Firma bezüglich der Zeitspannenverantwortung «eng gehalten» wurden, dass sie aber in der Freizeit und in ehrenamtlichen Aktivitäten und Funktionen über eine größere Time-Span-Capacity verfügten. Sie wären zu mehr fähig gewesen als ihr Management ihnen zugetraut hatte.

Da ich mich längere Zeit für Astrophysik interessiert hatte, fiel mir beim Vergleich der Zeitspannen-Kategorien auf, dass die Zeithorizonte, die Jaques rein empirisch ermittelt hatte, mit den Umlaufzeiten der Planeten unseres Sonnensystems aus geozentrischer Sicht übereinstimmen:

1 Monat	–	Mond (der kein Planet, aber Trabant der Erde ist)
3-4 Monate	–	Merkur
8 Monate	–	Venus
1 Jahr	–	Sonne (als Fixstern das Zentrum, geozentrisch gesehen)
2 Jahre	–	Mars
10-12 Jahre	–	Jupiter
29-30 Jahre	–	Saturn.

Diese äußere Entsprechung fand ich auch deshalb frappant, weil die Zeiten den Archetypen bestimmter seelisch-geistiger Qualitäten von Menschen entsprechen, die in der Antike mit den Eigenschaften und Kräften der «Planeten-Götter» in Verbindung gebracht wurden. So lässt sich sagen, jemand mit dem Zeithorizont von 2 Jahren (oder einer Reihe von 2-Jahres-Zyklen) befindet sich seelisch-geistig in der «Sphäre des Kriegsgottes Mars»; oder jemand mit dem Zeithorizont von 12 Jahren denkt und handelt aus der «Sphäre des Weisheitsgottes Jupiter» heraus, und bei der Generationen-Zeitspanne von etwa 30 Jahren (genau sind es 29,5 Jahre) regiert der «zeitlose Weisheitsgott Saturn», usw.

Jaques' Entdeckung der Zeithorizonte hatte ab 1970 in Großbritannien und in den Niederlanden (merkwürdigerweise nicht in deutschsprachigen Ländern) eminent praktische Bedeutung für die Personalpolitik großer Organisationen. Aufgrund dieser Erkenntnisse wurden dort Maßnahmen zur Aus- und Weiterbildung von Führungspersonen mit dem Ziel durchgeführt, die aktuelle Time-Span-Capacity eines Menschen zu messen und mit geeigneten Maßnahmen zu erweitern. Manche Universitäten (z.B. die TU Delft, Universität Witten/Herdecke) richteten Curricula der Volks- und Betriebswirtschaftslehre so ein, dass im Laufe des Studiums Voraussetzungen für das Entwickeln einer größeren Zeitspannen-Fähigkeit geschaffen wurden. Deshalb mussten vor dem Abschluss des ersten Studienabschnitts wissenschaftliche Arbeiten gemacht werden, deren Planung, Ausführung und Evaluation 1 Jahr beanspruchte; oder die Studierenden der Betriebswirtschaftslehre mussten im zweiten Studienabschnitt irgendein kleines Unternehmen gründen und betreiben, wofür ein Horizont von wenigstens 2 Jahren erforderlich war. Daran entwickelte sich ein größerer Zeithorizont, im Unterschied zu Erfahrungen mit Business-Games, in denen im Laufe einer Woche in mehreren Runden Entscheidungen über jeweils fiktive (!) 2 Jahre zu treffen waren, die (in der Theorie) langfristig für einen Zeitraum von insgesamt 10 Jahren gelten sollten, tatsächlich aber nur über 1 Woche gingen.

Eine erstaunliche Ergänzung zur Entdeckung der Time-Span-Capacity ergab die Arbeit des Pädagogen und Lernpsychologen Benjamin Bloom, der sich mit Lernzielen befasste und drei verschiedene Lernfelder unterschied: Lernen kann sich beziehen auf *Wissen* (Knowledge), auf *Haltung* (Attitude) und auf *Können* (Skills).[183] Für das Feld des *Wissens* konnte er

Benjamin Bloom (2001) fand heraus und Hans von Sassen vertiefte dies:

Die faktischen Zeitspannenkapazitäten der 7 Niveaus, die Elliot Jaques entdeckt hatte, korrelieren mit 7 verschiedenen Kognitions-Niveaus, die Benjamin Bloom erkannt hatte (des Wissens, der Einsicht, des Denkens, des Konzeptualisierens, des Überblicks), die im Laufe der Entwicklung erreicht werden können:

time-span-capacity – **Kognitions-Niveaus**

29-30 Jahre	**7**	**Philosophisches Denken:** Essenz der Dinge, Sinnfragen, Grundfragen nach dem Wesentlichen
10-12 Jahre	**6**	**Synthese, Überschau:** Große Zusammenhänge sehen, komplexe Systeme verstehen; Multi-System-Denken
2 Jahre	**5**	**Analytisches Denken:** Wissen kritisch analysieren; Hypothesen systematisch testen, hinterfragen
1 Jahr	**4**	**Erfahrungswissen, Erfahrungsdenken:** Denkansätze aus konkretem Handeln ableiten; vom Denken geleitetes Handeln
8 Monate	**3**	**Begreifen, Verstehen:** Begriffe erklären und illustrieren können; begrifflich argumentieren; Denkansätze aus A nach B übertragen
3 – 4 Monate	**2**	**Wissen, Wissensverknüpfung:** Assoziieren können, wie sich Wissen X zu Wissen Y verhält; Kategorien und Schemata kennen
1 Monat	**1**	**Reproduzierbares Wissen:** Fotografisches Gedächtnis, spiegelndes Wissen ohne tieferes Bewusstsein für Bedeutung

Abb. 1.11: Die 7 Kognitions-Niveaus nach Hans von Sassen (auf Basis von Benjamin Bloom)

sechs Niveaus (Reifegrade) des Bewusstseins definieren, für das Feld der *Haltung* fünf und für das Feld des *Könnens* fünf. Der Psychologe Hans von Sassen, mit dem ich in den Niederlanden und in Österreich viele Jahre zusammengearbeitet habe, führte diese Differenzierung durch seine Forschungsarbeit noch weiter und erkannte für das Feld des *Wissens* sieben Reifestufen. Diese stimmten wieder mit den sieben Kategorien der Zeitspannen-Kapazitäten überein, und auch dafür erwiesen sich die Archetypen der sieben «Planeten-Götter» gleichermaßen als zutreffend. Abb. 1.11 bringt die sieben Reifestufen im kognitiven Lernfeld nach Hans von Sassen in einer stichwortartigen Übersicht.

Hans von Sassen hatte auch noch zu den Niveaus der *Haltung* und des *Könnens* Forschungen angestellt und in Programmen der Erwachsenenbildung getestet, bei denen die archetypischen Qualitäten der «Götter-Planeten» zu erkennen sind. Leider sind dazu nur skizzenhafte Notizen erhalten, denn die abschließenden Ergebnisse sind durch seinen Tod 2004 leider nicht mehr zugänglich. Die 7 Niveaus der Haltungen und des Könnens sind in Stichworten wie folgt angedeutet, wobei ich von den einfachsten (1) zu den komplexesten (6) bzw. (7) gehe:

Niveaus der Haltung:
1. *Neigungen aus Gewohnheit* oder Konvention.
2. *Anpassung* an unterschiedliche Situationen, ohne eigene Werte oder Präferenzen zu reflektieren.
3. *Situative Stimmigkeit anstrebend*, Maßstab des eigenen Denkens und Handelns ist, den Anforderung einer Situation gerecht zu werden und dabei doch den eigenen Prinzipien treu zu bleiben.
4. *Kontinuität und Kongruenz* im Denken, Sprechen und Tun und Präferenzen bzw. Prioritäten beachten
5. *Initiativen ergreifen* zur Verwirklichung von Zielen zur Gestaltung der Zukunft, mit praktikablen Ideen für die Umsetzung, moralische Technik.
6. *Persönliche Ethik*, Haltung wird von verinnerlichten Normen und Auffassungen bezüglich Macht, Vertrauen, Respekt getragen; Verantwortungsfähigkeit, moralische Phantasie.
7. *Gesinnung*, moralische Intuition und Phantasie, von zentralen Motiven und Werten und von der Treue zur eigenen Lebensaufgabe geleitet.

Niveaus des Könnens:
1. *Automatisierte Handlungsmuster* werden angelernt und danach ohne besonderen Aufwand an Aufmerksamkeit angewandt.
2. *Vorgegebene Techniken* werden eingeübt und angewandt.
3. *Kunstfertiges Handeln*, Techniken zum Verwirklichen gegebener Ziele werden beherrscht und sicher angewandt und der Situation entsprechend modifiziert und kombiniert.
4. *Selbstständiges Handeln*, achtsames und bewusstes Vorbereiten und Durchführen von Aktionen und souveränes Nutzen von Techniken.
5. *Ziele und Wege planen* und entscheiden und kommunizieren und professionell umsetzen können.
6. *Kreatives Handeln*, Neues entwickeln und in der Situation entstehen lassen und anwenden.
7. *Sinn-geleitetes innovatives Tun*, die Fähigkeit, Visionen, Ideen, Ideale konzipieren und damit andere Menschen inspirieren und motivieren.

Hier liegt noch ein interessantes Forschungsfeld vor. Denn zu einem umfassenden Verständnis der Entwicklung sollten die Reifegrade des Wissens, der Haltung und des Könnens einer Person als zusammenhängendes Ganzes betrachtet werden. Wenn sich z.B. eine Person kognitiv durch philosophisches Denken (Niveau 7) auszeichnet, in Bezug auf Haltung und Können jedoch über die untersten Stufen der psychischen Abhängigkeit und des Imitationslernens nicht hinausgekommen wäre, könnte sie schwerlich als weise bezeichnet werden. Mit dem Blick auf die geistigseelische Reife als Ganzes wäre das eine Schieflage.

Die Zeitspannen-Fähigkeit ist somit – zusammen mit den korrespondierenden Niveaus im kognitiven Feld, in der Haltung und im Können – ein wesentlicher Indikator für die Reife eines erwachsenen Menschen. Dazu kommt noch, wie eng oder weit die «räumliche» Interessenssphäre eines Menschen ist. Konkret heißt das: Geht es ihm nur um sich selbst, oder darüber hinaus auch um die mikro-soziale Welt um ihn herum? Oder erweitert sich sein Interesse zur meso-sozialen Welt der eigenen Sippe, Schule, Firma oder Gemeinde? Oder ist jemand ernsthaft mit den Geschicken in der makro-sozialen Sphäre – der Gesellschaft, der Bevölkerung seines Landes – befasst? Leidet er mit ihr durch ein Unglück, das ihr widerfährt, oder freut er sich mit ihr und setzt sich für ihr Gedeihen ein? Dann wendet sich das Interesse der Gesellschaft, dem Kulturraum oder der Menschheit und unserem Planeten zu; und was dort geschieht, macht ihn genauso betroffen, wie wenn es um den eigenen Körper ginge.

Die «Generali-Hochaltrigkeitsstudie» von Kruse und Schmitt, die bei 400 Männern und Frauen im Alter von 85 bis 100 Jahren durchgeführt wurde, bestätigt auf beeindruckende Weise, dass auch im hohen Alter rege Anteilnahme am Geschehen in der Welt besteht – die außerdem die Menschen gesund erhält.[184] Dazu wurde erhoben, welche *Daseinsthemen* die Menschen beschäftigen; und die Prozentzahlen in Klammern hinter den 12 meistgenannten Themen (die von wenigstens 30% angesprochen wurden) geben an, wie viele Menschen diese genannt hatten[185] (wörtlich aus Kruse 2017, S. 160, zitiert):

1. Freude und Erfüllung in einer emotional tieferen Begegnung mit anderen Menschen (76%)
2. Intensive Beschäftigung mit der Lebenssituation und Entwicklung na-

hestehender Menschen – vor allem in der eigenen Familie und in nachfolgenden Generationen (72%)
3. Freude und Erfüllung im Engagement für andere Menschen (61%)
4. Bedürfnis, auch weiterhin gebraucht zu werden und geachtet zu sein – vor allem von nachfolgenden Generationen (60%)
5. Sorge vor dem Verlust der Autonomie (im Sinne von Selbstverantwortung und Selbstständigkeit (59%)
6. Bemühungen um die Erhaltung von (relativer) Gesundheit und (relativer) Selbstständigkeit (55%)
7. Überzeugung, Lebenswissen und Lebenserfahrungen gewonnen zu haben, das Angehörigen der nachfolgenden Generationen eine Bereicherung oder Hilfe bedeuten kann (44%)
8. Intensivere Auseinandersetzung mit sich selbst, differenzierte Wahrnehmung des eigenen Selbst, vermehrte Beschäftigung mit der eigenen Entwicklung, Rückbindung von Interessen und Tätigkeiten an frühe Phasen des Lebens (41%)
9. Phasen von Einsamkeit (39%)
10. Fehlende oder deutlich reduzierte Kontrolle über den Körper und spezifische Körperfunktionen, Sorge vor immer neuen körperlichen Symptomen (36%)
11. Fragen der Wohnungsgestaltung (Erhaltung von Selbstständigkeit, Teilhabe, Wohlbefinden (34%)
12. Phasen der Niedergedrücktheit (31%)

Und neben den Daseinsthemen wurden 12 *Sorgeformen* von wenigstens 30% der Befragten angesprochen (%-Sätze in Klammern) (wörtlich aus Kruse 2017, S. 161 zitiert):
1. Intensive Beschäftigung mit dem Lebensweg nachfolgender Generationen der Familie (85%)
2. Unterstützende, anteilnehmende Gespräche mit nachfolgenden Generationen der Familie (78%)
3. Intensive Beschäftigung mit dem Schicksal nachfolgender Generationen (72%)
4. Unterstützung von Nachbarn im Alltag (68%)
5. Unterstützung von Familienangehörigen im Alltag (65%)
6. Unterstützung junger Menschen in ihren schulischen Bildungsaktivitäten (58%)

7. Gezielte Wissensweitergabe an junge Menschen (berufliches Wissen, Lebenswissen) (54%)
8. Finanzielle Unterstützung nachfolgender Generationen der Familie (49%)
9. Beschäftigung mit der Zukunft des Staates und der Gesellschaft (48%)
10. Freizeitbegleitung junger Menschen (41%)
11. Besuch bei kranken oder pflegebedürftigen Menschen (38%)
12. Existenzielle Gespräche vor allem mit jungen Familienangehörigen (33%).

Diese Ergebnisse geben ein deutliches Bild, wie Menschen in ihrem Leben an Schicksalsschlägen und Krankheiten einen hohen Grad an Resilienz entwickelt haben, die es ihnen ermöglicht, bis zum Lebensende aktiv am Leben der Gesellschaft Anteil zu nehmen. Diese Haltung ist es, die dem Alter Würde verleiht, wie dies Romano Guardini ausgedrückt hat: «Würde, die nicht aus Leistung, sondern aus dem Sein kommt – und das ist die Stimmigkeit von Bewusstsein, moralischer Haltung, Mitgefühl und einem Tun, das nicht primär den Eigeninteressen dient.»[186]

11.2 Berufliche Spitzenleistungen in verschiedenen Lebensphasen

In diesem Zusammenhang ist die empirische Studie von Martha Moers[187] sehr aufschlussreich. Sie hat erhoben, in welchen Altersspannen bestimmte Berufe besondere Leistungen erbringen, die von den Fachleuten in diesen Gebieten als Höchstleistungen anerkannt wurden. Da diese Studie kurz nach dem Zweiten Weltkrieg gemacht worden ist, wäre es interessant zu sehen, wie das Bild der Höchstleistungen heute in geänderter Zeitlage aussieht. In Abb. 1.13 wird dies für die Berufe der Kopfarbeit dargestellt, die Martha Moers untersucht hat.

Das Bild zeigt, dass in denjenigen Berufen, die besondere Menschenkenntnisse bzw. höhere Fähigkeiten der Komplexitätsbewältigung (sprich: Weisheit!) erfordern, die Höchstleistungen tendenziell im höheren Alter erbracht wurden. Denn mit den hier im Kapitelabschnitt 11.2 dargestellten Fähigkeiten können Probleme kompetent bearbeitet werden, die zur Lösung vernetztes Denken und langfristige Orientierung und eine reife soziale Haltung erfordern.

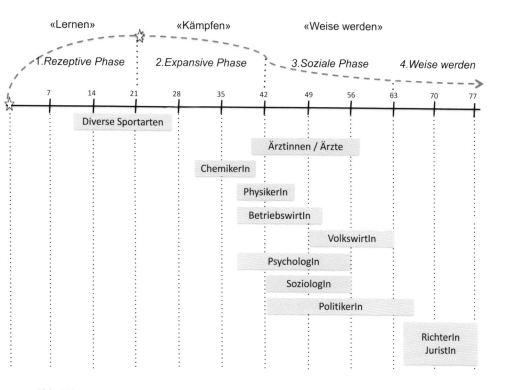

Abb. 1.13: Höchstleistungen ausgewählter Berufe auf den Altersstufen
(Martha Moers 1953)

In den Jahren des wirtschaftlichen Aufschwungs nach dem Zweiten Weltkrieg haben viele große Organisationen ihre Führung so gestaltet, dass sie primär von den Kräften der Dreißigjährigen ausgingen. Alles, was über 40 war, wurde schon «zum alten Eisen» gezählt und mehr oder weniger abgeschoben. Das hat sich später als Fehler erwiesen, weil die Fähigkeiten, die in der Regel erst in den Jahren nach der Midlife-Crisis voll zur Entfaltung kommen, nicht in der Firmenpolitik und Strategie zur Geltung kommen konnten.

Andreas Kruse führt aktuelle Forschungsergebnisse zur kognitiven Leistungsfähigkeit im hohen Alter an, die folgendes zeigen: Wenn sich Menschen in früheren Lebensphasen erheblich in ihrer kognitiven Leistungsfähigkeit unterschieden haben, dann tun sie das auch im hohen Alter, oft sogar noch mehr! Kognitives Training wirkt sich im Alter positiv aus. Deshalb sind alte Menschen jungen Menschen in ihrer kognitiven Leistungsfähigkeit nicht grundsätzlich unterlegen. Nur wenn hohe Geschwindigkeit in der Wahrnehmung, Informationsverarbeitung und Umstellung gefordert ist, sind Junge besser. Alte Menschen sind jungen überlegen, wenn es um reflektierte organisierte Erfahrungen geht. Es gibt jedoch keine Unterschiede in Kreativität.[188]

Mittlerweile ist viel in die Alternsforschung investiert worden, da die sehr unterschiedliche demografische Entwicklung in den verschiedenen Regionen der Welt Konsequenzen für das Pensionssystem, das Schul- und Gesundheitswesen und die Wirtschaft hat.[189] Dabei ist es wichtig, dass nicht nur die biologischen Aspekte des Alterns und deren Auswirkungen auf die physische Belastbarkeit älterer Menschen beachtet werden. Es kommt vor allem auf Überlegungen an, wie die geistig-seelische Reife auch von Handarbeitern, die ihren Beruf aus Altersgründen nicht mehr wie gewohnt ausüben können, geschätzt und in neuen Formen der Berufstätigkeit eingesetzt werden kann. Hier zeigt sich, von welchem Menschenbild die Forschung ausgeht und welches Menschenbild den Maßnahmen in der Politik und Wirtschaft zugrunde liegt.

11.3 Progression oder Regression?

Zu den von mir angeführten Erkennungsmalen einer seelisch-geistigen Entwicklung tritt noch eine entscheidende Haltung hinzu. Sie ist in jeder Krise ausschlaggebend dafür, ob eine seelische Progression folgt, in der von Mal zu Mal eine Erweiterung des Bewusstseins gelingt und neue Fähigkeiten verfügbar sind, oder ob ein Mensch in eine Regression abgleitet, wodurch seine Selbststeuerung gemindert wird. Dann bestimmen archaische psychische Mechanismen das Wahrnehmen, Denken, Fühlen und Wollen und bewirken eine Verarmung seines Verhaltensrepertoires, wie ich das in meinen Konfliktbüchern[190] ausführlich beschrieben habe.

Es geht in jeder Krise um das Ringen des *Alltags-Ichs* mit dem *Schatten* bzw. dem *Doppelgänger*. Dann wird das Ich herausgefordert, die dunklen Seiten der Persönlichkeit durch die Lichtkräfte des *Höheren Selbst* zu transformieren. Jedes Mal wird das Ich konfrontiert mit dem doppelgesichtigen Gott Janus[191], denn er befindet sich sowohl an der Schwelle von Vergangenheit und Zukunft, gleichbedeutend mit Ausbrechen und Aufbrechen, als auch an der Schwelle von Innen- oder Außenorientierung. Jedes Mal muss etwas verlassen werden, das bisher Orientierung und Stütze geboten hat, um sich auf das Wagnis einer unbekannten, aber intuitiv erstrebten Welt einzulassen. Und jedes Mal muss das Ich eine neue Balance von Selbststeuerung und Fremdsteuerung finden. Dadurch finden Menschen oft im Laufe des Alters zu ihrer Originalität. Deshalb nennt der Philosoph Thomas Rentsch den Prozess des Alterns «Werden zu sich selbst».[192]

In Kap. 4 habe ich mein Verständnis von Entwicklung dargelegt. Und zum Abschluss dieses Teils greife ich wieder auf meine Definition zurück, die ich dort vorgestellt und erläutert habe:

Ich verstehe unter Entwicklung
– den Wandel eines Wesens
– und seiner Gleichgewichtszustände
– in einer zeitlichen unumkehrbar fortschreitenden Folge,
– in der sich die manifeste Gestalt des Wesens und
– seine gestaltbildenden Prinzipien so verändern,
– dass es seine Potenziale entfaltet
– und dadurch mehr und mehr fähig wird
– zur eigenständigen Bewältigung
– höherer endogener und exogener Komplexität.

Der Gang durch die einzelnen Jahre hat gezeigt, dass ein Mensch als ganzes Wesen beim Wandel immer wieder in Spannungszustände gerät und stets aufs Neue eine stimmige Balance finden muss. Solche Spannungen nehmen ihren Anfang in der Kindheit, treten in der Pubertät auf und führen in den Mondknoten und Krisen immer wieder zum Ablegen alter Sicherheiten, doch auch zum Suchen nach neuen Ideen und Werten – bis an die Schwelle zum Tod.

Das implizite Ziel, auf das Entwicklung immer final hinstrebt, ist ein Wachsen von Selbstständigkeit und Eigenverantwortung. Mit jeder Krise muss sich die Eigenständigkeit neu definieren, das beginnt schon beim Kleinkind mit den Trotzreaktionen, wodurch es sich von der Welt abgrenzt und damit als eigenständig erlebt; das setzt sich in der Adoleszenz fort im Griff nach den Sternen und ist nach vielem Auf und Ab auch in der Weisheit des Alters noch immer ein Suchen. Der Involution der Vitalitätskräfte zum Trotz stellt sich ad infinitum die Frage nach dem wahrhaftig Eigenen.

An den Anforderungen der Außenwelt und den Ansprüchen an sich selbst werden Lernprozesse angeregt, so dass durch lebenslanges Reifen von Wissen, Haltung und Können die Kompetenzen wachsen, mit deren Hilfe ein Mensch nachhaltig wirksame Antworten auf vielschichtige und komplexe Herausforderungen geben kann. Dafür weitet sich der Zeithorizont eines Menschen weit über seine eigene Lebensspanne hinaus. Und von Zeit zu Zeit öffnen sich dem reifen Menschen Fenster zur Ewigkeit und lassen die Perspektive einer anderen Daseinsform erahnen, die über das gegenwärtige Leben hinausführt.

Auch wenn es in Kindheit und Jugend primär um das Eigeninteresse ging, wachsen mit der Reife Interesse und Anteilnahme an den Mitmenschen zum Mitleiden mit den Geschicken der Menschheit und des Planeten. In der ständigen Auseinandersetzung des Ich mit seinen Licht- und Schattenkräften entscheidet sich der Mensch dazu, seine Potenziale – gemäß dem gewählten Lebensentwurf – dem Dienst am Menschen und an der Erde zur Verfügung zu stellen. Denn wenn Entwicklung gelingt, wächst die Verantwortungsfähigkeit eines Menschen. Und jeder kann seinen Beitrag liefern zur Wahrung des verletzlichen Planeten, der uns für kurze Zeit anvertraut worden ist und den wir in einem liebens- und lebenswerten Zustand denen übergeben sollen, die nach uns kommen.

11.4 Ausblick

Die Prinzipien und Muster, nach denen sich das Leben eines Menschen entfalten kann, sind keine zwingenden Gesetze, denen wir ausgeliefert sind. Wir machen unsere individuellen Lebensentwürfe in Auseinandersetzung mit unseren Möglichkeiten und den Gegebenheiten unserer Zeit und unserer Welt.

Alle hier beschriebenen entwicklungspsychologischen Prinzipien haben für mich dieselbe Bedeutung, die auch die Harmonielehre für eine Komponistin oder einen Komponisten hat: Ludwig van Beethoven oder

Clara Schumann und alle anderen hatten eine bewusste oder intuitive Kenntnis der Harmonielehre, aber sie schufen damit ihre ganz eigene, unverwechselbare Musik.

So wird sich in Teil II und III im Lebenslauf und in den Bildern von Paul Gauguin und Gabriele Münter zeigen, wie zwei Persönlichkeiten gemäß den entwicklungspsychologischen Prinzipien ihre außergewöhnlichen Lebensentwürfe in Auseinandersetzung mit ihren Potenzialen und den historischen Ereignissen verwirklicht haben. Durch alle ihre freudvollen und leidvollen Erlebnisse hindurch hat ihr fortwährendes Ringen zur Reife geführt, so dass sie der Welt große Reichtümer schenken konnten.

Anmerkungen

1 Lievegoed 1991, S. 28 ff.
2 Siehe Flammer 2015, S. 63 ff.
3 Frankl 1946
4 Frankl 1969, S. 76
5 Glasl 2020a, S. 29 ff.
6 Bauer 2015, S. 209 f.
7 Ravagli 1994, S. 321
8 Guardini 1986, S. 12 f.
9 Erikson 1973, S. 124
10 Erikson 1973, S. 138
11 Erikson 1973, S. 140
12 Erikson 1973, S. 147
13 Kuhl 2005, S. 151
14 Glasl 2020a, S. 52 ff.
15 Lievegoed 1991, S. 24 f.
16 Hüther 2007, Bauer 2015
17 Radebold 2008, Kegel 2009, Baer und Frick-Baer 2014
18 Flammer 2015, S. 18 ff.
19 Kegan 1986, S. 34
20 Lievegoed 1991, S. 24 f.
21 Lievegoed 1991, S. 19
22 Glasl 2019, S. 45
23 Treichler 1981, S. 15 f.
24 Lievegoed 1991
25 Borysenko 2001
26 Frisén 2015
27 Kruse 2017, S. 37; Bürger 1960
28 Hayflick 1961
29 Kruse 2017, S. 224 ff.
30 Kruse 2017, S. 2
31 Döring 2007 zitiert eine Darstellung von Dr. med. Gerhard Fuchs der Voest-Werke
32 Lievegoed 1991, S. 42, S. 49 f.
33 Kruse 2015, S. VIII f.
34 Treichler 1981, S.14
35 Roder 2005
36 Roder 2005, S. 25 ff.
37 Roder 2005
38 Klotz 2015
39 Ladwein 2019
40 Hoerner 1990, S. 25 f.
41 Roder 2005, S. 361
42 Roder 2005, S. 361
43 Roder 2005, S. 367
44 Siehe Müller-Wiedemann 1980
45 Piaget und Inhelder 1980, S. 151 ff.
46 Bauer 2015
47 Stern zitiert bei Borysenko 2001, S. 39
48 Erikson 1973, S. 60 f.
49 Borysenko 2001, S. 43 ff.
50 Gerson 2020
51 Kübler-Ross 1991, S. 15 f.
52 Glöckler 2016, Glöckler, Goebel und Michael 2015, Hüther und Krens 2008, Storch, Cantieni, Hüther und Tschacher 2006
53 Radebold 2008, Kegel 2009, Baer und Frick-Baer 2014
54 Straube 1994, S. 60
55 Steiner 1907, GA 293
56 Steiner 1907, GA 293, S. 73
57 Lauer 1952, S. 87
58 Welman 1992, S. 31
59 Omer und Streit 2016
60 Burkhard 1997, S. 44 ff.
61 Borysenko 2001, S. 58
62 Piaget und Inhelder 1980, S. 29, 55
63 Borysenko 2001, S. 66 ff.
64 Treichler 1981, S. 28
65 Siehe Welman 1992
66 Straube 1994, S. 65 f.
67 Borysenko 2001, S. 79 f.
68 Kummer 1989, S. 65
69 Northrup 1996
70 Erikson 1973, S. 115
71 Borysenko 2001, S. 95 ff.
72 Treichler 1981, S. 36 ff.
73 Treichler 1981, S. 84 ff.
74 Roder 2005, S. 361.
75 Chade-Meng Tan 2012
76 Steiner GA 10, GA 12, Schiller 1979, Zajonc 2009

77 Erikson 1973, S. 115
78 Kummer 1989, S. 75 f.
79 Siehe Borysenko 2001, S. 131 ff.
80 Treichler 1981, S. 54
81 König 2007, S. 60 ff.
82 Treichler 1981, S. 60
83 Glas 1981, S 72 f.
84 Bauer 2015
85 Pörksen und Schulz von Thun 2015, S. 91
86 Guardini 1986, S. 40 ff.
87 Treichler 1981, S. 63
88 Treichler 1981, S. 64
89 Roder 2005, S. 67
90 Lievegoed 1991, S. 70
91 Burkhard 1997, S. 99
92 Roder 2005, S. 361 f.
93 Burkhard 1997, S. 102
94 Fromm 2005
95 Glasl 2022, S. 38 ff.
96 Maslow 1973
97 Frankl 2005, S. 28
98 Frankl 2002, S. 88
99 Jung 1928, S. 32
100 Siehe auch Kast 2002
101 Glasl 2022, 2008
102 Siehe vor allem Koob 2005
103 Morgenstern 1984, S. 165
104 Genesis 28, 12-15
105 Willi 1975
106 Glasl 2008, 2014
107 Kruse 2015, S. 1 ff., Kruse 2017, an vielen Stellen, konzentriert S. 174 ff.
108 Brandtstädter 2007
109 Seligman 2002
110 Kruse 2017, S. 21 ff.
111 Rosenmayr 1983
112 Metzger 1962, S. 18 ff.
113 Margret und Paul Baltes 1990
114 Jaques 1962, 1998
115 Kruse 2017, S. 46 ff.
116 Peck 1968
117 Burkhard 1997, S. 108
118 Kummer 1989, S. 58
119 Kabat-Zinn 2003
120 Ballreich, Held und Leschke 2008, Breuninger-Ballreich 2009
121 Borysenko 2001, S. 209
122 Borysenko 2001, S. 233
123 Borysenko 2001, S. 221
124 Schmid-Heinisch 1986, S. 106
125 Kummer 1989, S. 35
126 Burkhard 1997, S. 126
127 Kruse 2017, S. 26
128 Kruse 2017, S. 132 ff.
129 Hesse 1986, S. 14 f.
130 Graves 1970
131 Beck und Cowan 2007
132 Cook-Greuter 2008
133 Roder 2005, S. 84 ff., 361
134 Lauenstein 1974, S. 76 f.
135 Roder 2005, S. 85 f.
136 Lievegoed 1991, S. 91
137 Glas 1984
138 Borysenko 2001, S. 261 f.; Kruse 2017, S. 90
139 Welman 1992, S.116
140 Lievegoed 1991, S. 93
141 Joachim Bauer mündlich beim Vortrag am 21.11.2020 bei Kongress in Graz «Veränderung – aber wie!?»
142 Guardini 1986, S. 58
143 Hesse 1986, S. 30
144 Borysenko 2001, S. 291
145 Burkhard 2001, S. 136 ff., Lauer 1952, S. 114 ff.
146 Lauer 1952, S. 114
147 Treichler 1981, S. 284
148 Morgenstrahl 2019
149 Guardini 1986, S. 52
150 Von Sassen 2004
151 Monbourquette 2003
152 Steindl-Rast 1988, 2012
153 Steindl-Rast 1988, S. 8
154 Sulser (o.J.)
155 Guardini, S. 56
156 Luther 1992, zitiert in Kruse 2017, S. 32
157 Hesse 1990
158 Borysenko 2001, S. 315
159 Glasl 2007, S. 63 ff.
160 Welman 1992

161	Guardini 1986, S. 62	178	Van der Brug und Locher 2003
162	Luther 1992, zitiert bei Kruse 2015, S. 32	179	Kruse 2017, S. 159 ff.
		180	Glasl 2020b, S. 51 ff.
163	Lauenstein 1974, S. 78	181	Jacques 1962, 1988
164	Steiner GA 801, S. 395	182	Jacques 1996
165	Jaspers 1973	183	Bloom 2001
166	Kummer 1989, S. 15	184	Kruse 2017, S. 159 ff., Kruse und Schmitt 2015, 2016
167	Zitiert von Kuhl 2005, S. 202		
168	Kübler-Ross 1991, S. 9	185	Kruse 2017, S. 160 f.
169	Borysenko 2001, S. 313	186	Guardini 1986, S. 62
170	Kübler-Ross 1991, S. 10 ff.	187	Moers 1953
171	Paxino 2019, S. 51 ff., S. 61 ff.	188	Kruse 2017, S. 208 ff.
172	Johanson 1992, S. 50 f.	189	Siehe vor allem Kruse 2015, 2017; Gruss 2007
173	Ritchie und Sherill 1990		
174	Kummer 1989, S. 14	190	Glasl 2022, S. 30 ff., Glasl 2020a, S. 39 ff.
175	Steiner GA 135, GA 235, GA 236		
176	Siehe Koob 2005, Glasl 2007	191	Ravagli 1994, S. 109b
177	Burkhard 2004	192	Rentsch 2012

Teil II.
Paul Gauguin – Leben und Werk

12. Paul Gauguins Vorfahren

Die Vorfahren mütterlicherseits waren für Paul Gauguin von großer Bedeutung. Denn durch die Familienbeziehungen hatte er die ersten sieben Jahre seiner Kindheit in Peru verbracht und war mit der Welt der südlichen Hemisphäre vertraut geworden. Seine spätere Sehnsucht und Suche nach dem «verlorenen Paradies», nach der Natur und Kultur dieser Welt, hatte sicher darin ihren Ursprung. Pauls Mutter hatte am Leben der privilegierten Oberschicht Perus teilgehabt. Mütterlicherseits wurzelte die Familie von Pauls Großmutter Flora Laisney (Tristán) im spanisch-peruanischen Adel De Tristán y Moscoso. Pauls Großmutter hatte in die Familie Chazal geheiratet, in der es mehrere Maler gab. So kamen in Pauls Mutter Aline die adelige und die künstlerische Linie zusammen.

Das Anführen der Abstammungslinien Pauls geschieht hier nicht, um die Persönlichkeit Pauls eventuell durch seine genetisch bestimmte Konstitution zu erklären. Vielmehr legen die Ergebnisse des noch jungen Forschungszweiges der Epigenetik[1] die Vermutung nahe, dass besondere *seelische Erlebnisse* der Eltern oder weiterer Vorfahren über das Erbgut weitergegeben werden können. Und wenn Paul Bezug nahm auf die mütterlichen Vorfahren, vor allem in seiner autobiografischen Schrift «Avant et après», bedeutet das, dass diese für sein Selbstverständnis von Bedeutung waren.

Wie die Abstammungslinie beschaffen ist, verdeutlicht die Genealogie (Abb. 2.1).

Ich beginne die Familiengeschichte bei Pauls **Urgroßmutter Thérèse Laisney.**

Während der Französischen Revolution flüchtete *Thérèse Laisney* nach Spanien und lebte dort mit *Don Mariano de Tristán y Moscoso* in freier

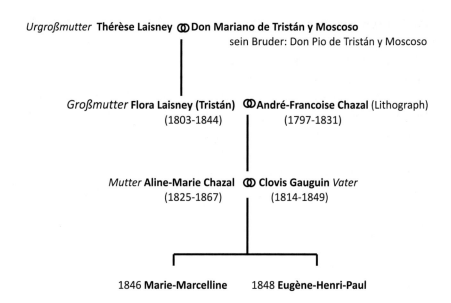

Abb. 2.1: Die Genealogie des Paul Gauguin und seiner Schwester Marie-Marcelline

Ehe, die zwar von einem Priester gesegnet, aber wegen formaler Mängel im Traudokument niemals legalisiert wurde. Don Mariano war ein spanisch-peruanischer Adeliger und Oberst der Dragoner. Sein älterer Bruder *Don Pio de Tristán y Moscoso* war in Peru, das damals spanische Kolonie war, als Royalist 1824 für einige Wochen Vizekönig von Peru gewesen, bis Simon Bolivar mit dem Unabhängigkeitskrieg die Lösung von der spanischen Krone erreichte und die Republik Peru gegründet wurde. Ramón Castilla löste als erster gewählter Präsident der neuen Republik den Vizekönig Don Pio ab. Von Don Pio de Tristán y Moscoso wurde erzählt, er stamme – was seine peruanischen Vorfahren betrifft – von einem Inka-Herrscher ab. Darauf war die Familie sehr stolz. Don Pios Schwiegersohn General *José Rufino Echenique* machte Karriere in der Politik, hatte einige Ministerämter bekleidet, wurde kurz danach Vizepräsident von Peru und im März 1851 zum Präsidenten der Republik gewählt. Diese Geschichte ist wichtig zum Verständnis der Kindheit Pauls, da er vom ersten bis zum vollendeten 7. Lebensjahr mit Mutter und Schwester in Lima verbrachte, wie in Kapitel 13.1 noch genauer beschrieben wird.

Pauls Urgroßmutter *Thérèse Laisney und Don Mariano* zogen 1801, als nach den Revolutionsjahren Napoleon Erster Konsul der Republik Frankreich geworden war, von Spanien nach Frankreich und kauften «Le Petit Chateau», ein großes Landgut in Vaugirard. Sie hatten 2 Kinder, doch es gibt nur über die Tochter Flora, Pauls Großmutter, Informationen. Nach Don Marianos Tod 1807 erreichte Thérèse, dass sie auf dem Landgut in Vaugirard bleiben konnte. Aber als nach dem Aufstand in Spanien gegen Napoleon die Besitztümer von Spaniern in Frankreich eingezogen wurden, wollte Thérèse Laisney eine Legalisierung ihrer Ehe und ihrer Kinder erreichen, damit sie in «Le Petit Chateau» bleiben und ihr Erbe antreten könne. Die Ehe wurde nicht legalisiert, doch Don Pio zahlte ihr regelmäßig aus Peru – aus Pietät für seinen verstorbenen jüngeren Bruder Don Mariano – eine kleine Rente.

Die Geschicke der Urgroßmutter Pauls, Thérèse, und seiner Großmutter Flora hatten Auswirkungen auf Pauls späteres Leben.

Pauls Großmutter *Flora Laisney (de Tristán y Moscoso, 1803-1844),* Abb. 2.2, war mit *André-Francoise Chazal,* einem Lithografen und Graveur, verheiratet. Als Achtzehnjährige hatte sie bei ihm eine Lehrzeit angefangen. André hatte sich in die hübsche junge Frau verliebt und heiratete sie gegen den Widerstand seiner Familie. Sie bekamen einen Sohn, Ernest-Camille, und eine Tochter, Aline-Marie. André Chazal kam aus einer Künstlerfamilie: Der Großvater, ein Onkel und einige Vettern waren Maler. Die Ehe war sehr spannungsreich, da sich André als Spieler und Alkoholiker entpuppte. Flora verließ ihn nach der Geburt des zweiten Kindes, Aline-Marie, und nannte sich nach der Trennung *Flora Tristan*.

Weil sie in Peru ihr vermeintliches Erbe antreten wollte, brachte sie die Kinder in einem Pensionat unter, schiffte sich nach Lima ein und versuchte, von ihrem Onkel Don Pio Geld zu bekommen. Immerhin brachte sie ihn dazu, ihr jährlich einen (bescheidenen) Geldbetrag zu zahlen. Paul schrieb später in seinem Erinnerungsbuch «Avant et après» (S. 111 f.): «Der alte, sehr alte Onkel Don Pio verliebte sich voll und ganz in seine reizende Nichte, die seinem Lieblingsbruder Don Mariano so ähnlich sah.»

Über ihre Reise nach Lima hatte Flora 1835 einen Reisebericht veröffentlicht, «Pérégrinations d'une paria», und darin auch über ihre Eheprobleme geschrieben. In Frankreich war das Buch ein Erfolg und erregte

Abb. 2.2: Pauls Großmutter Flora Laisney (de Tristán y Moscoso, 1803-1844)

viel Anteilnahme. Doch ihr Gatte André Chazal, dessen Ruf damit zerstört war, versuchte aus Verzweiflung, Flora in Paris auf offener Straße zu erschießen. Auch von der Familie in Peru wurde dieses Buch nicht positiv aufgenommen, weil Flora Don Pio darin als schlauen Geizhals bezeichnet hatte. Deshalb ließ dieser das Buch auf dem Platz in Arequipa (wo er damals nach seiner Zeit als Vizekönig Präfekt war) verbrennen.

Flora Tristan wurde später Sozialistin und Anhängerin von Saint Simon. Sie war als Schriftstellerin, Journalistin und Vortragende für Frauenrechte sehr aktiv. Sie schrieb 1840 in «Promenades dans Londres» über die schrecklichen Arbeitsbedingungen, unter denen Wäscherinnen in London arbeiten mussten. 1843 propagierte sie in ihrer Schrift «L'Union ouvrières» die Idee eines Arbeiterbundes, der weltweit für Solidarität aller Arbeiterinnen und Arbeiter aktiv werden sollte. Unter den prominenten Sozialisten ihrer Zeit genoss Flora deshalb international hohe Anerken-

Abb. 2.3: Pauls Mutter Aline-Marie Chazal (1825-1867), von Paul Gauguin 1890 nach einem Foto gemalt.

nung. Sie starb 1844 in Bordeaux, wo ihr auf dem Friedhof ein Denkmal errichtet wurde.

Für Paul war die Großmutter Flora Tristan Symbol und Leitfigur für radikales Denken, für Unabhängigkeit, Engagement und Ideenreichtum.[2] Paul wurde später von Zeitgenossen als stolz, überheblich und sehr eigenwillig beschrieben. Er hatte bis zu seinem Tod Floras Bücher immer bei sich und trat – wie sie – in den letzten Lebensjahren auf den Marquesas für die Unterprivilegierten ein und machte Stimmung gegen die Korruption der katholischen Kirche und der kolonialen Verwaltung. Das brachte ihm zwar die Anerkennung der lokalen Bevölkerung, zum andern aber eine Verurteilung zu einer Gefängnisstrafe, vor deren Antritt er 1903 starb.

Pauls Mutter Aline-Marie Chazal (1825-1867), Abb. 2.3, heiratete Clovis Gauguin (1816-1851), der in Paris als Journalist für die liberale Zeitung «Le National» tätig war. 1846 wurde die Tochter Marie-Marcelline geboren, und 1848 der Sohn Eugène-Henri-Paul.

13. Leben und Werk Paul Gauguins

13.1 Das erste Jahrsiebt von 1848 bis 1855 (Geburt bis 7):
Im Paradies der Kindheit

Am 7. Juni 1848 wurde Eugène-Henri-Paul Gauguin in Paris in der Rue-Notre-Dame-de-Lorette, in einem Haus neben dem Atelier von Delacroix, dem damals sehr geschätzten Maler, geboren. Zur Zeit von Pauls Geburt war der Vater noch als Journalist für die radikale, anti-napoleonische Zeitung *Le National* tätig, doch in der Taufurkunde Pauls führte er im Juli 1848 schon an, dass er arbeitslos sei. Er hatte beim Aufstand vom 23.-26. Juni 1848 gegen Louis-Napoleon als Links-Oppositioneller seine Sympathien für die Arbeiter bekundet. Nach dem Niederschlagen des Aufstands entschloss sich Clovis Gauguin zum freiwilligen Exil. Das Ziel war Peru, wo Aline wegen ihrer Herkunft von der reichen Familie De Tristán y Moscoso ein beträchtliches Erbe erhoffte. Dort wollte Clovis in Lima eine eigene Zeitung gründen – ohne konkret zu wissen, wie er das schaffen könnte, da er nicht einmal die spanische Sprache beherrschte.

Am 8. August 1849 schiffte sich die Familie in Le Havre nach Lima in Peru ein. Die Reise dauerte auf dem kleinen Schiff 3 Monate. Der Vater hatte ständig Streit mit dem Kapitän und starb am 30. Oktober 1849 an einem geplatzten Aneurysma als Folge eines Wutanfalls an Bord des Schiffes im patagonischen Hafen Port-Famine (Hungerhafen). Dort wurde er auch auf einem Klosterfriedhof begraben. Danach schlug sich Aline durch nach Peru und wurde von *Don Pio* – trotz dessen schlechter Erfahrungen mit Alines Mutter Flora (deren Buch er hatte verbrennen lassen!) – herzlich willkommen geheißen.

Wenige Monate nach Alines Ankunft in Lima wurde José Rufino Echenique, Schwiegersohn von Don Pio und Vizepräsident von Peru, zum Präsidenten der Republik Peru gewählt. So konnte Aline mit den Kindern in dem schmalen, relativ bescheidenen Haus von Echenique in Lima (in der Calle de Gallos) wohnen. Bescheiden war das Haus allerdings nur im Vergleich mit den benachbarten prunkvollen spanisch-maurischen Palästen. In «Avant et après» schrieb Paul später (S. 111 f.): «Don Pio hatte sich mit achtzig Jahren wieder verheiratet und dieser Ehe entstammten mehrere

Kinder. (...) Zusammen war es eine große Familie und meine Mutter war unter ihnen das recht verwöhnte Kind.»

Paul, seine Schwester und die Mutter hatten in diesen Jahren Anteil am spanisch geprägten, kolonialen «Rassen-Klasse»-System, das den Standesunterschied zu den Eingeborenen betonte. Paul schrieb darüber in «Avant et après» (S. 112 f.), dass sie in dem Haus einen chinesischen Diener hatten, der gut bügeln konnte, «ein Negermädchen, das den Gebetteppich in die Kirche nachtragen musste ...» Wie D. W. Druick und P. K. Zegers betonen, hat Paul später die Zeit in Lima rückblickend sehr romantisiert.[3]

In Peru gab es immer wieder Erdbeben. Paul erinnerte sich in «Avant et après» (S. 113) daran, wie er als etwa vierjähriger Knabe in dem Zimmer war, in dem er mit seiner Schwester schlief: «Ein andermal erwachte ich nachts und sah das ausgezeichnete Bild des Onkels, das im Zimmer hing. Er sah uns mit starren Augen an und bewegte sich. Das war ein Erdbeben. Man kann sehr tapfer, sogar sehr schlau sein, man bebt mit dem Erdbeben. Jeder empfindet ein gleiches Gefühl und keiner leugnet, es empfunden zu haben.»

Zwei Umstände bewogen Aline schließlich dazu, nach Frankreich zurückzukehren: Zum einen die politische Situation, die für die Familie De Tristán y Moscoso direkte Auswirkungen hatte; zum anderen die Familiensituation in Orléans.

Echeniques Regierung war mehr und mehr korrupt geworden. Sie machte sich mit der Zeit so unbeliebt, dass sie im Juni 1854 durch einen Aufruhr gestürzt wurde. Der Coudillo Castilla wurde zum Führer der Aufständischen, es kam zu kriegerischen Handlungen und Echenique wurde «entsorgt», indem man ihn nach Chile ins Exil schickte. Don Pio hatte sich während des Unabhängigkeitskrieges mit Simon Bolivar arrangiert und war von diesem in der Republik mit Regierungsposten in der Provinz belohnt worden. Für Aline war aufgrund der politischen Wirren der Aufenthalt in Peru immer unsicherer geworden.

Der zweite Umstand war, dass sie einen Eilbrief aus Frankreich erhalten hatte, in dem sie gedrängt wurde, nach Orléans zu kommen, um die Erbschaft des Schwiegervaters, Pauls Großvaters väterlicherseits, zu regeln.

Es gelang ihr, im August 1855 mit den Kindern nach Frankreich abzureisen.

Das erste Lebensjahrsiebt Pauls aus entwicklungspsychologischer Sicht

Das ist die Zusammenfassung der wichtigsten Ereignisse dieses Jahrsiebts:

Jahr	Alter	Ereignis	**erstes Jahrsiebt**	Bilder
1848	*	7. Juni, Paris Arbeiteraufstand 23.-26.6.1848: Vater geht als Links-Oppositioneller freiwillig ins Exil nach Peru: erwartet dort «sagenhaftes Erbe» von Flora		
1849	1	*Clovis* stirbt in der patagonischen Hafenstadt Port Famine («Hungerhafen») – Herzschlag bei einem Wutanfall auf dem Schiff, wird in Port Famine begraben. Aline schlägt sich allein nach Lima durch		
		Vizekönig Don Pio de Tristán y Moscoso nimmt Aline und Kinder im Palast auf.		
1851	3	Tochter von *Don Pio* heiratet den Politiker *Jose-Rufino Echenique,* der später zum Präsidenten der Republik Peru gewählt wird		
1855	7	*Echenique* wird bei Unruhen gestürzt, *Aline Gauguin* kehrt mit Kindern nach Frankreich zurück		

Es gibt keine Berichte über Pauls Verhalten im ersten Lebensjahr und für die Zeit während der Schiffsreise nach Lima. Die beiden ersten Lebensjahre waren von Unruhe und Unsicherheit, noch dazu von Orts- und Sprachenwechsel geprägt. Das schmerzliche Erleben der Mutter durch den Tod ihres Mannes bei der Ankunft in Südamerika und die anfängliche Ungewissheit über die Aufnahme in Lima wirkten direkt auf das Seelenleben des einjährigen Knaben. Dazu stand anschließend das luxuriöse Leben in der angesehenen Familie der Oberschicht in Kontrast. Es gab Dienstpersonal, Paul und Marie-Marcelline wurden von einem Kindermädchen betreut und lernten spanisch. Paul beschrieb sich später selbst als besonders neugierig und benahm sich sehr selbstständig. In «Avant et après» (S. 112) schilderte er eine dafür typische Szene, als er sich von seiner Mutter entfernt hatte und erst nach langem, verzweifeltem Suchen von dem chinesischen Diener in einem Spezereigeschäft zwischen zwei Melassefässern an einem Zuckerrohr lutschend gefunden wurde.

Im Haus der Großfamilie De Tristán und Echenique fanden Empfänge und Diners statt und die hübsche Aline genoss das Leben einer privilegierten Dame der Gesellschaft. In «Avant et après» schrieb Paul später (S. 114): «Wie reizend und hübsch war meine Mutter, wenn sie ihr Limaisches Kostüm anzog, die Seidenmantille das Gesicht bedeckte, die nur ein Auge frei ließ, dieses so sanfte, so befehlende, so reine und so zärtliche Auge.» Paul erinnerte sich gerne an die Behaglichkeit der Großfamilie, verwöhnt wie ein Königssohn und sorgenfrei lebend in der paradiesischen tropischen Natur. Allerdings wurde diese Idylle immer wieder durch schwächere oder stärkere Erdbeben in Frage gestellt.

Wie die Entwicklungspsychologie erkannte, wirkt die Umgebung ganz unmittelbar – wenn auch unbewusst – auf das Kleinkind. Pauls spätere Sehnsucht und Suche nach dem unverdorbenen Paradies der Südsee hatte darin unzweifelhaft ihren Ursprung. Für das Kleinkind kam zum Erleben der paradiesischen Zeit aber auch die radikale Verunsicherung seiner Eltern, die sie zur Emigration zwang. Über die dreimonatige Schiffsreise nach Lima ist nur bekannt, dass der Kapitän auf dem kleinen Schiff mit den Passagieren sehr grob und respektlos umging und dass sich Clovis darüber empörte und als selbstbewusster Journalist vermutlich zur Wehr setzte. Auch diese Stimmung fand bei dem Knaben in seinem zweiten Lebensjahr wahrscheinlich ihren Niederschlag. Und dann der plötzliche Tod des Vaters, sein übereiltes Begräbnis in Port Famine, und die Fortsetzung der Reise für die Witwe, die jetzt mehr als davor auf Unterstützungen angewiesen war. Auf diese Unsicherheit folgte dann die herzliche Aufnahme durch Don Pio in Lima und die «paradiesische» Zeit inmitten der Oberschicht Perus. Allerdings gab es im Untergrund ständig die latente Bedrohung durch kleinere und größere Erdbeben, die erleben ließen, auf welchem unsicheren Boden diese Lebensführung gebaut war und wie schnell sie zusammenbrechen konnte. Wie sehr diese unterschwellige Angst zum Lebensgefühl des Kleinkindes gehörte, wird in dem oben zitierten Erinnerungsbild deutlich (Avant et après, S. 113), in dem Paul sein Erlebnis als vierjähriger Knabe beschrieb, als er während eines Erdbebens eine Art von gespenstischer Wahrnehmung seines Großonkels Don Pio hatte, der plötzlich im Zimmer der Kinder stand und sie mit starrem Blick anschaute. Es ist in dem Zusammenhang interessant, dass Rudolf Steiner und auch Carl Gustav Jung[4] von ähnlichen Erfahrungen als Vierjährige berichten.

Jetzt betrafen die politischen Unruhen die Lebenssphäre der Familie direkt und bewogen Aline dazu, mit den Kindern nach Frankreich aufzubrechen. Aline mochte sich da an die Unruhen in Paris 1848 erinnert haben, durch die ihr Mann Clovis seine Existenzgrundlage verloren hatte und zum Exil gezwungen war.

Zwar bot der Eilbrief mit der Ankündigung der Regelung des Erbes von Guillaume Gauguin eine positive Perspektive für Aline, dennoch endete dieses Jahrsiebt mit neuerlichen Verunsicherungen. So kam es – ähnlich überstürzt wie seinerzeit die Emigration nach Peru – zum Aufbruch nach Frankreich mit der Schiffsreise in eine unsichere Zukunft. Zur Erinnerung an diese privilegierte Zeit in Lima konnte Aline kostbare Kunstwerke mitnehmen, wertvolle peruanische Vasen und Silberstatuetten.

13.2 Das zweite Jahrsiebt von 1856 bis 1862 (7 bis 14):
Die Schulzeit in Orléans

Guillaume Gauguin, Pauls Großvater väterlicherseits, hatte Aline 1855 angeboten, dass sie mit den Kindern sein Anwesen in Orléans mit seinem Sohn Isidore («Zizi») teilen sollte. Kurz nach Alines Ankunft in Frankreich starb ihr Schwiegervater. Am 20. April 1855 kam Isidore aus Algerien nach Frankreich zurück. Da er sich 1851 an dem Staatsstreich gegen Louis-Napoleon beteiligt hatte, war er zu vier Jahren Gefängnis in einem algerischen Straflager verurteilt worden. Guillaume Gauguin hatte überdies Isidore zum Vormund von Alines Kindern bestellt.

Die erste Zeit war Paul Tagesschüler in den lokalen Schulen. Als Elfjähriger wurde Paul im Internat «Petit Séminaire de La Chapelle Saint-Mesmin» untergebracht. Er wurde als einsames, in sich gekehrtes, problematisches Kind beschrieben und bereitete Aline durch sein manchmal recht ungezogenes Verhalten Sorgen. In Peru hatte er bisher nur spanisch gesprochen und musste nun Französisch lernen. Wie er selbst fand, sprach er zu der Zeit Buchstabe für Buchstabe «geziert» aus, so wie er Spanisch zu sprechen gewöhnt war.

Das Petit Séminair de La Chapelle Saint-Mesmin wurde nach der Pädagogik des Bischofs von Orléans geführt. Dort wurde den Knaben der katholische Katechismus streng eingetrichtert. Paul scheint ein Durchschnittsschüler gewesen zu sein.[5] Er erhielt die klassische Gymnasialbildung und erwarb vor allem gute Literaturkenntnisse, auf die er später immer wieder zurückgriff. Besondere Fähigkeiten oder Neigungen des Schülers – z.B. für Zeichnen oder Malen – sind nicht bekannt, obschon das Zeichnen einen fixen Platz im Unterrichtsprogramm der Schule hatte.

An ein besonderes Erlebnis als Neunjähriger erinnerte er sich in «Avant et après» (S. 112): «Ich habe immer diese Neigung zur Flucht gehabt, denn in Orléans, im Alter von neun Jahren fiel es mir ein, in den Bondyer Wald mit einem sandgefüllten Taschentuch zu fliehen, das ich an einem Stock über der Schulter trug. Ein Bild hatte mich verführt, das einen Reisenden mit seinem Bündel und seinem Stock über der Schulter darstellte. Obacht vor Bildern! Glücklicherweise griff mich der Schlächter unterwegs auf und führte mich in die mütterliche Behausung zurück, wobei er mich einen Schlingel schalt. In ihrer Eigenschaft als hochadelige spanische Dame war meine Mutter sehr heftig und ich erhielt von einer kautschukweichen Hand ein paar Ohrfeigen. Allerdings umarmte und streichelte meine Mutter mich unter Tränen einige Minuten später.»

Eine andere Episode aus der Internatszeit war ihm gleichfalls erwähnenswert (Avant et après, S. 186), wobei er mit seinem Selbstbild als genialer Maler flirtete. Er hatte mit einem Messer Dolchgriffe geschnitzt und … «Eine gute alte Frau unserer Bekanntschaft rief bewundernd aus: Er wird eine großer Bildhauer werden. Leider war diese Frau keine Prophetin. Ich kam als Externer in ein Orléaner Pensionat. Dort sagte der Lehrer: Dieses Kind wird ein Trottel oder ein genialer Mann. Ich bin weder das eine noch das andere geworden.»

Und Paul charakterisierte in «Avant et après» (S. 187) seine wichtigsten Erkenntnisse aus der Zeit im Internat wie folgt: «Mit elf Jahren kam ich auf das Petit Séminair, wo ich sehr rasche Fortschritte machte. (…) Im übrigen meine ich, dort von Kind an gelernt zu haben, die Scheinheiligkeit, die falschen Tugenden, die Angeberei (semper tres) zu hassen und mich vor allem zu hüten, was meinen Instinkten, meiner Seele und meinem Verstand entgegen war. (…) Ich gewöhnte mich dort daran, mich auf mich selbst zu konzentrieren, ohn' Unterlass das Spiel meiner Lehrer beobachtend, mein Spielzeug selbst zu fertigen und auch mein Leid mit all der Verantwortung, die es bringt.»

Don Pio war 113 Jahre alt geworden und 1856 in Lima gestorben. Er hatte Aline ein beträchtliches Vermögen hinterlassen wollen, aber seine Familie focht das Testament an, sodass es schließlich für ungültig erklärt wurde. Paul fasste dies so zusammen (Avant et après, S. 114): «Zum Gedächtnis seines vielgeliebten Bruders hatte er meiner Mutter eine Rente von 5000 Goldpiastern ausgesetzt ... Die Familie verdrehte dem Greis auf dem Totenbett seinen Willen, nahm das ungeheure Vermögen und verprasste es in toller Verschwendung in Paris ... Echenique kam im folgenden Jahr, um meiner Mutter einen Vergleich vorzuschlagen. Diese, noch immer sehr stolz, antwortete: Alles oder nichts. Es wurde: Nichts.»

Aline zog 1861 nach Paris. Nachdem sich ihre Hoffnung auf ein Erbe aus Peru zerschlagen hatte, musste sie für sich und ihre Kinder sorgen und war als Schneiderin tätig. Sie hatte auch Teile des großväterlichen Erbes ihrer Kinder verkauft, um leben zu können und die Schulbildung der Kinder zu gewährleisten. Als Schneiderin kam sie über eine Freundin in Kontakt mit Gustave Arosa, einem wohlhabenden Wechselmakler und Kunstsammler. Er war wie sie spanisch-französischer Herkunft, da sein Vater Spanier und seine Mutter Französin war. Sein Vater war durch Handel mit peruanischem Guano vermögend geworden. Gustave Arosa übernahm eine Art Beschützerrolle über die Kinder und Aline hatte eine enge und – wie vermutet wird – auch erotische Beziehung mit Arosa. Es gibt keinerlei Hinweise, dass sich die Beziehung von Aline zu Gustave Arosa auf Marie-Marcelline und Paul negativ ausgewirkt haben könnte.

1862 verließ Paul das Petit Seminair in Orléans und zog nach Paris, wo er sich für die Aufnahmeprüfung in die Maritime Akademie vorbereiten sollte.

Das zweite Lebensjahrsiebt Pauls aus entwicklungspsychologischer Sicht

Zunächst nochmals die Übersicht über die wichtigsten Ereignisse dieser Epoche:

Jahr	Alter	Ereignis	**zweites Jahrsiebt**	Bilder
1855	7	Familie wohnt in Orléans im Haus von Onkel Isidore		
1856	8	Paul in Internaten in Orléans (La Chapelle Saint-Mesmin) und Paris. Muss erst Französisch lernen. Mittelmäßiger Schüler		
1861	13	Aline zieht nach Paris und eröffnet Schneiderei-Atelier nimmt dort Kontakt mit Gustave Arosa auf		
		Trauzeuge *Gustave Arosa,* wohlhabender Wechselmakler, mit französischer Mutter und spanischem Vater (wie Flora Tristán, Alines Mutter) wird auf Alines Wunsch Pauls Vormund: Arosa sammelt Bilder *(Delacroix, Corot, Daumier, Pissarro!)* und wird auch Pate von *Claude Debussy*		
		Paul erhält gute literarische Bildung, macht gelegentlich Holzschnitzereien		
1864	14	Paul geht wieder in ein Internat in Orléans		

Nach der paradiesischen Zeit in Lima kam es für Paul, seine Mutter und seine Schwester in seinem zweiten Jahrsiebt zu einem radikalen Wandel der gesamten Verhältnisse. Das nunmehrige Leben in Frankreich musste sich für Paul als Vertreibung aus dem Paradies anfühlen. In vielen Zeichnungen und Gemälden, die später in Tahiti entstanden, waren Paradies, Sündenfall, Eva und die Versuchung durch die Schlange immer wiederkehrende Themen. Auch in seiner halb romanhaften Autobiografie «Noa Noa» kam die Sehnsucht nach der wilden Natur und der ursprünglichen Lebensführung vielfach und deutlich zum Ausdruck.

Die Zeit im streng katholischen Seminar war für das bis dahin verwöhnte Kind Paul das «Überschreiten des Rubicon». Wie in Kap. 8.2 ausgeführt, tritt dieses einschneidende seelische Erleben bei vielen Kindern auch sonst im neunten Lebensjahr auf und rührt vom Verlassen der magisch-mythisch erlebten Welt der Kindheit her. Der Verlust der Kindheit kann wehmütig oder schmerzlich empfunden werden und kann dazu führen, dass versucht wird, dem nüchternen Alltag zu entfliehen. Bei Paul wurde dieser Bruch durch dramatische äußere Umstände, wie dem Wechsel von Land, Sprache und Milieu, herbeigeführt, wodurch das intimere seelische Geschehen weniger stark bemerkt wird. Die von Paul in «Avant et après» erwähnte «Neigung zur Flucht aus dem Seminar», die von dem romantischen Bild des Wanderers mit einem symbolischen Bündel an einem Stock inspiriert worden war, ist doch auch Ausdruck dieses Abschied-Nehmens. Die Tränen und Umarmungen der Mutter – nach ihren Ohrfeigen mit den «kautschukweichen Händen» – waren eine kurze Rückkehr in die verloren gegangene Geborgenheit.

Entwicklungspsychologisch gesehen ist im ersten Jahrsiebt das Nachahmen des Verhaltens der Erwachsenen in der Umgebung des Kindes entscheidend für das Lernen im umfassenden Sinne. Das Stehen, Gehen, Sprechen und Denken werden auf diese Weise erworben.

Im zweiten Jahrsiebt wird die Beziehung zu einer *Autorität* für das Lernen wichtig. Wobei hier mit Autorität nicht eine Person gemeint ist, die durch direktives, «autoritäres» Verhalten Anpassungsdruck auf das Kind ausübt. Wichtig ist vielmehr, dass das Kind sich orientiert an einer Person (oder an mehreren Menschen), die es achtet und vielleicht sogar verehrt, weil diese – getreu dem Wortsinn von «Autorität» – sich selbst zu dem gemacht haben, was sie sind. Diese Person wird nicht nachgeahmt, sondern es wird ihr *nachgeeifert, nachgestrebt*, denn «Der Mensch braucht in dieser Zeit einen anderen Menschen, der für ihn die Verkörperung alles Guten, Schönen und Weisen ist; er braucht einen Menschen überhaupt, in dem er die Grundsätze und Lehren verleiblicht sieht», so umschreibt das *Rudolf Steiner*.[6]

Dafür wird auch schon in diesem Alter eine intuitive Urteilsfähigkeit entwickelt, mit der das Verhalten Erwachsener als authentisch oder unecht unterschieden werden kann. Das drückte sich deutlich in Pauls Charakterisierung seines Lerngewinns im Seminar aus (Avant et après, S. 187), wenn er schrieb, dass er seine Lehrer und deren Spiele beobachtete und durch deren Scheinheiligkeit zu seinem eigenen Wollen gefunden hatte.

Aus Pauls späteren Schilderungen dieser Zeit lässt sich erschließen, dass er seine Mutter und deren Selbstbehauptung, mit der sie die Schwierigkeiten der neuen Lebensumstände meisterte, als Autorität geachtet hatte. Wie sehr damals auch sein Vater und seine Großmutter Flora als Vorbild-

und Leitperson in Pauls Bewusstsein eine Rolle spielten, kann aufgrund der vorliegenden Daten nicht gesagt werden. Tatsache ist jedoch, dass er Flora als Kämpferin für die Rechte der Frau, der Arbeiterinnen und Arbeiter und der Unterprivilegierten sehr verehrte, weil sie diesen Menschen durch ihren unermüdlichen Einsatz als Schriftstellerin und Rednerin auch ihr Leben geopfert hat.

Die für die Präpubertät und Pubertät typische psychische Distanzierung der Jugendlichen von ihren Eltern wurde durch das von der Mutter getrennte Wohnen begünstigt und konnte sich ohne dramatische Konflikte vollziehen.

12.3 Das dritte Jahrsiebt von 1862 bis 1869 (14 bis 21):
Unruhige Jugendjahre

Das dritte Jahrsiebt war für Paul eine sehr bewegte und bewegende Zeit.

Paul wohnte nach seiner Schulzeit in Orléans von 1862 bis 1864 bei seiner Mutter in Paris, um sich im Institut Loriol für die Aufnahmeprüfung in die *Marine-Akademie (Ecole Navale)* vorzubereiten. Durch seine Bekanntschaft mit dem Meer und seine Abenteuerlust, aber auch durch seine Neigung, den beengenden Verhältnissen zu entfliehen, wurde sein Interesse für eine Offizierslaufbahn in der Marine geweckt. Um seine Ausbildung auf dem Institut *Loriol* in Paris zu finanzieren, verkaufte Aline einen weiteren Teil von Pauls Erbe. Nachdem er jedoch die Aufnahmeprüfung nicht bestanden hatte, ging Paul zurück nach Orléans in ein Lycée, wo er bis 1864 blieb und seine Schulbildung abschloss. Paul betonte später in «Avant et après» (S. 187), dass er im Internat gelernt hätte, seine Lehrer gut zu beobachten, bei ihnen wahres und falsches Verhalten zu unterscheiden und auf seine eigenen Ideen und «Instinkte» zu achten.

1865 zog Aline von Paris nach Village de l'Avenir und wenig später in eine Villa in Saint-Cloud. Wahrscheinlich wegen ihrer Erfahrungen mit Erbstreitigkeiten und aus Sorge um ihre Gesundheit verfasste sie dort schon ihr Testament und bestellte darin Gustave Arosa, ihren vertrauten Freund und Börsenmakler, zum Vormund von Paul und Marie-Marcelline. (Achille Gustave Arosa wurde auch Taufpate von Claude Debussy, der am 22. August 1862 geboren und erst 1864 getauft wurde).

Über Pauls Beziehung zu seiner temperamentvollen Schwester in diesen Jahren äußerte er später, dass sie ihn tyrannisiert habe.[7] Aline spielte im Testament auf Pauls schwieriges Verhalten an und mahnte ihn, «dass er seine Ausbildung abschließen müsse, da er sich bei all ihren Freunden so unbeliebt gemacht hatte, dass er eines Tages allein dastehen werde»[8].

Da Paul die Aufnahme in die *Marine-Akademie (Ecole Navale)* nicht bestanden hatte, entschied er sich nach dem Schulabschluss in Orléans eigenständig für die Handelsmarine und heuerte am 7. Dezember 1865 in Le Havre als Steuermannsjunge auf dem Handelsschiff *Luzitano* an, das nach Rio de Janeiro fuhr. Diese Strecke hatte er mit seiner Familie als Einjähriger und später als Siebenjähriger befahren, und auch seine Großmutter Flora hatte sie zurückgelegt.

Damit begann für Paul eine abenteuerliche Zeit, in der er auch erste sexuelle Erfahrungen machte. Er schrieb dazu – ersichtlich selbstgefällig – in «Avant et après» (S. 174 f.), wie ihn sein Vorgänger auf dem *Luzitano* gebeten hatte, Aimée (eine Dame aus Bordeaux) in Rio de Janeiro aufzusuchen und ihr einen Brief und ein kleines Päckchen zu überbringen: «Wie Sie sich denken können, war es meine erste Tat, mit dem kleinen Paket und dem Brief zu der angegebenen Adresse zu gehen. Das war eine Freude ... ‹Wie nett von ihm, an mich gedacht zu haben. Und du, Liebling, lass dich recht anschauen, wie hübsch du bist.› Ich war trotz meiner 17 ½ Jahre damals ganz klein und sah nach 15 aus. Trotzdem hatte ich einen ersten Seitensprung in Le Havre vor meiner Einschiffung gemacht, und mein Herz bubberte. Es wurde für mich ein ganz entzückender Monat. Diese reizende Dame war trotz ihrer 30 Jahre recht hübsch und Primadonna in den Offenbachschen Opern. (...) Und Aimée brachte meine Tugend zu Fall ...» Während der Weiterreise hatte er auf dem Schiff noch eine Affäre mit einer deutschen Passagierin.

Im Oktober 1866 schiffte er als zweiter Offizier an Bord der *Chili* ein zu einer Fahrt um die Welt, die ihn nach Panama, Südamerika und in die Gewässer des Pazifischen Ozeans brachte, bis nach Chile und Peru. Erst am 14. Dezember 1867 kehrte er nach Le Havre zurück. Unterwegs erfuhr er bei einem Aufenthalt in einem Hafen, dass seine Mutter am 7. Juli 1867 im 42. Lebensjahr in Saint-Cloud an einer Krankheit gestorben war. Pauls Schwester war indessen in die Villa der Mutter gezogen, und der Vormund Gustave Arosa hatte sie unter seine Fittiche genommen.

Zwanzig Jahre alt, meldete sich Paul als Wehrpflichtiger im Januar 1868 zum Militärdienst und begann im März als Matrose auf dem königlichen Forschungs- und Vergnügungsschiff *Jerome-Napoleon*. Diese Reisen führten Paul auch ins Mittelmeer und in nordische Länder. Vor der Küste Norwegens zwang die Kriegserklärung Frankreichs an Preußen das Schiff zur Rückkehr. Es nahm an Kriegshandlungen teil und versenkte mehrere preußische Schiffe. Erst am 21. April 1871 endete in Toulon Pauls Militärdienst.

Über Pauls Beziehung zu seinem Vormund in diesem Lebensabschnitt gibt es nur wenige Informationen.

Das dritte Lebensjahrsiebt Pauls aus entwicklungspsychologischer Sicht

Die wichtigsten Ereignisse dieses Jahrsiebts sind zusammengefasst folgende:

Alter	Ereignis	**drittes Jahrsiebt**	Bilder
14		Paul zieht zu seiner Mutter nach Paris, bereitet sich für Aufnahmsprüfung bei Marina Akademie vor besteht Prüfung nicht, geht nach Orléans ins Lyzeum	
16		Paul schließt in Orléans gymnasiale Schulbildung ab	
17		Paul heuert als Steuermannsjunge auf der «Luzitano» an, Fahrt nach Rio de Janeiro, die Strecken wie seine Großmutter Flora Tristán	*keinerlei künstlerisches Interesse bekannt*
18		Als Leutnant auf dem Dreimaster «Chili» Weltreise von 13 Monaten	*keine künstlerischen Versuche bekannt*
		1. Mondknoten	
19		Paul Gauguins Mutter Aline stirbt (41-jährig)	
20		Matrose in der Kriegsmarine auf dem königlichen Forschungs- und Vergnügungsschiff «Jerome Napoleon» – Reisen in nördliche Meere, in kriegerische Handlungen mit preußischen Kriegsschiffen involviert	*vermutlich Zeichnungen*
21		Matrose	

Die im zweiten Jahrsiebt und in der Krise der Pubertät bereits begonnene Absonderung von Familie und Milieu setzte sich im dritten Jahrsiebt durch die äußeren Umstände fort. Dazu trug der mehrmalige Wechsel des Wohnortes und der Schulen bei. In der Pubertät ist für das Entdecken des eigenen Denkens und Fühlens und Wollens das kritische Beobachten und Beurteilen des Redens und Handelns der Lehrer als wahr oder falsch typisch, wie Paul selbst in «Avant et après» (S. 187) schrieb. Der Schüler entwickelte immer mehr seine eigenen Werte und Kriterien und maß daran die Erwachsenen. Das sich entwickelnde eigenwillige Verhalten Pauls, mit dem er sich bei vielen Leuten unbeliebt machte – auch bei seiner Schwester –, bereitete seiner Mutter große Sorgen.

Das kann von daher rühren, dass in diese Zeit auch der sogen. *1. Mondknoten* fällt. Wie ich in Kap. 7 ausgeführt habe, wird in der anthroposophisch fundierten Entwicklungspsychologie den verschiedenen biografischen Mondknoten viel Beachtung geschenkt. Was Florian Roder für den 1. Mondknoten, den «Knoten des Aufbruchs», als symptomatisch beschreibt,[9] findet sich erstaunlich genau in Paul Gauguins Leben: «Der Aufbruch kann sich als Protest und Revolte manifestieren, wenn die Bedingungen vom Elternhaus her einengende sind und kein tieferes Verständnis vom nächsten Umkreis aufgebracht wird. Der Aufbruch kann (...) als Bedürfnis auftreten, eine eigene Wohnung zu haben, z.B. wenn sie oder er nach dem Schulabschluss in eine andere Stadt zieht, um dort zu studieren oder sonst eine Ausbildung zu beginnen.» So entschied sich Paul schon im Alter von 17 ½ Jahren eigenständig für die Seefahrt, während bis dahin alle wichtigen Entscheidungen von seiner Mutter getroffen worden waren. Jetzt wurden für ihn die eigenen Ziele bestimmend, auch wenn er seiner Mutter damit große Sorgen bereitete.

In diesem Alter werden hohe Ideale als Leitstern für die eigene Lebensrichtung gewählt, wobei die möglichen Schwierigkeiten und Hindernisse der praktischen Durchführbarkeit ignoriert werden. Auf Pauls Situation trifft zu, was Romano Guardini dazu schreibt: «Der Grundcharakter dieser neuen Lebensgestalt ist, wenn ich recht sehe, durch zwei Momente bestimmt. Ein positives: die Aufstiegskraft der sich betonenden Personalität wie der durchdringenden Vitalität – ein negatives: der Mangel an Wirklichkeitserfahrung. Daraus das Gefühl, die Welt sei unendlich offen, die Kraft sei unbegrenzt. (...) Es ist eine Haltung, die auf Unendliches ausgerichtet ist; das Unendliche des noch nicht erprobten Beginns. Sie hat den Charakter des Unbedingten. Der Reinheit, die in der Ablehnung des Kompromisses besteht. Der Überzeugung, wahre Ideen, richtige Gesinnung seien ohne Weiteres im Stande, die Wirklichkeit zu ändern und zu formen. Daraus auch die Neigung zum Kurzschluss im Urteilen und Handeln. Und alles das um so heftiger, als das personale Sein noch unsicher ist.»[10]

Rudolf Treichler weist als Psychiater auf das Phänomen hin, dass Sehnsucht zur Sucht werden kann, wenn ein junger Mensch meint, dass sein Sehnen nicht befriedigt werden könne. Und anstatt das Leben – allen Widerständen zum Trotz – beharrlich auf *Ideale* auszurichten, begnügen sich Jugendliche dann oft mit einem *Idol*.[11] Bei Paul verband sich jetzt zum einen die Sehnsucht nach dem Meer und dem Paradies der Kindheit mit dem idealisierten Bild seiner Großmutter Flora, die in der Familiensaga immer eine große Rolle spielte.

Flora Tristan hatte für den jugendlichen Paul durchaus den Stellenwert eines Idols, dem er sich jetzt durch die Seefahrten nähern zu können glaubte. Deshalb wählte er Schiffe mit Kurs auf die südliche Hemisphäre und gelangte so nach Ozeanien und auch bis Peru, der Heimat seiner spanisch-peruanischen Vorfahren und seines paradiesischen ersten Lebensjahrsiebts.

Entwicklungspsychologisch gesehen geht es im dritten Lebensjahrsiebt ganz wesentlich um ein Gleichgewicht von Geschlechtsreife und Erdenreife. Erotik und Sexualität wurden von Paul ab der Mitte dieser Lebensphase bewusst gelebt – nicht nur in den hier zitierten Episoden – und fanden ein starkes Gegengewicht in seinem Weltinteresse, das sich in den Weltreisen verwirklichte.

Mit Entschlossenheit verfolgte Paul jetzt seine Ziele – die Erkundung der Welt. Sowohl die angestrebte Offiziersausbildung in der Marine-Akademie als auch der Aufstieg zum zweiten Offizier in der Handelsmarine boten ihm die Möglichkeit, ohne finanzielle Eigenmittel doch zu Rang und Stand zu kommen. Denn das Standesdenken war für seine Mutter und für ihn seit seiner Kindheit in Lima eine wichtige Triebfeder des Handelns. Das bezeugt auch die gelegentliche Erwähnung der *Borgia d'Aragon* als spanische Vorfahren (Avant et après, S. 11).

Wie sich an den Lebensdaten zeigt, hatte Paul Gauguin alle Höhen und Tiefen dieses Jahrsiebts intensiv durchlebt.

13.4 Das vierte Jahrsiebt von 1869 bis 1876 (21 bis 28):
Die Wehen der Ich-Geburt

Bis zum April 1871 leistete Paul seinen Militärdienst auf dem Schiff *Jerôme-Napoléon*. Indessen war in den Jahren 1870 bis 1871 bei der Erstürmung von Paris durch die Preußen das Haus in Saint-Cloud mit der Wohnung seiner verstorbenen Mutter geplündert und in Brand gesteckt worden. Paul erwähnte in «Avant et après» (S. 141), dass dadurch Alines Sammlung peruanischer Kunst verloren ging: peruanische Vasen, gute Statuetten aus massivem Silber, eine ziemlich reichhaltige Bibliothek und fast alle Familienpapiere.

Da die Wohnung in Saint-Cloud zerstört war, zog Paul nach seiner Entlassung aus der Marine für kurze Zeit bei Gustave Arosa ein. Dieser hatte sich als Vormund nach Alines Tod bereits fürsorglich Pauls Schwester Marie-Marcelline angenommen. Arosa war durch seine Erfolge als Börsenmakler zu einem ansehnlichen Vermögen gekommen. Neben seiner Berufstätigkeit hatte er als Liebhaberei eine Kunstsammlung aufgebaut und in seinem Haus untergebracht. Er besaß asiatische Keramiken und Metallarbeiten, Bilder von arrivierten Malern wie Delacroix, Corot, Daumier und Courbet, aber auch von Sisley und Jongkind und dem damals noch umstrittenen Pissarro. Erst in Gustave Arosas Haus kam Paul mit Kunst in Berührung und begann, sich für Malerei zu interessieren, vielleicht auch, weil Gustaves Tochter Malerin werden wollte.

Arosa schätzte Pauls Intelligenz und Fantasie, vor allem aber die schnelle Auffassungsgabe und Entschlusskraft und seine sonstigen unternehmerischen Fähigkeiten, mit denen er sich bisher im Leben durchgeschlagen hatte. Deshalb konnte er ihm eine Beschäftigung bei Paul Bertin, einem Wechselmakler, besorgen. Paul bewies an der Börse schnell viel Geschick. Damit begann für den dreiundzwanzigjährigen Vagabunden ein völlig neues, sesshaftes und bürgerliches Leben. Paul richtete sich mit seiner Schwester Marie-Marcelline in der Nähe Arosas an der Rue la Bruyère ein und begann, an einer soliden beruflichen Karriere zu bauen. Marie-Marcelline heiratete 1874 den norwegischen Maler Frits Thaulow.

Pauls Interesse für Kunst war geweckt. Als er sah, wie Arosas Tochter zeichnete und malte, probierte auch er es und entdeckte dabei sein Talent. Er war selber erstaunt, wie gut ihm das gelang. Da sich auch einige Bilder von Impressionisten in Arosas Sammlung befanden und Paul diese oft genauer studierte, kam schnell bei ihm der Ehrgeiz auf, sich in der impressionistischen Malweise und mit ähnlichen Motiven zu versuchen. Auch das ging ihm immer besser von der Hand. Über die Arbeit beim Finanzhaus Bertin lernte er den Amateurmaler Émile Schuffenecker kennen, der – selber Dilettant – Paul in die modernen Maltechniken einwies. Mit ihm besuchte er das Atelier Colarossi und begann mit systematischen Malstudien.

So entwickelte sich ein spannungsreiches *Doppelleben: Die eine Seite des Lebens* bestand darin, dass Paul im Umgang mit Kunden sehr geschickt und erfolgreich war. An der Börse wurde nach dem Krieg 1870–1871 euphorisch und gewinnbringend spekuliert. Und erfolgreich zu sein war wegen der herrschenden optimistischen Stimmung nicht schwer. Das kam Paul sehr zugute, da er ja keinerlei Erfahrung auf diesem Gebiet vorweisen konnte, sondern nur mit guter Intuition begabt war. Pauls Gehalt stieg ständig, und er wechselte mehrmals die Arbeitgeber und seine Arbeitsschwerpunkte. Mit dem Ersparten wagte er sich an eigene spekulative Geschäfte, die ihm beträchtliche Gewinne brachten. – *Die andere Seite des Lebens* war, dass er in der Freizeit Galerien und Museen besuchte, sich in Maltechniken übte und Landschaftsbilder zu malen begann. Schon nach kurzer Zeit erlebte er aber viel mehr Befriedigung mit dem Pinsel als mit seiner Maklertätigkeit und den Spekulationsgewinnen.

Im Freundeskreis um Gustave Arosa lernte er die junge und hübsche Dänin Mette Sophie Gad «aus gutem Haus» kennen, die als Kindermädchen in Paris arbeitete, um ihre Französischkenntnisse zu verbessern. Paul war von ihrer direkten und fremdartig erfrischenden Art fasziniert und traf sie öfters in einem Café zum Essen. Mette war ihrerseits von dem vielversprechenden jungen Bourgeois beeindruckt, und so verliebten sich beide schnell ineinander. Auch Gustave Arosa fand an Mettes praktischer Art Gefallen und befürwortete die Heiratspläne. Da Mette Gad protestantisch war, fand die Heirat in der einzigen evangelisch-lutherischen Kirche von Paris am 22. November 1873 statt, und das junge Paar richtete sich an der Place Saint-George 28 häuslich ein.

1874 wurde am 31. August der Sohn Émile geboren.

Paul Gauguin wurde nun neben seiner Arbeit im Börsengeschäft zum passionierten Sonntagsmaler. Doch nach einiger Zeit genügte das seinen Ambitionen nicht mehr. Über Arosa ergab sich 1874 der Kontakt zu dem

Abb. 2.4: Die Seine zwischen der Iénabrücke und der Grenellebrücke (1875)
Öl auf Leinwand, 81 x 116 cm

Impressionisten Camille Pissarro, der in der Kunstkritik allmählich mehr Anerkennung gewonnen hatte. Nur wenig später führte in Pissarro in den Kreis der Impressionisten ein, mit u.a. Edgar Degas, Édouard Manet, Claude Monet und Auguste Renoir, die sich unregelmäßig trafen und miteinander sehr engagiert kunsttheoretische Diskussionen führten.

Die Bilder Pauls aus dieser Zeit, wie **Herbstlandschaft** (1871)**, Die Seine zwischen der Iénabrücke und der Grenellebrücke** (1875), Abb. 2.4, **Bildnis Émile Gauguin** (1875)**, Wiesenblumen in blauer Vase** (1876) geben einen guten Einblick in seine künstlerischen Fortschritte. Es war neben Pissarro vor allem Manet, der von Gauguin meinte, dass er sich als Maler einen Namen verschaffen werde.

Im Frühjahr 1876 stellte der (Sonntagsmaler!) Gauguin im Salon d'Automne, einer staatlich subventionierten Ausstellung zeitgenössischer Kunst, ein Landschaftsbild aus, wurde aber von Kritik und Publikum nicht wirklich beachtet.

Mette fand sich mit diesem Doppelleben ab, da sie an Gustave Arosa sehen konnte, dass Kunst als Liebhaberei irgendwie zur Lebensform in diesem Milieu gehören mag.

Das vierte Lebensjahrsiebt Pauls aus entwicklungspsychologischer Sicht

Hier folgt eine Übersicht wichtiger Geschehnisse in diesem Lebensabschnitt:

Jahr	Alter	Ereignis **viertes Jahrsiebt**	Malerei
1869	21	Matrose	
1870	22	Matrose	
1871	23	am 23.4. in Toulon entlassen, zieht zu Gustave Arosa, wird Börsenmakler in Paris	*Herbstlandschaft*
1872	24	als Makler erfolgreich, Sonntagsmaler Malunterricht bei Amateurmaler Schuffenecker	*systematische Malstudien*
1873	25	am 22.11. Heirat mit der Dänin Mette Sophie Gad (aus einer Händlerfamilie)	**Landschaft**
1874	26	lernt *Pissarro* und Impressionisten kennen Geburt des Sohns *Émile* (31.8.1874)	**Die Seine zwischen Iéna- und Grenellebrücke**
1875	27		*Bildnis Émile Gauguin*
1876	28	Erste Ausstellung im Salon d'Automne	*Wiesenblumen in gelber Vase*

Wie ich in Kap. 9.1 ausgeführt habe, geht es in diesem Jahrsiebt um die Entwicklung der «Empfindungsseele».

Erleben und Empfinden waren schon bisher für Pauls ungestüme Art bezeichnend, doch jetzt geschieht das nicht mehr so egozentrisch wie vorher. Vielmehr wird nun die Fähigkeit entwickelt, sich wahrnehmend, fühlend und denkend in andere Menschen hineinzuversetzen und mithilfe der emotionalen Empathie zu erkunden, was das Erlebte und Empfundene für die eigene Identität bedeutet. Zunächst wird an dem, was einen von andern unterscheidet, das Eigene entdeckt. Es geht jetzt nicht mehr darum, andere Menschen unbewusst nachzuahmen oder, wie im zweiten Lebensjahrsiebt, bestimmten Menschen nachzustreben, sondern um das Experimentieren mit den eigenen Potenzialen, um im Tun alle Möglichkeiten und Grenzen auszuloten und sich dadurch selbst zu entdecken. Paul durchlebt in diesen Jahren intensiv seine Lehr- und Wanderjahre. Er fühlte sich sehr empathisch ein in die Stile der Meister des Impressionismus und des Symbolismus, mit denen er auch in persönlicher und freundschaftlicher Verbindung stand. Und obwohl er damit experimentierte, hatte er seine Lehrmeister niemals plagiiert. Er konnte sich selbst beweisen, dass er zu ähnlichen Leistungen fähig war. – Aber letztlich war er davon nicht befriedigt.

Pauls jüngster Sohn Pola (erst 1883 geboren und auf den Namen Paul-Rollan getauft) schrieb später von seinem Vater, dass er in dieser Zeit des Doppellebens als Finanzjongleur und als Sonntagsmaler unruhig war; er hatte sein Ziel noch nicht gefunden: «Die 5 Jahre zur See hatten sein Gefühlsleben wohl etwas mehr gefestigt; aber sein Geist schlief noch und damit die Gaben und verborgenen Kräfte, die in ihm auf Auslösung warteten. Etwas wie natürliche Entschlusskraft war zwar stärker geworden, aber Gauguin sah noch kein Ziel. Nur ungeduldig und selbstsicher war er, sein Ehrgeiz erwachte, er wollte schnell vorwärts! Die Frage war nur wie.»[12]

Das von Pola Gauguin gezeichnete Bild seines Vaters in diesen Jahren ist ein deutlicher Ausdruck der «Geburtswehen des Ich». Paul wurde bei der Suche nach seiner eigentlichen Lebensaufgabe von einer für ihn selbst noch schwer fassbaren Intuition in eine bestimmte Richtung angezogen – gleichzeitig aber von einer Unruhe getrieben, die ihn befürchten ließ, dass er durch seine berufliche Tätigkeit nicht genügend Zeit finden könnte, seine wahre Bestimmung zu finden und wirklich zu leben. Zwar hatte er eine Ahnung von der Richtung seiner Lebensführung, doch sah er noch nicht, wie sie zu verwirklichen wäre.

Entwicklungspsychologisch gesprochen beginnt um das 21. Lebensjahr ein Prozess, in dem der geistige Wesenskern eines Menschen, sein Ich, sich verbindet mit den bisher geerbten und durch Erziehung und Selbsterziehung vorbereiteten leiblich-seelischen Ressourcen. Damit kann sein

Ich – auch wenn es noch nicht ganz ausgereift ist – diese «Hüllen des Geistes» nach einem eigenen Lebensplan umgestalten. Dafür müssen jedoch auch eingeschliffene Gewohnheiten wie Ballast abgeworfen werden, wenn sie das sich verwirklichende Ich noch einschränken. Das ist in der Regel mühsam und erfordert Geduld von einem selbst, aber auch von den Menschen in der nächsten Umgebung. Deshalb kann erst mit der Ich-Werdung davon gesprochen werden, dass ein Mensch seine eigene Biografie bewusst gestaltet. Und dieser Findungsprozess war in Paul jetzt sehr intensiv im Gange.

Bis zum Ende dieses Jahrsiebts befand sich Paul noch im Spannungsfeld seines Doppellebens – oder eigentlich Trippellebens: erstens als Finanzjongleur, zweitens als ambitionierter Maler – und drittens zusammen mit den Lüsten und Lasten eines Ehemannes und Familienvaters und den Annehmlichkeiten und Verpflichtungen eines bürgerlichen Lebens. Diese Spannungen gut zu bewältigen war jetzt nicht nur eine Herausforderung für Paul, sondern auch für Mette und seine Kinder. Für Pola, der als Sohn über diese Zeit ja nur über Mettes Erzählungen etwas erfahren hatte können, war dies als Kleinkind doch direkt spürbar gewesen.

In dieser Spannung ging es bei Paul um die Frage, ob die verschiedenen Seiten seines Lebens ein «Entweder-oder» sind oder ein «Sowohl-als-auch». Diese drängende Frage nahm Paul auch in das nächste Jahrsiebt mit.

13.5 Das fünfte Jahrsiebt von 1876 bis 1883 (28 bis 35):
Gesellenzeit und Konflikte zwischen Verstand und Gefühl

In diesem turbulenten Lebensabschnitt gab es in Paul Gauguins menschlicher und künstlerischer Entwicklung Höhen und Tiefen in ständiger Abwechslung.

Pauls bürgerliche Existenz erfuhr in diesem Jahrsiebt durch die Geburt der weiteren Kinder und den Bezug anderer Wohnungen und Ateliers eine wesentliche Konsolidierung und Erweiterung.

Am 24. Dezember 1877 wurde die Tochter Aline geboren,
am 10. Mai 1879 der zweite Sohn Clovis,
am 12. April 1880 der dritte Sohn Jean-René, und
am 6. Dezember 1883 der vierte Sohn Paul-Rollan, genannt Pola.

Abb. 2.5: Im Garten in der Rue Carcel (1882), Öl auf Leinwand, 87 x 114 cm

1877 mietete die Familie ein größeres Haus im Vaugirard-District, wo sich auch das Landgut seiner Urgroßeltern Thérèse Laisley und Don Mariano befunden hatte. In diesem Haus richtete Paul zum ersten Mal ein Atelier ein. 1880 zog die Familie dann in die Rue Carcel. Pauls Bild **Interieur in der Rue Carcel**, 1881 entstanden, gibt einen Einblick in den großzügigen Lebensstil des erfolgreichen Börsenmaklers. Aus 1882 stammt die Familienidylle **Im Garten in der Rue Carcel** (1882), Abb. 2.5, ein vollendetes Werk im Stil Renoirs bzw. Manets – obschon Paul von Renoir nicht so angetan war. Auch in diesen Jahren experimentierte er stilistisch immer wieder und war auf der Suche nach seiner Originalität als Maler, fand aber seine Heimat immer deutlicher bei den Impressionisten.

Paul wechselte mehrere Male von einem Arbeitgeber zum anderen und

Abb. 2.6: Selbstporträt (1877)
Öl auf Leinwand, 46 x 38 cm

wurde dabei vom Wechselmakler zum Börsenbroker und zuletzt zum Versicherungsmakler. Dabei verbesserte sich Schritt für Schritt seine finanzielle Situation. So konnte er es sich leisten, selber Bilder zu sammeln, u.a. von Pissarro, Cézanne, Manet, Monet, Renoir und Sisley.

Im **Selbstporträt** des Jahres 1877, Abb. 2.6, gibt sich der Neunundzwanzigjährige mit einem etwas extravaganten kurzen Ziegenbärtchen an der linken und rechten Seite seines Kinns und mit einer Pelzmütze betont bürgerlich. Es ist dies für den Sonntagsmaler Paul nach dem **Bildnis Émile Gauguin** (1875) und neben **Claude-Antoine-Charles Favre** (1877) einer seiner ersten Porträtversuche.

Paul war von Émile Schuffenecker in Techniken der Ölmalerei unterwiesen worden. Von 1877 an entwickelte sich die anfängliche Liebhaberei zusehends zu einer Leidenschaft, und er verbrachte immer mehr Zeit mit dem Malen. Und ab 1878 nahm er ernsthaften Malunterricht bei Camille Pissarro, den er über Gustave Arosa kennengelernt hatte. In den nächsten Jahren verbrachte er immer wieder einige Sommerwochen mit Malerfreunden, um gemeinsam in der Natur zu malen: Mit Pissarro in Pontoise 1879 und 1880, 1881 gemeinsam mit Pissarro und Paul Cézanne. 1883 trennte sich Paul wieder von Cézanne, malte aber weiterhin mit Pissarro

Abb. 2.7: Gauguin und Pissarro, Doppelporträt (1883), Kohle-Zeichnung

in Osny. Pissarro «predigte seinem Schüler, dass die Natur nach der Beobachtung nicht nur abzubilden ist, sondern neu zu schaffen».[13] Neben Pissarro übte auch Edgar Degas sichtbaren Einfluss auf Pauls malerische Entwicklung aus.

1883 entstand in Osby das außergewöhnliche **Doppelporträt** (1883), Abb. 2.7: Auf demselben Blatt zeichnete Pissarro seinen Schüler Gauguin mit scharfen und kräftigen Zügen, und Gauguin seinen Freund und Lehrmeister Pissarro mit weichem Kohlestift.

Seit Paul Malunterricht nahm und damit befriedigende Ergebnisse erzielte, drängte es ihn stets mehr, sich mit seinen Arbeiten in Ausstellungen der öffentlichen Kritik auszusetzen – und natürlich auf der Suche nach Anerkennung. Umso größer war jedes Mal seine Enttäuschung, wenn er nicht einmal wahrgenommen wurde.

1879 wurde er von Pissarro und Degas eingeladen, an der 4. Gruppenausstellung der Impressionisten teilzunehmen. Dort waren die Bilder **Gemüsebauern in Vaugirard** (1879) und **Apfelbäume bei Hermitage** (1879) zu sehen.

Auf der 5. Impressionisten-Ausstellung 1880 stellte Paul drei Bilder von

Pissarro und acht eigene Bilder aus, zusätzlich eine kleine **Marmorbüste von Mette** (1880) und eine kleine Holzskulptur **Kleine Spaziergängerin** (1880), denn Paul wollte sich von den nur malenden Impressionisten durch Bildhauerwerke unterscheiden und damit eine besondere Positionierung erreichen. Seine Werke fanden aber insgesamt kaum Beachtung – mit Ausnahme der **Kleinen Spaziergängerin**. Ein Kritiker verglich sie mit den «eleganten Figuren in ägyptischen Fresken und Papyrusmalereien», und ein anderer nannte sie «gotisch modern».[14]

Im selben Jahr wurden einige Bilder bei einer Versicherungsagentur ausgestellt.

1881 folgte die Teilnahme an der 6. Ausstellung der Impressionisten, u.a. mit dem Bild **Schlafendes Kind** (1881) und der Aktstudie **Suzanne nähend** (1880), wobei die Aktstudie in Kritiken lobend erwähnt wurde. Im Jahr 1882 nahm Paul an der 7. Gruppausstellung der Impressionisten teil.

Im Jahr 1882, dem Jahr des Börsenkrachs in Paris wie auch in anderen europäischen Städten, gab Paul seine Stelle als Versicherungsmakler auf. Er dachte zuerst, von seinen Ersparnissen leben zu können, aber diese verloren durch den Börsenkrach zum größten Teil an Wert; die erste Zeit zehrte er von einem kleinen Erbe – doch auch das reichte für die große Familie nicht lange. Eigentlich hatte er damit gerechnet, vom Verkauf seiner Bilder leben zu können; das blieb für ihn enttäuschend und ein besonderer Grund der Sorge für Mette. Denn die Ehe war bereits sehr angespannt, da Paul sich in erster Linie um sich selber kümmerte. Er widmete sich auf Kosten von Ehe und Familie immer mehr dem Malen. Das spitzte sich in den Sommermonaten zu, wenn er mehrere Wochen mit Pissarro und Cézanne zusammen malte und die Familie allein ließ. Darunter litt Mette immer mehr, so dass sie im Frühling 1880 für einige Monate zu ihrer Familie nach Kopenhagen fuhr und dort beschloss, ihren beinahe sechsjährigen Sohn Émile für einige Zeit bei einer Freundin in Dänemark zurückzulassen.

Für Pauls künstlerische Entwicklung in diesem Lebensjahrsiebt zeugen vor allem folgende Bilder:

Mette nähend (1878)
Gemüsebauern in Vaugirard (1879)
Garten im Schnee (1879)

Aktstudie Suzanne nähend (1880)
Marmorbüste **Mette** (1880)
Holzstatuette **Kleine Spaziergängerin** (1880)
Stillleben mit Orange (1881)
Ansteigender Weg in Osny (1883)

Am 14. April 1883 starb Gustave Arosa. Seine Kunstsammlung hatte er schon 1878 verkauft.

Im Jahr 1883 liefen in Pauls 35. Lebensjahr, nach vielen Höhen und Tiefen, mehrere Schicksalsfäden zusammen: Im April der Tod des treuen Begleiters Gustave Arosa; im Sommer gingen Paul Gauguin und Paul Cézanne im Unfrieden auseinander; Paul hatte seine Stelle als Versicherungsmakler aufgegeben und somit kein gesichertes Einkommen mehr; durch den Börsenkrach 1882 hatte er beträchtliche Teile seines ersparten Vermögens verloren; im Dezember wurde das fünfte Kind (Pola) geboren; es bahnte sich eine Ehekrise an, denn Mettes Geduld war beinahe am Ende.

Paul verstand all diese Ereignisse als Hinweis des Schicksals, dass er sich nun kompromisslos der Malerei widmen sollte. Er dachte noch immer, mit dem kleinen Erbe, das gerade angefallen war und mit dem Verkauf seiner zu schaffenden Bilder finanziell durchzukommen.

Das fünfte Lebensjahrsiebt Pauls aus entwicklungspsychologischer Sicht

Zunächst wieder die wichtigsten Ereignisse dieser Lebensepoche kurz zusammengefasst (S. 145).

In Kap. 9.2 habe ich erläutert, dass in diesem Jahrsiebt die sogen. «Verstandes- und Gemütsseele» zur vollen Entwicklung kommen kann, und was dies für die Beziehung zu anderen Menschen bedeutet.

Als Paul verschiedene Malstile ausprobierte, diente das der Entwicklung der Verstandes- und Gemütsseele. Sein Landschaftsbild **Die Seine zwischen der Iénabrücke und der Grenellebrücke** (1875), Abb. 2.4, war noch ganz im Geiste der Salon-Maler gehalten: Der Himmel strahlt friedlich, die Kräne stehen am Flussufer in Sonntagsruhe, das Licht auf

Jahr	Alter	Ereignis	fünftes Jahrsiebt	Bilder
1877	29	Geburt der Tochter *Aline* am 24.12. Wohlstand durch Börsenmaklerei, Sonntagsmaler		*Selbstporträt als Makler*
1878	30	Beginnt Bilder zu sammeln: Pissarro, Manet, Cézanne, Renoir, Monet		**Mette nähend**
1879	31	Geburt des Sohns *Clovis* am 10.5. Teilnahme an Ausstellung der Impressionisten auf Einladung von *Pissarro* und *Degas*		**Gemüsebauern in Vaugirard,** *Apfelbäume bei der Hermitage*
1880	32	Versicherungsmakler, malt mit *Pissarro* in Pouldu		**Suzanne nähend**
1881	33	Malt mit *Cézanne* in Pouldu Ausstellung mit Impressionisten Geburt des Sohns *Jean-René* am 12.4.		*Stillleben mit Orange* *Schlafendes Kind*
1882	34	Börsenkrach: Kündigt Stelle als Makler und verliert Teil des gesparten Vermögens, kleines Erbe		**Garten in der Rue Carcel**
1883	35	Malt mit *Pissarro* und *Cézanne,* trennt sich von Cézanne, Geburt des Sohns *Paul-Rollan (Pola)* am 6.12.		**Ansteigender Weg in Osny,** *Doppelporträt Pissarro und Gauguin*

dem Uferweg hat den Charakter eines romantischen Mondlichtes; die konventionelle Maltechnik zeigt durchaus schon Könnerschaft. Doch Paul hatte sich davon bereits im vorigen Jahrsiebt abgewandt. Hingegen hat das Bild **Gemüsebauern in Vaugirard** (1879) Spuren von Jongkinds Stil, während die Aktstudie **Suzanne nähend** (1880) Einflüsse von Pissarro und Degas erkennen lässt. Bei dem Bild **Garten in der Rue Carcel** (1882), Abb. 2.5, sind Anklänge an Renoir und Manet zu sehen, während in dem Dorfbild **Ansteigender Weg in Osny** (1883) auch Spuren von Cézannes Malweise zu finden sind. Pola Gauguin hatte seines Vaters Suche nach der eigenen Originalität schon beschrieben, und auch, dass er letztlich doch noch immer unbefriedigt war. Er sollte erst später, im 6. Jahrsiebt, zu seiner unverwechselbaren Ausdrucksform finden.

Doch in solchen Werken setzte Paul immer praktisch um, was er in den kunsttheoretischen Diskussionen mit den Malerfreunden als seine

Überzeugung zum Ausdruck gebracht hatte. Und wie seine Zeitgenossen bezeugten, argumentierte Paul bei den Auseinandersetzungen zumeist sehr hitzig und apodiktisch und machte sich dadurch bei vielen unbeliebt.

Paul drängte es, seine Leistungen immer wieder zu vergleichen mit denen seiner Zeitgenossen, die sich wie er in künstlerisches Neuland vorwagten. Damit wollte er sich selber beweisen, dass er auch so gut malen konnte wie sie, ohne sie jedoch zu plagiieren. Solche Vergleiche sind für die Phase der Verstandes- und Gemütsseele charakteristisch: Entscheidend ist dabei nicht nur, was jemand denkt oder sagt, sondern wie eine Überzeugung in den Ergebnissen sichtbar wird. Deshalb galt ihm die besonders positive Bewertung der Statuette **Kleine Spaziergängerin** als Bestätigung der von ihm eingeschlagenen Richtung und gab ihm Auftrieb für weitere Arbeiten.

Das Ringen um die eigene Kunstauffassung war aber weder für ihn noch für seine Gesprächspartner eine bloß intellektuelle Spielerei. Es hatte ernsthafte existenzielle Bedeutung. Deshalb führte es in dem einen Fall zu tief empfundenen Freundschaften und in einem anderen Fall zum Konflikt und Bruch, weil Paul fand, dass mit der persönlichen Wahrheit keine Kompromisse gemacht werden konnten. Er schrieb später, dass «sein erklärtes Ziel war, sich selbst kennenzulernen und herauszufinden, wie weit er gehen kann».[15]

In Paul Gauguin wurde in diesem Lebensabschnitt noch ein anderer Aspekt des Entwicklungsprozesses der Verstandes- und Gemütsseele deutlich sichtbar. Sein Doppelleben, oder besser gesagt «Tripelleben», war permanent spannungsgeladen. Er durchlebte die Höhen und Tiefen dieser Zeit ganz heftig – aber seine Frau Mette durchlitt sie auf ihre Art vermutlich noch intensiver. Das offenbarte sie in einem Brief 1893 (also 10 Jahre später) an Émile Schuffenecker. Darin beschrieb sie Paul in dieser schwierigen Zeit als «... von dem schrecklichsten, brutalsten Egoismus getrieben, der für mich einzig in seiner Art und unverständlich ist (...) er denkt nie an etwas anderes als an sich selbst und sein Wohl, er verliert sich in der tiefen Bewunderung seiner eigenen Größe. (...) Sein grausamer Egoismus stößt mich ab, so oft ich an ihn denke».[16]

Paul hatte den kritischen Zustand seiner Ehe ohne Zweifel wahrgenommen. Seine eigene Gefühlslage kam symbolisch in dem Bild

Holzkrug und Metallkanne (1880) zum Ausdruck. In dem Bild **Mette Gauguin nähend** (1880), das in demselben Jahr entstanden war, stellte er Mette elegant gekleidet in einem gutbürgerlichen Milieu dar. Vielleicht noch eine Art Wiedergutmachung an seine enttäuschte Frau. Die Spannungen rührten einerseits von den sehr unterschiedlichen Charakteren Mettes und Pauls her, andererseits gründeten sie auch in den Unterschieden der Kulturen des spanisch-peruanisch-französischen Freibeuters und der lebenspraktisch denkenden dänischen «Tochter aus gutem Haus». Der klobige norwegische Holzkrug und daneben die elegante französische Metallkanne sind sicher eine Anspielung auf die Verhältnisse in der Ehe, wie auch Douglas Druick und Peter Kort Zegers vermuten.[17]

Das Bewusstsein um diese Problematik machte die Situation für Paul und Mette keineswegs leichter, sondern trug eher noch zur Verschärfung der Situation bei, die nach einer Klärung und Entscheidung drängte. Diese führte Paul 1882 gegen Mettes Willen herbei, als er seine Stelle als Versicherungsmakler selber kündigte – noch bevor es 1882 in Paris (wie in London, Berlin und Wien) zum großen Börsenkrach kam und er dann seine Stelle ohnedies verloren hätte. Paul Gauguin war fest entschlossen, große Risiken bezüglich seiner materiellen Existenz einzugehen, um sich dafür ab jetzt ganz seiner Berufung als Maler zu widmen.

In manchen entwicklungspsychologischen Theorien wird darauf hingewiesen, dass etwa um das 33. Lebensjahr ein Mensch vor einer Entscheidung steht, ob er nötigenfalls zu einem wesentlichen materiellen Verzicht bereit ist, um seine einmal erkannte Berufung zu leben. Diether Lauenstein sieht darin eine Analogie zum Kreuzestod Christi als Opfer für die Menschheit.[18] Um den eigenen Werten treu bleiben und die eigentliche Lebensaufgabe erfüllen zu können, werden auch gravierende materielle Nachteile bewusst in Kauf genommen. Das tat Paul, wenn er sich von seinem Beruf und dem guten Einkommen verabschiedete und sich für sein Leben als Maler entschied, ohne auf seine Frau und Familie Rücksicht zu nehmen.

In diesem Jahrsiebt wurde eine biografische Besonderheit sichtbar, die sich auch in den folgenden Lebensabschnitten immer wieder zeigte: Je problematischer die materielle Lebenssituation für Paul Gauguin wurde, desto größere Fortschritte erzielte er in seiner künstlerischen Entwicklung. Sein künstlerisches und geistiges Sein emanzipierte sich von der materiellen Grundlage. Doch hinsichtlich seines Umgangs mit zwischenmenschlichen Beziehungen war und blieb er bis an sein Lebensende egozentrisch.

9.3 Das sechste Jahrsiebt von 1883 bis 1890 (35 bis 42):
Turbulente Meisterjahre

Anfang 1884 wurde der Wohnsitz der Familie nach Rouen verlegt. Zum einen, weil dort die Lebenshaltungskosten viel niedriger waren als in Paris, zum anderen, weil Paul von der urwüchsigen Landschaft Inspirationen zum Malen erwartete. Er hatte auch sehr gehofft, in der Provinz einen Mäzen zu finden, nachdem in Paris durch den Börsenkrach das Geschäft mit Kunst generell schwierig geworden war und er noch nicht die nötige Anerkennung im Kunstmarkt errungen hatte.

In Rouen malte er Bilder, wie u.a. **Rouen, die blauen Dächer** (1884), **Unterholz in der Normandie** (1884), **Schlafendes Kind** (Söhnchen Clovis schlafend neben einem globigen Krug) (1884), **Bildnis eines Mannes** (1884) und **Mette Gauguin im Abendkleid** (1884); daneben entstanden einige Schnitzarbeiten, verzierte Holzkästchen und Kisten. Doch der durch die neue Umgebung ersehnte Durchbruch blieb aus. In seinem **Skizzenbuch «Notes synthétiques»** legte er Aufgrund von Gesprächen mit Pissarro und Cézanne und anderen seine Kunstauffassung dar, was er unter «Synthese» verstand. Seine Ansprüche waren weit höher als sein Können. In den Bildern kamen allerdings diese Auffassungen über Licht, Linien und Formen noch nicht deutlich zum Ausdruck.

Für Mette war in diesem Jahr endgültig eine Schmerzgrenze erreicht. Ende Juli 1883 fuhr sie nach Dänemark und sah sich um, ob sie dort für sich und für Paul eine Beschäftigung finden könne. Paul nahm daraufhin notgedrungen bei einer französischen Segeltuchfirma eine Stelle an als deren Vertreter in Dänemark, obwohl er kein Dänisch konnte. Im November zog dann die ganze Familie nach Kopenhagen und richtete sich in einer sieben-Zimmer-Wohnung ein. Mette verdiente den Lebensunterhalt, indem sie französischen Sprachunterricht gab und als Übersetzerin arbeitete. Für Paul hatte sie Kontakte zu Galerien geknüpft, auf die er sich jedoch nicht einließ, weil er deren Kunstverständnis viel zu provinziell und konservativ fand.

1884 war Paul in geheimer Mission nach Nordspanien gereist, wo er sich für die republikanische Revolution einsetzte; doch das hatte keine Wirkung.

Paul war in Dänemark als Handelsvertreter völlig erfolglos. Mette wie auch ihre Eltern machten ihm heftige Vorwürfe, weil seine Frau für den Broterwerb sorgen musste, während er – ihrer Meinung nach – auf dem Dachboden nur mit Liebhabereien herumspielte. Die Kombination von Erwerbsarbeit und künstlerischem Schaffen wollte hier einfach nicht gelingen, und Paul war verzweifelt. Im Briefkontakt mit Pissarro klagte er über seine monatelange Isolation und schrieb, dass er sich schon längst auf dem Dachboden aufgehängt hätte, gäbe es nicht seine Kunst.[19] In dieser Stimmung malte er im Mai 1885 ein ehrliches **Selbstbildnis an der Staffelei** (1885), Abb. 2.8, in dem Pauls depressive Stimmung deutlich zu erkennen ist. Sonst entstanden nur wenige Ölbilder, darunter **Mette Gauguin im Abendkleid** (1884) und **Eisläufer im Fredriksburger Park** (1885). Wie Paul schrieb, hatte er nicht einmal genug Geld für Farben und verlegte sich deshalb mehr aufs Zeichnen mit Stift, Öl- bzw. Pastellkreiden, wie in dem Bild mit seinen Kindern **Clovis und Pola** (1885).

In Kopenhagen war es für Paul – 36 ½ Jahre alt – ein Bedürfnis, im Januar 1885 an Schuffenecker über sein Kunstverständnis zu schreiben,[20] dass der wahre Künstler die «unsichtbaren Teile des Geistes» zu erfassen habe. Er meinte damit «übernatürliche» Erscheinungen, die Wahrnehmung von Phänomenen, die außerhalb der erfassbaren Natur liegen und für die der Künstler einen besonders feinen Sinn habe. Er dachte über die Qualität der Linien und der Farben nach und kam zum Schluss, «dass es edle Linien gibt, trügerische usw. Die gerade Linie symbolisiert die Unendlichkeit, die Kurve, die gebogene Linie, vermittelt Grenzen, ganz zu schweigen von der schicksalhaften Bedeutung der Zahlen ... Noch aufschlussreicher sind die Farben. Obwohl sie nicht so vielfältig sind wie die Linien, drücken sie doch mehr aus, weil sie das Auge in ihre Gewalt nehmen. Es gibt edle Farbtöne an sich und gewöhnliche. Es gibt ruhige und tröstende Harmonien und Zusammenstellungen, die uns durch ihre Kühnheit aufschrecken ... Für unser Gefühl gehen nach rechts verlaufende Linien weiter, während nach links verlaufende Linien zurückweichen ...»

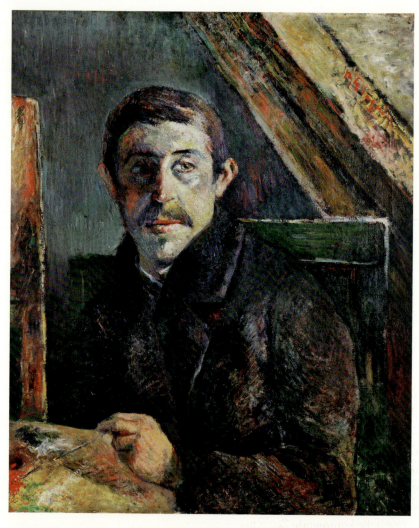

Abb. 2.8: Selbstbildnis an der Staffelei (1885), Öl auf Leinwand, 65,2 x 64,3 cm

Es gab eine Ausstellung seiner Werke, die von der Gesellschaft der Kunstfreunde in Kopenhagen organisiert wurde, jedoch wegen heftiger Proteste am dritten Tag geschlossen werden musste. In «Avant et après» stellte Paul dies später anders dar (S. 168): «Man spielte mir einst in Kopenhagen einen sonderbaren Possen. Ich, der ich nichts verlangte, wurde lebhaft von einem Herrn im Namen einer Kunstvereinigung aufgefordert und eingeladen, meine Werke in einem ad hoc gewählten Saal auszustellen. Ich hatte nichts dagegen. Am Nachmittag des Eröffnungstages machte ich mich auf, um nur einmal hineinzusehen, und mein Erstaunen war nicht gering, als man mir bei meiner Ankunft sagte, die Ausstellung sei von Amts wegen mittags geschlossen worden. Unnötig, irgendwo Aufklärung zu suchen. Überall Schweigen. Ich stürzte zu dem wichtigen Herrn, der mich eingeladen hatte. Der Herr sei, sagte mir das Mädchen, aufs Land gereist und würde so bald nicht wiederkommen. Wie man sieht, ist Dänemark ein reizendes Land.»

Mit diesem Erlebnis und einem heftigen Zerwürfnis mit den Schwiegereltern war Dänemark für Paul abgetan. Seine Beziehung zu dem Land und zu Mette hatte sich gänzlich ins Negative gewandelt. In «Avant et après» (S. 171) ließ er seiner Verbitterung über Dänemark und die Däninnen freien Lauf: «Es ist ein kleines Land, man muss vorsichtig sein. Bis auf die Kinder, denen man zu sagen beibringt: Papa, schaff Geld, sonst, armer Vater, kannst du dich packen. Ich kannte solche. Ich hasse Dänemark. (...) Beurteilt die Dänen nicht in Paris, sondern bei sich. Bei uns sind sie süß wie Zucker, bei sich der reine Essig.» Es ist deutlich, dass mit diesem Urteil auch Mette gemeint war.

Nach diesen Niederlagen beschloss Paul, nach Paris zurückzukehren. Warum er den siebenjährigen Sohn Clovis mitnahm, geht aus den verfügbaren Informationen nicht hervor. Paul hatte dafür überhaupt keine finanzielle Basis. Er war gezwungen, jede Arbeit anzunehmen, u.a. bei der Eisenbahn als Inspektor und in der Verwaltung und auch als Plakatkleber, um sich und Clovis durchzubringen. Als Clovis einmal erkrankte, besaß er nicht einmal das Geld für die nötige medizinische Versorgung. Aber er schlug sich irgendwie durch.

Doch die kommende Zeit zog er sozusagen heimatlos umher und brachte Clovis bei seiner Schwester unter. So reiste er im September 1885 für drei Wochen nach England, um dort Manuel-Ruiz Zorrilla, den im Exil lebenden ehemaligen Premierminister des spanischen Königsreichs zu treffen, der in London als geheimer Anführer der republikanischen Revolution aktiv war.[21] Nach seiner Rückkehr wohnte er einige Wochen bei Schuffenecker und mietete danach eine Wohnung.

1886 nahm Paul von Mai bis Juni an der letzten Gruppenausstellung der Impressionisten teil. Dabei kam er in Kontakt mit dem Töpfer Ernest

Chaplet und experimentierte bei ihm mit Keramiken, die nicht auf der Töpferscheibe hergestellt wurden, sondern handgeformt waren. So produzierte er Tongebilde in abstrakten Formen – wie auf seinem Gemälde **Stillleben mit dem Profil von Charles Laval** (1886) zu sehen ist – sowie Vasen und Krüge in Form von Köpfen oder mit mythologischen Gestalten. Dabei entwickelte er seine Philosophie, dass das «rohe Material» auch entsprechende Formen fordere, etwa so, wie sie von Kunstwerken aus archaischen Kulturen bekannt sind. Mit den Anklängen an exotisch anmutende Kunst und der Betonung seiner «Halbblut»-Abstammung hoffte er, Kundinnen und Kunden anzulocken, da wegen der Vorbereitung der Pariser Weltausstellung starkes Interesse für Exotisches aufgekommen war. Zum einen wollte Paul durch diese Experimente mit Materialien, Formen und Farben wieder zur Ursprünglichkeit finden, zum anderen hatte er sich davon Verkaufserfolge erhofft – die jedoch auch hier ausblieben.

Im Juli 1886 brachte er Clovis in einem Internat unter. Das **Bildnis Clovis Gauguin** (1886) zeigt den neunjährigen Knaben, der etwas verängstigt über ein Buch hinweg auf den Betrachtenden schaut. Paul selbst wohnte in einer Pension in Pont-Aven in der Bretagne. In der seit einigen Jahren dort bestehenden Künstlerkolonie lernte er die Maler Émile Bernard und Charles Laval kennen, die ihn bewunderten und für die er zum Lehrmeister wurde. Als Maler war er sehr produktiv mit vielfältigen Motiven: mit Landschaftsbildern, z.B. **Die Tränke** (1886)**, Die Allee im Wald** (1886)**, Landschaft bei Pont-Aven** (1886)**, Bauernhaus in der Bretagne** (1886) etc., mit ländlichen Szenen, wie **Die bretonische Schäferin** (1886) und Stillleben **Tambourin mit Früchten geschmückt** (1886)**, Das weiße Tischtuch** (1886) etc., mit Blumen und zwei Porträts und einem **Selbstbildnis, dem Freund Carrière gewidmet** (1886?). In Pont-Avent träumte er einige Male auch schon von einem Leben in den Tropen.

Im November kehrte Paul wieder nach Paris zurück und mietete eine Wohnung. Er beteiligte sich an einer Ausstellung der Impressionisten in Nantes. In der von Theodore van Gogh geleiteten Galerie Bousson & Valadon begegnet er dessen Bruder Vincent zum ersten Mal, der 1886 von Belgien nach Paris gezogen war. Doch im Dezember musste Paul wegen akuter Herzprobleme für vier Wochen ins Krankenhaus.

1887 kam Mette nach Paris und holte Clovis nach Kopenhagen. Da sich Paul jetzt nur für sich selbst verantwortlich fühlte, schiffte er sich im April mit Charles Laval ein und reiste nach Panama, das ihn wegen der exotischen Natur lockte. Doch um an Geld zu kommen, musste er dort schwere Arbeiten als Gräber am Panamakanal annehmen. Für das Malen blieb ihm dadurch viel weniger Zeit, als er sich vorgestellt hatte und auch die erhoffte befreiende Wirkung der Natur und des Klimas blieb aus. Laval konnte mit Porträts, bei denen er sich dem Geschmack der Auftraggeber anpasste, finanziell über die Runden kommen. Aber Paul hatte es abgelehnt, gegen seine Auffassung und gegen sein besseres Können Porträts zu fabrizieren. Pauls Befindlichkeit spiegelt sich wider in dem Bild **Am Teich** (1887), Abb. 2.9. Es ist insgesamt sehr dunkel gehalten, die Frau und der junge Mann sitzen schwermütig vor dem blau-schwarzen unheimlichen Teich.

Im Juni reiste er tief enttäuscht mit Laval weiter nach Martinique, wo es beiden besser gefiel und Paul produktiv wurde. Seine Bilder **Küstenlandschaft auf Martinique** (1887)**, Hütten unter den Bäumen** (1887) und **Frauen aus Martinique im Freien sitzend** (1887) lassen gut erkennen, dass er hier etwas vom Traum der Tropenwelt verwirklicht gefunden hatte. Doch als beide an Ruhr und Gelbfieber schwer erkrankten, traten sie im November die Rückreise nach Frankreich an. Paul konnte aufgrund seiner Erfahrungen bei der Marine die Reise als Besatzungsmitglied eines Segelschiffs ohne Kosten machen.

Zurück in Paris wohnte Paul wieder bei Schuffenecker und stellte einige Arbeiten in der Galerie Boussod & Valadon aus. Das vertiefte die Beziehung zu Theo van Gogh und damit auch zu dessen Bruder Vincent.

1888 suchte Paul im Februar wieder Pont-Aven auf, wo er mit Charles Laval und ab August auch mit Émile Bernard mit viel Schwung arbeitete. Die Bretagne zog ihn an, weil er dort billig und «wie ein Wilder» leben konnte. Die in Pont-Aven schaffenden Künstler hatten mit ihrem freien Lebensstil, der von der örtlichen Bevölkerung sehr gut angenommen wurde, das Klima in der kleinen Hafenstadt geprägt.

In der Galerie Boussod & Valadon in Paris verrichtete Paul bezahlte Gelegenheitsarbeiten. Theo und Vincent van Gogh waren von «der Poesie» einiger Bilder aus Martinique begeistert. Und da Theo für seinen vereinsamten Bruder den Umgang mit einem Malerfreund für gut befand, erwog er, die beiden einander näherzubringen. Und wie das unter anderen

Abb. 2.9: Am Teich (1887), Öl auf Leinwand, 54 x 65 cm

Malern manchmal Gepflogenheit war, regte er beide zu einem Austausch von Bildern an. Überdies bot Theo van Gogh dem ziemlich verschuldeten Paul 150 Francs per Jahr für die Lieferung von zwölf Gemälden an und verkaufte sogar einige außergewöhnliche Keramiken.

In Pont-Aven wandte sich Paul vom Impressionismus und Neo-Impressionismus ab. Er malte flächiger, mehr mit reinen, oft kontrastierenden Farben und war um symbolische Bedeutung bemüht. Jetzt konnte er als Maler allmählich das malerisch umsetzen, was er bereits 1885 aus Kopenhagen an Schuffenecker geschrieben hatte: Dass der wahre Künstler die «unsichtbaren Teile des Geistes» erfassen müsse, «übernatürliche» Phänomene, die außerhalb der sinnlich wahrnehmbaren Natur liegen; nicht das äußerlich Wahrnehmbare, sondern die seelisch-geistige Wirklichkeit in den Menschen. Als Vorbild führte er Raffael an. Seinen sich jetzt entwickelnden Stil nannte er selber «synthetischer Symbolismus».

Abb. 2.10: Vision nach der Predigt oder Der Kampf Jakobs mit dem Engel (1888), Öl auf Leinwand, 73 x 92 cm

Dieser Stil fand 1889 in Pont-Aven zum ersten Mal seine reinste Ausprägung in Pauls Gemälde, dem er zwei Titel gab: **Vision nach der Predigt** oder **Der Kampf Jakobs mit dem Engel** (1888), Abb. 2.10. Im Vordergrund ist eine Gruppe bretonischer Frauen zu sehen, die nach einer Predigt eine Imagination der alttestamentarischen Geschichte des Erzvaters Jakob haben, der nachts am Durchschreiten einer Furt des Flusses Jabbok von einem übermenschlichen Wesen daran gehindert wird, wie in Genesis 32, 23-32 erzählt wird. Nach langem Ringen bis zur Morgenröte erkennt er endlich, dass er mit keinem Menschen, sondern einem Engel ringt, und fleht diesen an: «Ich lasse dich nicht los, es sei denn, du segnest mich!». Mit diesem Bild hatte Paul auch definitiv zu seinem «synthetischen» Stil gefunden, indem er mit deutlichen Konturen («cloisonnet») und großflächig mehr mit reinen Farben malte.

Dieses Werk gilt in der Kunstgeschichte als der erste «wahre Gauguin», wie er später in Tahiti zur Vollendung kam. Paul selbst war sich von jetzt an ganz sicher, dass er den damit eingeschlagenen Weg künftig weiter zu verfolgen habe.

Vincent van Gogh war Ende Februar 1888 nach Arles gezogen und lud Paul Gauguin mit einem Brief vom 6. Juni 1888[22] nach Südfrankreich ein, weil er sich dort sehr einsam fühlte und gerne mit jemandem Gedanken über das Malen austauschen wollte. Dafür konnte er das Geld, das sein Bruder Theo ihm jeden Monat schickte, für den gemeinsamen Haushalt mit Paul verwenden. Und Vincent schlug vor, Paul könnte als Gegenleistung jeden Monat ein Bild an Theo liefern. Ende September teilte Paul in einem Brief mit, dass er gerne in den Süden kommen wolle, aber erst in Pont-Aven seine Schulden bei der Wirtin und dem Arzt begleichen müsse. Dafür fehle im jetzt noch das Geld. Durch den Verkauf einiger Bilder konnte er schließlich seine Schulden tilgen und sich für Arles entscheiden. Im Zuge des vereinbarten Bildertausches erhielt Paul von Vincent ein **Selbstbildnis**[23] (1888), und Paul schickte an Vincent vor seiner Abreise ein Selbstporträt, das er das **Selbstbildnis Les Misérables** (1888) nannte. Denn er sah darauf – wie er Schuffenecker erklärte – aus wie ein Bandit, wie Jean Valjean aus Les Misérables, «... heruntergekommen und an der Last dieser Welt leidend. (...) All diese Rottöne, das Violett von Feuerfunken durchstoben, als ob in den Augen, dem Fenster in die gepeinigte Gedankenwelt des Malers, ein Feuer brenne.»

Für den November organisierte Theo van Gogh in seiner Galerie eine Gauguin-Einzelausstellung und half Paul, weitere Schulden zu begleichen. Am 23. Oktober 1888 traf Paul in Arles ein, wo Vincent ihm ein Zimmer eingerichtet hatte. Paul war anfangs mit dem Malen zurückhaltend und schrieb dazu später in «Avant et après» (S. 21): «Ich brauche in jedem Land eine Inkubationszeit, um jedesmal das Wesen der Pflanzen, Bäume, kurz der ganzen Natur kennenzulernen, die so verschieden und kapriziös ist, sich nie erraten lassen, sich nie hingeben will.» Das entsprach seinem oben zitierten Credo, als Maler nicht das äußerlich Wahrnehmbare abzubilden, sondern das Wesentliche, das übersinnlich ist. Während nun Vincent van Gogh in den zwei Monaten vier bis fünf Bilder pro Woche malte, sind von Paul aus derselben Zeit insgesamt nur fünfzehn Bilder bekannt. Oft malten beide dieselben Motive, aber jeder von einem anderen Standort aus. Und darüber wurde nachher eifrig diskutiert bzw. gestritten!

Paul fand, als er nach Arles kam, Vincent male zu sehr impressionistisch, und das passe nicht zu dessen ungeduldigem und unabhängigem Temperament, wie er in «Avant et après» (S. 24) schrieb: «Ich übernahm es, ihn aufzuklären, was mir leicht fiel; denn ich fand reichen und fruchtbaren Boden. (...) Vincent (...) zeigte keinen Eigensinn. Mein Van Gogh machte von Tag an erstaunliche Fortschritte. Er schien sein ganzes Inneres zu erraten, und schuf aus sich heraus diese Serie mit Bildern von Sonne gegen die Sonne, in voller Sonne. (...) Dies sei nur festgestellt, um zu beweisen, dass Van Gogh, ohne eine Spur seiner Originalität zu verlieren, durch mich reiche Belehrung (und jeden Tag war er mir dafür dankbar) erfuhr. Und das will er sagen, wenn er an Mr. Aurier schreibt, er verdanke Paul Gauguin viel. Als ich nach Arles kam, suchte sich Vincent noch, während ich, um vieles älter, ein fertiger Mensch war ...»

In den Diskussionen vertraten die Freunde sehr unterschiedliche Standpunkte:[24] Paul zog Maler vor, denen der Stil wichtiger war als der beobachtbare Gegenstand, er verehrte Raffael, Ingres und Degas, während Vincent Daumier, Daubigny sehr schätzte und Raffael ablehnte. Vincent vertrat seine Meinung sehr ungestüm, doch Paul widersprach um des Friedens willen oft nicht mehr, sondern fand zu einer höflichen Ausflucht.

Täglich gab es zwischen beiden ein ständiges Wetteifern. Mit Pauls eigenen Worten in «Avant et après» (S. 21 ff.): «So verstrichen etliche Wochen, bis ich die herbe Kraft Arles' und seiner Umgebung völlig begriff. Trotzdem arbeiteten wir kräftig, hauptsächlich Vincent. Zwischen uns beiden – Vulkan der eine, kochend auch, aber innerlich, der andere – bereitete sich eine Art Kampf vor.»

Nach einigen befremdenden Episoden, in denen Vincent plötzlich aggressive Anwandlungen hatte, trat Vincents Schizophrenie immer deutlicher zu Vorschein. Paul schilderte (Avant et après, S. 25) die Schlüsselszene, als er spontan auf die Idee kam, Vincent beim Malen von Sonnenblumen zu porträtieren. Als Vincent das fertige Porträt **Van Gogh, Sonnenblumen malend** (1888), Abb. 2.11, betrachtete, sagte er: «Ja, das bin ich, aber als Wahnsinniger.» Und Paul widersprach nicht ...

Am selben Abend trank Vincent im Café einen leichten Absinth und warf plötzlich das Glas samt Inhalt Paul an den Kopf. Der war ausgewichen, hatte den Freund sofort unter den Arm genommen und nach Hause gebracht. Am nächsten Morgen sagte Vincent sehr ruhig: «Lieber Gauguin,

Abb. 2.11: Van Gogh, Sonnenblumen malend (1888), Öl auf Leinwand, 73 x 91 cm

ich erinnere mich dunkel, Sie gestern beleidigt zu haben.» Und Paul antwortete: «Ich verzeihe Ihnen gern und von Herzen, aber die Szene von gestern könnte sich wiederholen, und wenn ich getroffen würde, könnte ich die Herrschaft über mich verlieren und Ihnen an die Kehle gehen. Darum gestatten Sie mir, dass ich an Ihren Bruder schreibe, um ihm meine Rückkehr anzuzeigen.»

Paul erzählte später in «Avant et après» (S. 25 f.) seine Version des dramatischen Vorfalls, der ihn zur Abreise veranlasste. Paul war am Abend allein ein wenig spazieren gegangen, als er hinter sich Vincents hastige Schritte hörte. Und als er sich umwandte, stürzte sich Vincent mit einem offenen Rasiermesser in der Hand auf ihn. Als Paul ihn anblickte, hielt er inne und lief nach Hause. Paul ging danach nicht nach Hause, sondern übernachtete in einem Gasthaus.

Am nächsten Morgen standen aufgeregte Menschen und Gendarmen vor dem gelben Haus, in dem Vincent wohnte. Der Gendarm beschuldigte Paul, Vincent getötet zu haben. Doch dann stellte sich heraus, dass sich Vincent am Abend das rechte Ohr abgeschnitten hatte. Anderen erzählte Vincent jedoch, dass Paul es getan hätte.

Paul reiste zwei Tage danach ab und zog wieder bei Schuffenecker, «le bon Schuff», in Paris ein, der nach dem Börsenkrach Zeichenlehrer geworden war und eine Familie gegründet hatte.

1888 konnte Paul noch an einer Ausstellung in Paris teilnehmen. 1889 wurde er von der «Gruppe der XX» eingeladen, in Brüssel auszustellen, wo hauptsächlich die älteren Maler, wie Pissarro und Claude Monet, vertreten waren. Seine Arbeiten wurden dort insgesamt schlecht aufgenommen. Unter den Werken war auch das Bild **Vision nach der Predigt** oder **Der Kampf Jakobs mit dem Engel** (1888), Abb. 2.10, das nicht nur Gelächter ausgelöst hatte, sondern auf harte Kritik stieß – auch von seinem früheren Lehrer und Freund Pissarro, obwohl der selbst mit den Prinzipien der konventionellen Malerei gebrochen und seinen ganz eigenen Weg gefunden hatte. Pissarro entstammte einer frommen jüdischen Familie, hatte dann eine Katholikin geheiratet und hing anarchistischen Auffassungen an. Vor allem aber legte er als Künstler Wert auf authentisches Verhalten. Paul hatte ihn gerade wegen dieser Haltung, wegen seiner Malereien und besonderen pädagogischen Fähigkeiten zum Lehrer gewählt. Pissarro war von dem Wandel seines einstigen Schülers zum Symbolismus und Synthetismus zutiefst enttäuscht. In einem Brief an seinen Sohn Lucien schrieb Pissarro: «... Ich werfe Gauguin nicht vor, einen zinnoberroten Hintergrund gemalt zu haben oder zwei ringende Krieger und die bretonischen Bäuerinnen im Vordergrund, ich werfe ihm vor, das den Japanern sowie den byzantinischen und anderen Malern stibitzt zu haben, ich werfe ihm vor, seine Synthese nicht auf unsere moderne Philosophie zu beziehen, die absolut sozial, antiautoritär und antimystisch ist. Deshalb ist das Problem schwerwiegend. Es ist ein Rückschritt. Gauguin ist kein Seher, sondern ein Schläuling; er hat einen Rückschritt der Bourgeoisie bemerkt, als Reaktion auf die großen Ideen der Solidarität, die im Volke aufkeimen ...»[25]

Paul beschloss, wieder in die Bretagne zu gehen, wo er zuvor für die jüngeren Maler eine Führungsrolle gespielt hatte. Der Niederländer Jacob

Meyer de Haan kam in Le Pouldu für Pauls Kosten auf und nahm dafür bei ihm Malunterricht.

Laut Cachin[26] trat dort Paul in eine «idealistische und esoterische Phase» seiner künstlerischen Entwicklung ein. Zu dieser Zeit erschienen nämlich die Werke von Henri Bergson, Édouard Schuré und Charles Morice, in denen die archetypische Bedeutung von Legenden und Mythen in alten Mysterienschulen wesentlich zur Entwicklung des Symbolismus in der Dichtkunst (Stéphane Mallarmé, Paul Verlaine, Charles Morice), in der Malerei (Émile Bernard, Odilo Redon, Paul Sérusier, Jacob Meyer de Haan) und in der Musik (Gabriel Fauré, Richard Wagner) beitrug. Morice wurde zum Anführer einer Strömung, die sich als Gegenbewegung zur Technik-Faszination verstand, die beispielsweise in Stahlkonstruktionen des Eiffelturms und in den ersten Wolkenkratzern in Chicago triumphierte.

In **Nirvana, Bildnis Meyer de Haan** (1890) stellte Paul den Nestor der Symbolistengruppe dar, der zwar intensiv buddhistische Meditationen pflegte, aber dafür bekannt war, dass er ständig hinter Frauen her war und die Wirtin Marie Henry geschwängert hatte. Auch sonst ist das Bild voll der Symbole von Versuchung und Sündenfall.

Für eine Ausstellung der «Gruppe Impressionisten und Synthesisten» 1889 im *Café des Arts* neben der Weltausstellung hatte Paul Gauguin maßgeblich die Liste der Teilnehmer zusammengestellt und dabei die älteren, bereits arrivierten Kollegen ausgeschlossen. In den Berichten darüber wurde deshalb von der «Schule Gauguin» gesprochen. Unter dem Begriff Synthese verstand Paul – und dem folgten auch seine Schüler –, dass verschiedene Künste zusammenwirken sollten, indem Musik bildliche Vorstellungen auslöst, Malerei zur Poesie wird, Architektur zur Bildhauerei, Malerei auch musikalische Eindrücke vermittelt und dergleichen. Die künstlerische Form ist wichtiger als der Gegenstand, denn es geht um die Suche nach der «absoluten Form». Deshalb negiert der Künstler den Raum und die Perspektive und filtert das Wesentliche heraus. Die Natur ist nur «ein Vorwand für Schöpfungen aus einer anderen Welt».[27] In den Jahren 1889 und 1890 hatten sich Paul Gauguins Auffassungen zu einer eigenen Kunsttheorie verdichtet

Während der Weltausstellung wurde allerdings kein einziges Bild verkauft. Enttäuscht zog sich Paul wieder in die Bretagne zurück, diesmal in das Dorf Le Pouldu. Der kommerzielle Misserfolg konnte Paul jedoch in seinen Überzeugungen nicht ins Wanken bringen, sondern vielmehr sogar noch bestärken. Die Künstlergruppe in Le Pouldu betrachtete ihn als ihr Oberhaupt. In ihr trug er seine ästhetischen Prinzipien vor. Zeitzeugen erzählten, dass Paul in Pont-Aven auf der Terrasse eines Cafés, seinen Cognac oder Wein trinkend, ständig über seine Kunsttheorie dozieren musste und auch Vorbeigehende damit ansprach, weshalb ihn *Henri Toulouse-Lautrec,* der dies ablehnte, ironisch als «Professor» betitelte.[28] Die Mitglieder der Gruppe nannten sich «Nabis», d.h. «Propheten», und als solche verbreiteten sie Gauguins Doktrin auch unter ihren eigenen Schülerinnen und Schülern.

Pauls Selbstbild als geistiger Ziehvater der Gruppe kam in seinem **Selbstporträt mit Heiligenschein** (1889) unmissverständlich zum Ausdruck. Er malte es auf die Tür eines Wandschranks im Esszimmer der Herberge von Marie Henry. Es ist von schonungsloser Selbstironie, aber gleichzeitig verrät eine Fülle von Symbolen seine Ideen und Pläne – vielleicht ihm selbst gar nicht bewusst.

In Le Pouldu entstanden im Jahr 1889 Aquarelle, Zeichnungen und Ölbilder mit Christus als zentraler Gestalt. Dies geschah keineswegs durch eine religiöse Anwandlung Pauls, sondern er wurde dazu von den einfachen Bildern in den Dorfkirchen und von romanischen Skulpturen auf Friedhöfen inspiriert. In der kargen Landschaft der Bretagne fanden sich überall religiöse Symbole bei Brunnen, Quellen, Wegkreuzungen usw., und das tägliche bäuerliche Leben war von christlichen Ritualen geprägt. Das sprach Paul sehr an, vor allem ein Kruzifix (aus dem 16. Jahrhundert?) in der Kapelle von Trémalo bei Pont-Aven.

In Pauls 92 x 73 cm grossem Gemälde **Der Gelbe Christus** (1889) sitzen bretonisch gekleidete Frauen in einer andächtigen, in sich gekehrten Haltung um ein Kreuz, das frei in einer gelben Landschaft steht. Auch die Hügel sind gelb wie der Christuskörper. Einige Zeit danach malte Paul das nur 38 x 46 cm grosse **Selbstbildnis vor dem Gelben Christus** (1890), Abb. 2.12. Es ist ein Triptychon: In der Mitte steht Paul selbst, sehr gross, gekleidet in einen schlichten Pullover und mit ernstem, sich selbst prüfendem Blick; im linken Bildteil hinter Paul ist sein zuvor entstandenes Bild **«Der Gelbe Christus»** zu sehen; und rechts hinter ihm befindet sich ein anderes Werk, eine **Keramikskulptur** (eine Tabaksdose, Abb. 2.16), mit Pauls grotesk geformtem Kopf. Er stellt sich hier im Spannungsfeld

Abb. 2.12: Selbstbildnis vor dem Gelben Christus (1890), Öl auf Leinwand, 38 x 46 cm

zwischen Christus und dem Tongebilde dar. Paul malte dieses Bild vor dem Spiegel und platzierte hinter sich seine Schöpfungen, da alles seitenverkehrt wiedergegeben ist.

In Pouldu entstand auch **Der grüne Christus oder Bretonischer Kalvarienberg** (1889), Abb. 2.13. Die im Vordergrund sitzende Frau schaut die Vision der Kreuzabnahme vor einer Skulptur, bei der Christi Leib und die drei Personen, die ihn halten, in grau-grünen Farbtönen gemalt sind; dabei wird die Frau in ihrer Andacht selbst grau-grün. Hiermit hatte Paul konsequent die von ihm vertretene Idee weitergeführt, dass er als Maler nicht das sinnlich Wahrnehmbare wiedergeben will, sondern das Übersinnliche, das sich in der seelisch-geistigen Welt ereignet.

Abb. 2.13: Der grüne Christus oder Bretonischer Kalvarienberg (1889),
Öl auf Leinwand, 92 x 73 cm

Abb. 2.14: Christus am Ölberg (Selbstporträt) (1889), Öl auf Leinwand, 73 x 92 cm

Vor allem mit den soeben genannten Bildern verfolgte Paul als Maler seit 1888 konsequent seinen neu gefundenen Weg, wenngleich sich seine finanzielle Lage – entgegen seinen Erwartungen – dadurch nicht verbesserte. In der Bretagne wurde er von jungen Malern als Kopf einer neuen Schule sehr geschätzt und von manchen sogar als Prophet verehrt. Und doch blieb ihm im Innersten die Empfindung der Erfüllung versagt. So stieg in ihm wieder die Sehnsucht nach einem ursprünglichen, unkomplizierten Leben auf – der Traum vom verlorenen Paradies. Mit den Malerfreunden Bernard und Schuffenecker wurde die Idee diskutiert, Europa überhaupt zu verlassen und eine neue Künstlerkolonie zu gründen. Dabei hatte Paul ursprünglich an Tonkin oder Madagaskar gedacht. Aber je mehr diese Idee für Paul konkrete Gestalt annahm, desto deutlicher zogen sich die beiden Freunde von dem Vorhaben zurück.

Der Schlussstein zur Reihe der Christusbilder, zu denen es ihn seit 1888 immer wieder drängte, ist das Selbstbildnis **Christus am Ölberg, Selbstporträt** (1989), Abb. 2.14. Darin verlieh er seine eigenen Züge dem leidenden Christus, der bewusst seinem Martyrium entgegengeht.

Mit diesen Werken drückte Paul unmissverständlich aus, dass er als Künstler den Weg seiner Berufung gehen muss, auch wenn es ein Leidensweg ist. Das spiegelten die Bilder **Vision nach der Predigt** oder **Kampf Jakobs mit dem Engel, Selbstbildnis mit dem gelben Christus** und **Christus am Ölberg**. Ab seinem vierzigsten Lebensjahr steigerten sich die seelisch-geistigen Kämpfe Paul Gauguins zur «Midlife-Crisis», die ihn in den nächsten Jahren noch in ihrem Bann hielt. Sie führte den Zweiundvierzigjährigen zum Entschluss, sich von seinem bisherigen Leben zu verabschieden. Sein Bild **Bonjour Monsieur Gauguin** (1889), Abb. 2.15, gibt es in zweifacher, beinahe identischer Ausführung, und es drückt diese Stimmung des Abschieds und Ankommens – wo eigentlich? – unmissverständlich aus.

Mit seiner Idee des Auswanderns und Gründens einer Künstlerkolonie allein gelassen, richtete Paul nun seine Aufmerksamkeit ganz auf Französisch-Polynesien und beschloss, nach Tahiti auszuwandern. Da er aber dafür nicht die nötigen finanziellen Mittel besaß, organisierte er – sehr tatkräftig von seinen vielen Freunden unterstützt – eine Auktion seiner Bilder.

Bei Vincent van Gogh nahm die Schizophrenie nach der Zeit mit Paul einen schnellen Verlauf.[29] Nach einem Krankenhausaufenthalt und nach einiger Zeit im Irrenhaus erkannte er, dass er nicht mehr gesund werden könne, und schoss sich am 27. Juli 1890 auf offenem Felde bei Auvers in die Brust. Er starb wenige Stunden später neben seinem Bruder Theo, der eilends gekommen war, im Bett, «seine Pfeife rauchend, bei völliger geistiger Klarheit, voll Liebe für die Kunst, ohne Hass für die anderen», wie Paul rückblickend schrieb. Paul gestand seinem Freund Bernard, dass ihn der Tod Vincents jetzt nicht so traurig mache, weil er so ein Ende vorausgesehen hatte und es Vincent, befreit von seinem Elend, jetzt besser gehe.[30]

Im November 1889 wurden in Kopenhagen in einer Ausstellung französischer und nordischer Impressionisten Werke aus Pauls Kunstsammlung und auch einige seiner eigenen Bilder gezeigt.

Abb. 2.15: Bonjour Monsieur Gauguin (1889), Öl auf Leinwand auf Holz geleimt, 75 x 55 cm

Das sechste Lebensjahrsiebt Pauls aus entwicklungspsychologischer Sicht

Zuerst eine Übersicht über Leben und Werk Paul Gauguins in diesem Jahrsiebt:

Jahr	Alter	Ereignis sechstes Jahrsiebt	Bilder
1884	36	In Rouen, emigriert nach Dänemark als Vertreter für franz. Segeltuchfirma. Misserfolg	*Mette G. im Abendkleid, Clovis und Pola*
1885 2. Mondknoten	37	Ausstellung in Kopenhagen: großer Misserfolg Zerwürfnis mit Schwiegereltern, mit Sohn *Clovis* nach Paris; allein nach England, zurück in die Bretagne	*Selbstporträt an der Staffelei*
1886	38	In Paris mit Sohn *Clovis*, Plakatkleber, Clovis in Internat malt in der Bretagne mit *Pissarro, Bernard*, begegnet *Theo van Gogh* und *Vincent,* träumt von Tropenreise	*Breton. Bauernmädchen, Felsige Meeresküste, Bretonische Schäferin*
1887	39	Reise nach Panama mit *Laval,* Arbeit am Panamakanal weiter nach Martinique, beide krank (Ruhr), Rückkehr nach Paris, *Mette* hat *Clovis* nach Kopenhagen geholt Pont-Aven, Pouldu	*Am Teich Küstenlandschaft auf M., Frauen im Freien sitzend Bildnis Meyer de Haan*
1888	40	Bretagne, malt mit Pissarro, Cézanne Konflikt mit *Vincent van Gogh* und Trennung Kontakte mit Symbolisten, wendet sich von Impress. ab Nennt seinen Stil «Synthetischer Symbolismus»	*Selbstbildnis Les Misérables Café in Arles, van Gogh Sonnenblumen malend, Kampf Jakobs mit Engel*
1889	41	In der Bretagne, Ausstellungen in Brüssel und Paris Gilt als Kopf der Schule von Pont-Aven	*Christus auf dem Ölberg, Selbstbildnis vor gelbem Christus, Grüner Christus, Bonjour Mr. Gauguin*
1890	42	Plant Atelier in Madagaskar mit Bernard, Schuffenecker Vincent van Gogh erschießt sich	*Kreuzabnahme*

In diesem Lebensabschnitt vollzog sich Schritt für Schritt eine radikale Wende. Das betraf zum einen Pauls äußere Lebensumstände größter Unstetigkeit, durch die er nach Dänemark und dann wieder nach Paris, kurz nach England und wieder in die Bretagne, nach Panama und Martinique und wieder nach Paris, nach Pont-Aven, Pouldu, Arles und wieder nach Paris und in die Bretagne kam. Zum andern brachten diese Jahre wichtige und oft auch dramatische persönliche Begegnungen und Zerwürfnisse: Die Trennung von Mette und den Kindern in Kopenhagen, die Malfreundschaften mit Schuffenecker, Pissarro, Bernard, Laval, Degas, Manet, die Arbeit mit Cézanne und Van Gogh und Trennungen. Für die geistige wie auch künstlerische Entwicklung war entscheidend, dass sich Paul vom Impressionismus abwandte und durch Begegnungen mit Vertretern des Symbolismus zu dem für ihn authentischen «synthetischen Symbolismus» fand. Erlebnisse dieser Art gehören wesentlich zur Entwicklung der sogen. «Bewusstseinsseele» im Erwachsenenalter, ungefähr vom 35. bis zum 42. Lebensjahr, wie in Kap. 9.3 erläutert worden ist. Bei Paul Gauguin traten alle Aspekte dieser Entwicklungsphase in diesen Jahren seines sehr bewegten Lebens besonders deutlich in Erscheinung. Pauls Selbstbild wurde in dem Lebensjahrsiebt immer wieder in Frage gestellt und zutiefst erschüttert. Die vielfältigen Widrigkeiten und Misserfolge in Dänemark trafen Paul in seinem Selbstwertgefühl. Der Vorwurf, dass er nichts zum Familieneinkommen beitragen konnte, kränkte ihn sehr – vor allem aber fühlte er sich als Künstler zutiefst gedemütigt. Und da die Identität eines ernsthaften Künstlers mit seinem Mensch-Sein untrennbar verbunden ist, waren diese Kränkungen für Paul existenziell erschütternd.

Im **Selbstbildnis an der Staffelei** (1885), Abb. 2.8, im Kopenhagener Atelier auf dem Dachboden, wo er öfters suizidale Neigungen hatte, schaute er sich in seiner Verzweiflung im Spiegel. Wenn er seine Kunst nicht gehabt hätte, so schrieb er seinem Freund, hätte er seinem sinnlosen Leben ein Ende gemacht. Doch er trug in sich die Idee – mehr Ahnung als Gewissheit –, in der Kunst zu etwas Besonderem berufen zu sein, konnte das aber weder sich noch den anderen beweisen. Als Maler war er anfangs nur *ein* Impressionist neben vielen anderen. Seine Originalität hatte er noch nicht gefunden. Zwar war ihm klar geworden, wovon er sich lösen musste, aber noch konnte er das Ziel der Reise nicht erfassen.

Die Panama-Episode fiel genau in die Zeit des *2. Mondknotens*, bei dem es um einen seelisch-geistigen Geburtsprozess geht. Das ist astronomisch-rechnerisch im Alter von 37 Jahren, 2 Monaten und 20 Tagen, und Paul war in Panama 37 Jahre alt geworden. Florian Roder nennt den 2. Mondknoten *«Knoten der Wende»*, da sich ein Erwachsener jetzt dem eigenen Seelisch-Geistigen zuwendet, um an ihm zu arbeiten. Das ist ein wichtiger Aspekt des Freiwerdens der Bewusstseinsseele.[31]

Beim 2. Mondknoten kann das Auftreten schwerer Erkrankungen dazu veranlassen, die bisherige seelisch-geistige Lebensführung gründlich zu überdenken. Schwere Depressionen lähmen oft jede Tatkraft oder treiben manche sogar in den Suizid. In besonderen Fällen tritt in diesem Alter der

Tod ein, wie bei Raffael oder Lord Byron. Vincent van Gogh war genau 37 Jahre und 4 Monate alt, als er sich erschoss!

Für Paul bestand die Wende darin, das bürgerliche Familienleben, das er noch in den Kopenhagener Gemälden **Mette Gauguin im Abendkleid** (1884), **Eisläufer im Fredriksburger Park** (1885) und **Clovis und Pola** (1885) romantisiert dargestellt hatte, zurückzulassen und sich auf ein völlig unbekanntes, unsicheres Leben einzulassen.

Das Motiv der Reise nach Panama war sowohl Flucht als auch dumpfe Ahnung des Wohin: «Weg von allem, das der Anerkennung meines wahren Wesens im Weg steht!» Das hieß für Paul: «Weg von der Familie! Weg aus Europa!» Doch niemand entkommt so einfach sich selbst. In Panama musste Paul täglich 10 Stunden beim Kanalgraben schuften, um zu überleben, und er fand nur sehr, sehr wenig Zeit und Kraft zum Malen. Das düstere Bild **Am Teich** (1887), Abb. 2.9, spiegelte die depressive Stimmung, in der sich Paul in Panama selber befand – und Depression ist gleichfalls typisch für den 2. Mondknoten. Erst in Martinique wurde für Paul etwas vom vage erträumten Leben in den Tropen greifbar, und er lebte auf. Doch dann wurde er durch seine und Lavals lebensbedrohliche Erkrankung zur vorzeitigen Rückreise nach Frankreich gezwungen.

Das wirklich Neue hatte sich noch nicht klar aus den alten Umhüllungen herausgeschält, wenngleich es sich in Malereien auf Martinique, wie z.B. in **Frauen aus Martinique im Freien sitzend** (1887) und **Am Strand** (1887) bereits ansatzweise zeigte. Für das Erleben eines Durchbruchs bedurfte es noch anderer Erfahrungen. In einem Brief an Schuffenecker vom 8. Oktober 1888 beschrieb Paul sein Suchen wie folgt: «Dieses Jahr habe ich alles – meine Manier, die Farben – dem Stil geopfert. Ich wollte mich zwingen, etwas anderes zu malen, als das, was ich schon kann. Ich glaube, diese Wandlung hat noch keine Früchte getragen, aber wird es bald tun.»[32]

Den 2. Mondknoten nennt Roder den «Knoten der Wende»,[33] der einen Umbruch anstößt und nicht – wie dies beim 1. Mondknoten der Fall ist – ein Aufbruch zu den Sternen ist. Er kann nur durch das Ergreifen des Höheren Selbst gelingen. Der «Knoten der Wende» in Paul Gauguins Leben war – bei aller Heftigkeit – doch erst der Auftakt zu einer Reihe noch folgender tiefgreifender Wendeerlebnisse. Dass derartige tiefe innere Erfahrungen stattgefunden haben, zeigt sich zum ersten Mal im Bild **Vision**

nach der Predigt oder **Der Kampf Jakobs mit dem Engel** (Abb. 2.10). Und weitere Erlebnisse dieser Art wurden in den später folgenden Werken **Christus am Ölberg** (Abb. 2.14), und im **Selbstbildnis vor dem Gelben Christus** (Abb. 2.12) unmissverständlich deutlich.

Im Bild **Vision nach der Predigt** oder **Der Kampf Jakobs mit dem Engel** (Abb. 2.10) wird die elementare universal-menschliche Spannung urbildlich dargestellt, in der sich Jakob (Gen. 32, 23-32) befand, der seinem Bruder Esau das Erstgeburtsrecht um ein Linsengericht abgekauft hatte und später von Isaac, seinem Vater, den Segen erschlich und aus Angst vor Esaus Rache das Land verlassen hatte; nach vierzig Jahren kehrte er zurück, um seinen Bruder um Verzeihung zu bitten. Beim Durchqueren des Flusses trat ihm der Engel in den Weg. In Jakob rangen nun Licht und Schatten miteinander, wobei jetzt das Licht siegte. Bei Paul Gauguin ringt sein Alltags-Ich, das sich zwischen seiner geistigen Lichtgestalt, dem Engel oder Höheren Selbst, und seinem seelischen Schatten befindet, dem Rind oder Stier im linken Bildteil. Was heißt das konkret für Paul Gauguin? Das Alltags-Ich des in Pont-Aven geschätzten Meisters und Lehrers Eugène-Henri-Paul Gauguin ringt mit dem Engel, d.h. mit dem Höheren Selbst, mit «*Paulus*», der sich herausfordernde geistige Ziele gesetzt hat und sich einer humanistischen Ethik verpflichtet fühlt (ähnlich seiner Großmutter Flora). Doch ihm gegenüber steht in Gestalt eines Stiers die Verkörperung seiner Schwächen und verwerflichen Wesenszüge, sein Doppelgänger, dem ich den Namen «*Saulus*» gebe. Ein Engel als Repräsentant der Lichtkräfte des «Paulus» spricht für sich, und auch, dass ich ihm den Namen des Apostels verleihe. Aber der Stier als lebendiges Symbol der dunklen Kräfte Pauls, des «Saulus», bedarf einer Begründung. Das Rind auf dem Bild – das ich als Stier deute! – ist das Symbol der egozentrischen, rücksichtslosen, starren Haltung, mit der Paul, entgegen allen bürgerlichen Prinzipien, seinen Weg als Künstler durchsetzte. Das sind Charakterzüge, die Mette in ihrem oben zitierten Brief in dem Satz zusammenfasste: «Sein grausamer Egoismus stößt mich ab, sooft ich an ihn denke».[34] Das ist der Stier, der mit dem Kopf durch die Wand geht. Paul musste, bevor er das Bild malte, Konfrontationen mit seinem Doppelgänger erlebt haben, mit dem er noch immer am Ringen war. Da machte er sich gewiss nichts vor. – Ich nenne die Schattenpersönlichkeit «Saulus» in Analogie zu Saulus in der Apostelgeschichte des Neuen Testaments, der unbarmherzig die Christen in Palästina verfolgte und erst durch die geistige Begegnung mit Christus vor Damaskus selber zum Christen wurde, ja sogar zum Apostel und Märtyrer Paulus, der auch im Wissen um die drohenden Gefahren unerschrocken für seine Berufung lebte. Die Wandlung vom Saulus zum Paulus bedingt eine radikale Umkehr. Und diese war in Paul Gauguin im Gange.

Paul hatte in Pont-Aven durch die Bekanntschaft mit dem buddhistisch orientierten Jacob Meyer de Haan, mit dem Theosophen Paul Sérusier und dem Symbolisten Charles Morice, vor allem aber durch die Begegnungen mit dem Dichter Stéphane Mallarmé, die Welt der Mystik kennen gelernt. Ihn beeindruckte sehr Balzacs Roman «Seraphita», in dem die Philosophie des schwedischen Philosophen Emmanuel Swedenborg mit der Welt der Engel und der Idee von Reinkarnationen künstlerisch Gestalt annahm. Diese Impulse und Pauls Vertiefung in den Symbolismus haben – wie ich vermute – für ihn ergreifende Begegnungen mit seiner Lichtpersönlichkeit und seinem Schatten- oder Doppelgänger-Wesen zur Folge gehabt. Dadurch musste er die **Vision nach der Predigt** oder **Der Kampf Jakobs mit dem Engel** (Abb. 2.10) und die weiteren Christus-Bilder malen. Mit den neuen, mystischen Themen wandelte sich auch der Malstil zu der Originalität, die Paul seit Jahren gesucht hatte. Erst jetzt konnte er – angestoßen durch den 2. Mondknoten – eine positive Perspektive erkennen und zielstrebig verfolgen – eine wahre Sternstunde!

Um die Bedeutung der 1889 entstandenen Bilder verstehen zu können, in denen immer Christus zu sehen ist, muss ich auf die Lebenssituation in Pont-Aven, Le Poultru und Arles insgesamt eingehen, im Besonderen auf seine Abkehr vom Impressionismus und die zwei Monate mit Vincent van Gogh in Arles.

Pauls Abkehr vom Impressionismus steht in direktem Zusammenhang mit den inneren Begegnungen Pauls mit seinem Höheren Selbst und seinem Doppelgänger, die ihn zum Malen des Bildes **Vision nach der Predigt** oder **Der Kampf Jakobs mit dem Engel** gedrängt hatten. In Martinique kündigt sich ein Wandel schon an, denn dort hatte Paul bereits ein anderes Licht, lebendigere Farben erlebt und mit Reminiszenzen seiner Kindheit verbunden. Er begann, weniger analytisch, sondern großzügiger zu malen.[35] Ihn faszinierte das Neue, Fremdartige der Menschen; der kulturelle Hintergrund ihrer Lebensformen weckte sein Interesse für Mythen und geistige Strömungen.

In seiner Schrift «Diverses choses» (Anhang zu seinem späteren Buch **Noa Noa**) kritisierte er die Impressionisten «... sie behandelten die Farbe einzig und allein nach ihrer dekorativen Wirkung, jedoch ohne jede Freiheit und stets im Rahmen einer beengenden Plausibilität. Für sie gibt es keine erträumte Landschaft, die gänzlich aus dem Nichts entsteht. (...) Sie suchten rund um das Auge, nicht aber im mysteriösen Zentrum des Denkens, und verfielen von dort auf wissenschaftliche Erklärungen.» Das Schaffen ganz aus der Fantasie war auch eine von Pauls Intentionen mit seinen keramischen Skulpturen. Diesen Weg verfolgte er weiter und verwirklichte ihn malerisch in Pont-Aven mit menschlichen Szenen, die auf den ersten Blick ganz alltäglich zu sein scheinen, doch bei genauer Betrachtung tiefe seelische Erlebnisse symbolisch sichtbar machen sollten.

Besonderes Licht auf Pauls Auseinandersetzung mit der Licht- und Schattenseite seiner zwiespältigen Persönlichkeit wirft das außergewöhnliche **Selbstporträt** für Vincent van Gogh, das er **Les misérables** (1888) nannte. In einem Brief an Schuffenecker gab er im Oktober 1888 seine eigene Deutung dazu: «Ich finde, es ist eines meiner besten Bilder, und so abstrakt, dass es praktisch unverständlich ist (nehme ich an). Auf den ersten Blick ein Banditenkopf, ein Jean Valjean (Les Misérables), der auch einen impressionistischen Maler darstellt, heruntergekommen und an der Last dieser Welt leidend. Es ist sehr ausgefallen gezeichnet (völlige Abstraktion). Augen, Mund und Nase sind wie die Blumen auf Orientteppichen und haben eine ähnliche symbolische Funktion. Die Farben sind von der Natur recht weit entfernt; vage erinnern sie an die Farben meiner im überhitzten Ofen verunglückten Töpferarbeiten. All diese Rottöne, das Violett von Feuerfunken durchstoben, als ob in den Augen, dem Fenster in die gepeinigte Gedankenwelt des Malers, ein Feuer brenne. ...»[36] (Ich muss dazu anmerken, dass Paul mit «abstrakt» etwas anderes verstand als später nach Kandinsky in der Moderne mit abstrakter Kunst gemeint war.). Vincent van Gogh sah in diesem Selbstporträt das Hoffnungslose, gepaart mit ungezähmter Energie.[37]

In den genannten Werken kommt zum Ausdruck, wie sehr Paul die Spannung zwischen den verschiedenen Seiten seiner Persönlichkeit erlebte und daran litt. Da waren zum einen die Erfolge unter den jungen Künstlern in Pont-Aven und Le Poultru, die rund um Paul Gauguin als zentrale Person der «Schule von Pont-Aven» zu einer Legendenbildung geführt hatten. So wurde erzählt, dass er mit seinen Schülern – wie Jesus mit seinen Jüngern – am Strand spaziere und ihnen seine Lehren verkünde. Paul widersprach dem heftig, weil er am Strand meistens allein spaziert sei. Dass Paul zu dieser Zeit von «Normalbürgerinnen» nicht gerade als Heiliger wahrgenommen wurde, belegt die Erinnerung von Madame Satre, die von Paul als **La belle Angèle** (1889) porträtiert worden war,[38] wonach diese das fertige Konterfei entsetzt abgewiesen hatte. Sie berichtete von seiner erotischen und sexuellen Triebhaftigkeit: «… Er hatte eben einen großen Durst nach sinnlichem Erleben. Umgekehrt auch eine große Gefühlsarmut. Im Kern war er ein fürchterlicher Egoist. Sein Egoismus war derjenige des Genies, welches die ganze Welt als zur Mehrung seines Ruhms erschaffen betrachtet, als Rohmaterial für eigene Schöpfungen, als Beute. Er kannte weder Nächstenliebe noch Mitleid, Zärtlichkeit oder Altruismus.»

Doch so wurde ihm in der Zeit des aufkommenden Symbolismus und Mystizismus die Bedeutung eines Propheten zugeschrieben, zumal sich auch seine Schüler «Nabis» (Propheten) nannten. Paul förderte dies sowohl bewusst als auch unbewusst durch sein Selbstverständnis, da er, wie Christus unerkannt und verhöhnt, ein Märtyrer der Kunst sei, der außerhalb der Künstlerkolonie in der Bretagne in seiner Bedeutung überhaupt nicht erkannt – geschweige denn anerkannt werde.

Die zwei Monate in Arles mit Vincent van Gogh trugen auf andere Art zu Pauls Identitäts-Konflikten bei. Theo und Vincent van Gogh hatten Pauls neue Malweise sehr geschätzt und ihn deshalb nach Arles eingeladen. Das bestärkte Paul zwar in seinem Selbstwertgefühl, doch gleichzeitig war er sich seiner Rolle gegenüber Vincent nicht wirklich sicher. Pauls anfängliche Zurückhaltung beim Malen könnte auch, wie Michel Hoog vermutet, daran liegen, dass er nach der «Meister- und Lehrerrolle» bei den jüngeren Malern in Pont-Aven erst noch seine Rolle gegenüber Vincent finden musste.[39] Vielleicht fürchtete Paul in Arles neben dem leidenschaftlich bzw. besessen malenden Vincent um den Verlust seiner gerade sich offenbarenden Originalität?

Doch im Verlauf der heftigen Diskussionen sah sich Paul immer mehr als Vincents Lehrer. Was er rückblickend in «Avant et après» (S. 21 ff.) darüber schrieb, klingt allerdings sehr überheblich: «Trotz meiner Anstrengungen, aus diesem wirren Kopf Logik in seinen kritischen Ansichten herauszuschälen, konnte ich mir nie die Widersprüche zwischen seiner Malerei und seiner Meinung erklären. (...) Er war wütend darüber, mir große Klugheit zugestehen zu müssen, während ich eine zu niedrige Stirn, Zeichen der Dummheit, hatte. Bei allem war er von großer Zärtlichkeit, ja von biblischem Altruismus.»

Pauls Selbstbild gipfelte in «Avant et après» (S. 24) in dem Satz: «Als ich nach Arles kam, suchte sich Vincent noch, während ich, um vieles älter, ein fertiger Mensch war.» Paul war nicht «viel älter», sondern nur 5 Jahre älter als Vincent. Und es ist bezeichnend, dass er sich selber als «fertigen Menschen» bezeichnete, obschon er gerade damals in tiefsten Konflikten mit sich selber steckte.

Paul sah sich gegenüber Vincent als Meister und Lehrer und fühlte sich selbstsicher in seinem endlich gefundenen Stil – vor allem aber meinte er, unbedingt seine Philosophie missionarisch vermitteln zu müssen, wie er das in der Bretagne als «der Professor» getan hatte, wie ihn Toulouse-Lautrec wegen seiner «Chefallüren» und langen Reden vor seiner Anhängerschaft ironisch nannte.

Die Auseinandersetzungen mit Vincent van Gogh bewirkten in Paul eine Bestätigung und Festigung seiner Auffassung, zu der er sich in den letzten Jahren mühsam und schmerzhaft durchgerungen hatte – was im schroffen Gegensatz zur Unsicherheit seiner aktuellen Lebenssituation stand. Vincent sprach davon, dass er sich beim Malen in einer Art von Hellsehen befand. «Ich habe Augenblicke, wo die Begeisterung bis zum Wahnsinn oder der Prophetie gestiegen ist, in denen bin ich wie ein griechisches Orakel auf einem Dreifuß».[40] Und: «... Augenblicklich stecke ich in meiner Arbeit mit der Hellsichtigkeit oder Blindheit eines Verliebten. (...) Von Müdigkeit keine Spur ... Ich kann nichts dafür, aber ich fühle mich so hellsichtig ...» Ganz anders entwickelte sich die «Hellsichtigkeit» bei Paul Gauguin, der auf seine Art bemüht war, zu malen, was über das sinnlich Wahrnehmbare hinaus ging und Ausdruck dessen war, was in den Menschen seelisch vor sich ging. Dazu bediente er sich der Denk- und Sprachwelt des Symbolismus.

Doch sowohl in Vincents als auch in Pauls Arbeiten der gemeinsamen Wochen ist zu erkennen, wie sie voneinander Anregungen übernommen haben. Bei manchen Bildern Pauls flammen die Farben viel mehr auf als sonst, so wie das gerade für Vincents leidenschaftliche Art typisch ist. Und Vincent hat bei den Bildern **Die Arlesierin** (1888), **Spaziergang in**

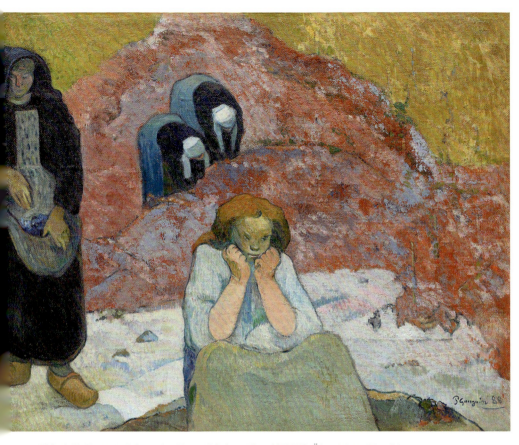

Abb. 2.16: Ernte in Arles oder Menschliches Elend (1888), Öl auf Jute 73 x 93 cm

Arles (1888) und anderen Werken einiges von Pauls Kompositionsüberlegungen übernommen.

Paul selbst bezeichnete **Ernte in Arles oder Menschliches Elend** (1888), Abb. 2.16, als sein bestes Bild dieser Periode, in dem es ihm nicht um die Landschaft, sondern um die Gefühle der im Vordergrund sitzenden jungen Frau ging, die nach dem «Sündenfall» als «gefallenes Mädchen» schweren Zeiten entgegenging. Wie in **Vision nach der Predigt** oder **Der Kampf Jakobs mit dem Engel** (Abb. 2.10) stellte Paul imaginativ dar, was in den Menschen seelisch vorgeht, jedoch nicht, was sinnlich zu sehen ist. Diesen Weg wollte er weiter einschlagen. Auch das Thema des Sündenfalls wird Paul bis zuletzt immer wieder beschäftigen.

All diese Spannungsfelder kamen 1889 in Pauls Bild **Christus am Ölberg** (Abb. 2.14) deutlich zum Ausdruck, worin er Christus seine eigenen Züge gab, und noch direkter in dem kurz danach entstandenen **Selbstbildnis vor dem Gelben Christus** (Abb. 2.12), wo er im Spannungsfeld zwischen seiner Lichtpersönlichkeit und seinem Doppelgänger steht. Bei äußeren Erfolgen, wenn er von den jungen Malern als Meister und Lehrer gesucht und geschätzt wurde, peinigten ihn starke innere Zweifel, während ihm bei inneren Erfolgen, wenn er sich seiner Themen und seines Stils ganz sicher war, die Anerkennung durch die Außenwelt versagt blieb. Dabei musste er sich eigentlich beschämt eingestehen, dass ihm die Wahrnehmung durch die Außenwelt sehr, sehr viel bedeutete. Die Spannung zwischen Innen und Außen, zwischen Selbstbild und Wahrnehmung durch andere, trat bei Paul gleichzeitig ein mit dem Kampf zwischen dem Höheren Selbst und dem Doppelgänger. Und genau das ist für jeden Menschen die zentrale Thematik der Lebensmitte-Krise! Sie wird allerdings unterschiedlich intensiv erlebt, oder aber ignoriert und verdrängt. In vielen Fällen wird die Lösung des innerseelischen Problems durch ein Verändern der äußeren Lebensverhältnisse gesucht. Das belegen Statistiken, die zwischen dem 40. und 45. Lebensjahr Höhepunkte aufweisen bei Emigration, Berufswechsel, Scheidung und Wechsel der Partnerin oder des Partners.

Die *Midlife-Crisis* setzte bei Paul mit dem 40. Lebensjahr ein und konfrontierte ihn immer wieder eindringlich mit Fragen: «Bin ich in meinem Wesen wirklich der, den die Menschen um mich herum in mir sehen? Verrate ich meine Identität, wenn ich mich von anderen in eine Rolle drängen lasse, die sie mir zuschreiben? Mache ich mich nicht zu sehr von materiellen Gegebenheiten abhängig, die mich daran hindern, mein wahres Selbst zu leben? Arbeite ich ernsthaft genug an meinen dunklen Seiten, um zu dem Menschen zu werden, der ich sein will und sein könnte?» Diese Fragen verfolgten ihn und der ständige Selbstzweifel wurde mit der Zeit zur Verzweiflung. Genau dieser Gemüts- und Bewusstseinszustand drückt sich in den Christus-Bildern dieser Zeit aus.

In der Bretagne gibt es an vielen Orten Kalvarienberg-Wege, auf denen in Bildern oder Skulpturen die Passion Christi den Gläubigen immer wieder zu Bewusstsein gebracht wird. Paul erkannte in den Stationen seinen eigenen Leidensweg. Das inspirierte ihn zu dem Bild **Der grüne Christus** oder **Bretonischer Kalvarienberg** (Abb. 2.13). Paul schrieb im November 1889 darüber in einem Brief an Theo van Gogh: «Bretagne, einfacher Volksglaube, Trostlosigkeit. Auf dem Hügel eine Reihe von Kühen, bergaufwärts arrangiert. Alles in diesem Bild soll Passivität im Glauben atmen, Leiden, primitive Religiosität und die Natur mit ihrem großen Schrei ...»[41]

Das Werk **Christus am Ölberg** (Abb. 2.14) ist in mehrfacher Hinsicht ein Selbstbildnis. Darin verleiht er dem Christus seine eigenen Züge. Wie Christus im Garten Gethsemane seinem Leiden bewusst entgegengeht, um seine Mission trotz aller Opfer zu vollbringen, und dabei von den Schriftgelehrten in seinem eigentlichen Wesen nicht erkannt sondern geschmäht und verfolgt wird. Genau so erlebte sich auch Paul. Er war aus mehreren Gründen niedergeschlagen und verzweifelt: Weil Mette ihn verachtete, weil er keinen Zugang zu seinen Kindern hatte, weil er ständig unter finanziellen Misserfolgen litt, und weil er trotz seiner geachteten Position in der Künstlerkolonie in Wahrheit einsam war. In einem Brief Pauls an Bernard wurde die Gemütslage, in der **Christus am Ölberg** entstand, drastisch beschrieben: «Die Augenblicke des Zweifels, die Arbeitsergebnisse, die immer unter denen liegen, die wir erträumten, und die wenigen Ermutigungen von außen, all das trägt dazu bei, dass wir uns an den Dornen zerkratzen.»[42] Mit den Dornen war die innere Nähe zur Dornenkrone Christi direkt angesprochen worden. Das Bild der Agonie Christi im Garten wurde zum Bild seiner Verzweiflung, da er nicht wusste, ob und wie er seiner Mission in diesem Leben je gerecht werden könnte.

Auf dieses Werk folgte bald danach das **Selbstbildnis vor dem Gelben Christus** (1890). Darin stellte Paul Gauguin die Spannung dar, in der sich sein Alltags-Ich zwischen dem Höheren Selbst und dem Doppelgänger befindet. Der Schwerpunkt des Bildes, etwas rechts von der Mitte, ist Pauls Selbstbildnis im bretonischen Fischerpullover. Mit klarem, aber prüfendem Blick schaut Paul auf mich, den Betrachtenden. Im linken Bildteil ist, hinter ihm befindlich, sein eigenes Werk **Der Gelbe Christus** (1889) zu sehen. Darauf ist Christus mit ausgebreiteten Armen und mit dem Gesichtsausdruck der Erfüllung nach dem «Es ist vollbracht» zu sehen. Mit dem Bild Christi ging es Paul auch hier nicht um einen Bezug zur katholischen Kirche, die er als Institution verachtete, sondern um das Symbol einer zur höchsten Vollendung gebrachten Menschlichkeit. Zu ihr als Idee bekannte sich Paul immer wieder, und sie lag ja seinen Träumen vom wieder zu findenden Paradies zugrunde.

Abb. 2.17 zeigt die **Keramikskulptur, Selbstporträt** (1889), die im **Selbstbildnis vor dem Gelben Christus** (1889) abgebildet ist. Im rechten Bildteil ist oben, von Paul etwas verdeckt, eine seiner experimentellen Keramikskulpturen zu sehen, eine Tabaksdose (er war starker Raucher) mit einem grotesken Bild seines Kopfes. Hier stellt er seinen Doppelgänger als abstoßend dar, ganz unverblümt als «Ungeheuer Gauguin», wie er sich später einmal bei einem Holzrelief bezeichnete. Die Keramik hatte Paul erst mit einer Widmung an Schuffenecker geschenkt, später bot er sie Madeleine Bernard, der jüngeren Schwester Émile Bernards an mit der Erklärung, dieser Kopf sei der «eines ganz armen Teufels, der sich in sich zusammenkrümmt, um das Leid zu ertragen».[43]

Das **Selbstbildnis vor dem Gelben Christus** (Abb. 2.12) ist das Urbild für die Selbsterkenntnis der Dreiheit des menschlichen Ichs: Christus als das Höhere Selbst – dann das im Leben verwirklichte Ich – und den Doppelgänger als Wesen seiner Verfehlungen. Paul Gauguin bringt das eigene Erleben zur Darstellung, doch das Bild ist gleichzeitig allgemeingültig, weil sich grundsätzlich so etwas in jedem Menschen geistig-seelisch abspielt.

Pauls Verzweiflung ließ seinen Entschluss reifen, sich mit der Emigration nach Tahiti den Traum eines ursprünglichen paradiesischen Lebens zu verwirklichen. Das besiegelte er mit dem Bild **Bonjour Monsieur Gauguin** (Abb. 2.15). (Das ursprünglich für die Herberge in Pouldu gemalte Bild blieb nach Pauls Abreise dort zurück, später malte Paul selbst davon mit geringfügigen Abweichungen eine Kopie, die sich heute in Prag befindet; ich gehe hier von der Erstfassung aus, in der Armand Hammer Collection in Los Angeles.) In einer kargen Herbstlandschaft mit kahlen Bäumen, unter einem dunklen Nachthimmel und mit einem fahlen Mond (oder mit einer Wolke?) über dem Horizont, schreitet eine männliche Figur in verschlossener Haltung – mit Pauls Gestalt und Gesichtszügen, in einem weiten braunen Pilgermantel, mit einer Baskenmütze und bretonischen Holzschuhen, einen geraden Wanderstab in der rechten Hand haltend und begleitet von einem weißen Hündchen – auf ein Gattertor zu. Auf der rechten Seite aus Sicht des Betrachters steht eine dunkelblau gekleidete Frau mit einer Schürze und einem schwarzen Kopftuch. Eine traurige Stimmung der Einsamkeit und Fremdheit liegt in dem ganzen Bild und

Abb. 2.17: Keramikskulptur,
Selbstporträt (1889)
Emailliertes Steingut,
Höhe 28 cm

lässt frösteln. Die Person, auf die der Wanderer zugeht, wirkt verschlossen. Paul kannte die Erzählung von John Bunyan «Pilgrims Progress», darin wird der Pilger von einem Torwächter – von Bunyan als «der gute Wille» verstanden – mit Fragen aufgehalten, woher er komme und wohin er gehe.[44] Die Gestalt des Wächters steht nach spirituellen Traditionen an der Schwelle zur geistigen Welt und verwehrt dem Menschen, der nicht genügend vorbereitet ist, den Zugang zu höheren Erkenntnissen. Bei dem Bild ist nicht zu entscheiden, ob das «Bonjour» dem Ankommenden oder dem sich Verabschiedenden gilt.

Das Leben Pauls in diesem Jahrsiebt weist alle Aspekte des Entwicklungswegs der Bewusstseinsseele auf. Der Weg des Ichs führte von Krise zu Krise durch viele Feuer, um in jedem Feuer immer wieder neu geschmiedet zu werden. Rudolf Treichlers Formel für das Ziel dieser Entwicklung, «Wie finde ich zum Wesen der Welt und zum eigenen Wesen, und wie kann ich in der Welt mein Wesen verwirklichen?» ist der rote Faden, der durch alle Wirrnisse in diesem Lebensabschnitt führt. Paul hatte bei aller Mühsal zu seiner Originalität und zu seinem eigenen Menschen- und Weltbild gefunden, dem er in seiner Malerei und Bildhauerei Ausdruck verliehen hat. Während sich Vincent van Gogh beim begeisterten Malen in der Trance seiner Hellsichtigkeit verlor, richtete sich Pauls «Hellsichtigkeit» auf das Erkennen des eigenen Wesens, auf Selbsterkenntnis. Indem er in das seelische Geschehen anderer Menschen empathisch Einblick bekam, ermöglichte ihm die Resonanz in seiner Seele, in der Bewusstseinsseele, die geistig-seelischen Wirklichkeiten zu erfassen und mit seinen Mitteln künstlerisch zum Ausdruck zu bringen.

Am Ende dieses Jahrsiebts entschied sich Paul, in Ozeanien, in der für ihn neuen Welt sein Wesen zu verwirklichen. Madagaskar war zunächst seine Zielvorstellung.

13.7 Das siebte Jahrsiebt von 1890 bis 1897 (42 bis 49):
Midlife-Crisis im ersehnten Paradies

Um die Lebenslinien dieses Jahrsiebts deutlicher zu erkennen, stelle ich den biografischen Daten eine kurze Zusammenschau der vielfältigen Ereignisse voran.

Paul konnte endlich seinen Traum verwirklichen, in die Tropen zu ziehen, um in einer einfachen Welt ganz der Kunst zu leben. Bei seiner Ankunft auf Tahiti musste er jedoch zuerst einmal die ernüchternde Erfahrung machen, dass auch in diese Welt Frankreichs Zivilisation vorgedrungen war. Aber allmählich konnte er durch Begegnungen mit tahitischen Menschen in die Kultur der Maori eindringen, indem er selbst ein Teil dieser Kultur wurde und die Prüfungen der Midlife-Crisis bestand. Ein etwa zwei Jahre dauernder Zwischenaufenthalt in Frankreich brachte ihm als Künstler Bekanntheit und Anerkennung, aber hinsichtlich der menschlichen Beziehungen immer wieder Enttäuschungen. Wieder nach Tahiti zurückgekehrt, schuf er – trotz ständiger gesundheitlicher und finanzieller Probleme und suizidaler Neigungen – viele Werke, in denen er die Mythen der Maori als Urbilder des Menschseins deutete. Und als Krönung dieses Jahrsiebts schuf er sein Meisterwerk, das Panorama des menschlichen Lebens.

Und so begann das siebte Jahrsiebt.

Im Februar 1890 stellte Theo van Gogh einige Keramiken Pauls in seiner Galerie aus, jedoch ohne Verkaufserfolg. Paul kehrte von der Bretagne nach Paris zurück und wohnte kurze Zeit bei Schuffenecker. Als ihn dieser vor die Tür setzte, mietete er ein Atelier. Um seine Reise zu finanzieren, bewarb er sich beim Kolonialministerium um eine Entsendung in den fernen Osten, die aber abgelehnt wurde. Danach besprach er mit Bernard, Meyer de Haan und Schuffenecker seine Pläne, in Madagaskar ein Atelier zu bauen, doch zuletzt schlug Bernard als Alternative Tahiti vor.

Nach kurzen Aufenthalten in Pont-Aven und Le Pouldu erhielt Paul die Nachricht, dass Vincent sich eine lebensgefährliche Schusswunde zugefügt hatte. Sofort verständigte er Theo, der direkt nach Arles eilte und bei Vincents Sterben an seiner Seite war. Über den Tod Vincents zeigte Paul letztlich wenig Betroffenheit, weil er – wie er sagte – ihn vorhergesehen hatte.

In Paris lernte er eine Gruppe Dichter des Symbolismus kennen und nahm an ihren Gesprächen teil. Er verdankte ihnen viele wesentliche Anregungen. 1891 gelang es bei einer Auktion, die im Hôtel Drouot von Freunden organisiert und durchgeführt worden war, dreißig Gemälde gut zu verkaufen und damit die Reise nach Tahiti zu finanzieren. Er stellte auch im Salon Les Vingt in Brüssel Keramiken und Skulpturen aus.

Im März besuchte er seine Familie in Kopenhagen, konnte aber Mette nicht überreden, in die Südsee mitzugehen. Der Dichter Charles Morice schilderte, wie Paul nach dem Abschiedsbesuch in Kopenhagen in Tränen ausbrach, weil er sich nicht sicher war, ob er die Familie seiner Kunst opfern durfte.

Um doch seinen Aufenthalt auf Tahiti zu ermöglichen, bemühte sich Paul wieder beim Kultusministerium und bei der Kunstakademie um eine offizielle Entsendung als Maler. Diese sagten ihm keine finanzielle Unterstützung zu, versprachen aber mündlich, ihm nach seiner Rückkehr Gemälde für 3.000 Francs abzukaufen.

Bevor Paul Frankreich verließ, kam es noch zu einem Zerwürfnis mit Émile Bernard. Er konnte Paul nicht verzeihen, dass sich dieser als der alleinige Urheber der Schule von Pont-Aven darstellen ließ, während doch viele Bilder die Frucht gegenseitiger Inspirationen gewesen seien. Damit ging eine lange Freundschaft in die Brüche.

Mit einem Bankett unter dem Vorsitz des von Paul sehr verehrten Dichters Stéphane Mallarmé (den er in einer Radierung porträtiert hatte) nahmen Freunde sehr herzlich Abschied von Paul. Am 4. April 1891 reiste er aus Marseille als Passagier 2. Klasse nach Tahiti ab. Während seines Zwischenaufenthalts in Neukaledonien wurde in Paris in einem Theater eine Benefizveranstaltung für ihn und den Dichter Paul Verlaine gegeben, die aber kein Geld einbrachte. Auch eine Ausstellung von Keramiken war finanziell erfolglos.

Die Weiterreise nach Tahiti legte Paul auf einem Frachtschiff zurück und kam am 28. Juni 1891 in Tahitis Hauptstadt Papeete an. Nach mehrmaligem Wechseln des Wohnortes zog er in ein kleines Dorf 45 Kilometer südlich von Papeete und mietete eine Bambushütte. Zur Unterstützung wurde ihm das tahitische Mädchen Titi zur Seite gestellt, das ihn in die Besonderheiten des Lebens auf Tahiti einzuführen hatte. Da sie aber wenig Bescheid wusste und einen sehr schlechten Ruf hatte, schickte er sie nach wenigen Wochen wieder fort.

Ein in Papeete stationierter Schiffsoffizier, P. Jénot, begleitete Paul in der ersten Zeit. Er berichtete darüber, dass Paul durch seine besonders langen Haare das Aufsehen der lokalen Bevölkerung erregte, weil dies dort völlig ungewöhnlich war. Man nannte ihn deshalb «Mann-Frau» – woraufhin Paul schnell die Haare kürzen ließ.[45] Jénot schrieb auch, dass Paul an Sprache, Kultur, Lebensgewohnheiten und maorischen Mythen und Sagen ungemein interessiert gewesen sei. Während der Gespräche machte er Schnitzereien, bearbeitete Gebrauchsgegenstände und schuf kleine Skulpturen, die er tahitischen Kunstwerken nachempfunden hatte. Schon in den ersten Tagen auf Tahiti begann Paul mit Aufzeichnungen zu seinem Buch **Noa Noa.** Diese autobiografische Erzählung schmückte er romanhaft aus, da sie für die europäische Leserschaft als Unterstützung zum Verkauf seiner Bilder gedacht war. In **Noa Noa** schrieb er über seine Enttäuschung, als er sehen musste, wie in Papeete eine Karikatur der französischen Zivilisation die ursprünglichen Lebensformen zerstört hatte. Deshalb hatte er eine Hütte weiter entfernt von der Hauptstadt gesucht. Und umso mehr vertiefte er sich in die maorischen Mythen und einfachen Lebensformen, um das zu retten, wofür er sich nach Ozeanien begeben hatte.

Paul betonte in **Noa Noa** oft, wie ergriffen er von der natürlichen und selbstverständlich würdevollen Haltung vieler junger tahitischer Frauen war. In dem großformatigen Ölbild **Ia Orana Maria, Gegrüßet seist du, Maria** (1891), Abb. 2.18, gelang es ihm, ein christliches Motiv in die tahitische Landschaft und Kultur zu verlegen und mit der Schönheit der Maria ein Idealbild zu malen, das nicht an eine Ethnie gebunden, sondern allgemein menschlich war.

Abb. 2.18: Ia Orana Maria (Gegrüßet seist du, Maria) (1891), Öl auf Leinwand, 113,7 x 87,7 cm

Durch so viel Neues angeregt, blühte nach den bedrückenden letzten Jahren Pauls Kreativität auf, und er schuf in einem Jahr viel mehr Bilder als in mehreren Jahren davor. Doch die Midlife-Crisis war hier noch nicht ausgestanden. Paul wurde immer wieder von schlechter Laune befallen: «Ich war seit einiger Zeit missmutig geworden. Meine Arbeit litt darunter. Zwar fehlten mir wesentliche Hilfsmittel zum Malen, und es verstimmte mich, künstlerischen Aufgaben, die mich berauschten, ohnmächtig gegenüber zu stehen, aber hauptsächlich fehlte mir die Lust.»[46] Diese Schattenseiten seines ersten Jahres fanden ihren Ausdruck vor allem in den Bildern **Die Verdrossene** (1891), Abb. 2.19, und **Unter dem Pandanuss-Baum** (1891).

Die Verdrossene kauert in einem Raum, während die Tür zum Leben im Freien offen steht. Doch an der Schwelle sitzt ein schwarzer Hund, wie ein Wächter, an dem nicht vorbeizukommen ist. Auf dem Bild **Unter dem Pandanuss-Baum** gehen die beiden Frauen im Schatten des Baumes, während zwischen beiden ein schwarzer Hund mitläuft, dessen Augen und Maul mit roter Zunge nichts Gutes verheißen. In beiden Bildern herrscht die bedrückende Stimmung vor, die von dem schwarzen Schattenwesen herrührt. Die Stimmungsschwankungen des ersten Jahres schlugen im nächsten Jahr sogar noch stärker aus und verdarben die paradiesischen Hochgefühle.

Im Frühjahr 1892 wurde Paul, im 44. Lebensjahr, schwer krank. Wie er schrieb, spuckte er täglich einen Viertelliter Blut. Der Arzt im Krankenhaus diagnostizierte die Lunge als gesund, nur das Herz erleide Schwächen, und er wurde mit Digitalis-Extrakten kuriert. Pauls finanzielle Mittel waren bereits erschöpft, und er hatte kein Geld mehr für die Arztkosten. Deshalb bat er den Gouverneur um eine Anstellung in der Verwaltung auf den Marquesas – doch das wurde abgelehnt. Um sich finanziell über Wasser zu halten, machte er Gelegenheitsarbeiten für einen Geschäftsmann.

Öfters schickte er Bilder an die Galerie Boussod & Valadon und an andere Kunsthändler, um zu testen, wie die neuen Arbeiten in Paris ankommen.

Als sich die finanzielle Lage nicht verbesserte, schrieb Paul im Juni einen verzweifelten Brief an den Direktor der Kunstakademie in Paris mit der Bitte, ihn nach Frankreich zurückzuholen. Auf die Antwort musste er

Abb. 2.19: Die Verdrossene (1891), Öl auf Leinwand, 91,2 x 68,7 cm

vorerst noch warten. Allen Widrigkeiten zum Trotz war er als Maler weiterhin sehr aktiv und versammelte viel Material, das er in verschiedenen Bildern verwertete.

Paul schrieb: «Ich lebe jetzt wie ein Wilder», beinahe völlig nackt. Im Sommer nahm er die dreizehnjährige Teha'amana als seine «Vahina», d.h. seine Frau, zu sich – doch da es in Tahiti damals keine genaue Geburten-Dokumentation gab, musste sie zwischen 18 und 20 Jahren alt gewesen sein. Durch sie fand er einen direkteren Zugang zu den dämonischen Seiten der Maori-Kultur, zu den Geistern der Toten und zu den Taten der Götter. Oft waren es unheimliche Geschichten. Dabei entstanden zahlreiche Ölbilder: **Frau mit Mangofrucht** (1892), **Schreckenerregende Worte** (1896), **Grausame Geschichten** (1902), **Worte des Teufels** (1892), **Herrliches Land** (1892) usw. Er malte Alltagsszenen des Lebens auf Tahiti und machte einige Bildhauerarbeiten der Göttin Hina und dem Gott Oro in Holz, sowie mehrerer Götzen.

In **Noa Noa** erzählt er, wie er einmal spät nachts von Papeete nach Hause kam und Teha'amana nackt und starr mit weit aufgerissenen Augen auf dem Bett liegend vorfand. Auch als er sie ansprach, blieb sie noch lange wie gelähmt liegen. Dann beschwor sie ihn, dass er sie nie mehr nachts ohne Licht allein lassen dürfe. Das Bild **Der Geist der Toten wacht** (1892) handelt von diesem Erlebnis. Es dokumentiert, wie lebendig der Glaube an die Anwesenheit von Geistern der Verstorbenen noch war.

Immer wieder beschäftigte Paul der Mythos der wunderschönen Vairumati, in die sich der Gott Oro verliebt hatte und mit der er mehrere Kinder zeugte, die den Stamm der Areois begründeten. In dem Bild **Sie nannte sich Vairumati** (1892) erwartet sie Oro in würdevoller, eigentlich priesterlicher Haltung auf einem Bett, das mit einem kostbaren blauen Pareo bedeckt ist. Im Hintergrund ist eine maorische **Holzskulptur** zu erkennen, auf der diese Geschichte erzählt wird.

Paul war zwiespältig, was seinen Verbleib auf Tahiti betraf. Einerseits wollte er den Anschluss an Künstlerkreise in Paris nicht verlieren, da ihn Albert Aurier in einem langen Artikel als Bahnbrecher einer künstlerischen Bewegung gerühmt hatte. So schrieb er an Sérusier: «… Andererseits möchte ich bleiben; ich habe mein Werk noch nicht abgeschlossen. Ich habe kaum eben begonnen und ich fühle, auf dem rechten Weg zu sein.»[47]

Im Dezember erklärte sich die französische Regierung dann doch bereit, Paul wieder nach Frankreich zurückzuholen, doch der Gouverneur weigerte sich, die Schiffspassage zu bezahlen. Deshalb schrieb Paul ein zweites Mal an die Regierung. Einem Schiffsoffizier gab Paul acht Gemälde mit, die von der Galerie Boussod & Valadon in Paris verkauft werden sollten.

Im Jahr 1893 (45-jährig) erfuhr Paul, dass Boussod & Valadon mehrere Bilder hatte verkaufen können – deren Erlös jedoch sein Freund Charles Morice ihm nie geschickt hatte. Er beschimpfte Morice als Dieb und brach mit ihm

Aus Pauls früheren Kontakten mit dänischen Galeristen ergaben sich im März zwei Ausstellungen in Kopenhagen, für die Mette einige Bilder aus ihrem Besitz zur Verfügung stellte und zusätzlich welche aus Tahiti kommen ließ, sodass dort fünfzig Arbeiten ausgestellt wurden. Dabei verkaufte Mette mehrere Bilder, doch hinterher konnte Paul nicht mehr herausfinden, welche sie verkauft hatte und welche sie einfach selbst behalten wollte.

Im Mai und im November wurden in Paris vierzig Bilder aus Tahiti ausgestellt, wofür Charles Morice – mit dem sich Paul wieder versöhnt hatte – im Katalog ein Vorwort verfasste. Bei der Kritik erntete er viel Hohn und Spott, weil er mit den Primitiven und dem Exotischen kokettiere und sich für seine Kunst fremdsprachiger Titel und hochtrabender Begriffe, wie z.B. «Synthese», bediene.[48] Aber die meisten Kritiker sprachen sich doch positiv und verständnisvoll aus. Paul schrieb darüber im Dezember an Mette: «Wichtig ist nur, dass meine Ausstellung einen sehr großen künstlerischen Erfolg gehabt und sogar Wut und Eifersucht ausgelöst hat. Die Presse hat mich behandelt wie noch nie zuvor einen anderen, nämlich vernünftig und lobend. Im Augenblick gelte ich bei vielen Leuten als der größte moderne Maler.»

Im Frühling 1893 begann eine Augenkrankheit, die ihm mit der Zeit große Probleme bereiten sollte. Und im Mai zog er mit Teha'amana nach Papeete. In der Zeit entstanden, inspiriert durch die Gespräche mit Teha'amana, die Bilder **Teha'amana hat viele Vorfahren** (1893)**, Pape Moe (Geheimnisvolle Quelle)** (1893), Abb. 2.20**, Mondgöttin und Erde** (1893) und **Fest der Hina** (1893).

Mit all diesen Bildern zeigte sich, wie auch schon in früheren Jahren,

Abb. 2.20: Pape Moe (Geheimnisvolle Quelle) (1893), Öl auf Leinwand, 99 x 75 cm

Abb. 2.21: Selbstporträt mit Palette (um 1894), Öl auf Leinwand, 92 x 73 cm

dass ihn die finanzielle Misere in seiner Schaffenskraft nicht einschränkte, sondern sogar noch zu Höchstleistungen trieb.

Endlich erhielt er eine positive Antwort auf sein Ansuchen, nach Frankreich zurückkehren zu können. Am 14. Juni reiste er auf Kosten der französischen Regierung über Nauméa nach Marseille. In Paris kam er erst Ende August an und konnte erreichen, dass dort 46 seiner Arbeiten aus Tahiti ausgestellt wurden.

Im **Selbstporträt mit Palette** (1894), Abb. 2.21, präsentierte sich Paul in Paris durchaus selbstbewusst und suggerierte mit der Pose eine Nähe zum leidgeprüften und abgeklärten Rembrandt. Und im **Selbstbildnis mit Hut** (1894), Abb. 2.22, gibt er sich argwöhnisch und kritisch und zeigt sein Bild «**Der Geist der Toten wacht**» an der Wand im Hintergrund.

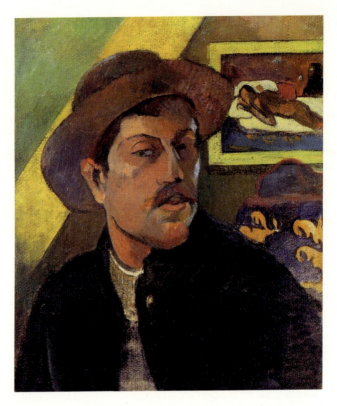

Abb. 2.22: Selbstporträt mit Hut (1894), Öl auf Leinwand, 46 x 38 cm

Aufgrund eines Berichtes, dass ihm sein Onkel Isidore einen größeren Geldbetrag vermacht habe, dachte er, dass seine Geldsorgen ein Ende nähmen, und mietete ein großes Atelier in Paris. Dort lebte er mit der Javanerin Annah zusammen und machte seine Wohnung zum Treffpunkt von Malern und Schriftstellern.

Aus dieser Zeit stammen die Werke **Annah, die Javanerin** (1893) und **Selbstporträt mit Hut** (1894)**.** Er dürfte in Paris wenige Bilder gemalt haben, aber er arbeitete mit Morice an der Rohfassung von **Noa Noa**.

Im Winter produzierte Paul viele Holzschnitte mit tahitischen Motiven, da er vorhatte, **Noa Noa** damit zu illustrieren. Die **Hefte für Aline**, seine Tochter, sind aus der Zeit in Tahiti und Paris.

Im Februar 1894, nach dem Tod seines Onkels Isidore in Orléans, erhielten Paul und seine Schwester, die in Kolumbien lebte, eine Erbschaft.

Sein Anteil waren 13.000 Francs, davon schickte er 1.500 Francs an Mette und drängte sie, nach Paris zu kommen, was sie jedoch ablehnte. Da in Belgien fünf Werke ausgestellt wurden, verbrachte er einige Tage dort. Im März und Dezember folgten Gemeinschaftsausstellungen in Paris. Wegen des wachsenden Interesses für sein Werk dachte Paul, dass seine Geldsorgen bald vorbei wären, und gab sein geerbtes Geld mit vollen Händen aus.

Im April zog es ihn wieder in die Bretagne, und alte Künstlerfreunde luden ihn dort zu einem Festmahl ein. In Le Pouldu forderte er von Marie Henry seine Habe, die er in ihrer Herberge zurückgelassen hatte, zurück. Da sie sich weigerte, führte er einen Prozess gegen sie – und verlor ihn. Dann wurde es noch schlimmer. Denn im Mai kam es bei einem Ausflug in die Hafenstadt Concarneau wegen seiner javanischen Begleiterin Annah zu einer wüsten Schlägerei mit streitsüchtigen Seeleuten, wobei Paul ein Bein gebrochen wurde. Wegen der Krankenhauskosten forderte er gerichtlich Schadenersatz, doch trotz der Verurteilung der Täter wurde der Schadenersatz niemals ausbezahlt. Auch nach längerer Rekonvaleszenz blieben starke Schmerzen und konnte er nur auf einen Stock gestützt gehen. Annah war indessen nach Paris in sein Atelier gefahren. Als er im November dorthin zurückkehrte, musste er feststellen, dass sie bis auf seine Bilder alles, was sie dort finden konnte, zu Geld gemacht hatte und selber verschwunden war.

In seinem Atelier zeigte er Anfang Dezember in einer Ausstellung Aquarelle, Holzschnitte und Monotypien.

Die in Paris 1894 entstandenen Schlüsselwerke sind das **Selbstporträt mit Palette, Tag des Gottes, Die Vergnügungen des Bösen Geistes,** und in der Bretagne **Die David-Mühle in Pont-Aven** und **Verschneites bretonisches Dorf.**

Der Dichter August Strindberg feierte gerade in Paris mit seinen Theaterstücken Erfolge und war öfters bei Künstlertreffen in Pauls Atelier anwesend. Paul hatte ihn gebeten, für den Katalog zur Auktion im Hôtel Drouot, die für Februar 1895 geplant war, ein Vorwort zu schreiben. In einem ausführlichen Brief lehnte Strindberg dies jedoch ab, da ihm die wilde Welt Gauguins viel zu fremd war. Aus Rache druckte Paul diesen Brief einfach anstelle eines Vorworts ab![49]

1895 hielt sich der 47-jährige Gauguin noch ein halbes Jahr lang in

Frankreich auf. Von seinen Malereien in dieser Zeit ist eigentlich nichts bekannt. Er war nach wie vor mit Holzschnitten beschäftigt und versuchte sich wieder in der Töpferei von Ernest Chaplier. Die bedeutendste keramische Arbeit ist die 74 cm hohe plumpe Frauengestalt aus Steingut **Oviri/ Wild** (1895), die er der *Societé Nationale des Beaux-Arts* anbot. Sie wurde von der Jury jedoch abgelehnt, was einen kleinen Skandal auslöste. Paul hielt nämlich «Oviri» für eine seiner besten Skulpturen und wünschte, dass sie auf seinem Grab aufgestellt werde.

Die Februar-Auktion seiner Bilder im Hôtel Drouot war ein totaler Misserfolg. Das lag hauptsächlich daran, dass Paul die Gebote viel zu niedrig fand und Objekte zurückzog. Einer der wenigen Käufer war Edgar Degas, der zwei Gemälde und sechs Zeichnungen kaufte.

Ein frustrierter Paul deponierte daraufhin die unverkauften Bilder bei einem Kunsthändler und schiffte sich am 3. Juli nach Tahiti ein. Die Reise führte diesmal durch das Mittelmeer und das Rote Meer, und über Sidney nach Auckland, wo er bis Ende August im Museum die Maori-Kunst studierte. In Papeete kam er am 9. September an und war enttäuscht, dass dort indessen viele Modernisierungen vorgenommen worden waren. Deshalb fasste er spontan den Plan, zu den Marquesas weiterzureisen, blieb aber dann doch auf Tahiti, pachtete Land an der Westküste und baute mit Hilfe von Eingeborenen eine Bambushütte.

Die künstlerische Produktion war dort anfangs gering. Es waren gelegentlich einige **Fächerbemalungen** entstanden und das Bild **Kind mit Lätzchen** (1895), ein bezahltes Auftragswerk.

1896 nahm er, 48-jährig, zu Jahresbeginn die vierzehnjährige Pau'ura als Vahina zu sich. Er verewigte ihre Schönheit in **Nevermore oder Akt der Pau'ura** (1897). Vermutlich war Pau'ura auch sein Modell für **Geburt Christi** (1896) und **Bé Bé (Die Geburt)** (1896), Abb. 2.23.

Wegen starker Schmerzen am Bein nahm er viel Morphium ein und sprach von Selbstmordplänen. Dennoch malte er in dieser Zeit sehr viele bedeutende Werke. Seine Themen waren, da Pau'ura schwanger war, **Mutterschaft** (1896), **Geburt Christi** (1896)**,** und **Bé Bé (Die Geburt)** (1896), Abb. 2.23. Finanzielle Verbesserungen erwartete er vom französischen Kunstmarkt. Da er zu diversen Ausstellungen in Frankreich Ölbilder und Skulpturen gesandt hatte, die auch gezeigt wurden, machte er sich Hoffnungen. Ein wenig Geld verdiente er im August als Zeichenlehrer der

Abb. 2.23: Bé Bé (Die Geburt) (1896), Öl auf Leinwand, 66 x 75 cm

Töchter des Geschäftsmanns Auguste Goupil und mit dem Porträt einer Tochter Goupils. Ein gutes Zeichen schien zu sein, dass er von einem der Kunsthändler in Paris 1.200 Francs erhielt. In Paris wurden einige Werke ausgestellt, u.a. in der Ausstellung Mystische Kunst. Aber mehr Geld kam vorläufig nicht.

Im Dezember brachte seine Vahina Pau'ura eine Tochter zur Welt, die jedoch schon kurz nach der Geburt starb.

Die Werke dieses Jahres geben Einblick in die Höhen und Tiefen seiner Gefühlsschwankungen. So zeigt **Die Pirogue** (1896) das gewöhnliche Leben eines Fischers, der sich ganz auf das einlassen muss, was die Natur zum Leben und Überleben schenkt. Der Fischer ist Symbol für eine Hal-

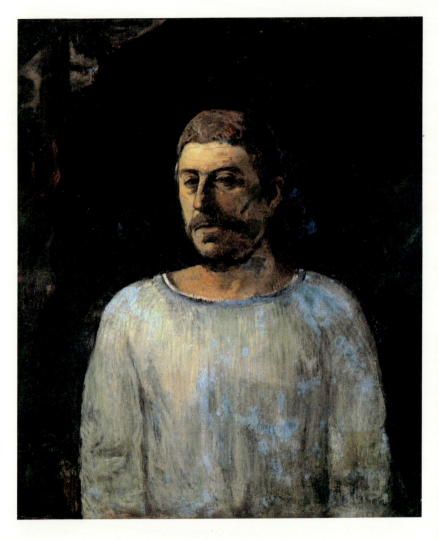

Abb. 2.24: Selbstbildnis oder Bei Golgotha (1896), Öl auf Leinwand, 76 x 64 cm

tung, die Paul zwar immer angestrebt hatte, aber nie richtig entwickeln konnte.

Die **Vornehme Frau mit rotem Fächer** (1896) ist das Bild einer Prinzessin, denn rote Fächer waren nur Prinzessinen vorbehalten. Diese tahitische Schöne verbindet die paradiesische Naivität einer Eingeborenen, die bei Nacktheit keine Scham empfindet, mit der Ausstrahlung einer Eva, die nach dem Sündenfall um ihre verführerischen Kräfte – im Bild des umherstreunenden «schwarzen Hundes» ausgedrückt – weiß.

Pauls Stimmungslage in dieser Zeit lassen zwei Werke deutlich erkennen. Das **Selbstbildnis, dem Freund Daniel gewidmet** (1896) zeigt ihn müde, mit hängendem Kopf und niedergeschlagenem Blick. Und im **Selbstbildnis oder Bei Golgotha** (1896), Abb. 2.24, spielte Paul wieder, wie schon in **Christus am Ölberg** (1889), Abb. 2.14, auf das Martyrium des Künstlers in Analogie zum Opfertod Christi an und stellte sich in einem schlichten weißen Hemd dar. Gesicht, Kleidung, Umgebung und dunkler Fels im Hintergrund sind Ausdruck seines ständigen Leidens, das sich öfters bis zur Verzweiflung steigerte.

Im Jahr 1897 vollendete Paul sein 49. Lebensjahr. Es sollte besondere Tiefen und Höhen bringen. Im Januar starb der Eigentümer des Landes, das Paul gepachtet hatte, und seine Erben verkauften das Land. Deshalb musste Paul wegziehen. Er baute ein neues, größeres Holzhaus mit Atelier und musste dafür 1000 Francs leihen.

Anfang März wurden in Brüssel vom Salon Les Vingt mehrere Bilder gezeigt, wodurch seine Bekanntheit zunahm. Und am 19. März erhielt er von Mette einen Brief, in dem sie ihm mitteilte, dass seine Tochter Aline am 19. Januar zwanzigjährig gestorben war. Damit kam es zum endgültigen Bruch mit Mette. Pauls Brief an Mette im Juni war ein großer Schmerzensschrei. So sehr hatten ihn beide Todesfälle getroffen, dass Pau'uras Tochter kurz nach der Geburt gestorben war, und dass er so spät vom Tod seiner Tochter Aline, die er trotz der Distanz sehr geliebt hatte, hörte: «Ich liebe Gott nicht mehr!»[50]

Wegen schlechter Gesundheit – die schmerzende Wunde am Bein, Herzanfälle, Erkrankung an Syphilis, übermäßiger Alkoholgenuss – musste er im August längere Zeit das Bett hüten und konnte einige Monate nichts malen. Ein schwacher Trost war für ihn, dass im Oktober auf Betreiben von Morice die Erzählung **Noa Noa** in *La Revue Blanche* erschien, zusätzlich versehen mit Gedichten von Morice zu einzelnen Bildern.

Das Leben bestand aus einem fortwährenden Ringen um die Existenzsicherung, aus der Enttäuschung wegen der ihm versagten Anerkennung als Künstler, aus seelischen Schmerzen durch Todeserfahrungen und die immer wieder aufkommenden Selbstmordgedanken. Für einen Selbst-

Abb. 2.25: Woher kommen wir? Was sind wir? Wohin gehen wir? (1897), Öl auf Leinwand, 139 x 375 cm

mordversuch mit Arsen hatte er sich in den Bergen versteckt, damit sein Leichnam von den Ameisen aufgefressen werde. In dieser größten seelischen Not kamen bei Paul die größten Fragen zum menschlichen Schicksal auf. Diese formulierte er 1902, kurz vor seinem Tod, in einer Widmung auf seinem Manuskript **L'Esprit moderne et le catholicisme**: «... Sein oder Nichtsein ... Die Freuden und die Schmerzen (das ist alles eins), – Der Schlaf, das Aufwachen: das Leben und der Tod – Weiterleben auch. Verrückter Lauf im Raum ... Woher kommen wir? Was sind wir? Wohin gehen wir? Das ewige Problem, das uns für den Hochmut bestraft.»[51]

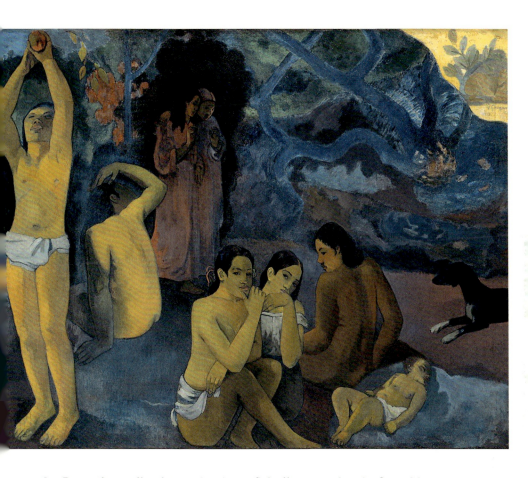

Im Dezember vollendete er in einem Schaffensrausch sein Opus Magnum **Woher kommen wir? Was sind wir? Wohin gehen wir?** (1897), Abb. 2.25. Darin warf er – durch Freuden und Leiden zur Weisheit gereift – diese Schicksalsfragen für sich als Person und für das Menschsein schlechthin auf.

Sofort nach Fertigstellung des großen Panoramas, das er selbst als sein bestes bis dahin geschaffenes Werk bezeichnete, verfasste er sein Glaubensbekenntnis in der Schrift **L'Esprit moderne et le catholicisme.**

Ein zweites Werk bildete den krönenden Abschluss dieses Schicksalsjahres: **Vairumati** (1897), Abb. 2.26. In diesem Bild sitzt das wunderschöne Menschen-Mädchen, die Braut des Gottes Oro, souverän auf einem goldenen Thron.

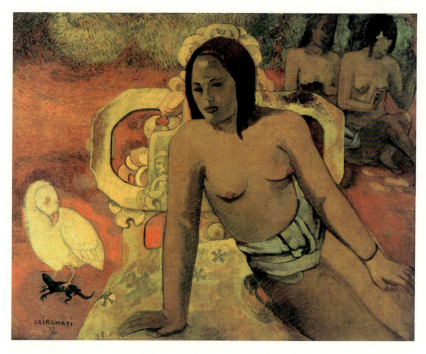

Abb. 2.26: Vairumati (1897), Öl auf Leinwand, 73 x94 cm

Das siebte Lebensjahrsiebt Pauls aus entwicklungspsychologischer Sicht

Das Geschehen in diesem Lebensjahrsiebt in kurzer Zusammenfassung (S. 199).

Pauls Ausreise nach Tahiti fiel noch mitten in die Midlife-Crisis. Und doch bereitete sich eine markante Lebenswende vor.

Nach assyrischen, jüdischen, ägyptischen, griechischen und römischen Weisheitslehren tritt ein Mensch mit dem 42. Lebensjahr in eine Phase ein, in der seine Kräfte vom Kriegsgott Mars regiert werden. Deshalb konnte bei den Römern ein Mann erst in diesem Alter mit wichtigen militärischen Führungsaufgaben betraut werden. Mit dem 49. Lebensjahr übernimmt dann der Weisheitsgott Jupiter die Regentschaft. Ein Mensch verfügt ab dann über die Fähigkeit, große Zusammenhänge zu erkennen und sein Handeln langfristig auszurichten, und wird als Römer reif für den Senat.

Jahr	Alter	Ereignis	**siebtes Jahrsiebt**	Bilder
1891	43	Verkauft bei Auktion 30 Bilder gut! Streit mit Bernard, Abschied von Familie in Dänemark 4. April Abreise nach Tahiti, Ankunft am 28. Juni beginnt mit «Noa-Noa», erste Gefährtin *Titi*		*Selbstbildnis mit Hut* *Frau mit Mango, Die Verdrossene, Unter dem Pandanussbaum*
1892	44	Schwer krank, Krankenhausaufenthalt, Herzprobleme 13 Jahre alte Vahina *Tha'amana* Erlebnis zum Ende der Midlife-Crisis Gelegenheitsarbeiten, um Geld zu verdienen		*Der Geist der Toten wacht,* **Matamoe / Einstmals, Landschaft mit Pfauen,** *Sie nannte sich Vairumati*
1893	45	Augenkrankheit beginnt, Vereinsamung, Geldmangel Bretagne, Paris, kleine Erbschaft von Onkel Isidore Ausstellungen in Dänemark, lebt mit Javanerin *Annah*		**Geheimnisvolle Quelle,** *David-Mühle in Pont-Aven, Annah, die Javanerin*
1894	46	Mit *Annah* und Affe in die Bretagne, Schlägerei, Beinbruch, Krankenhaus, Prozess gegen Marie Henry 47		*Der Tag der Götter,* **Selbstporträt mit Palette**
1895	47	Auktion: Misserfolg. 3. April Rückkehr nach Tahiti		**Selbstbildnis bei Golgotha**
1896	48	Baut Atelierhaus auf Tahiti, malt viel trotz Geldmangels Krankheit, Vahina *Pau'ura,* Baby stirbt nach Geburt		**Mutterschaft, Tahitianische Geburt, Geburt Christi**
1897	49	Verkauft Haus in Tahiti, zieht nach Hiva-Oa, Tochter *Aline* stirbt, Bruch mit Mette, Alkohol, Syphilis		**Woher kommen wir? Was sind wir? Wohin gehen wir?**

In der Entwicklungspsychologie des Menschen in unserer Zeit – sowohl bei Männern als auch bei Frauen – werden für dieses Alter Phasen der Reife beschrieben, die auf dieselben Urbilder verweisen. Wenn die Midlife-Crisis konstruktiv durch innere Entwicklung zu einem Ende gekommen ist, werden sozusagen unter der Regentschaft des Mars Kräfte frei, um Initiativen zu entwickeln und etwas Neues in die Welt zu setzen. Doch nicht mit dem Ziel, sich in Selbstliebe zu verwirklichen, sondern etwas zu schaffen, womit gesellschaftlicher Nutzen gestiftet wird. Das kann in der Wirtschaft, in Politik oder Kultur oder auch im Kleinen für die nächsten Mitmenschen sein.

Paul Gauguin hatte seinen persönlichen Krisen eine innere Gewissheit abgerungen, dass er als bildender Künstler spirituelle Impulse zu verwirklichen hatte, die entgegen der materialistisch orientierten Zivilisation eine Besinnung auf die geistigen Quellen des Mensch-Seins bringen sollten.

Paul war bei seiner Ankunft in Papeete fürs erste zutiefst enttäuscht, denn er traf dort auf die zerstörerischen Wirkungen des Kolonialismus, durch den die französische Zivilisation nach Polynesien exportiert wurde. Er fragte sich, ob er dafür so weit hatte reisen müssen. Doch die Ernüchterung war die Folge seiner Ideal-Fantasien, die er sich von der paradiesischen Ursprünglichkeit Tahitis gemacht hatte. Und dieses Traumbild hatte sich wahrscheinlich mit seinen Erinnerungen an seine Kindheit in Peru vermischt. Erst über die Beziehungen mit tahitischen Frauen gewann er ein realistischeres Bild der Natur und Kultur des Landes und der Bewohnerinnen und Bewohner. In seinen Bildern idealisierte er das wieder, denn – so hatte er ja oft betont – es ging ihm nicht um das Abbilden des sinnlich Wahrnehmbaren, sondern vielmehr darum, die Wirklichkeit, die in seiner Seele eine Resonanz fand, in Bildern mitzuteilen. Doch dafür musste er zunächst in diese Wirklichkeit eintauchen.

Als am Tag nach seiner Ankunft in Papeete der letzte König von Tahiti, Pomare V. starb, war dies für Paul rückblickend deutlich: «Mit ihm war die Maori-Tradition gestorben. Es war wirklich aus. Die Zivilisation triumphierte, leider – Soldateska, Geschäfte und Bürokratie.»

Um all dem zu entgehen, zog er von der Stadt Papeete weg in die Umgebung. Dort entstanden bald gute nachbarliche Beziehungen. Paul wurde fasziniert von einer jungen Frau, die er als Vertreterin tahitischer Schönheit empfand. Als sie ihn in seiner Hütte besuchte, fragte er sie, ob er sie malen dürfe. Sie verneinte und lief schnell weg – und kam nach einer Stunde wieder, in einem schönen blauen Kleid, mit einer Blume im Haar und mit betörendem Duft. In Eile malte er das Bildnis **Die Frau mit der Blume** (1891), weil er fürchtete, dass sie wieder weglaufen könnte. Dabei sprach er mit ihr über Schönheit und war überrascht, dass es offensichtlich ein Schönheitsideal gab, das nicht an die europäische Kultur gebunden sondern meta-kulturell war.

In **Noa Noa** (S. 31 f.) schrieb er, wie ihm später, nach einer Zeit der Genesung und der Einsamkeit, der Alltag allmählich vertraut wurde: «Die Zivilisation fällt nach und nach von mir ab. Ich fange an, einfach zu denken, nur wenig Hass gegen meinen Nächsten zu empfinden, mehr – ihn zu lieben. Ich genieße alle Freuden eines freien, animalischen und menschlichen Lebens. Ich entwinde mich dem Gekünstelten, ich dringe in die Natur ein. Mit der Gewissheit, dass das Morgen nicht anders sein wird als das Heute, ebenso frei, ebenso schön, senkt sich Friede in meine Seele.»

Paul schöpfte seine Kenntnisse der maorischen Kultur hauptsächlich aus einem Werk des belgischen Kaufmanns J. A. Moerenhout, der seine Informationen aus erster Hand hatte. Von diesem Buch machte Paul zahlreiche Notizen und fertigte Zusammenfassungen an. Dieses Wissen floss nun in seine Bilder ein.

Auf dem Bild **Arearea, Schnurre** (1891) sind unter einem Baum zwei Mädchen zu sehen, wovon eines auf einer kleinen Flöte spielt und das andere verträumt zuhört, während im Hintergrund drei Frauen vor einem Götterbild Gebete verrichten. Hier werden all die Komponenten der Tropenidylle gezeigt, die Paul lange gesucht hatte.

Die neuen Eindrücke – Gesichter und Gestalten der Menschen, soziale Szenen, die Hütten in der tropischen Landschaft – hielt er beglückt in vielen Zeichnungen fest. Im ersten Jahr auf Tahiti schuf Paul über 60 Ölbilder, meistens nicht nach der Natur, sondern – inspiriert durch die Beobachtungen – aus seiner Erinnerung und Fantasie.

Es könnte der Eindruck entstehen, dass Paul aus seiner Lebensmitte-Krise herausgefunden hatte. Doch seelisch befand er sich noch immer in der spannungsgeladenen Auseinandersetzung zwischen Licht und Schatten, zwischen seinem Höheren Selbst und seinem Doppelgänger. Das machte ihn äußerst empfänglich für die Spannung der Licht- und Schattenwesen, die aus der maorischen Mythen- und Sagenwelt in das tägliche Leben der Menschen hineinwirkten.

In der ersten Zeit fühlte er sich besonders von den Lichtkräften angezogen, die in Reinheit, Schönheit und Erhabenheit für ihn sichtbar wurden. Den Lichtkräften verlieh er in Bildern mit dem schönen Mädchen Vairumati Ausdruck.

Dem Bild **Sie nannte sich Vairumati** (1892) liegt die Erzählung von einer wunderschönen jungen Frau zugrunde, in die sich der Gott Oro verliebte, sodass er immer wieder zu ihr auf die Erde herunterstieg. Auf dem Bild ist zu sehen, wie sie ihn würdevoll in einer Geste erwartet, die auch auf ägyptischen Reliefs zu finden ist. Die ganze Szene drückt nichts von einer Erwartung auf animalische Sexualität aus, sondern zeigt vielmehr etwas Geheiligtes. Die Geschichte erzählt, dass Oro mit Vairumati Kinder zeugte, die den Stamm der Areois begründeten. Diese Geschichte war für Paul zum Inbegriff einer reinen Liebe geworden, durch die Menschen zum Göttlichen erhöht werden. Da sie ihm viel bedeutete, malte er Vairumati einige Male, immer in einfacher Erhabenheit, so wie in dem Bild **Der Spross der Areois** (1892), und gegen Ende dieses Jahrsiebts in **Vairumati** (1897), Abb. 2.26.

Da sich Paul seiner sexuellen Triebhaftigkeit voll bewusst war, ist diese Bewunderung für «nicht-animalische Liebe», wie er es selbst nannte, desto größer. Sie entspringt dem Streben seiner Lichtpersönlichkeit, zu einer höheren Art der Liebe zu finden.

Die von Paul so bewunderte natürliche und selbstverständlich würdevolle Haltung junger tahitischer Frauen war auch für das Ölbild **Ia Orana Maria / Gegrüßet seist du, Maria** des Jahres 1891 bestimmend (Abb. 2.18). Die Gestalt der Maria verschmilzt mit der schönen Vairumati, die ja – ähnlich wie Maria – ein «Götterkind» gebar. Am rechten Rand des Bildes ist Maria dargestellt als junge tahitische Frau, gekleidet in einen langen, roten geblümten Pareo mit einem nackten Kind auf ihrer linken Schulter, dem Jesuskind. Maria und das Kind sind mit einer dünnen gelben Aureole ausgezeichnet. Auf Marias Gesicht liegt ein zartes, verklärtes Lächeln. Von links nähern sich ein Mädchen und eine Frau, beide mit bloßem Oberkörper, mit gefalteten Händen in andächtiger Haltung, der «anbetungswürdigen Maria», auf einem blau-violetten Pfad schreitend. Dem Mädchen folgt links – halb verdeckt von einer bläulich-weiß blühenden hohen Pflanze – eine Gestalt mit wallendem schwarzem Haar, in einem langen pfirsichblütfarbigen Kleid und mit goldgelben Flügeln. Es ist ein Engel, der unsichtbar dem Mädchen folgt; die bläulich-weiß blühende Pflanze könnte auch eine vom Engel gehaltene Lilie sein. Es erinnert an das Verkündigungsgeschehen und findet zwischen üppig blühenden und fruchttragenden Pflanzen statt. Marias roter Pareo (ein Leinentuch, das auf dem nackten Körper getragen und mit einem Gürtel gebunden wird) hebt sich von den Farben der Pflanzen souverän ab.

Zu dieser Sphäre der lichtvollen Götter steht die dunkle Welt der Dämonen in Kontrast, von der sich Paul oft stark bedrängt fühlte. In vielen Bildern spiegelte sich Pauls Auseinandersetzung mit seinen eigenen Schattenkräften.

So sind Licht und Schatten Hauptthema des Bildes **Der Geist der Toten wacht** (1892), das auf einem Erlebnis mit seiner Geliebten Teha'amana beruht. Damals hatte Paul schon Kenntnis der maorischen Religion und wusste vom Glauben an die Geister der Toten. Er erläuterte dieses

Bild in einem Brief an Mette und betonte in **Noa Noa**, dass es um die Konfrontation eines Menschen mit seinem Schatten ging. Am Miterleben mit Teha'amana musste er sich selber eingestehen, dass er den eigenen Schatten noch immer unerlöst in sich trug.

In der belastenden, missmutigen Stimmung des ersten Jahres machte sich – aller tropischen Lebenslust zum Trotz – immer wieder Pauls Doppelgänger bemerkbar, da er noch nicht durch innere Arbeit gewandelt worden war. So spiegelten sich in dem Bild **Die Verdrossene** (1891), Abb. 2.19, bestimmte Schwellenerfahrungen Pauls: Eine junge Frau ist «in ihrem Haus» wie eingeschlossen, obschon die Tür ins Freie offen steht; doch an der Schwelle sitzt ein Wächter, der Schatten in Gestalt eines schwarzen Hundes, an dem nicht vorbeizukommen wäre.

Auch in dem Bild **Unter dem Pandanuss-Baum** läuft der Doppelgänger in Gestalt eines schwarzen Hundes zwischen zwei jungen Frauen mit. Die Frau, die vorangeht, trägt Lasten, die am linken und rechten Ende einer Stange hängen, und sie wendet sich halb zurück zu der Frau, die ihr mit einer griesgrämigen Miene folgt, obwohl sie in der Natur und am Strand sind. Der schwarze Hund wirft selbst keinen Schatten, denn *er ist* der Schatten der missmutigen Frau.

In beiden Gemälden stellte Paul Gauguin seine eigenen Schwellenerlebnisse mit seinem «Hüter der Schwelle zur Geistigen Welt» dar. Aus dem Buch «Die großen Eingeweihten» von Schuré und in den Gesprächen mit Jacob Meyer de Haan und dem Theosophen Paul Sérusier wusste Paul, dass ein Geistesschüler beim Streben nach wahren übersinnlichen Wahrnehmungen auf den sogen. «Hüter der Schwelle» trifft. Wie schon in Kap. 9.3 beim Bild **Bonjour Monsieur Gauguin**, Abb. 2.15, ausgeführt, verwehrt dieses imaginierte Wesen jedem den Zugang zur Geistwelt, wenn sein Ich noch nicht genügend an seiner Läuterung gearbeitet hat um seine Schattenseiten zu wandeln und lichtvoll zu machen. Diese Aufgabe hatte Paul weiterhin in die Midlife-Crisis mitgenommen und musste so erfahren: Am Schatten kommst du nicht einfach vorbei! Doch dann erlebte Paul völlig unerwartet das Aufblitzen eines Lichtes der Selbsterkenntnis. Und diese Sternstunde führte ihn aus der Midlife-Crisis heraus.

Paul zog eines Tages mit einem jungen Nachbarssohn durch den Wald und suchte einen Rosenholzbaum, den er für eine Bildhauerarbeit brauchte. Als er den Stamm fällte, überkam ihn plötzlich ein intensives

Gefühl, das er so beschrieb (Noa Noa, S. 39 ff.): «Ich hieb drauf los, ich riss mir die Hände blutig, mit der freudigen Wut, dem intensiven Vergnügen, eine undefinierbare göttliche Brutalität in mir zu befriedigen. Nicht auf den Baum hieb ich ein, nicht ihn wollte ich fällen. Und doch hätte ich den Klang meiner Axt noch an anderen Stämmen vernommen, als dieser am Boden lag. Und dies glaubte ich von meiner Axt im Takt der hallenden Hiebe zu hören: Den ganzen Wald schlag nieder an der Wurzel, dessen Keime einst in dich drangen durch tödlichen Hauch. Zerstöre die Eigenliebe in dir. Wie man im Herbst die Lotusblüte schneidet! Ja, von nun an ist der alte Zivilisierte wirklich völlig vernichtet, völlig tot! Ich wurde wiedergeboren, oder vielmehr, ein reiner und starker Mensch gewann Leben in mir. (...) Diese innere Prüfung war eine Prüfung der Selbstbeherrschung.»

In derselben Stimmung erlebte er kurz darauf schlagartig das Ende seiner Lebensmitte-Krise, als er zum Strand ging und einen jungen Mann sah, der mit der Axt einen Baumstamm zerhieb. Was Paul schlagartig so sehr traf, war, dass dieser Mann ganz in dem präsent war, was er hier und jetzt tat; er grübelte nicht über die Vergangenheit und machte sich keine Gedanken über die Zukunft. Was Paul in dem Moment sah, war für ihn nach dem Erleben beim Zerhauen des Rosenholzstammes wirklich ein Erleuchtungserlebnis, genau so, wie es durch Zen-Meditationen beim Malen auftritt und gleichzeitig in einem Bild besiegelt wird. Paul hielt dieses Erlebnis fest in dem Bild **Matamoe, Einstmals / Landschaft mit Pfauen** (1892), Abb. 2.27. Beide Erlebnisse waren für Paul eine geistige Wiedergeburt, die er durch die Pfaue – neben dem Feuervogel und Phönix Symbol der Wiedergeburt – zum Ausdruck bringt.

Paul hatte verstanden, dass es in dieser Phase seine Lebens um eine Prüfung ging, nämlich um die Wandlung des Doppelgängers seiner rücksichtslosen Eigenliebe: «Die verderbten Instinkte, die (...) mit ihrer Scheußlichkeit die zauberhafte Reinheit des Lichtes (...) auslöschen wollten ...» Paul benannte hier seinen Kampf mit dem Engel, das Ringen der Reinheit des Lichtes mit der Schatten-Scheußlichkeit seiner rücksichtslosen Eigenliebe. Allerdings bedeutete das noch nicht, dass sich damit tatsächlich der Schatten sofort zum Licht gewandelt hätte. Es blieb noch ein mühsamer Weg des nachhaltigen Verwandelns.

Dieses Erlebnis fand in seinem 44. Lebensjahr statt, bevor er 1893 nach

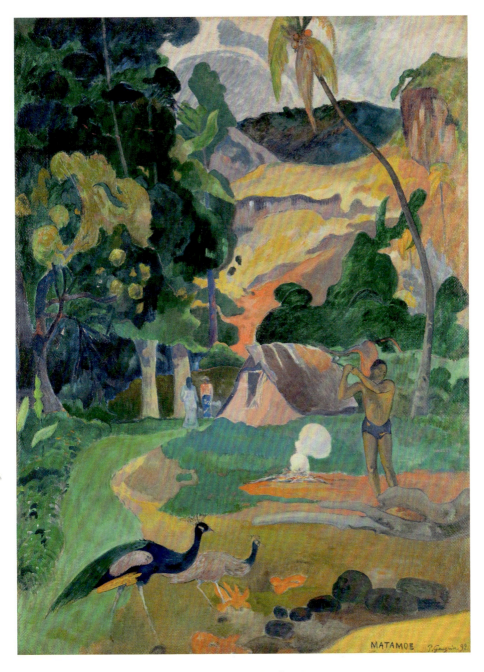

Abb. 2.27: Matamoe, Landschaft mit Pfauen (1892), Öl auf Leinwand, 115 x 86 cm

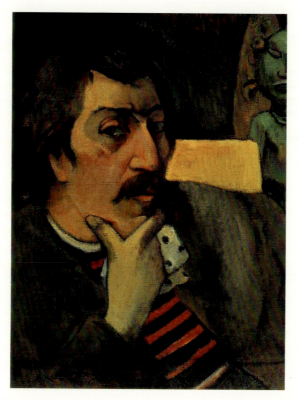

Abb. 2.28: Selbstporträt mit Götterfigur (1891), Öl auf Leinwand, 46 x 33 cm

Frankreich aufbrach. Sein Selbstverständnis und sein Lebensgefühl hatten sich geändert. Das kam deutlich zum Ausdruck in den beiden Selbstbildnissen **Selbstporträt mit Götterfigur** (1894), Abb. 2.28, und im **Selbstporträt mit Palette** (1894), Abb. 2.21.

Im **Selbstporträt mit Götterfigur,** das er 1894 während des Aufenthalts in Paris malte, sitzt ein interessiert und scharf beobachtender und zugleich nachdenklicher Paul vor einer Götterfigur, die er selbst aus hartem Holz geschnitzt hatte.

In einem Brief an Mette im März 1892 fasste Paul zusammen, dass er als Gewinn der Krise betrachtete, sich von äußeren Umständen und Urteilen unabhängig gemacht zu haben. Das war tatsächlich ein entscheidendes Thema seiner Midlife-Crisis. Die Art, wie er es formulierte, entsprach jedoch seiner anmaßenden und übertreibenden Art: «... ich bin ein großer Künstler, und ich weiß das. Weil ich solch ein Mensch bin, habe ich großes Leid erlitten. (...) Du sagst mir, es sei ein Fehler, dem künstlerischen Zentrum fern zu bleiben. Nein, ich habe damit Recht, ich weiß seit langem sehr genau, was ich will und warum ich es will. Mein künstlerisches Zentrum ist in meinem Kopf und nirgends sonst, und ich bin stark, denn ich lasse mich von anderen nicht in die Irre führen, sondern folge meiner inneren Stimme.»[52]

Paul inszenierte sich dennoch in seinem Atelier in Paris und suchte in Künstlerkreisen nach Bestätigung seines Selbstwertgefühls. Das trägt er auch im **Selbstporträt mit Palette** (Abb. 2.21) von 1894 zur Schau, mit seiner Hakennase als Erbe seiner königlichen Inka-Vorfahren, auf die er gerne hingewiesen hat; mit scharfem, abmessendem Blick; auf dem Kopf seine Pelzmütze, die er lange Zeit wie ein Markenzeichen getragen hatte, und in einem weiten, blauen Cape; mit seiner feingliedrigen Aristokratenhand, die den Pinsel elegant und genau waagrecht hält. Alles bezeugt Selbstsicherheit, ja strahlt sogar etwas Arroganz aus. Als sich Rembrandt kurze Zeit vor seinem Tod mit seinem Malerbarett und mit dem Pinsel in der Hand vor seiner Staffelei porträtierte, war dies ein Bild von Weisheit und Sanftheit, die durch Schmerz gereift waren, erfüllt. Anderes spricht in diesem Bild aus Paul Gauguin: Ich bin stolz auf das, was ich erreicht habe und was ich bin, und ich habe noch Großes vor mir.

Es liegt nahe, dass sich Paul durch die Teilnahme an zwei Ausstellungen in Dänemark nach den vor Jahren erlittenen Demütigungen auch bei Mette und der Familie rehabilitiert fühlte, und dass diese Genugtuung seine Haltung auf diesem Selbstbildnis bestimmt.

Nach den zermürbenden Krisenjahren durfte sich Paul für kurze Zeit eines Etappensieges freuen. Er hatte erkannt, dass er seine rücksichtslose Eigenliebe überwinden, nein, *wandeln* musste in Liebe zu anderen Menschen.

Seine junge Gefährtin *Pau'ura*, mit der er jetzt schon vier Jahre zusammen lebte, war schwanger geworden. Paul öffnete sich diesen neuen Erfahrungen und legte seine Empfindungen in Bilder, die Begegnung und Frieden zum Thema haben.

In dem Ölgemälde **Die Wunderquelle / Süße Träume** (1894) wird das Leben einer Frau in verschiedenen Stadien symbolisch dargestellt. Ein

Mädchen mit der Aureole ihrer Unberührtheit schläft oder träumt noch, neben ihr sitzend ein Mädchen, das eine noch ungenossene Frucht zum Mund führt; eine Lilie im Vordergrund symbolisiert die Unberührtheit des Landes und damit des Mädchens; hinter dem Mädchen mit der Frucht sind zwei Frauen – eine nackt sitzend, die andere mit nacktem Oberkörper stehend – miteinander im Gespräch; und ganz im Hintergrund tanzen reife Frauen vor einem großen Götterbild. Paul machte sich in Anbetracht seiner schwangeren Geliebten Gedanken über den Lebensbogen einer Frau. Es deutet sich etwas von den Fragen an, die der Neunundvierzigjährige später in dem großen Panorama aufwirft.

Für das Bild **Die Frau des Königs (Königin mit dem roten Fächer)** (1896) hatte Paul wahrscheinlich seine junge Geliebte Pau'ura als Modell genommen. Die Frau liegt als königliche Eva entspannt im Gras neben einigen Mangofrüchten, aus den Augenwinkeln aufmerksam zur Seite blickend und auf den Geliebten wartend. Um den Baum in der Bildmitte schlängelt sich eine Liane wie eine grüne Schlange, und hinter dem Baum hält der schwarze Hund sein rotes Auge wachsam auf die Königin gerichtet. Hinter dem Baum sprechen zwei alte Männer über Wissen und Weisheit, so erläuterte Paul selbst. Das Motiv der Eva und des Sündenfalls wird später noch öfters von Paul aufgegriffen. Hier scheint aber die königliche Frau von keinen Gefühlen der Scham oder Schuld belastet zu sein.

Auf dem Bild **Mutterschaft** (1896) sind zwei Frauen zu sehen, die Früchte und Blüten in den Händen halten, während vor ihnen auf dem Boden eine junge Mutter sitzt, die ihr Kind stillt. Hier ist Paul ganz der Gefühlswelt des werdenden Lebens hingegeben. Das Ende der sprichwörtlichen «seelischen Durststrecke» der Krise kommt im Bild **Heilige Wasser** (1893) zum Ausdruck. Hier ist nicht mehr die Suche, das ungestillte Verlangen, der Durst das bestimmende Gefühl, sondern an einer frischen Quelle wird der Durst gelöscht.

Eine Sonderstellung nehmen die beiden Bilder **Geburt des Gottessohns** (1896) und **Bé Bé (Die Geburt)** (1896), Abb. 2.23, ein, da die Geburt des Gottessohnes in einer Stallszenerie wie in Betlehem stattfindet. Im erstgenannten Geburtsbild ist der Gottessohn an einer Aureole zu erkennen, im zweiten steht im Vordergrund ein Engel mit grünen Flügeln neben einer Mutter mit Kind, und den Hintergrund nimmt die lichterfüllte Vision der Christgeburt zwischen Ochs und Schweinen ein.

Alle diese Darstellungen drücken aus, wie für Paul das Menschliche und das Göttliche in eins zusammenfließen. Es scheint, dass Paul endlich zum Frieden mit sich und mit der Welt gefunden hat. Aber umso schmerzlicher musste für ihn und Pau'ura das Sterben des Mädchens kurz nach der Geburt gewesen sein. Wie dramatisch die ganze Situation für Paul Ende 1897 gewesen ist, ergeht aus einem Brief, den er nach einem Jahr (im Februar 1898) an Daniel de Monfreid darüber geschrieben hatte und von seinem misslungenen Selbstmordversuch berichtete: «Da meine Gesundheit wieder völlig hergestellt ist, und ich also keine Chance mehr habe, eines natürlichen Todes zu sterben, wollte ich mich umbringen. Ich bin losgezogen, um mich in den Bergen zu verstecken, wo meine Leiche von den Ameisen gefressen worden wäre. Ich hatte keinen Revolver, aber ich hatte noch Arsen, das ich gespart hatte, als ich an einem Ekzem erkrankt war. Aber entweder nahm ich eine zu starke Dosis oder ich musste mich zu stark erbrechen, ich weiß es nicht, jedenfalls wurde die Wirkung des Giftes zunichte gemacht. Nach einer Nacht voller schrecklicher Qualen bin ich wieder in meine Wohnung zurückgekehrt. Diesen ganzen Monat war ich von einem Druck auf den Schläfen geplagt, außerdem von Schwindelanfällen und Anfällen von Übelkeit, wenn ich eine meiner kleinen Mahlzeiten zu mir nehme. (… zur trostlosen finanziellen Situation …) Ich muss Ihnen sagen, dass ich einen klaren Plan für den Dezember hatte. Ich wollte vor meinem Tode noch ein großes Bild malen, das ich schon im Kopf hatte, und ich habe den ganzen Monat in einem unerhörten Fieber Tag und Nacht gearbeitet. (…) Ich glaube trotzdem nicht nur, dass dieses Bild alle vorhergegangenen übertrifft, sondern auch, dass ich nie wieder ein besseres oder auch nur vergleichbares schaffen werde. In dieses Bild habe ich, bevor ich sterben wollte, noch einmal meine ganze Energie gesteckt und eine schmerzvolle Leidenschaft, verschärft von den schrecklichen Bedingungen …»[53]

Es ist beinahe unfassbar: Das bis jetzt größte Werk Gauguins, das große Panorama **Woher kommen wir? Was sind wir? Wohin gehen wir?** (1897), Abb. 2.25, ist die reife Frucht einer Zeit schwersten körperlichen und seelischen Leidens! Der Versuch, sich durch Arsen umzubringen, hatte Paul allen Anzeichen nach an der Schwelle zum Tod zu Panorama-Erfahrungen geführt, wie sie heute als Nahtod-Erfahrungen bekannt, erforscht und oft beschrieben worden sind.[54] In einer Art von Über-Bewusstsein entsteht vor dem geistigen Auge ein Panorama-Bild, in dem alle Erlebnisse der Vergangenheit *gleichzeitig* bis in Einzelheiten sichtbar sind – auch wenn dieser Zustand nur kurze Zeit anhalten sollte. Wenn er länger andauert, führt diese Schau des Panoramas zu einer Lebensrückschau, bei der alle Erlebnisse gegen den Zeitstrom geschaut und empfunden werden, d.h. beim Jetzt beginnend bis zur Geburt gehend. Und aus diesem Erleben und Bewerten, das von Rudolf Steiner in Anlehnung an die indische Terminologie «Kamaloka» genannt wurde, ergeben sich moralische Impulse. Die Forschungen berichten, dass Menschen nach solchen Erfahrungen in ihrem Leben eine Wende herbeigeführt haben.

Nun ist an dem Panorama auffällig, dass es – entgegen den europäischen Gepflogenheiten – von rechts nach links gelesen werden muss: Ganz rechts das Bild der Geburt und am linken Rand der Tod in Gestalt einer alten Frau. Da die Kamaloka-Rückschau beim Jetzt beginnt, somit in Pauls Nahtoderfahrung beim Bild des Todes links, entfaltet sich beim Lesen von links nach rechts die Rückschau auf Pauls Leben. Manche Autoren[55] haben kritisch angemerkt, dass im Panorama viele Bildelemente vorkommen, die Paul auch schon in früheren Werken verwendet hatte, und sie meinen, das beweise, dass nicht in einer Art Trance gemalt worden sei, sondern überlegt und konstruiert. Wenn das Panorama jedoch als Ergebnis der Nahtoderfahrung und somit als Rückschau auf Pauls bisheriges Leben verstanden wird, dann handelt es sich um originäre Reminiszenzen und nicht um Konstruktionen, auch wenn Paul von dem einen oder anderen Skizzen machte. So wird die Mitte des Bildes von dem Obst pflückenden jungen Mann eingenommen, der schon im Bild «Landschaft mit Pfauen» mit einer ähnlichen Bewegungsgeste die Axt schwingt, und was für Paul die «Erleuchtung» und Beendigung der Midlife-Crisis bedeutete. Weil dieses Erlebnis eine geistig-seelische Wende in Pauls Leben war, gliedert der junge Mann, der hier Früchte pflückt, den Lebensbogen in ein «Vorher und Nachher» (Avant et après!). Dasselbe gilt für den Hinweis, dass in Balzacs Roman «Seraphita» die Fragen zu lesen sind: «Woher kommen wir? Oh Gott, wohin gehen wir?» Auch sie sind in den Bildtitel des Panoramas eingeflossen. Denn in der Rückschau lebten u.a. solche Impulse aus Pauls Unterbewusstsein auf und regten ihn zum Gestalten des Bildes an.

Paul Gauguin führte in einem Brief zu diesem Panorama aus: «Ein

Götzenbild hebt die Hände in rätselhafter und rhythmisierter Geste gen Himmel und scheint auf das Jenseits hinzuweisen, (...) schließlich noch eine alte, dem Tode nahe Frau, welche alles hinzunehmen gewillt ist, sich ihren Gedanken hingibt und mit dem Leben abschließt. Zu ihren Füßen ein weißer fremdartiger Vogel, der eine Eidechse in der Kralle hält. Er symbolisiert die Überflüssigkeit leerer Worte. (...) Ich habe ein philosophisches Werk zu diesem Thema nach Art eines Evangeliums verfasst: Ich glaube, es ist gut. ...»[56] Mit dem philosophischen Werk war seine Schrift gemeint **L'Eglise Catholique et les temps modernes**, die er sofort nach Fertigstellung des Panoramas verfasst hatte – sein Glaubensbekenntnis.

Nach dem Selbsttötungsversuch malte Paul, von starkem Schaffensdrang getrieben und wie im Fieber, dieses Lebenstableau. Er hatte das Bedürfnis, mit diesem Werk der Welt sein Testament vermitteln zu müssen.

Dieses große Werk steht auch am Beginn seines neuen Jahrsiebts, das – archetypisch gesprochen – von «Jupiterkräften» getragen wird. Diese Kräfte befähigten ihn, bisher als widersprüchlich betrachtete Ideen als in einem höheren Ganzen vereinbar zu verstehen, Synthesen aus Philosophien und Religionen zu bilden und in langen Zeiträumen zu denken. So kommen die Menschen mit den Göttern zusammen, Geburt und Tod sind Teile eines größeren Geschehens, Jenseits und Diesseits durchdringen einander.

Im darauffolgenden Jahrsiebt sind in vielen Bildern Pauls die Früchte dieser Raum und Zeit umfassenden «Jupiter-Sicht» zu sehen. Am Ende dieses Lebensabschnittes konnte Paul noch mit dem Bild **Vairumati** (Abb. 2.26) dem Leid einen großen geistigen Sieg abringen. Die junge Frau lehnt sich in einer entspannten, halb liegenden und doch sehr souveränen Haltung auf einen goldenen, mit Götterfiguren reich verzierten Thron, der auf einer roten Fläche im Freien steht. Zwei nur mit einem Schurz bekleidete Mädchen sitzen bzw. stehen im Hintergrund und führen vielleicht eine religiöse Handlung aus; oder sie bereiten vielleicht für Vairumati und Oro das Lager vor, auf dem sie die Nacht verbringen werden. In der Bildecke unten links hält ein weißer Vogel eine schwarze Eidechse in den Krallen und blickt zu Vairumati hinauf. Zum selben Symbol, das auch auf dem Panorama in der unteren Ecke links zu sehen ist, gibt Paul als Deutung, dass damit die Nichtigkeit leerer Worte symbolisiert werden sollte. Ich erlaube mir jedoch, eine andere Deutung neben diese Erklärung des Malers zu stellen. In meinem Verständnis zeigt Vairumati als Mensch eine ganz offene und entspannte Präsenz, da sie ihre Balance zwischen Licht und Schatten gefunden hat und auch halten kann. Der weiße Vogel ist als lichtes, geflügeltes Wesen ein Bild des höheren Selbst der jungen Frau. Ihr Licht hat das Böse bezwungen und kann es unter Kontrolle halten. Der weiße Vogel mit der schwarzen Eidechse, einem kleinen Drachen als Symbol böser Triebe, ist sowohl im Panorama als auch in Vairumati ein Archetypus für das lebenslange Ringen des Alltags-Ichs eines Menschen mit Gut und Böse in ihm. Das Böse kann jedoch nicht ein für allemal besiegt werden, sondern lebt noch weiter und erfordert deshalb ständige Wachsamkeit und Bereitschaft zur tätigen Auseinandersetzung. Das weitere Schicksal Pauls im letzten Lebensabschnitt lässt die Dramatik dieses Kampfes erkennen. Paul stand noch vor weiteren schweren Prüfungen.

Vor diesem Hintergrund ist Pauls Selbstporträt, das er im vorletzten Jahr des siebten Jahrsiebts gemalt hatte, erschütternd. Im **Selbstbildnis oder Bei Golgotha** (Abb. 2.24) steht Paul vor einer dunklen Wand, bekleidet mit einem schlichten Hemd – einem Spitalshemd? Oder dem Hemd eines zum Tode Verurteilten, der zur Hinrichtung schreitet? Das Gesicht ist knochig mit kurz gehaltenem Kinnbart, die Wangen sind etwas eingefallen; der Blick ist zur Seite gerichtet und wirkt leidend, wie in Erwartung noch größerer Schmerzen; seine Lippen sind in Bitterkeit verkniffen und doch auch mit einem Anflug von Arroganz im linken Mundwinkel. Paul schrieb an Schuffenecker bereits im April 1896: «In diesem Kampf, den ich seit mehreren Jahren unternommen habe, bin ich nie begünstigt worden und mit bald fünfzig Jahren bin ich am Boden ohne Kraft und ohne Hoffnung.»[57] Und einen Monat später heißt es in einem Schreiben an Charles Morice: «Verlassen von Levy, von allen … du sollst es wohl wissen, ich bin ganz nah am Selbstmord, der wahrscheinlich unvermeidbar ist, das ist nur eine Frage einiger Monate … je nach Antworten, die ich erwarte, antworte mit Geld als Unterstützung … was ist schon der Tod eines Künstlers …»

Da waren die ständigen Schmerzen seiner Beinverletzung; die katastrophale Auktion im Hôtel Drouot, von der sich Paul materielle Sicherheit für seinen Neubeginn auf Tahiti erhofft hatte; der Tod des gerade geborenen Kindes seiner Vahina Pau'ura; Spitalsaufenthalte, die ihn zu Schaffenspausen zwangen; wiederkehrende Depressionen – aber immer noch getrieben von unstillbarem Schaffensdrang. Für seine künstlerische Lebensaufgabe musste er alles andere opfern.

Paul Gauguin identifizierte sich mit diesem Selbstporträt am meisten und wollte sich davon nie mehr trennen, wiewohl er alle anderen Selbstporträts immer wieder an Freunde verschenkt hatte. Nach seinem Tod wurde es in seiner Hütte in einem schlechten Zustand gefunden und für 15 Francs verkauft.

13.8 Das achte Jahrsiebt von 1897 bis 1903 (49 his 55):
Leben mit dem Blick über den Horizont

Paul wagte noch einmal einen Wechsel seines Wohnortes und Lebensraums, in der Hoffnung, der ersehnten Ursprünglichkeit näher zu kommen. In den letzten Jahren seines Lebens verlor er den Kampf gegen die physischen Lebensbedingungen, gegen die Krankheit und die materielle Not, doch in der geistigen Entwicklung eröffneten sich weite Horizonte wie nie zuvor.

1898, in Pauls fünfzigstem Lebensjahr, erwartete Pau'ura ein Kind, doch in der Schwangerschaft trennte sie sich von Paul, der danach sehr vereinsamt lebte. Pau'ura hatte, als sie Pauls Haus verließ, etwas an Nahrungsmitteln, einen Ring und eine Kaffeemühle mitgenommen und wurde dafür zu einer Geldstrafe und zu vierzehn Tagen Gefängnis verurteilt.

Pauls Selbstmordversuch mit Arsen bedingte einen Krankenhausaufenthalt von 3 Wochen in Papeete. Nach der Genesung suchte Paul wegen der aussichtslosen finanziellen Verhältnisse nach Verdienstmöglichkeiten und nahm eine Stelle als Zeichner bei der Katasterverwaltung in Papeete an. Zum Malen hatte er dadurch kaum mehr Zeit. Doch auch seine künstlerische Motivation befand sich auf einem Tiefpunkt.

Bei einer Ausstellung der Galerie Vollard in Paris wurden 10 Arbeiten gezeigt, darunter das große Panorama **Woher kommen wir? Was sind wir? Wohin gehen wir?** (Abb. 2.25). Paul hörte nichts mehr von einer Reaktion der Kritik oder des Publikums, aber viele junge Maler betrachteten diese Werke als ihr großes Vorbild.

Trotz der schwierigen Lage malte Paul einige idyllische Bilder und als Hauptwerk ein zweites großes Panorama, **Faa iheihe, Tahitisches**

Abb. 2.29: Faa iheihe / Tahitisches Hirtenlied (1898), Öl auf Leinwand, 54 x 169 cm

Hirtenlied (1898), Abb. 2.29. Darin huldigte er der Frau in sehr verschiedenen Erscheinungsformen, besser gesagt: Er huldigte dem «Ewig-Weiblichen» im Sinne Goethes. Die Bilder der Frauen sind auf «Goldgrund» gemalt, und das hebt ihre Würde besonders hervor.

Zu Beginn des Jahres 1899 zeichnete und malte Paul wenig, stattdessen schrieb er Beiträge für das Satiremagazin «Les Guêpes» (Die Wespen). Schließlich gab er selber die satirische Zeitschrift «Le Sourire» (Das Lächeln) heraus, musste sie aber nach zwei Nummern wieder einstellen. In sehr kritischen Artikeln hatte er die Regierung der Marquesas und die katholische Kirche immer wieder angegriffen, wodurch sich seine Beziehung zu ihnen noch mehr verschlechterte. Das war mit ein Grund, warum Paul im Januar seine Arbeit beim Bauamt in Papeete beendete. Er nahm Pau'ura wieder in sein Haus auf, und im April schenkte sie einem Sohn das Leben. Sie gaben ihm den Namen Émile.

Paul erhielt eine Einladung zu einer Gruppenausstellung im Café Volpini in Paris, die er nicht annahm. Doch im Laufe dieses Jahres wurde Paul als Maler wieder produktiv. Er schuf u.a. die Idylle **Der Marienmonat** (1899), **Mädchen mit Mangoblüten** (1899) und das großformatige Bild **Fruchternte** (1899), auf dem Frauen in antik-griechischer Schlichtheit und Gelassenheit in einem Paradies Fantasiefrüchte ernten.

Besondere Bedeutung haben die Ölbilder **Der große Buddha (Das Idol)** (1899), Abb. 2.30, und **Das Abendmahl** (1899), Abb. 2.31, die seine im «Jupiter-Alter» erworbene Fähigkeit zu philosophischen und religiösen Synthesen erkennen lassen. In diesen Werken malte Paul eine Zusammenschau von Symbolen des Buddhismus, der maorischen Mythen und des Christentums.

Im Jahr 1900, im Alter von 52 Jahren, wurde Paul Herausgeber des Blattes «Les Guêpes». In Paris beteiligte er sich mit einer Zeichnung an der Ausstellung «Die esoterische Gruppe». Dies brachte ihm zwar keinerlei finanzielle Vorteile, doch durch einen Vertrag mit dem Pariser

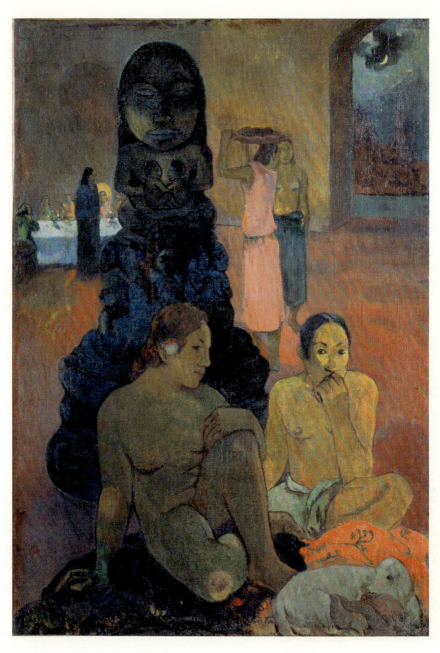

Abb. 2.30: Der große Buddha (Das Idol) (1899), Öl auf Leinwand, 134 x 95 cm

Abb. 2.31: Das Abendmahl (1899), Öl auf Leinwand, 60 x 43,5 cm

Kunsthändler Vollard konnte Paul zum ersten Mal vom Verkauf seiner Bilder leben.

Im Mai starb Pauls Sohn Clovis in Dänemark, doch vermutlich erfuhr Paul davon nie etwas, da er den Briefkontakt mit Mette 1897 abgebrochen hatte und keinerlei Reaktionen Pauls auf Clovis' Tod bekannt wurden. Nach Pauls kritischen Artikeln über die Kolonialverwaltung setzte er sich immer mehr für die Interessen der armen Bevölkerung ein und hielt u.a. eine Rede zur Problematik chinesischer Immigranten auf den Marquesas. Paul legte in seinem Einsatz für die arme Bevölkerung ein Verhalten an den Tag, das typisch ist für die *Gerotranszendenz,*[58] da er sich gemäß seinem Werteverständnis für andere Menschen einsetzte, auch wenn dies für ihn nachteilig sein könnte.

Die Schmerzen am Bein und seine Herzschwächen nötigten ihn, im Dezember wiederum das Krankenhaus in Papeete aufzusuchen. Aufgrund seines Gesundheitszustandes und auch wegen seiner Herausgebertätigkeit und seiner politischen Aktivitäten hatte Paul in diesem Jahr so gut wie nichts gemalt. Er schrieb an Freunde, dass es auf Tahiti immer schwerer werde, Modelle zu finden, und dass er für seine künstlerischen Arbeiten keine Kraft habe: «Nur in sich selbst findet man wahre Befriedigung, und im Moment ekle ich mich an!»[59] Für Inspirationen zum Malen suchte er noch ursprünglichere Motive als er sie in Tahiti finden konnte! Eines der wenigen Werke dieser Zeit ist **Geist des Todes** (1900), das viel über seinen seelisch-geistigen Zustand aussagt.

1901 war eine gewisse Existenzsicherung durch Pauls Vertrag mit der Galerie Vollard gewährleistet: Er sollte 25 Bilder liefern zum Preis von je 250 Francs, und als Gegenleistung wollte Vollard ihm 350 Francs monatlich für seinen Lebensunterhalt zahlen.

Die Beziehung zu Kirche und Regierung war wegen Pauls öffentlicher Kritik an den Institutionen und vor allem aufgrund seiner Lebensführung sehr gespannt. Der katholische Missionar verbot den Frauen, den Maler wegen seines unsittlichen Lebenswandels in seinem Haus zu besuchen – was sie zu seinem Glück dennoch taten. Denn sie nannten Paul Gauguin wegen seines Einsatzes für die lokale Bevölkerungen einen «guten Menschen». Und er war gastlich. Wie manche Besucher berichteten, spielte Paul öfter auf dem Harmonium Stücke von Schubert, Bach und Mozart – und das eigentlich erstaunlich gut.

Gesundheitlich ging es ihm schlecht. Seine offene Wunde am Bein war angefressen, grüne Fliegen umschwirrten sie, weshalb er meistens Bandagen am Bein trug. Wegen einiger Herzattacken musste er im Februar und März wieder für kurze Zeiten ins Spital in Papeete.

Mehrere Umstände – sein Verhältnis zur Obrigkeit, seine Gesundheit, die Suche nach noch mehr Ursprünglichkeit von Land und Leuten – veranlassten ihn, von Tahiti wegzuziehen. Im August verkaufte Paul sein Haus auf Tahiti und zog auf die Marquesas Insel Hiva-Oa (die damals Le Martinique hieß). Dort baute er in Atuona auf einem Grundstück, das er von der katholischen Mission gekauft hatte, eine Hütte auf höheren Pfählen und nannte sie «Haus des Genießens» («Maison du jouir»). Mitte November nahm er wieder eine Vahina zu sich ins Haus, die junge Marie-Rose Vaeho. Die Bilder **Idylle auf Tahiti** (1901) und **Die Furt** (1901) machen seine gehobene und mystische Stimmung in dieser Zeit anschaulich.

1902 kam es auch auf Hiva-Oa zu Spannungen mit der Kolonialregierung und der katholischen Mission. Paul hatte sich nämlich geweigert, Steuern zu zahlen und forderte die Dorfbewohner auf, es auch zu tun. Dadurch eskalierte der Konflikt mit der Kirche und der örtlichen Verwaltung. Er verhielt sich ihnen gegenüber beleidigend und wurde deshalb zu einer Geldstrafe von 1.500 Francs bzw. zu einer 14-tägigen Gefängnisstrafe verurteilt. Dagegen wollte er in Papeete in Berufung gehen und war sich seines Sieges sicher. Paul war bei den Eingeborenen sehr beliebt, weil er oft für ihre Rechte eintrat und sie bei schriftlichen Eingaben an Behörden unterstützte. Sie ergriffen jetzt für ihn Partei.

Louis-Paul Vernier, ein Pastor der kalvinistischen Mission, kümmerte sich sehr um Paul, der stets mehr mit gesundheitlichen Schwierigkeiten zu kämpfen hatte. Doch auf den Marquesas lebte er wieder auf, da er hier die Wildheit und Ursprünglichkeit fand, für die er seinerzeit Tahiti aufgesucht hatte, die aber mit der eindringenden Zivilisation immer mehr verloren ging. In dieser Zeit schuf er sehr poetische Bilder. Es beflügelte ihn sehr, dass er dort ein auffallend schönes Mädchen bereit fand, für ihn oftmals Modell zu sitzen. Er schwärmte von ihren «… verträumten Augen, getrübt von einem unergründlichen Geheimnis.» Über dieses Mädchen schrieb Pierre Borel, der ihn besuchte: «In Atuona entdeckte er ein großartiges Modell, eine kanakische Eingeborene aus königlichem Geschlecht, die ihm für mehrere wichtige Gemälde Modell gestanden hat. Diese Frau war eines jener Geschöpfe, von denen man sagen kann, dass sie direkt von der Akropolis herabgestiegen sind. In ihrer Gegenwart blieben Seemänner wie Narren stehen und Ausdrücke der Ekstase kamen über ihre speicheltriefenden Lippen. Wenn sie vorüberschritt, folgte ihr eine Welle des Entzückens.»[60]

Das Bild **Junges Mädchen mit Fächer** (1902) ist eines seiner Gemälde, in denen die außergewöhnliche Schönheit einer jungen tahitischen Frau für die Nachwelt festgehalten wurde.

Im August verließ Pauls Vahina Marie-Rose Vaeho ihn wieder und brachte kurz danach, am 14. September, ihre Tochter Tahiatikomate zur Welt. Im Dezember wurde Paul schwer krank. Exzessiver Alkoholkonsum und Morphium zur Schmerzbekämpfung hatten ihm Kräfte geraubt. Für kurze Zeit erwog er sogar, nach Spanien ins Land seiner urgroßväterlichen Vorfahren zu ziehen, ließ aber den Plan wieder fallen.

Es entstand wieder eine Reihe von Bildern, in denen er die maorische Lebensführung und ihre Wirkung auf die Menschen darstellte: **Exotische Sagen** (1902), **Der Zauberer von Hiva-Oa** (1902), **Zauberworte** (1902), **Der Ruf** (1902) und andere mit ähnlicher Thematik.

Einen besonderen Platz nimmt das Bild **Reiter am Strand** (1902), Abb. 2.33, ein. Er malte es zweimal mit geringen, aber wichtigen Veränderungen. In diesen Bildern bewegen sich Menschen auf die Schwelle einer anderen Welt zu, und über den Strand und die Weite des Meeres hinweg geht ihr Blick in die Zeitlosigkeit.

Im März 1903 gab es ein Strafverfahren gegen Paul, weil er eine Rede gegen die Regierung gehalten hatte. Diesmal wurde er zu 500 Francs Geldstrafe und drei Monaten Gefängnisstrafe verurteilt. Im April wollte Paul dagegen in Papeete berufen. Deshalb ersuchte er Morice, zu diesem Zweck in Frankreich Stimmung gegen die Regierung auf den Marquesas zu machen – aber erfolglos.

Am 8. Mai 1903 – einen Monat vor seinem 55. Geburtstag – starb Paul Gauguin einsam in seinem Haus in Atuona auf Hiva-Oa noch vor dem Antritt seiner Strafe.

Genaue Einzelheiten über Pauls Tod sind nicht bekannt. Aber einer der letzten Besucher in Pauls Haus war Pierre Borel, der schrieb: «Etwa einen Monat vor seinem Tode ließ er seinen Freund Vernier zu sich rufen und sagte ihm: ‹Nehmen Sie mein Morphium in Gewahrsam und geben

Abb. 2.33: Reiter am Strand (1902), Öl auf Leinwand, 73 x 92 cm

Sie es mir nicht, selbst wenn ich es unter Drohungen von Ihnen einfordere!› Und als der Amerikaner ihn darauf hinwies, dass es unter diesen Umständen wesentlich einfacher wäre, die Flasche ins Meer zu werfen, gab Gauguin zur Antwort: ‹Nein. Das geht nicht. Es ist zum Schluss doch möglich, dass ich es brauche, wenn ich zu sehr leide!› Vernier nahm die Flasche an sich und kurz darauf, am 8. Mai 1903, fand er den Maler tot in seiner Hütte. Am Fußende seines Diwans stand eine Flasche mit Morphium.»[61]

Louis-Paul Vernier hatte Paul noch wenige Stunden vor seinem Tod besucht. Paul hatte über Leibschmerzen geklagt und auch gesagt, dass er einige Male ohnmächtig geworden sei. Nachdem der Mann, der Paul ab

Abb. 2.32: Selbstporträt mit Nickelbrille (1903) Öl auf Leindwand, auf Holz aufgeleimt, 42 x 45 cm

und zu geholfen hatte, ihn tot in seinem Haus gefunden hatte, verständigte er Vernier, der sofort kam und sogar versuchte, ihn wiederzubeleben, da Paul noch warm war. Schon kurze Zeit danach stand der katholische Bischof der Marquesas mit Ordensbrüdern in der Hütte, entführte den Toten und organisierte eigenmächtig, dass Paul nach katholischem Ritus auf dem katholischen Friedhof begraben wurde – was ganz sicher gegen Pauls Auffassungen war.

In Atuona wurden dann die praktischen Dinge des täglichen Lebens schnellstens an die Bevölkerung verkauft, und in Papeete fand danach eine Versteigerung aller Wertsachen und Bilder im Gesamtpaket statt und brachte ganz wenig ein. Die zwei Holzskulpturen vor seinem Haus, die von der katholischen Kirche als anstößig verurteilt worden waren, wurden kurzerhand verbrannt.

Über Pauls seelische Befindlichkeit in den letzten Monaten seines Le-

Abb. 2.34: Stillleben mit Papageien (1902), Öl auf Leinwand, 62 x 76 cm

bens geben die folgenden Bilder Aufschluss. **Die Frau mit der Frucht** (1903) – drei Mädchen halten mit verträumtem und zufriedenem Blick Früchte in den Händen; **Frauen und Schimmel** (1903) – eine nackte Frau reitet, halb liegend, auf dem Schimmel, eine weiß gekleidete Frau schaut nach links zurück in die Richtung, aus der die Reiterin gekommen ist, und eine Frau mit langem weißem Rock und nacktem Oberkörper blickt rechts in die Richtung, in die der Ritt führen wird, während im Hintergrund das weiße Kreuz einer Kirche über einen Wald ragt.

Das **Selbstporträt** (1903) mit Nickelbrille, Abb. 2.32, ist das letzte Selbstbildnis Pauls, bei dem er schon sehr schlecht sehen konnte und eine Brille tragen musste.

Das **Stillleben mit Papagei** (1902), Abb. 2.34, besteht in zwei Varianten; auf beiden Bildern liegen ein Papagei und Blumen auf einem weißen Tischtuch; im Hintergrund ist ein Idol in einer buddhistisch meditativen

Sitzhaltung zu sehen. Diese Bilder sind von feierlichem Ernst und tiefer Traurigkeit.

Nach Pauls Tod wurde in seiner Hütte auf einer Staffelei das Gemälde **Bretonisches Dorf im Winter** (1883/84) gefunden, was einige Autoren behaupten ließ, er habe es als letzte Erinnerung an die Bretagne vor seinem Tod gemalt; höchstwahrscheinlich ist es jedoch 1883 oder 1884 in der Bretagne entstanden. Dass dieses Bild im Haus des einsamen Paul an einer so prominenten Stelle stand, ist vermutlich schon ein Zeichen seines Heimwehs nach den inspirierenden Freundes- und Künstlerkreisen in Pont-Aven und Pouldu.

Das letzte Lebensjahrsiebt Pauls aus entwicklungspsychologischer Sicht

Die wichtigsten Ereignisse dieses Jahrsiebts fasse ich schematisch zusammen:

Jahr	Alter	Ereignis **achtes Jahrsiebt**	Bilder
1898	50	Selbstmordversuch (Arsen), im Krankenhaus, verdient Geld als Zeichner im Kataster zu Papeete	***Selbstbildnis mit Palette**, **Tahitisches Hirtenlied***
1899	51	Gibt 2 Nummern der satirischen Zeitschrift Le Sourire heraus, Vahina *Pau'ura* bringt Sohn *Émile* zur Welt	*Mädchen mit Mangoblüten, **Fruchternte**, Marienmonat, **Der große Buddha/Das Idol, Abendmahl***
1900	52	Vertrag mit Pariser Kunsthändler Vollard: Verkauf von Bildern bringt Geld; Krankenhaus, politisch aktiv Sohn *Clovis* stirbt im Mai in Dänemark	*Geist des Todes*
1901	53	Verkauft Haus auf Tahiti, zieht auf Insel Hiva-Oa baut «Haus des Genießens» in Atuona auf dem Land der kath. Mission. Vahina *Marie-Rose Vaeoho* bringt Tochter *Tahiatikomate* zur Welt	*Und das Gold ihrer Körper, Idylle auf Tahiti, Die Furt/Die Flucht*
1902	54	Streit mit kath. Kirche und Kolonialverwaltung Kolonialverwaltung verurteilt ihn zu Geld- bzw. Gefängnisstrafe wegen Beleidigung	***Der Ruf, Exotische Sagen**, Der Schamane von Hiva-Oa, **Reiter am Strand***
1903	55	Stirbt am 8.5. vor Antritt der Strafe im «Haus des Genießens» in Atuona auf Hiva-Oa (Marquesas) 1 Monat vor 55. Geburtstag	***Stillleben mit Papagei**, Letztes **Selbstporträt***

Paul konnte dieses Jahrsiebt nicht mehr vollenden. Er hätte mit 56 Jahren seinen *dritten Mondknoten* erreicht, starb jedoch schon ein Jahr zuvor. Florian Roder nennt diesen Mondknoten «Knoten des Abgrundes», in dem geistige Prüfungen große Opfer und die Hingabe geistiger Substanz fordern.[62] Ungefähr zur Zeit dieses Mondknotens kommt es (statistisch gesehen) gehäuft zu Herzinfarkten, Todesfällen und Selbsttötungen. Bei Paul war all das schon ein Jahr früher eingetreten! Doch in den sechs Jahren seines letzten Lebensabschnitts hatte er noch künstlerische und geistige Höhen erreicht, die völlig im Gegensatz zu seinem körperlichen Niedergang waren.

Als Paul das große Panorama **Woher kommen wir? Was sind wir? Wohin gehen wir?** (Abb. 2.25) malte, war er in die sogen. «Jupiter-Phase» eingetreten, in der die Fähigkeit zu einer räumlichen, zeitlichen und gedanklichen Zusammenschau mehr als sonst verfügbar wird. Wie die drei Fragen erkennen lassen, beginnt der Schicksalsweg eines Menschen in seiner Ganzheit schon *vor der Geburt («Woher kommen wir?»)* und endet auch nicht mit dem Tod *(«Wohin gehen wir?»)*. Durch die Gespräche mit Symbolisten, Theosophen und Rosenkreuzern in der Bretagne und in Paris hatte er durchaus Vorstellungen von einer anderen Form des Lebens nach dem Tod und hatte sich ernsthaft mit Gedanken der Reinkarnation befasst. «Gauguin war zwar nie Mitglied dieser Gruppe (FG: der Rosenkreuzer), (…) aber er blieb, sogar in Tahiti, ein zwar spöttischer, aber treuer Leser von Joséph Péladon, dem «Papst» und Theoretiker der Rosenkreuzer».[63] Was Paul durch das Nahtoderlebnis als Rückschau auf die Schlüsselerlebnisse seines Lebenslaufs geschaut und dargestellt hat, ist nicht nur sein persönliches Leben, sondern erweist sich darüber hinaus als Urbild des Lebensbogens eines jeden Menschen, zumal Pauls Leben den generellen Prinzipien der Entwicklungs- und Bewusstseinsphasen erstaunlich genau folgte.

Darum sind die Bilder **Der große Buddha (Das Idol)**, Abb. 2.30, **Das Abendmahl**, Abb. 2.31, das zweite große Panorama **Tahitisches Hirtenlied** (1898), Abb. 2.29, und die beiden Ölbilder **Reiter am Strand** (1902), Abb. 2.33, in jeder Hinsicht Ausdruck des Synthese-Bewusstseins, das in diesem Jahrsiebt möglich wird, wie dies auch die Altersforschung gegenwärtig bestätigt.

Das großformatige Gemälde **Der große Buddha (Das Idol)** entstand schon in 1899, während die Datierung des kleineren Bildes **Das Abend-**

mahl nicht gesichert ist und zwischen 1897 und 1899 schwankt. Auf beiden Werken ist eine Synthese verschiedener religiöser Inhalte und Symbole zu sehen. **Das Abendmahl** ist die Vision eines mystischen Geschehens, das in einem großen, dunklen maorischen Tempel geschaut wird. Auf einem Viertel der Fläche ist Christus in einem Strahlenglanz zu sehen, wie er mit seinen Jüngern das Letzte Abendmahl feiert; vom Licht dieser Gruppe hebt sich Judas, der schon vom Tisch aufgestanden ist, kontrastreich schwarz ab. Im Vordergrund und als Bildmitte steht ein mächtiger, dunkler Holzpfeiler mit geschnitzten maorischen Gottheiten; davor eine Versammlung maorischer Menschen an einem kleinen Tisch. Und im Hintergrund rechts oben beleuchtet der Mond als Symbol der Göttin Hiva eine geheimnisvolle Felsenlandschaft. Das Bild ist insgesamt eine eindeutige Zusammenschau zentraler Inhalte aus unterschiedlichen Religionen, die üblicherweise für unvereinbar gehalten werden.

Auch **Der große Buddha (Das Idol)**, Abb. 2.30, verbindet das biblisch-christliche Thema des Letzten Abendmahls mit maorischen Götter-Geschichten. In der Bildmitte wird das Geschehen beherrscht von einer großen, schwarzen Holzstatue, dem Idol, auf dem im Relief ein polynesischer Mythos erzählt wird: Die Göttin Hina spricht zu Tefatou, dem Gott der Erde, über das Schicksal des zum Untergang verurteilten Menschengeschlechts. Vor dem Idol, auf dem Boden sitzend, bilden Personen diese Erzählung in Menschengestalt ab. Und rechts oben, im Hintergrund, wird durch eine Türöffnung die Mondgöttin Hina als Mondsichel sichtbar, die eine dunkle Wolke durchstrahlt. In der Bildecke rechts unten schläft nichtsahnend eine Hündin mit Jungen, als Bild der Menschen, die von ihrem bereits beschlossenen Schicksal nichts ahnen. – Auf diesem Bild wirken drei unterschiedliche Ebenen zu einem Ganzen zusammen: Als erste Ebene das Naturschauspiel mit der Mondsichel, die das Dunkel des Himmels durchdringt und bei den Menschen im Tempel vielleicht die Vision anregt; als zweite das Geschehen zwischen den Göttern; und als dritte die Spiegelung des geistigen Geschehens im Leben der beiden Menschen, die vor dem Idol sitzen.

Mit beiden Bildern konnte Paul auf eindeutige Weise seine persönlichen Erlebnisse und Träume mit den polynesischen Mythen und den Überlieferungen anderer Kulturen mit zentralen christlichen Themen in Einklang bringen.

Zwei besondere Bilder zeigen, wie der Bildtitel besagt, **Reiter am**

Strand. Die beiden Gemälde sind unterschiedlich groß: Das kleinere Bild misst 66 x 67 cm, das größere 73 x 92 cm, und wurde – wie ich aufgrund verschiedener Indikatoren vermute – etwas später gemalt. Beide sind Gauguins Chiffren für seine von Jahr zu Jahr stärker werdende Sehnsucht nach der geistigen Welt, von der er wusste, dass sie sich jenseits des sinnlich sichtbaren Horizonts befindet. Beide Bilder zeigen Menschen auf Pferden, die auf einem Strandweg auf die Brandung und den Horizont zureiten. Farblich dominiert auf beiden Gemälden der Strand mit dem rötlichen Korallensand, dann bilden die Brandung und das dunkelblaue Meer den Horizont. Auf dem kleineren Bild ist noch in der Ferne eine Insel zu sehen, darüber der lichtblaue Himmel, der nur geringe Blau-Nuancen aufweist, während auf dem größeren Bild im Himmel über dem Meeresblau ein Lichtstreifen strahlt, über dem dunkle grau-blaue Wolken hängen.

Auch das Geschehen ist auf beiden Bildern etwas verschieden.

Auf dem *kleineren Bild* reiten drei Männer auf braunen Pferden vom Betrachter weg und hin zur Brandung, während von links zwei Gestalten (Personen?) mit weiß-grauen Pferden quer zum Weg reiten; die eine orange-rot und die andere gelb gekleidet und mit über den Kopf gezogenen Kapuzen. Auf dem *größeren Bild* (Abb. 2.34) sind acht Personen zu sehen: im Vordergrund links reitet eine weiß gekleidete Frau auf einem braunen Pferd zur Bildmitte und hört einer halbnackten Frau zu, die neben ihr steht; rechts ein Mann, sitzend auf einem ruhig stehenden braunen Pferd, seinen fragenden Blick mir als Betrachter zugewandt; in der Bildmitte reiten zwei Männer auf dunkelbraunen Pferden auf die Brandung zu; und am weitesten entfernt reiten auf weiß-grauen Pferden dieselben beiden kapuzenbedeckten Gestalten wie auf dem kleineren Bild, den Blick nach rechts landeinwärts gerichtet.

Auf dem *kleineren Bild* sind die Männer zielstrebig in Richtung der Brandung in Bewegung, während die beiden Gestalten mit Kleidern und Kapuzen quer zum Weg reiten, als wollten sie sich den Männern in den Weg stellen. Die Männer scheinen den Blick auf die kleine entfernte Insel zu richten. Im *größeren Bild* (Abb. 2.34) hält die Frau auf dem Pferd im Vordergrund inne für ein Gespräch mit der stehenden Frau, der Mann rechts im Vordergrund auf dem ruhig stehenden Pferd schaut in einer erwartenden, fragenden Haltung zu mir, dem Betrachter.

Die Männer auf den braunen Pferden sind zielstrebig unterwegs zur

Brandung und zur Weite des Meeres, über das der Weg zur entfernten Insel oder zum Lichtstreifen im Himmel führt. Ihnen stellen sich die fremden Gestalten auf den weißen Pferden in den Weg wie Boten aus einer anderen Welt. Die Reiter werden an ihnen nicht so einfach vorbeikommen. Deshalb ist auf dem größeren Bild zu sehen, wie der Mann (vorne rechts) auf seinem Pferd den Betrachtenden erwartet und prüft, ob er sich auf den Weg begeben kann.

Beide Bilder deute ich als Gauguins Chiffren für seine Sehnsucht nach der geistigen Welt, die sich jenseits des sinnlich sichtbaren Horizonts befindet.

Paul wusste, dass weiße Pferde nach polynesischer religiöser Überzeugung mit dem Heiligen und dem Bereich der Götter, der Ewigkeit und des Todes identisch sind. Weiße Pferde finden sich auch auf anderen Bildern Gauguins, wie z.B. in **Der Schimmel** (1898), **Die Flucht (Die Furt)** (2001). Auf dem Gemälde **Frauen und Schimmel** (1903) befindet sich – halb liegend – eine nackte Frau auf einem weißen Pferd, und links und rechts von ihr stehen zwei weiß gekleidete Frauen, deren Blicke aber von dem Schimmel abgewendet sind. Das weiße Pferd schützt die Reiterin vor dem Bösen.

Isabelle Cahn sieht in dem weißen Pferd, «assoziiert mit Reinheit und mit der Idee der Erneuerung», das allerletzte Glaubensbekenntnis Gauguins: «Seine Suche nach dem Heiligen, die für alle Menschen von Bedeutung ist, überwand die Unterschiede. Er schmiedete Legenden und schuf durch seine Werke eine neue Welt, eine Welt, mit der er sein Schicksal verknüpft hatte. Dieses Imaginäre, das ihn mit den Ursprüngen der Menschheit in Berührung brachte, erlaubte ihm, sich in die höchsten Sphären der Spiritualität zu erheben.»[64]

Das Bild **Die Flucht (Die Furt)** ist in düsterer Stimmung. Zwei Männer reiten von rechts kommend, hintereinander durch ein Waldstück zu einer dunkelblauen Furt. Der vordere Reiter auf dem weißen Pferd ist mit einem blauen Pareo bekleidet, trägt eine rote Kapuze und hält sein Pferd vor einer Furt an. Ihm folgt auf einem schwarzen Pferd ein tahitischer junger Mann, mit weißem Lendenschutz bekleidet und mit einem weißen Stirnband – nach polynesischer Sitte Farbe und Zeichen des Todes. Er streckt seine rechte Hand wie ein Falkner aus und bietet «sein eigenes Fleisch» als Aas einem Greifvogel an, der ihm zufliegt. Durch die dunklen Baumstämme hindurch werden der lachsrote Sandstrand und die gewaltige Brandung sichtbar. Und ein Mann schiebt einen Einbaum, in dem sich noch zwei weitere Menschen befinden, ins Meer. – Die Szene bringt verschiedene Schwellensituationen ins Bild und erscheint mir als Pauls Wissen darum, dass er in naher Zukunft die Schwelle des Todes überschreiten werde – die Haltung des «memento mori». Dies ist Ausdruck von Pauls Resilienz, die ihn befähigte, angesichts des nahenden Todes noch seine Mission als Maler zu einem Ende zu bringen.

So führen viele Bilder der letzten Jahre über die Schwellen des gewöhnlichen Bewusstseins und lassen eine andere Welt ahnen. Paul Gauguin hatte es schon nach seiner Abkehr vom Impressionismus als Aufgabe des Künstlers verstanden, die seelisch-geistige Wirklichkeit sichtbar zu machen, die hinter der sinnlich wahrnehmbaren Welt lebt und wirkt.

In der «Jupiter-Phase» fällt noch eine sehr wichtige Veränderung in Gauguins Bewusstsein auf. Viele seiner Werke hatten sein Bild der Frau zum Gegenstand. Und darin zeichnet sich gegen Ende seines Lebens ein grundlegender Wandel ab. Deutlich wird das beispielsweise in den Bildern **Exotische Sagen** (1902) und vor allem in **Fruchternte** (1899).

Auf dem großformatigen Bild **Fruchternte** sind Frauen wie in antikgriechischer Schlichtheit und Gelassenheit in einem Paradiesgarten beim Ernten von Fantasiefrüchten zu sehen; von rechts kommend reitet eine Frau auf einem schwarzen Pferd zu der Frauengruppe, hält aber die Zügel ganz locker und lässt das Pferd grasen; auf dem Wiesengrün liegt eine Hündin und säugt ihre Jungen. Alles ist, wie bei einer Ikone, auf Goldgrund gemalt und besagt gemäß der orthodoxen Ikonografie, dass es sich um ein Geschehen in der geistigen Welt handelt. Die Frauen mit Blumen und Früchten in den Händen sind selber ein Urbild der Fruchtbarkeit. Doch anders als in den bisherigen Bildern der Eva im Paradies lauert hier nirgendwo eine Schlange.

Paul schuf im Todesjahr 1903 sein zweites Panorama **Faa iheihe, Tahitisches Hirtenlied**, auf Goldgrund gemalt wie **Fruchternte** und **Marienmonat** (1899). Es hat damit etwas von der Würde einer Ikone erhalten. **Faa iheihe, Tahitisches Hirtenlied** (Abb. 2.29) ist nach meiner Überzeugung Paul Gauguins *Apotheose des Weiblichen!*

Paul hatte in allen Schaffensperioden immer wieder das Paradies mit Evas Versuchung und dem Sündenfall, mit Lust und Scham und dem

Wissen ihrer Schuld gemalt oder in Zeichnungen, Holzschnitten und Reliefs dargestellt. In seinem Leben hatte er so manches Mädchen zu Fall gebracht. Vor seiner Abreise nach Tahiti erwartete die Näherin Juliette Huret, die öfters sein Modell gewesen war, von Paul ein Kind, um das er sich später niemals kümmerte.[65] Sein Leben als Mann auf Tahiti, in einer Kultur, in der nach Moerenhout Promiskuität üblich war und Jungfräulichkeit nicht besonders geschätzt wurde, war nicht durch Enthaltsamkeit ausgezeichnet. Da auf Tahiti das Heiraten in der Pubertät üblich war, wurden ihm von Müttern öfters deren dreizehn- oder vierzehnjährige Töchter als «Vahina» angeboten, mit denen er dann zusammenlebte, die er auch schwängerte und um deren Kinder er sich nicht mehr kümmerte. Nach christlich-europäischen Moralvorstellungen ein gewissenloses, verwerfliches Verhalten, das nicht zu beschönigen ist. Doch Paul hatte auch wunderschöne Bilder von erhabenen, reinen, auch madonnenhaften und anbetungswürdigen Frauen geschaffen. Er träumte von den in ihren Augen verborgenen Rätseln und schuf ihnen in vielen Bildern Denkmäler. Sein Bild der Frau umfasste auf der einen Seite die Frau als Eva, Sünderin und Hure, und auf der anderen Seite die Frau als Lebensschaffende, als Mutter, Königin und Göttin. In seinem Bild **Exotische Eva** (1890) hatte er Eva mit dem Kopf seiner Mutter gemalt, deren kleines Porträt auch in demselben Jahr nach einem Foto entstanden war (siehe Abb. 2.3, S. 119). Und wie er fünf Jahre später in einem Interview für *Écho de Paris* sagte, ging es ihm bei der exotischen Eva um Ursprünglichkeit, die an sich Unschuld und nicht etwas Sündhaftes ist.[66] Doch vor dem Ende seines Lebens wurde sein Frauenbild – sicher aufgrund der durch Krankheit und Armut entstandenen schmerzlichen Einsamkeit und in ehrlicher Auseinandersetzung mit seinem Höheren Selbst – gewandelt. Das Bild **Faa iheihe, Tahitisches Hirtenlied** (Abb. 2.29) visualisiert die verschiedenen Seiten des «Mysteriums Frau», das Gauguin zeitlebens zu enträtseln versucht hatte.

13.9 Ein faustisches Leben

Je intensiver ich mich mit Pauls Leben und Werk befasste, desto deutlicher sah ich in ihm eine faustische Gestalt, die dem «nordischen Faust»

Peer Gynt in Henrik Ibsens Drama ähnlich ist. Mit Peer Gynt wird uns gezeigt, wie ein Mann durch alle Höhen und Tiefen des Lebens schreitet, bis er schließlich krank und verarmt in seine Heimat zurückkehrt und dort die treue Solveig wiederfindet. So empfinde ich auch Paul Gauguins Leidens- und Entwicklungsweg. Für den Faust gibt uns Goethe am Ende des Zweiten Teils des Dramas aus dem Mund des *Chorus mysticus* den Schlüssel zum Verständnis des Faust:

   «Alles Vergängliche
   Ist nur ein Gleichnis;
   Das Unzulängliche,
   Hier wird's Ereignis;
   Das Unbeschreibliche,
   Hier ist's getan;
   Das Ewig-Weibliche
   Zieht uns hinan.»

Ohne Zweifel widerspricht Pauls Verhalten gegenüber Mette und seinen Kindern, auch gegenüber den blutjungen Frauen in Ozeanien und deren Kindern jeglicher europäisch-bürgerlicher Moral. Er war egozentrisch, rücksichtslos, meistens nur auf seine Selbstverwirklichung als Künstler ausgerichtet. Doch in Anbetracht der letztgenannten Werke Paul Gauguins muss ein abschließend generalisierendes moralisches Urteil über sein Frauen-Bild die Metamorphose seiner Darstellung des Weiblichen in der Ganzheit seines Werkes unbedingt berücksichtigen.

 Beim Betrachten der Bilder dieses Lebensabschnitts müssen wir uns vergegenwärtigen, in welch schlechtem Gesundheitszustand sich Paul in den letzten Jahren eigentlich befand. Wegen der Syphilis heilte seine Wunde am Bein nicht mehr, begann zu stinken und verursachte permanent unerträgliche Schmerzen; Schlafstörungen hinderten das Regenerieren des geschwächten Mannes, und aufgrund der materiellen Notsituation musste er oft Hunger leiden. Für Paul war die körperliche Sinnlichkeit Zeit seines Lebens eine starke, treibende Kraft. Das bezeugen seine erotischen und sexuellen Abenteuer, erst als Matrose, später mit der Javanerin Annah in Pouldu und Paris und mit der Näherin in Pont-Aven, dann auf Tahiti mit wechselnden jugendlichen Geliebten und Modellen. Davon rührte auch seine Erkrankung an Syphilis, die ihm bis zu seinem Tod Qualen bereitete und sicher auch seinen Partnerinnen schwere Leiden zufügte. Mit dem Altern wurde ihm so der Körper immer mehr zur Last und beschwor tiefe Lebenskrisen herauf.

Doch das Besondere an Paul Gauguins Leben ist, dass der leibliche Ruin die künstlerische Entwicklung nicht in den körperlichen Niedergang mitreißen konnte. Ganz im Gegenteil! Pauls Geist wurde hierdurch stärker denn je gefordert, das künstlerische Schaffen seinen körperlichen Einschränkungen abzuringen! Während leiblich ein Exkarnations-Prozess unerbittlich voranschritt, emanzipierte sich dadurch Pauls Geist immer mehr von seiner physischen und materiellen Gebundenheit. Das wird auch generell von der neueren Altersforschung bestätigt, die Andreas Kruse so zusammenfasst: «Die körperliche Verletzlichkeit schließt derartige Ressourcen, schließt derartige Entwicklungsprozesse, schließt das schöpferische Leben keineswegs aus, sondern kann (…) sogar Entwicklungsanstöße geben.»[67] Dafür trifft das in Kap. 10.5 zitierte Wort Rudolf Steiners zu: «Ohne dass man durch die Tragik des Lebens durchgeht, aber sie auch überwindet, öffnen sich nicht die Tore in die geistige Welt.»[68]

Zu der Zeit, in der er sein allerletztes **Selbstporträt** mit der kleinen Nickelbrille (Abb. 2.32) malte, war er mit dem Aufzeichnen seiner Erinnerungen in «Avant et après» beschäftigt, und darin schrieb er: «An meinem Fenster hier, auf den Marquesas, in Atuona, verdunkelt sich alles, die Tänze sind vorüber, die sanften Melodien verklungen.»

Diese Stimmung liegt auch auf dem Gesicht des Bildes. Wie Cachin schreibt, «verzichtete der Künstler auf jegliche Pose und Verkleidung, jegliche Identifikations- und Kommunikationsversuche. Er war nicht mehr der Jean Valjean des Impressionismus, der Christus der Moderne oder der Inka mit der Hakennase aus Le Pouldu; er war nur ein verbrauchter Mensch, der jede Maske fallen ließ, sich selbst durch seine wegen der Altersweitsichtigkeit benötigte Brille betrachtete und in der Schlichtheit und Armut der letzten Selbstbildnisse eines Chardin oder Bonnard darstellte.»[69]

Das **Selbstporträt** mit Nickelbrille dürfte auch sein allerletztes Ölbild sein.

Spät im Jahr 1902 schuf Paul zwei Stillleben mit Papageien und Blumen, wovon heute eines als **Vögel von Tahiti** (1902) im Von-der-Heydt-Museum in Wuppertal hängt und das zweite als **Stillleben mit Papageien** (1902) im Puschkin-Museum in Moskau. Die beiden Varianten unterscheiden sich in wenigen Details, doch das **Stillleben mit Papageien** (Abb. 2.34) in Moskau vermittelt mir am stärksten das Gefühl, dass sich Paul Gauguin damit sehr bewusst von seinem Leben als Maler verabschiedet hat. Darum liegt jetzt meiner Betrachtung das Moskauer Bild zugrunde, vor dem ich in Moskau längere Zeit ergriffen gestanden habe.

Mein Gesamteindruck ist der eines Altars, auf dem Blumen und zwei grüne Papageie liegen, dahinter ein Terrakotta-Idol mit Hina, der Göttin des Mondes und der Ewigkeit, im meditierenden Buddha-Sitz. Die folgenden Besonderheiten sind wichtig zu erwähnen: Es ist nicht genau ersichtlich, ob das weiße Tischtuch auf einem Tisch oder einem Reisekoffer liegt; rechts auf dem Tischtuch liegt eine Kürbisflasche, die mit einem Lederriemen getragen werden kann, die Blumen liegen neben den zwei grünen toten Papageien, und eine Blume hängt verwelkt über den Tischrand; auf dem Tischtuch steht links unten in einer Kartusche die Signatur «Paul Gauguin 1902», wobei auffällt, dass Paul auf keinem anderen Bild so signiert hat, als wäre die Kartusche ein Grabstein.

Dies ist ein Altar, auf dem das geopfert wird, was für den Maler überhaupt die *Essenz seines Seins* ist: *Formen und Farben zu schauen,* wie sie Land und Meer und Fauna und Flora schmücken, wie sie in Gestalt der bunten Papageien und der Blumen zu Menschen sprechen. Und jetzt, da durch ein Augenleiden Paul das *Erblinden drohte,* konnte die Essenz seines Seins nicht mehr gelebt werden. Darum hat der müde Wanderer die Wasserflasche zu den Opfergaben gelegt, da seine *Pilgerschaft beendet* ist. Die Opfer werden der Gottheit *Hina* dargeboten, in der das *Leben nach dem Tod* ewig weiter besteht. Die Göttin in der Buddha-Haltung bringt dem Maler zu Bewusstsein, dass er sich nach Buddhas Lehre von seinem Streben und Begehren lösen muss, wenn er sein Leiden überwinden will, denn alles Leiden entstammt – wie der Buddha sagte – nur dem Begehren.

Der Abschied vom Maler-Sein ist für Paul der Abschied von seinem Mensch-Sein. Wie anders als mittels der Farben könnte ein Maler die Geheimnisse der Welt enträtseln?

Das letzte **Selbstporträt** war für Paul nur noch eine Besiegelung des Abschieds, zu dem er sich mit dem **Stillleben mit Papageien** schon vorher entschieden hatte.

In seinen Gedankenskizzen in der Schrift **«Diverses Choses»** fasst er die Quintessenz seiner Lebenserkenntnis in die Worte (zitiert in Hoog 1987, S. 292):

«Liebe deinen Nächsten wie dich selbst und Gott über alles, das heißt das Gute, das Gerechte, das Schöne, das Wahre, das er darstellt.

Darin liegt das ganze Leben.»

Anmerkungen

1 Siehe Bauer 2002 und Kegel 2009
2 Wadley S. 2
3 Druick und Zegers 2002, S. 28 f.
4 Wehr 1990, S. 26-31
5 Hoog 1987, S. 16
6 Steiner GA , 28.02.1907
7 Amann 1980, S. 5
8 Druick und Zegers 2002, S. 29
9 Roder 2005, S. 44 f.
10 Guardini 1986, S. 24 ff.
11 Treichler 1981, S. 84 ff.
12 Zitiert in Amann 1980, S. 6 f.
13 Cachin 2004, S. 21 f.
14 Druick und Zegers 2002, S. 43
15 Druick und Zegers 2002, S. 47
16 Wadley 1985, S. 1
17 Druick und Zegers 2002, S. 42
18 Lauenstein 1974, S. 65 f.
19 Prater und Stuckey 1994, S. 50
20 Wadley 1985, S. 2
21 Druick und Zegers 2002, S. 52
22 Prater und Stuckey 1994, S. 82 f.
23 Hoog 1987, S. 106
24 Hoog 1987, S. 113 f.
25 Hoog 1987, S. 80
26 Cachin 2004, S. 92
27 Cachin 2004, S. 97
28 Cachin 2004, S. 96
29 Jaspers 2013, S. 150 ff.
30 Druick und Zegers 2002, S. 331
31 Roder 2005, S. 361 f.
32 Prater und Stuckey S. 86
33 Roder 2005, S. 361
34 Wadley 1985, S. 1
35 Cahn und Terrasse 1998, S. 21 f.
36 Cahn und Terrasse 1998, S. 21 f.
37 Cahn und Terrasse 1998, S. 25
38 Prater und Stucky 1994, S. 123
39 Hoog 1987, S. 106 f.
40 Zitiert in Jaspers 2013, S. 152, S. 156
41 Prater und Stucky 1994, S. 109
42 Zitiert in Cachin 2004, S. 115
43 Cahn und Terrasse 1998, S. 53
44 Druick und Zegers 2002, S. 313
45 in Prater und Stuckey 1994, S. 172 ff.
46 Walther 1988, S. 46
47 Zitiert in Hoog 1987, S. 204
48 Hoog 1987, S. 209 ff.
49 Hoog 1987, S. 233
50 Zitiert von Isabelle Cahn in Landesmuseum Joanneum 2000, S. 67
51 Zitiert in Cahn 2000, S. 67
52 Prater und Stuckey 1994, S. 178 f.
53 Prater und Stuckey 1994, S. 275 ff.
54 Siehe Alexander 2013, Gresser 2004, Kübler-Ross 1991, van Lommel 2014, Moody 2002, Ritchie und Sherill 1990
55 Cachin 2004, S. 230
56 Prater und Stuckey 1994, S. 276
57 Landesmuseum 2000, S. 160
58 Lars Tornstam, zitiert von Kruse 2017, S. 48
59 Cachin 2004, S. 242
60 Prater und Stuckey 1994, S. 333
61 Prater und Stuckey 1994, S. 334
62 Roder 2005, S. 361
63 Cachin 2004, S. 128
64 Cahn 2000, S. 68
65 Druick und Zegers 2002, S. 336
66 Cachin 2004, S. 141
67 Kruse 2017, S. VIII f.
68 Steiner GA 80a, S. 395
69 Cachin 2004, S. 263

Teil III.
Gabriele Münter – Leben und Werk

14. Gabriele Münters Vorfahren

Die Familie des Vaters von Gabriele Münter stammte aus Herford in Westfalen. Die Mutter, Wilhelmine Scheuber, wurde 1835 in Siglingen an der Jagst als achte Tochter eines Schreinermeisters geboren. Als sie neun Jahre alt war, emigrierte ihre Familie in die USA, wo bereits andere Familienmitglieder wohnten und ihr Glück gemacht hatten.

Der Vater, Carl Friedrich Münter, geboren 1826 in Herford, war als junger Mann im Jahr 1847 von seinen Eltern in die USA geschickt worden, weil er als Student Sympathien für die studentische Freiheitsbewegung gezeigt hatte und seine Eltern deshalb Schwierigkeiten mit der Obrigkeit befürchteten. Und weil Carl Friedrich sich für die liberalen Ideen der USA und den Kampf für die Menschenrechte begeisterte, zog es ihn auch selbst nach Amerika. Dort begann er mit einem Krämerladen und baute ihn schnell und erfolgreich zu einem großen Handelsunternehmen aus. Das ermöglichte ihm, am Dental College in Connecticut Zahnmedizin zu studieren, wo er seine Ausbildung mit dem Diplom *Chirurgiae Dentium Doctor* abschloss. Danach baute er in Savannah, Tenessee, eine eigene Zahnarztpraxis mit Apotheke/Drugstore auf.

Gabrieles Mutter, Wilhelmine Scheuber, lernte Carl Friedrich Münter kennen, als dieser in den USA seine Dentistenausbildung machte. Später wurden die Münters, als sie in den Südstaaten lebten, angefeindet, weil sie sich gegen die Sklaverei ausgesprochen hatten. Wegen des Bürgerkrieges zwischen den Nord- und Südstaaten verließ das Ehepaar Münter im Dezember 1864 die USA und zog nach Deutschland. Sie konnten ein beachtliches Vermögen mitnehmen und hatten damit die Möglichkeit, sich in Deutschland eine solide Existenz aufzubauen.

Sie zogen nach Berlin, wo Carl Friedrich auf dem Prunkboulevard *Unter den Linden 8* in der Beletage seine Zahnarztpraxis eröffnete. Damals waren in den USA ausgebildete Zahnärzte wegen der fortschrittlichen Behandlungsmethoden sehr gesucht und konnten hohe Honorare verlangen; dadurch brachte es Gabrieles Vater zu ansehnlichem Wohlstand.

In diese gutbürgerliche Situation wurden nun die vier Kinder hineingeboren.

15. Leben und Werk Gabriele Münters

15.1 Das erste Jahrsiebt von 1877 bis 1884 (Geburt bis sieben Jahre): Frühe Kindheit

Gabriele Münter – in der Familie «Ella» gerufen – wurde am 19. Februar 1877 in Berlin als jüngstes Kind der Familie geboren. Ihre Mutter war 38 Jahre alt, der Vater schon 51. Auch alle älteren Geschwister kamen in Berlin zur Welt:

1869 die Schwester Emmy, 8 Jahre älter als Gabriele;

1866 der Bruder Carl Theodor, genannt «Charly», 11 Jahre älter als Gabriele;

1865 der Bruder August, 12 Jahre älter als Gabriele.

Die Mutter Wilhelmine («Minna») Münter hatte großen Einfluss auf ihren Mann, war liberal und liebte das Pionierleben, das sie in den USA auch an ihren Verwandten schätzen gelernt hatte. Gabrieles Biografin Gisela Kleine[1] schreibt: «Über die Gleichrangigkeit der Frau bestanden in der Familie Münter niemals Zweifel; die gemeinsame Aufbau- und Durchhaltekraft in den USA hatte dafür genügend Beweise geliefert.» Denn Wilhelmine hatte mit ihrem Mann – neben dessen Zahnarztpraxis – auch die Drogerie/Apotheke (Drugstore) aufgebaut und erfolgreich betrieben.

1864 hatte sich die Familie in Berlin niedergelassen, 1878 zog sie in das beschauliche Herford, der Geburtsstadt des Vaters, in ein schönes Haus. Ein Grund war, dass in Berlin eine Polemik gegen die in den USA ausgebildeten Zahnärzte begonnen hatte. Ihnen wurde jetzt vorgeworfen, dass das Studium in den USA weniger solide sei als in Europa. Das schadete dem Ruf und beeinträchtigte die Verdienstmöglichkeiten. Ein weiterer Grund war, dass sich Wilhelmine Münter nach den Pionierjahren in den USA in der höheren Berliner Gesellschaft nicht wohlfühlte, zumal auch viele Patientinnen und Patienten dem kaiserlichen Hof angehörten oder ihm nahestanden. Da erschien ihr das Leben in der Provinz schon unkomplizierter.

In Herford hatte im Nachbarhaus der Steinmetz und Bildhauer Rosenberg sein Atelier. Ella kletterte gerne über den Zaun und schaute zu, wie er für seine bildhauerische Arbeit Zeichnungen anfertigte und dann mit seinem Meißel die Gebilde aus dem Steinblock herauszauberte.

«Aberglaube und Spökenkiekerei durchzogen Ellas frühe Kindheit», schreibt Gisela Kleine, «sie wurde und blieb aufgeschlossen für das Geheimnisvolle, das Unnennbare, für alles, was nur ahnbar und nicht mit dem Verstand zu fassen war.»[2] Gabriele hielt sich im Kindesalter auch an den magischen Volksglauben, zu Johanni (am 21. Juni), morgens zwischen elf und zwölf Uhr im Freien ein Kränzchen mit sieben verschiedenen Blumen oder Kräutern zu binden, es dann schweigend und ohne zu lachen ins Haus zu tragen und unter das Kopfkissen zu legen. Was darauf geträumt wurde, sollte dann in Erfüllung gehen. Es gab auch mehr oder weniger spiritistische Praktiken, weshalb der ältere Bruder Carl mit Nachdruck vor Kartenlegen und Tischrücken warnte.

Gisela Kleine betont, dass Wahrhaftigkeit und Direktheit als Tugenden von den Eltern und von der jungen Gabriele sehr geschätzt wurden.[3] Gegebene Versprechen mussten gehalten werden! Der Vater war als Wahrheitssucher Freimaurer geworden und gehörte zur Loge «Quodlibet». Ellas Eltern lebten nach dem Prinzip: «Hinter jedem Wort steht eine Wahrheit. Darauf beruht die Verlässlichkeit der Welt.» Das hat auch Ella gelernt und verinnerlicht.

Doch diese Hingabe an die Wahrheit zeigte bei dem kleinen Mädchen auch noch eine andere Seite. Weil Ella in ihrer Verpflichtung für Wahrheit manchmal starrköpfig, direkt und konzessionslos war, anderen das Wort abschnitt und sich mürrisch verweigern konnte, nannte ihre Mutter sie «Peacemaker» – so hieß nämlich in den USA ein Colt, mit dem der «Konflikt schnell und definitiv beendet und der Friede wieder hergestellt werden konnte!»[4] Auch wenn es dann nur noch einen Überlebenden gab.

Die Besuche beim benachbarten Bildhauer Rosenberg, den sie interessiert beim Zeichnen und Bildhauern beobachtete, waren für Gabriele sehr anregend. Deshalb hatte sie sich 1883 zum 6. Geburtstag große Bögen weißes Papier und Stifte gewünscht. Die bekam sie brüderlich von Carl geschenkt, und dazu ein Messer zum Spitzen der Stifte. Am liebsten zeich-

239

nete sie Köpfe, manchmal auch Fachwerkhäuser, verbarg aber die Zeichnungen vor den Erwachsenen. Nur ihr Bruder August durfte sie manchmal sehen und bewunderte ihr Talent.

Das erste Jahrsiebt Gabrieles aus entwicklungspsychologischer Sicht

Zunächst eine Übersicht über die äußeren Lebensdaten dieses Jahrsiebts.

Jahr	Alter	Ereignis	**erstes Jahrsiebt**	Bilder
1877	☆	19. Februar, Berlin, Unter den Linden 58 **Mutter:** Wilhelmine Scheuber (in Siglingen an der Jagst, D, geboren), **Vater:** Carl Friedrich Münter (in Herford, D, geboren) als Student von Freiheitsbewegung begeistert 1847 → USA, Krämer, dann Studium für Zahnarzt, Zahnarzt-Praxis und Apotheke/Drugstore 1864 → Berlin, Zahnarzt-Praxis Ältere **Geschwister:** August * 1865, Carl Theodor * 1866, Emmy * 1869 Rufname von Gabriele: Ella		
1878	1	Übersiedlung nach Herford in Westfalen wegen Polemik in Berlin gegen US-Zahnärzte! Florierende Praxis		
		Nachbar: Steinmetz, Bildhauer Rosenberg		*Kinderzeichnungen*
1882	5	Zeichnen		*Köpfe, Fachwerkhäuser*
1883	6	Geburtstagswunsch: Papierbögen, Stifte		*Familienfoto*
1884	7	Umzug nach Oeynhausen, danach Koblenz Tagebuchnotizen im «Portemonnaie-Kalender»		

Für das erste Jahr des Lebens in Berlin werden keine Besonderheiten berichtet.

Gabrieles Zeit in Herford und ihre seelische Befindlichkeit fasst die Biographin Gisela Kleine zusammen: «Die frühe Kindheit vermittelte Ella das Bild einer in sich ruhenden, gediegenen Welt. (...) Sie wurde als ein empfängliches Kind geschildert, das mit großen Augen seine Umgebung wahrnahm und in sich verschloss.»[5] Weil die Geschwister um einiges älter waren, wuchs Gabriele wie ein Einzelkind auf. Sie hatte in Herford eigentlich nur eine Freundin, die ungefähr gleichaltrige Cousine Julia.

Die ersten sieben Jahre waren für Gabriele trotz des Ortswechsels von Berlin nach Herford eine Zeit der Ruhe, Geborgenheit und Sicherheit. In ihrer Familie konnte sie durch die partnerschaftliche Beziehung ihrer Eltern ein «Urvertrauen» entwickeln, das für den selbstverständlich gleichwertigen Umgang von Mann und Frau im späteren Leben bedeutsam ist. Auch die freimütige, eigenständige Pionierhaltung der Eltern war für das Kleinkind sicher prägend. Und die positiven, manchmal idealisierenden Berichte der Eltern über die abenteuerliche Zeit in den USA wurden zur Grundlage ihres späteren Interesses, mit Emmy Land und Leute der USA gut kennenzulernen.

Gabrieles Rufname in der Familie war Zeit ihres Lebens «Ella». Da ihre Geschwister um mehr als ein Jahrsiebt älter waren, wurde sie als Nesthäkchen vor allem von den Brüdern sehr geliebt, von ihrer Schwester Emmy fühlte sie sich manchmal etwas bevormundet. Mit den älteren Geschwistern konnte sie nicht auf Augenhöhe streiten lernen. Bei Auseinandersetzungen mit ihnen setzte sich Ella offensichtlich nur durch Beharren auf ihren Anliegen durch. Gewiss trug auch die Überzeugungshaltung der Eltern und der Brüder zu Ellas Haltung bei, die sie in der kindlichen Phase des Nachahmens mit geprägt haben dürften. Dass sich Ella ihrer Wahrheit verpflichtet fühlte, deshalb eine Trotzhaltung annahm und zu keinen Kompromissen bereit war, trug ihr den Ruf ein, sehr eigenwillig und starrköpfig zu sein.

Entwicklungspsychologisch bedeutet dies, dass Gabriele durch ihre Abgrenzung zur Umwelt, durch ihr Trotzverhalten und ihren Widerstand ein starkes Selbstgefühl entwickelte.

Die andere Seite von Ellas Wesen ist ihre Offenheit für magisch-mythische Volksbräuche und für das Geheimnisvolle. Das entspricht ganz der Denk- und Gemütshaltung eines gesunden Kindes im 1. Jahrsiebt, wie dies Jean Piaget beschrieben hat (siehe Kap. 8.1). Dieses Bedürfnis der kindlichen Seele wurde offenbar durch Emmys Zaubergeschichten gut befriedigt. Eine Besonderheit ist die von Eltern und Geschwistern immer wieder betonte Liebe zum Schauen und zum Verinnerlichen des Geschauten! Zum Erstaunen aller zeichnet sie – völlig aus eigenem Drang und von anderen nicht bemerkt – immer wieder die Köpfe der Familienmitglieder und anderer Menschen, mit denen sie Kontakt hatte. Dabei zeigte sich schon in diesem Alter die Treffsicherheit ihrer Linienführung und Prägnanz der Formen, die auch später für Gabriele Münter charakteristisch waren.

Beim Zeichnen der Fachwerkhäuser gab sie sehr genau die Balkenkonstruktion dieser Bauten wieder. – Mit dieser Anmerkung will ich jedoch nicht hervorheben, wie geschickt sie damals schon gezeichnet hat – weil sehr oft außergewöhnliche Talente von Kindern in der Zeit des 1. Mondknotens erlöschen –, sondern wie besonders gut damals schon ihr Schauen entwickelt war. Und diese Fähigkeit hat sich später nicht verflüchtigt.

Rückblickend sagte Gabriele im Jahr 1948 von sich: «Dass meine Vorfahren mir die künstlerische Veranlagung mitgegeben hätten, lässt sich weder nachweisen noch herausdeuten. Meine frühe Neigung zum Zeichnen kam ganz aus mir selbst und fand in meiner Familie so wenig Förderung wie in der Schule.»[6]

Es weist alles darauf hin, dass die seelische Gestimmtheit der kleinen Ella Münter im 1. Jahrsiebt von dem Grundgefühl getragen war: «Die Welt ist gut!» Und das konnte eine gute Basis für ein körperlich und seelisch gesundes Leben sein.

15.2 Das zweite Jahrsiebt von 1884 bis 1891 (7 bis 14):
Behütete Kinderjahre

Das Jahr 1884 brachte durch zwei Umzüge zunächst etwas Unruhe in Ellas Leben. Der Vater verlegte Praxis und Wohnsitz erst von Herford nach Bad Oeynhausen, und schon kurze Zeit später in das rheinische Koblenz. Da Koblenz als «preussische Residenz am Rhein» im Aufschwung war, versprach er sich dort als Zahnarzt bessere Verdienstchancen als im provinziellen Herford oder in Bad Oeynhausen, das erst langsam von einem einfachen Bauernbad zu einer Kurstadt heranwuchs.

Doch schon ein Jahr später, am 16. April 1885, starb der Vater völlig unerwartet an einem Herzversagen, zwei Monate nach Gabrieles achtem Geburtstag. Gabriele hatte ihrem Vater wegen seiner Art, wie er seine moralischen und politischen Überzeugungen vertrat, Gefühle der Wertschätzung entgegengebracht. Aber sie stand zu ihm doch in einer distanziert respektvollen Beziehung.

August, der oft kränkelnde Bruder, studierte zu dieser Zeit in den USA Zahnheilkunde. Nach dem Tod des Vaters zog die Mutter zu ihm, um ihn etwas zu versorgen. Der andere Bruder, Carl, hatte eine Hotelfachschule besucht und war nach Berlin gegangen. Er ordnete und verwaltete die finanziellen Angelegenheiten der Familie.

Im Januar 1887 starb nach langer, schwerer Krankheit Gabrieles ältester Bruder August, nachdem er 1885 als in den USA promovierter Zahnarzt zum Begräbnis des Vaters nach Koblenz gekommen war. Gabriele – damals beinahe zehn Jahre alt – war von Augusts Tod zutiefst erschüttert.

Gabriele verbrachte die ganze weitere Schulzeit bis zum Abschluss des Gymnasiums in Koblenz. Das Lernen machte ihr keine Mühe:[7] «Lehrer fanden mich besonders begabt aber nicht strebsam. Ich besuchte die Schule, aber sie beeindruckte mich nicht …»

Ella erhielt die typische Bildung einer «Tochter aus gutem Haus». Sie nahm Reitunterricht, liebte das Schwimmen und Eislaufen, übte viel am Klavier, hatte Spaß daran, Theater zu spielen, und las gern und viel – u.a. die typischen «Gartenlaube-Romane» für Mädchen. Auch besuchte sie gerne die Oper und das Theater. Und überall, wo sie auch war, hatte sie einen Stift und einen kleinen Skizzenblock mit und musste zeichnen! Neben dem Zeichnen hatte sie schon mit sieben Jahren begonnen, Tagebuch-Notizen in ihren «Portemonnaie-Kalender» einzutragen. Diese Gepflogenheit behielt sie bei bis in ihre Zwanzigerjahre.

Zu ihrem Leidwesen war sie sehr wetterfühlig und litt ab dem 12. Lebensjahr oft unter heftigen Migräneanfällen. Deshalb musste sie sich immer wieder für einige Zeit in ein verdunkeltes Zimmer zurückziehen und war manchmal gereizt und unwirsch.

Das zweite Jahrsiebt Gabrieles aus entwicklungspsychologischer Sicht

Ich stelle wieder die markantesten biografischen Daten in der Übersicht vor.

Jahr	Alter	Ereignis **zweites Jahrsiebt**	Bilder
1885	8	16. April, Vater stirbt, 59 Jahre alt Bruder August studiert in den USA Zahnmedizin, kränkelt viel	Aktzeichnung
1886	9	Schule in Koblenz	Köpfe
1887	10	Im Januar stirbt August (Zahnarzt), 22 Jahre alt (hatte besonderes Vertrauensverhältnis zu Gabriele, schätzte ihr Zeichentalent) Schule in Koblenz	Köpfe
1888	11	Schule in Koblenz, häufig Migräneanfälle liebt Schwimmen, Reiten, Eislaufen, Lesen	*Zeichnungen in Schulheften etc.*
1889	12	Schule in Koblenz, Oper, Theater, Klavierspiel, Theaterspiel, Zeichnen ...	Köpfe
1890	13	Schule in Koblenz	Foto mit Mutter
1891	14	Schule in Koblenz	*Zeichnungen: Köpfe Zeichnungen in Heften*

Der frühe Tod des Vaters war für Gabriele ein Schock, doch sie wurde dadurch noch nicht ganz aus der magisch-mythischen Welt der Kindheit ausgestoßen. Sie hielt die Erinnerung an ihren Vater und seine moralische Haltung in Ehren.

Später, als Achtzigjährige, beschrieb sie ihn als «Heißsporn»: «Er sprang auf den Tisch und hielt Reden für die Freiheit.»[8] Dieses Temperament war seinerzeit auch der Grund gewesen, dass er als Student mit den revolutionären Bewegungen vor 1848 sympathisiert hatte und von den Eltern unter Druck gesetzt worden war, in die liberalen USA auszuwandern, um einer Strafverfolgung zu entgehen.

Als Gabriele beinahe zehn Jahre alt war, starb ihr Bruder August im Alter von 22 Jahren. Das berührte sie sehr tief, mehr noch als der Tod des Vaters. August hatte ihre Zeichnungen oft begutachtet und als einziger in der Familie ihr Talent ausdrücklich geschätzt und stimuliert. Ella hatte mit acht Jahren eine Aktzeichnung angefertigt, für die August seine

Bewunderung aussprach. Und so zeigte sie ihm immer wieder, was sie skizziert oder gezeichnet hatte. Dadurch fühlte sie sich August näher als ihrem Vater. Durch Augusts Tod schreckte sie auf und überschritt unwiderruflich den «Rubicon» (siehe Kap. 8.2), verließ also die magische Welt der Kinderjahre. Kleine fasst das Erleben der jungen Gabriele treffend in Worte, in denen das «Überschreiten des Rubicon» deutlich zu erkennen ist: «Die neunjährige Ella erfuhr zum ersten Mal die Macht des Endgültigen: Versäumtes war nicht nachzuholen. Schuldig gebliebene Beweise von Liebe und Dankbarkeit waren nicht mehr zu erbringen. Da sie sich jedoch mit dem Vater im Einverständnis fühlte, ertrug sie den Abschied ohne Reue und mit der Tapferkeit der Jugend, die dem Sterben noch fern steht. Als jedoch ein halbes Jahr später, im Januar 1887, ihr ältester Bruder August mit zweiundzwanzig Jahren den Tod fand, erfasste sie jähes Entsetzen. Er war der einzige gewesen, dem sie ihre sonst verborgen gehaltenen Skizzen gezeigt hatte; denn ihm gegenüber, der schon als promovierter Zahnarzt zum Begräbnis des Vaters aus den USA gekommen war, empfand sie den notwendigen Abstand, der solche Vertraulichkeit zuließ.»[9]

Für die Entwicklung in diesem Jahrsiebt ist dem Bedürfnis des Kindes zu entsprechen, einer Autorität nachstreben zu können. Aus den verfügbaren Informationen ist zu schließen, dass Ella ihre beiden Brüder als Autoritäten anerkannte, da sie zielstrebig ihren Weg gingen. Nach Augusts Tod konzentrierte sich diese Beziehung auf Carl, mit dem sie im dritten Jahrsiebt in einen direkten, offenen Gedankenaustausch trat, und der dann auf Augenhöhe stattfand.

Was Ella jedoch aus der Zeit vor dem «Rubicon» in die Kindheitsjahre mitnahm, war ihre Liebe, ja ihr Drang zum Zeichnen. Der Bleistift war lange ihr liebstes Gerät. Während andere Kinder in diesem Alter Geschichten malten – so zeichnete Gabriele nur Gesichter. Schon damals konnte sie mit klaren Linien das Wesentliche einer Person im Zeichnen zum Ausdruck bringen. Karoline Hille zitiert Gabrieles eigene Aussage dazu: «Einzig die bleibende Erscheinung fesselte mich am Menschen – die geprägte Form, in der sich sein Wesen ausspricht.»[10] Sie sagte von sich, dass zeichnen einfach angeboren war, während sie malen erst noch lernen musste. Ella zeichnete überall, bei Tisch, in ihre Schulhefte, bei Konzerten, im Theater, während der Eisenbahnfahrt, wo immer es ging.

Die Erschütterungen zu Beginn dieses Jahrsiebts wirkten wie ein Paukenschlag. Dennoch verbrachte Gabriele eine gute und behütete Zeit als Schulkind. An den sportlichen Aktivitäten konnte sie ein gutes Körpergefühl entwickeln und Bewegungslust empfinden. Durch vielfältige Kunstgenüsse – Oper, Theater, Konzerte, ihr eigenes Klavierspiel, Theaterspiel in der Schule, Literatur usw. – konnte sie trotz des erlittenen Schmerzes beim Tod von Vater und Bruder doch beglückend erleben: «Die Welt ist schön!»

15.3 Das dritte Jahrsiebt: Von 1891 bis 1898 (14 bis 21):
Die Eroberung der Freiheit

Die sportlichen Aktivitäten – Schwimmen, Reiten, Eislaufen – wurden eifrig fortgesetzt. Mit ihrer Schwester erhielt Ella wie selbstverständlich auch Tanzunterricht. Emmy war dem gesellschaftlichen Leben und dem Glamour mehr zugetan als Gabriele und genoss Feste mit jungen Männern in der Garnisonsstadt Koblenz. Emmy war sehr hübsch und wurde umschwärmt, ging gerne zu Tanzkränzchen usw., und pflegte kunsthandwerkliches Können – jedoch nur «für den Hausgebrauch», um einmal – wie sie selber bekannt hatte – eine gute Partie machen zu können. Gabriele erschien all das nicht attraktiv, und sie verhielt sich mehr zurückgezogen. Das Klavierspiel machte ihr nach wie vor viel Freude, und sie komponierte manchmal Lieder zu eigenen Texten.

Das Zeichnen war mehr als in den Jahren davor ihre Leidenschaft. Mit 14 zog sie einmal die Konturen ihrer Hand nach und schrieb dazu «Dies ist Ella ihre Pfote». Die Umrisslinien betrachtete Ella als das Typische, das Wesentliche. Sie zeichnete in der Sommerfrische die Köpfe der Kurgäste, und diese nahmen die Porträts begeistert mit. Später erzählte Gabriele Münter als anerkannte Malerin: «Als ich 14 Jahre alt war, fiel die Treffsicherheit auf, mit der ich Köpfe meiner Umgebung in bloßem Umriss wiedergab …»[11]

Im Koblenzer Lyzeum interessierte sie sich am meisten für Geografie, Biologie und Geschichte. Im Religionsunterricht war sie fasziniert von Mythen und Heiligenlegenden und stellte sich die biblischen Gestalten immer ganz lebendig vor. Ihre Liebe zum Theaterspiel trug viel dazu bei, ihre Fantasie zu aktivieren.

Über ihren Bruder Carl, der die Hotelfachschule besuchte, bestellte sie Bücher, sowohl zeitgenössische Literatur als auch viele Wild-West-Romane, um sich in das Lebensgefühl ihrer Eltern versetzen zu können. Sie las auch philosophische Werke, z.B. von Schopenhauer, und sprach bei Gelegenheit mit Carl über ihre Empfindungen und Gedanken bei der Lektüre.

Besonders beeindruckend waren für sie Theaterstücke von Ibsen, in denen Frauen ihr Schicksal in die eigene Hand nahmen! Auch darüber pflegte sie mit Carl regen Gedankenaustausch. Ganz besonders liebte sie das Fahrradfahren, das damals vor allem für Mädchen noch ungewöhnlich war. Irgendwie reizte es sie, dass in den Zeitungen abfällig über Mädchen geschrieben wurde, die Fahrrad fuhren und dabei Hosen trugen. 1896 war für Ella «das Jahr der Räder», denn sie hatte am «Velociped-Rennen» mit einem geliehenen Rad teilgenommen und wünschte sich nun sehnlichst ein eigenes Fahrrad.

Gabrieles Bruder Carl hatte nach dem Tod des Vaters die Rolle des Familienoberhauptes übernommen und fand, da Ella so gut zeichnen konnte, dass sie doch auf eine Kunstschule gehen sollte! Die Stadt Koblenz bot dafür keine Möglichkeiten. Aber nachdem ein Düsseldorfer Maler die von Karl Friedrich Schinkel restaurierte Burgruine Stolzenfels an der Lahnmündung mit detailreichen Malereien historisierend ausgeschmückt hatte, erschien Gabriele Düsseldorf als Kunststadt attraktiv. Und da Mädchen damals zum Studium an der Akademie noch nicht zugelassen waren, entschied sich Ella 1897 für den Besuch der privaten Kunstschule in Düsseldorf. Von Emmy begleitet fuhr sie am 15. Mai 1897 nach Düsseldorf und bezog Quartier im Haus des norwegischen Malers Morten Müller, bei dem sie auch Anschluss an die Familie fand. Ihr Lehrer wurde Ernst Bosch, der als Illustrator, Radierer, Lithograf und Freskenmaler bekannt geworden war und dem Geschmack seiner Zeit entsprechend idyllisch-niedliche pathetische Bilder malte. Dort erhielt sie Zeichenunterricht in der speziellen Technik ihres Lehrers und übte das Modellieren mit Ton. Eigentlich empfand Ella diese Art zu zeichnen gegen ihre Natur, denn während sie sonst mit klaren Umrisslinien das Wesentliche eines Menschen zum Ausdruck bringen konnte, musste sie jetzt die Schraffurtechnik üben, die nach ihrer Meinung nicht zur Steigerung des Charakteristischen beitrug. Und statt der von ihr angestrebten Reduktion auf das Wesentliche mussten die Bilder detailreich ausgeschmückt sein. In einem Brief an ihre Mutter schrieb sie: «Jetzt ist die Arbeit noch recht wenig anregend, es regt allenfalls an, dass wir in Gesellschaft sind».[12]

Die Familie des Quartiergebers Morten Müller organisierte mit allen Bewohnerinnen Radausflüge und Gesellschaftsspiele, in denen lebende Bilder darzustellen waren. Dabei verhielt sich Ella – nach dem Urteil der anderen Mitspielenden – immer ziemlich zurückhaltend. Mit der Mutter unterhielt sie aber einen regelmäßigen Briefwechsel, in dem es im Detail immer wieder um die Speisen und um allerlei Alltägliches ging. Aber damit wurde immerhin die Beziehung zur Mutter intensiv gepflegt. Und immer wieder gab es auch Begegnungen mit ihrem Bruder «Charly».

In Düsseldorf bekam sie endlich ein eigenes Fahrrad – das Symbol der Freiheit! Sie war sich dessen bewusst, dass dieser Besitz ein Privileg war, da das Rad rund 300 Mark kostete, während ein junger Arzt ein Monatsgehalt von 80 Mark und ein junger Gymnasiallehrer 130 Mark bezog. Aber das Fahrradfahren weckte in ihr Abenteuerlust und Entdeckungsfreude. «Ich liebe solche Abwechslung. Am liebsten wäre ich immer auf Reisen», schrieb sie ihrer Mutter.[13] Und weil die übliche Damenkleidung mit engem Korsett und weitem Rock beim Radfahren behinderte, radelte sie mit einer Art Hosenrock, einer sogen. «Radbux».

Doch aufgrund der enttäuschenden Erfahrungen in der Kunstschule war sie im Sommer 1897 sehr unsicher, ob sie diese Ausbildung fortsetzen sollte. Sie hatte Mühe, die Übungsaufträge zu erfüllen, weil sowohl der zu erlernende Stil als auch die vorgegebenen Themen sie nicht ansprachen. Sie zweifelte auch an ihrem Talent. In der Korrespondenz mit der Mutter sprach sie diese Fragen immer wieder ehrlich an und wurde von dieser ermutigt, fleißig weiterzumachen. Die Aufmunterung durch die Mutter hatte auf Gabriele keine Wirkung, denn in die Orientierungslosigkeit und Unzufriedenheit mit ihren Fortschritten mischten sich auch Heimweh und die Sorge um die vereinsamte Mutter, die an Bluthochdruck und Arteriosklerose litt.

Trotz aller Zweifel entschied sich Gabriele im Sommer für die Fortsetzung an der privaten Kunstschule in Düsseldorf und wählte den Porträt- und Historienmaler Willy Spatz zum Lehrer. Aber auch sein Unterricht befriedigte sie überhaupt nicht, da sie als Zeichnerin immer von spontan entstandenen Situationen und den darin sichtbaren Gefühlsäußerungen fasziniert und zum Zeichnen animiert worden war. Nun musste sie jedoch stundenlang starr posierende Modelle oder Gipsköpfe zeichnen, was sie als völlig seelenlos empfand. Ihrem Bruder gestand sie in einem Brief: «Aber ich bin jetzt bei der Resignation angelangt und sage mir, dass ich in 1½ Monaten nicht viel erreichen kann, Düsseldorf also wieder verlassen werde, darum könnte auch mein größter Fleiß nichts helfen.»[14]

Doch dann durchkreuzte ein trauriges Ereignis alle bisherigen Pläne. Denn am 15. November 1897 starb die Mutter, wahrscheinlich am Schlagfluss. Das war ein schwerer Schlag für Emmy und Gabriele. Nun ging mit dem Tod der Mutter für Gabriele die Heimat der Schulzeit plötzlich verloren, und mit ihr die vertraute bürgerliche Geborgenheit. Gabriele, zwanzig Jahre alt, brach die Kunstschule ab, ging mit ihrer Schwester nach Koblenz zurück und war zunächst orientierungslos.

In dieser Situation erhielten sie und Emmy von Tante Caroline aus den USA eine Einladung, für einige Zeit in die USA zu kommen und die Mitglieder der Familie mütterlicherseits kennenzulernen.

Carl, der 1898 geheiratet und sich in Bonn niedergelassen hatte, löste den Haushalt in Koblenz auf, ließ im September 1898 die Koblenzer Möbel bei einer Spedition lagern und verwaltete das geerbte Vermögen. An Emmy und Gabriele zahlte er eine Leibrente aus, so dass beide komfortabel leben konnten. Der Reise nach Amerika stand nichts im Wege.

Das dritte Jahrsiebt Gabrieles aus entwicklungspsychologischer Sicht

Mit der folgenden Übersicht werden die äußeren Ereignisse rekapituliert (S. 250).

Für eine gesunde Entwicklung im dritten Jahrsiebt sollte ein Grundgefühl gefördert werden: *«Die Welt ist wahr!»*

Die Haltung der kleinen Ella, sich der Wahrheit streng verpflichtet zu fühlen und deshalb oft trotzig, eigenwillig und rechthaberisch aufzutreten, war auch für Gabrieles Verhalten am Lyceum charakteristisch. Die dafür angemessene Form war im dritten Jahrsiebt der ehrliche und offene

Jahr	Alter	Ereignis	**drittes Jahrsiebt**	Bilder
1892	15	Schule, Tanzschule Carl besorgt Literatur für Ella		*Köpfe, Zeichnungen in Heften*
1893	16	Schule, Tanzschule, Tanzkränzchen etc.		*Schulzeichnungen*
1894	17	Theaterstücke von Ibsen: Frauen nehmen ihr Schicksal in eigene Hand		*Notizbuch, Skizzen*
1895	18	Radfahren als Passion		
	1. Mondknoten			
1896	19	Teilnahme am Velociped-Rennen, «Jahr der Räder»		
1897	20	Mai (mit Emmy) nach Düsseldorf: Private Malschule: Zeichnen, Modellieren (Ernst Bosch) Porträts (Willy Spatz). Zweifel an Talent 15. November: Mutter stirbt. Zurück nach Koblenz		*Der Bruder Carl*
1898	21	Carl verkauft Koblenzer Haus, verwaltet Vermögen, Leibrente Gabriele und Emmy, Tante lädt Gabriele und Emmy in die USA ein		*Zeichnungen, Fotos Onkel Joe*

Gedankenaustausch mit ihrem erwachsenen Bruder Carl zu Literatur und Philosophie und auch zu ihrem Talent.

Die Haltung der Wahrhaftigkeit wurde nun in der Düsseldorfer Kunstschule auf die Probe gestellt. In Briefen klagte Gabriele, dass sie das Malen der Modelle in den gestellten Posen nur als Abbilden von Masken empfand. Zwar erfüllte sie die gestellten Aufgaben, doch ihr Herz war nicht bei der Sache. Der Gesichtsausdruck der Modelle war für sie nicht echt, nicht wahrhaftig. Im Gegensatz dazu hatte sie bislang mit ihren Zeichnungen immer spontan festgehalten, was in ungekünstelten Situationen in den Gesichtern als authentische Gemütsregung in Erscheinung trat. Sie gestand sich ihre Lustlosigkeit an den akademischen Übungen ehrlich ein und quälte sich mit der Gewissensfrage, ob denn das Leben einer Malerin wirklich ihre Berufung sei, und überdies, ob sie dafür das nötige Talent mitbringe.

Gabriele Münter durchlebte den *1. Mondknoten,* der nach astronomischer Berechnung mit 18 Jahren, 7 Monaten und 10 Tagen auftritt, in besonderer Weise. Denn es traten die zwei Seiten des 1. Mondknotens in einem zeitlichen Abstand von etwa einem Jahr auf: Zum Einen der Griff nach dem Leitstern, und zum Zweiten die radikale Trennung vom Herkunftsmilieu. Sonst wirken beide Seiten immer gleichzeitig bestimmend und äußern sich in kämpferischer Energie, wenn dafür auch noch Widerstand überwunden werden muss. Wobei am Widerstand die Entschlossenheit noch mehr gesteigert wird.

Bei Gabriele trat «der Griff nach den Sternen» als Begeisterung für bestimmte Ideale und Werte im Alter von etwa 19 Jahren als Traum von Freiheit und Selbstständigkeit auf; während die definitive Verabschiedung vom bisherigen Milieu erst durch den Tod der Mutter geschah, als Gabriele 20½ Jahre alt war. Beide Ereignisse bildeten zusammen das Erlebnis des 1. Mondknotens und hatten für Gabrieles weiteres Leben bleibende Bedeutung.

Der Griff nach dem Leitstern geschah auf eine Weise, die auf den ersten Blick sogar trivial erscheinen mag. Denn in der Begeisterung für das Fahrradfahren erlebte Ella ihr Streben nach Selbstbestimmtheit als Frau. Die Oberstufenschülerin Ella war schon tief beeindruckt von Ibsens Dramen, in denen Frauen konsequent ihren Weg gehen und dafür große Widerwärtigkeiten in Kauf nehmen. Dieses Werteverständnis vertiefte sich in Gesprächen mit dem Bruder. So wurde das Fahrrad – damals eine Novität – zum Symbol für Freiheit, Unabhängigkeit, Entdeckungsfreude und Abenteuerlust. Die Biografin Gisela Kleine macht uns heutigen Menschen bewusst, dass die Fahrräder damals noch keinen Leerlauf und keine guten Bremsen hatten, so dass beim schnellen Bergabfahren die Beine immer mittreten mussten, wenn sie nicht von den Pedalen weit weggespreizt wurden.[15] Das erforderte bei Fahrten im hügeligen Gelände Mut – und Gabriele hatte ihn!

Diese Ideale und Werte waren bestimmend für die spätere Zusammenarbeit mit beeindruckenden Pionieren der modernen Malerei – Alexej Jawlensky und Marianne von Werefkin, Franz Marc, August Macke und Wassily Kandinsky –, um unbeirrt ihren eigenen Weg zu suchen und zu finden. Auch in der Düsseldorfer Malschule ließ sie sich nicht durch den publikumsgefälligen Stil der Historienmaler vereinnahmen. Deren Pathos lehnte sie ab. Zunächst wusste sie jedoch eher, was sie *nicht* wollte, und war sich noch nicht sicher, was die ihr gemäße Malerei wirklich sein könnte. Aber sie suchte weiterhin nach ihrem eigenen Stil, auch wenn sie an ihrem Talent immer wieder zutiefst zweifelte.

Durch den Tod der Mutter wurde Gabriele aus dem bisherigen Lebensstil geworfen. Der Anlass dazu stieg bei ihr jedoch nicht von innen auf, sondern kam mit dem Ereignis auf sie zu. Aber es war für sie bezeichnend, mit welcher Entschiedenheit sie die Weichenstellungs-Beschlüsse fasste, die ihr durch die Umstände abverlangt wurden.

Beide Richtungsentscheidungen, sowohl das «Hin zu …» als auch das «Weg von …» erfolgten nicht kämpferisch, sondern vollzogen sich letztlich konfliktfrei. Die begonnene Ausbildung an der Kunstschule in Düsseldorf wurde zwar jäh abgebrochen – doch die Liebe zur bildenden Kunst blieb umso reiner bestehen.

Und in diesem Zwischenstadium lockte jetzt das Abenteuer der Reise nach Amerika.

15.4 Das vierte Jahrsiebt von 1898 bis 1905 (21 bis 28): Berufung, Lehr- und Wanderjahre

Tante Caroline, eine Schwester von Gabrieles Mutter, hatte Ella und Emmy nach Arkansas in die USA eingeladen. Beide schifften sich am 29. September 1898 in Rotterdam ein und fuhren mit dem holländischen Dampfschiff «Statendam» in zwölf Tagen nach New York, wo sie zunächst zehn Tage im Hotel verblieben. Ein Freund des Vaters, ein Journalist, gab Tipps zum Erkunden der Stadt und machte neben den Licht- auch auf die Schattenseiten des rücksichtslosen Erfolgsdenkens aufmerksam, bei dem die Schwächeren gnadenlos auf der Strecke blieben.

Ella machte viele Notizen im Portemonnaie-Kalender und sammelte überall Postkarten, die sie Carl schickte. Besonders beeindruckte sie die Werbegrafik, in der alles für den Blickfang auf das Wesentliche reduziert war. Und sie stellte fest, dass gemäß der Philosophie des Gigantismus Quantität hier als Qualität galt, denn alle Sehenswürdigkeiten wurden als «biggest, highest, most expensive …» vorgestellt.

Dann ging es mit dem Empire State Express in einem Tag und einer Nacht nach St. Louis am Mississippi. Dort war Albertine Happel, die zweitälteste Schwester der Mutter, mit einem Bankier verheiratet und wohnte in einem stattlichen Backsteinhaus. Mit den drei Töchtern und dem Sohn unternahmen Ella und Emmy Ausflüge, genossen städtische Vergnügungen und besuchten Musical- und Operettenaufführungen. Gabriele war von den südlichen Rhythmen fasziniert, übte sie auf dem Klavier und komponierte dort auch ein dreistimmiges Lied «The river and I», das sie aber versehentlich vernichtete.

Sie zeichnete häusliche Szenen und Frauen und machte Farbstudien der Stimmung am Fluss, u.a. die **Abendstimmung in St. Louis** (1898).

Mitte Dezember fuhren sie nach Buffalo, um die eingefrorenen Niagarafälle zu bewundern. Weihnachten feierten sie wieder in St. Louis und lernten so die mondäne Welt der Südstaaten kennen. Im Theater sahen sie die Bühnenfassung von «Uncle Tom's Cabin» und waren sehr positiv beeindruckt.

Anfang Februar 1899 kamen sie in Moorefield bei Tante Caroline Schreiber in Arkansas an, die zu dieser Reise eingeladen hatte. Ihre Familie hatte sich am Rande der Prärie niedergelassen und war durch den Betrieb einer Walzmühle («Rollermill») zu Wohlstand gekommen. Ella und Emmy wohnten neben der Mühle in einem Holzhaus und erlebten dort einen sehr kalten Winter, in dem Wasser und alle Lebensmittel eingefroren waren. Beide machten sich dann und wann auch nützlich und genossen auch die typischen Feste und Reiterspiele. Ella zeichnete viele Skizzen von Tieren und fertigte Abendstimmungen mit Pastell an, jedoch ohne jegliche künstlerische Ambition.

Zum 22. Geburtstag erhielt Ella von den Verwandten eine Kodak-Rollfilmkamera, mit der sie während der Amerikareise rund 400 Fotos machte. Sie wählte bewusst Blickwinkel, Ausschnitte und Perspektiven, komponierte Vordergrund und Hintergrund und achtete auf das Typische der Lebenssituation oder der Landschaft.

Am 8. Juni 1899 ging es in einer zweitägigen Bahnfahrt im Luxus-Zug weiter nach Marshall in Texas. Ein Onkel hatte dort ein Waldgebiet trockengelegt, sodass Reis, Zuckerrohr und Baumwolle angebaut werden konnten. Ella wurde ergriffen von der Weite der Landschaft und ahnungsweise vom Gefühl der Pioniere, als sie in dieses Land zogen; das hatte für sie eine mythische Dimension.

Ende Juli wurde Ella mit Emmy zur Hochzeit des Vetters Donohoo nach

Abb. 3.1: Carrots for dinner (1899), Bleistiftzeichnung, 18,3 x 27 cm

Plainview in Texas eingeladen. Dafür waren sie drei Tage unterwegs, mit der Bahn, mit Kutschen und die letzte Strecke mit Pferdewagen. Hier erlebten sie die harte Arbeit der Cowboys und waren von deren Kraft und vom Leben in wilder Freiheit angetan.

Die Schwestern blieben über sechs Monate in Texas. Ella machte Porträts von Erwachsenen mit harten Gesichtern, zeichnete Kinder bei Arbeit und Spiel, wofür die Bleistiftzeichnung **Carrots for dinner** (1899), Abb. 3.1, typisch ist, und machte viele Fotos, die heute den Wert von Zeitdokumenten haben.

Von Texas ging die Reise zurück nach St. Louis. Mitte Mai 1900 waren sie wieder in Marshall, Anfang Juli in Moorefield und Ende Juli nochmals in St. Louis, von wo sie Anfang Oktober nach New York fuhren. Am 8. Oktober 1900 reisten sie mit dem HAPAG-Dampfer «Pensylvania» nach Hamburg und fuhren von dort nach Koblenz, wo sie eine kleine Wohnung gemietet hatten.

Emmy heiratete nach der Rückkehr aus den USA den Bonner Privatdozenten der Chemie, Dr. Georg Schroeter, während Gabriele zunächst einige Zeit orientierungslos war. Erst mit 24 Jahren entschloss sie sich, ihre künstlerische Ausbildung ernsthaft fortzusetzen, da sie in den USA für ihre Zeichnungen viel Lob erhalten hatte. Gabriele entschied sich 1901 für die Kunstausbildung in München. Eine Mitbewohnerin in Düsseldorf, Margarete Susman, hatte begeistert von der Damen-Akademie gesprochen, und München galt damals im deutschsprachigen Raum neben Berlin und Wien als Brennpunkt der modernen Kunst, wo sich verschiedene Strömungen nebeneinander entfalteten und in der Auseinandersetzung miteinander an Profil gewannen. Da an der Königlich Bayerischen Kunstakademie Frauen noch nicht zugelassen waren, trat Gabriele dem Münchner Künstlerinnen-Verein bei und schrieb sich in die Damen-Akademie ein. Die Ausbildung begann sie mit Kopfzeichnen bei Maximilian Dasio, belegte im Juli und August bei Dasio Landschaftszeichnen in Fürstenfeldbruck und wechselte später zur Aktklasse von Angelo Jank. Weil ihr auch das zu wenig inspirierend erschien, erlernte sie im Schulatelier bei den Grafikern Heinrich Wolff und Ernst Neumann die Drucktechnik des Holzschnitts. Bei der weiteren Suche hörte sie von der Künstlervereinigung *Phalanx*, wechselte zu ihr und begeisterte sich für Bildhauerei bei Wilhelm Hüsgen. Phalanx hatte in Schwabing gerade die *Kunstschule Phalanx* gegründet, an der neben Hüsgen auch Wassily Kandinsky Malen unterrichtete. Wenn die Bildhauer-Stunde ausfiel, ging Ella in Kandinskys Klasse. Der ging beim Korrigieren anders vor als alle bisherigen Lehrer, die entweder alle Schülerinnen zu ihrem Stil hinsteuern wollten oder beim Korrigieren so in das Bild eingriffen, dass es nicht mehr das Ihre, sondern das Seine war. Kandinsky hingegen war sehr zurückhaltend und respektierte das Werk der Schülerinnen. Das imponierte Ella von Anfang an und wurde zur Grundlage für das Entstehen einer besonderen Beziehung zwischen Lehrer und Schülerin. Die Schülerinnen und Lehrer bildeten als Gruppe eine Art «Familie», tranken Tee miteinander, feierten Feste und machten Ausflüge. So wurde schon in kurzer Zeit die Beziehung zwischen Ella und ihrem Lehrer Kandinsky zu einer Liebesbeziehung, obwohl Kandinsky verheiratet war und mit seiner Frau Anja in München wohnte.

Neben dem Zeichnen und Malen blieb Gabriele dem Fotografieren weiterhin treu. Auch Kandinsky hatte einen Fotoapparat und sah in dem neuen Medium viele Möglichkeiten, sodass auch der Austausch von Fotos zum intensiven Band zwischen beiden beitrug. Und weil Gabriele und

Abb. 3.2: Kandinsky beim Landschaftsmalen (1903), Öl auf Leinwandkarton, 16,9 x 25 cm

Kandinsky Fahrräder besaßen, machten sie öfters miteinander Radausflüge.

Das erste Malen im Freien fand in Kochel am Kochelsee unter Kandinskys Leitung statt, wo sich die Schülerinnen in der Umgebung verteilt hatten, um mit dem Spachtel auf kleinformatigen Malkartons zu arbeiten. Ella malte in der Spachteltechnik **Kandinsky beim Landschaftsmalen** (1903), Abb. 3.2, und er malte Ella im Kittel und mit Hut vor der Staffelei.

In der Freizeit ging Gabriele gern im Kochelsee schwimmen. Für sie war das ein vertrautes Element, während Kandinsky immer Scheu vor dem dunklen Wasser hatte. Wenn sie mit ihrem brünetten, rot schimmernden Haar im Wasser auftauchte, nannte er sie liebevoll «Schwimmfüchslein».

Als Anja Kandinsky nach Kochel kommen wollte, bat Kandinsky darum, dass Ella Kochel früher verlassen möge, denn seine Frau sollte von der Beziehung der beiden nichts merken. Deshalb verbrachte Gabriele dann den Sommer 1902 im Rheinland bei Emmys und Carls Familien. Dort schrieb sie in einem Brief an Kandinsky von ihrer Einsamkeit und von ihrer Liebe, und wie ihr die Heimlichkeiten und Lügen gegenüber Anja

Kandinsky eigentlich verhasst wären. Sie war aber bereit, das – wie sie schrieb – «hübsche Lehrer-Freundschafts-Kameradschaftsverhältnis» wieder aufzunehmen, um ihn nicht ganz zu verlieren.[16] Im Oktober kehrte Ella nach München zurück und Kandinsky nahm sofort Kontakt mit ihr auf. Er legte Wert auf ihr Urteil über seine Bilder – wobei Ella ehrlich und oft sehr kritisch war. Auch er hatte sie sehr vermisst und ständig imaginäre Zwiegespräche mit ihr geführt, ihr Karten und Briefe geschrieben, Gefühle auf Zetteln notiert, auch in der Eisenbahn, beim Essen usw.

Ella bekannte in einem langen Brief (12. Oktober 1902) Kandinsky ihre Gefühle – verschickte den Brief aber nicht und führte ihn als Tagebuch weiter.[17] Am 18. Oktober 1902 gestand Kandinsky ihr seine Liebe. Er war von ihrer kindhaft-leichten Erscheinung hingerissen, verwendete immer wieder verkleinernde Kosenamen wie «Füchschen, mein gutes Kindchen, du meine Zarte, du meine kleine Goldene, mein Ella-Kind, mein Müchen ...» – Er sah sich ihr gegenüber in der Rolle des Beschützers. Das entsprach auch genau den Themen der mittelalterlichen, höfischen Szenen, die er zu der Zeit gerne in seiner «Tüpfchentechnik» malte.

Kandinsky betrieb ab dieser Zeit wegen seiner Frau ein Doppelspiel, schrieb «offizielle» Briefe an Fräulein Münter und zusätzlich geheime Notizen, er täuschte in Verkleidung geplante Treffen mit Ella in der Stadt als «zufällige Begegnungen» vor und schien Spaß daran zu haben. Doch Ella waren Lug und Trug zuwider. «Ella fragte ihn, den sie den Glatten und Undurchschaubaren nannte,» schreibt Gisela Kleine, «ob seine Lust an Maske und Versteckspiel sich nicht eines Tages auch gegen sie richten könne. Er versicherte ihr: ‹Glaube mir nur, Geliebte, dir gegenüber bleibe ich immer offen in Reden und Tun›.»[18]

Auf Ellas Wunsch vereinbarten beide Mitte Februar 1903 eine Bedenkzeit, in der sie ausprobieren wollten, ob sie wieder Abstand gewinnen könnten. Kandinsky beteuerte: «Das tue ich aber nur aus Liebe zu dir, das musst du wissen!» Gabriele verbrachte deshalb wieder einige Zeit in Bonn.

Für den Sommer 1903 waren Malwochen in dem oberpfälzischen Städtchen Kallmünz geplant. Dazu war ein Vorbereitungstreffen vereinbart, das aber wegen Schwierigkeiten mit der Post schieflief. Beide wurden sich da ihrer Trennungs- und Verlustängste bewusst. Dennoch fand das Malen in Kallmünz statt, und Gabriele schuf dort zum ersten Mal die Dreiheit von Foto, Spachtel-Ölbild und Farbholzschnitt derselben Motive. Diese drei

Varianten machte sie später noch öfter. Gabriele investierte viel Mühe in das Anfertigen der Farbholzschnitte. Im Holzschnitt war Kandinsky nicht ihr Lehrer und auch nicht ihr Meister, vielmehr war sie wegen ihrer Stärke in der Linienführung und großflächigen Farbgebung dem Lehrer darin deutlich überlegen.

Im Sommer 1903 kam es nach den emotionalen Höhen und Tiefen der Vorbereitungszeit in Kallmünz zu einer Verlobung. Kandinsky hatte überraschenderweise Ringe mitgebracht, die aber sogleich wieder in der Schatulle versteckt werden mussten. Gabriele betrachtete die Verlobung immer als ein Eheversprechen, obschon ja das Ehepaar Kandinsky noch nicht geschieden war.

Im März 1904 verbrachte Gabriele einige Wochen bei Carl und Emmy in Bonn und wartete auf Kandinsky, mit dem sie einige Reisen unternehmen wollte, mit dem Ziel, das Zusammensein auszuprobieren. Im Mai stellte sich Kandinsky bei Emmy und Carl vor, die sich sehr reserviert verhielten. Ella und Wassily verbrachten einige Tage in Düsseldorf und besuchten in Krefeld die Ausstellung «Linie und Form», in der natürliche biologische Formen und Zweckformen der Technik nebeneinander gezeigt wurden. Die Botschaft der Ausstellung sprach beide sehr an und lautete: Die Notwendigkeit bestimmt in der Natur die Form – und wenn die Form der Notwendigkeit voll entspricht, ist sie auch schön. Für das künstlerische Schaffen deuteten sie dies so: Die künstlerische Form folgt der inneren geistig-seelischen Notwendigkeit des schöpferischen Menschen!

Schließlich machten sie sich am 23. Mai mit dem Rheinschiff nach Rotterdam auf zu ihrer vierwöchigen Reise durch Holland. Von Rotterdam ging es nach Den Haag und Scheveningen, weiter nach Haarlem und mit dem Fahrrad nach Zandvoort. Beide interessierten sich mehr für die Landschaft und Städte als für die Museen. Amsterdam, Edam, Volendam, Marken, Brock, Hoorn und Arnhem waren weitere Stationen.

Kandinsky machte Studien im Hafen und am Strand, Ella fotografierte viel und wollte die Fotos später für Grafiken nutzen. Doch während der ganzen Reise bestand eine eigentümlich gereizte Stimmung, für die sich Kandinsky später brieflich entschuldigte.

Ende Juni kehrte Gabriele wieder nach Bonn zurück und blieb dort beinahe ein halbes Jahr. Beide schrieben einander fast täglich Briefe. Weil Ella ihre Malutensilien in München deponiert hatte, musste sie sich jetzt behelfen. Doch sie war gar nicht in der richtigen Stimmung fürs Malen. Kandinsky riet ihr, einfach zu malen, um in Stimmung zu kommen, weil dies auch immer seine Inspiration und Kreativität förderte. Doch das war ein grundsätzlicher Unterschied zwischen Münter und Kandinsky: «Malen brachte ihn in Stimmung. Ella aber brauchte Stimmung, um zu malen.»[19]

Kandinskys Frau Anja einigte sich 1904 mit Wassily freundschaftlich auf eine Trennung, aber die nach russisch-orthodoxem Gesetz geschlossene Ehe konnte nicht so einfach geschieden werden. Kandinsky löste die eheliche Wohnung in München auf und wartete darauf, mit Ella zusammenleben zu können. Doch auch bei zwei Treffen in Frankfurt und Bad Kreuznach war die Stimmung gedrückt.

Ab 22. Oktober 1904 besuchte Kandinsky – wie jedes Jahr – Verwandte und seine Mutter in Odessa und war dort künstlerisch in Hochstimmung. Er kümmerte sich viel um seine Mutter, die psychische Schwierigkeiten hatte, und verfiel dadurch auch selbst zeitweilig in Depressionen.

Um eine Form des Zusammenlebens zu finden, entstanden Reisepläne. Weil Kandinsky trotz der Trennungsentscheidung noch verheiratet war, wollte er mit Gabriele Reisen unternehmen und damit aus dem Gesichtsfeld seiner Frau geraten. Deshalb dachte er nach dem Aufenthalt in Holland, für einige Zeit nach Ägypten, Algerien oder Marokko zu gehen, wo er sich vom Licht im Süden und von anderen Farben Inspirationen für seine Malerei erhoffte.

So geschah es auch. Am 6. Dezember 1904 brachen Wassily und Gabriele aus Bonn mit viel Malgerät auf nach Tunis. Doch die Reise begann schon mit Hindernissen. Auf der Bahnstrecke bei St. Goar hatte ein Erdrutsch die Bahngleise zerstört, so dass sie eine kurze Strecke mit dem gesamten Gepäck zu Fuß zurücklegen mussten, um dann mit einem überfüllten Bummelzug weiterzufahren. Kein gutes Vorzeichen der Reise, dachte Ella, denn sie hatte nachts im Traum einen Sarg gesehen und deutete dies so, dass sie sterben müsse. Überdies hatte Kandinskys Halbschwester beim Kartenlegen gesehen, dass ihr Bruder heil nach Hause kommen werde, während Ella von schwarzen Karten umgeben war. Ella wurde sehr ängstlich und die Stimmung zwischen beiden war nach wie vor schlecht.

Die Reise führte über Straßburg, Basel und Genf nach Marseille, immer unterbrochen durch Museumsbesuche. Am Weihnachtstag 1904 kamen Ella und Wassily in Tunis an. Das gebuchte Hotel erwies sich jedoch nicht als geeignet, deshalb wechselten sie zu einem billigeren, in dem sie zwei getrennte Zimmer mieteten. Ab Januar 1905 verbrachten sie nun mehrere Monate in Tunis. Da im Winter das Wetter nass und stürmisch war, mussten sie sich viel im Hotel aufhalten. Dort fertigte Ella nach Kandinskys Entwürfen Perlenstickereien an, wie sie in Russland für fürstliche oder sakrale Zwecke üblich waren. Ella passte den Farbton ihrer Bilder der Landschaft an, Kandinsky hingegen malte historische Reiterszenen, alte russische Städte usw. in Tupfen-Technik mit kräftigen Temperafarben auf schwarzer Pappe. Da er mit diesen Bildern seiner «russischen Periode» selber nicht zufrieden war, schied er sie später aus seinem Werkkatalog aus. Gabriele machte Entwürfe für Farblinolschnitte, die sie später ausführte.

Zusammen besuchten sie antike Stätten wie Karthago und Bardo. Ellas Notizen ist zu entnehmen, dass dies zu ihrem Bedauern nur flüchtig geschah. Auch verschiedene Heiligtümer des Islam konnten sie besichtigen und einmal an einem Gebetsdienst teilnehmen.

Am 5. April fuhren sie nach Palermo, nach kurzem Aufenthalt nach Neapel und zügig weiter über Rom nach Florenz, Bologna und Verona.

Rückblickend mussten beide feststellen, dass die lange Reise künstlerisch nichts gebracht hatte. Und ihre Beziehung hatte nur gelitten, weil sie vom Partner nicht die Empathie erhielten, die sie eigentlich ersehnten. So wurde die Zeit in Tunesien und Italien von großen Spannungen überschattet. Gabriele litt außerdem unter Zahnschmerzen, wurde seekrank, ertrug in Italien Hitze und Staub nur schwer und ärgerte sich, dass Wassily dafür keinerlei Mitgefühl zeigte. Denn er verfolgte mit heftigen Emotionen die Zeitungsberichte über den Krieg Russlands mit der japanischen Großmacht in Ostasien. Er fühlte sich wie nie zuvor mit Russland verbunden und wurde auf Ella zornig, weil sie diesen Patriotismus und die Verherrlichung des Krieges nicht billigen konnte.

In Verona einigten sie sich, dass Wassily nach Innsbruck und Ella nach München fahren sollte, wo sie endlich die Zahnneuralgie behandeln lassen wollte. Weil die Scheidung der Kandinskys noch immer nicht spruchreif war, wollten sich beide in München nicht gemeinsam zeigen. Ella hätte gerne Malunterricht genommen bei Jawlensky, der sich seit einiger Zeit in München aufhielt; aber da Kandinsky strikt dagegen war, ließ sie schweren Herzens den Plan fallen.

Die ungeklärte Ehe-Situation zwang beide immer wieder, aus München

Abb. 3.3: Wassily Kandinsky: Bildnis Gabriele Münter (1905), Öl auf Leinwand, 45,2 x 45 cm

zu flüchten. Es gab kein Zuhause – und vor allem Kandinsky wurde von stärksten widerstreitenden Gefühlen hin- und hergerissen. Er wollte Ella einerseits unbedingt heiraten, andererseits aber doch nicht mit ihr zusammenleben.

Im Sommer 1905 brachten auch die Fahrten durch Sachsen keine Entspannung. Kandinsky war oft übel gelaunt, und es gab ständig Streitereien. In Dresden malte Ella Porträts und Kandinsky das Ölbild **Gabriele Münter** (1905), Abb. 3.3. Dieses Bild lässt Ellas gedrückte Stimmung und Lustlosigkeit erschreckend deutlich erkennen: Ihr Gesichtsausdruck, die Kleidung, der grün-graue tote Hintergrund! Kandinsky bezeichnete es noch im selben Jahr sogar als «Saumalerei».

Das vierte Jahrsiebt Gabrieles aus entwicklungspsychologischer Sicht

Die wichtigsten Ereignisse dieses Jahrsiebts sind in der Übersicht zusammengefasst:

Jahr	Alter	Ereignis **viertes Jahrsiebt**	Bilder
1899	22	Reise in die USA, New York bei Verwandten der Mutter in St. Louis, Arkansas, Texas	*Zeichnungen von Kinderszenen, 400 Fotos*
1900	23	Rückreise Texas, Arkansas, St. Louis, NY 8. Oktober Reise New York nach Hamburg Rückkehr nach Koblenz	*Porträts, alltägliche Szenen*
1901	24	Beschluss: Malen! Nach München an die Malschule des Künstlerinnen-Vereins	
1902	25	«Phalanx»: Klasse Abendakt, Kopfstudien Begegnung mit Wassily Kandinsky (WK) als Lehrer, Malen mit Spachtel in Kochel	*Haus mit Balkon*
1903	26	Eigenes Atelier in München. Frauenverein, Malen in Kallmünz, Verlobung mit WK WKs Frau Anja mit Trennung einverstanden	*Kallmünz (Wirtsgarten) Kandinsky beim Landschaftsmalen*
1904	27	GM in Bonn, 4 Wochen mit WK in Holland WK löst ehel. Wohnung auf, besucht Mutter in Odessa, Dez. GM mit WK nach Tunesien	*Fotos, Farbholzschnitte*
1905	28	Bis April in Tunesien, Palermo, Neapel, Florenz, Bologna, Verona, Sachsen, Dresden, Bonn, Milano, Riviera	*Gasse in Tunis, Spachtelstudien*

Ich gehe auf die markantesten Entwicklungen dieses Jahrsiebts aus entwicklungspsychologischer Perspektive in sechs Themenfeldern ein.

(1) Die Entwicklung der Empfindungsseele in den Lehr- und Wanderjahren

Mit der von Gabriele so genannten «Vetterlesreise» durch die USA begannen für sie die Lern- und Wanderjahre «auf der Suche nach ihrem Stil».[20] Die Schwestern bewegten sich auf den Spuren ihrer Eltern und kamen dabei deren pionierhaft-unternehmerischer Lebenshaltung nahe. Sie lernten mit den Reiseformen und den Aufenthaltsorten vielfältige Lebens- und Zivilisationsformen kennen. Auf dem Weg zu den Verwandten waren sie in komfortablen Eisenbahnzügen unterwegs, mit Kutschen und Pferdewagen und auch zu Pferd, wie das die Umstände erforderten. Und vom Bankiershaushalt in St. Louis, sowie vom einfachen Holzhaus der Pflanzer bis zur armen Hütte des Cowboys in Texas tauchten sie in sehr unterschiedliche wie auch typische Lebensweisen ein.

Diese zwei Jahre in den USA nenne ich *Gabrieles Schule des empfindsamen Schauens*. Es war nicht nur äußeres Sehen, sondern das Aufnehmen von Situationen, die mit lebhaftesten Empfindungen verbunden waren. Immer ging es ihr um echte Lebenssituationen, denen sie sich öffnete. Aus der spontanen Empfindung komponierte sie das Gesehene und Erlebte mit dem Gestalt-Blick der Malerin. Der Fotoapparat und das Zeichnen waren dafür die wichtigsten Hilfsmittel.

(2) Das Finden des Lebensziels mit 24 Jahren

Nach den enttäuschenden Erfahrungen an der Kunstschule in Düsseldorf, und bestärkt durch die sehr positiven Reaktionen der amerikanischen Verwandten auf die Porträtzeichnungen, war es für Gabriele im Alter von 24 Jahren klar geworden: Sie wollte ihr Zeichentalent als Lebensaufgabe gezielt entwickeln.

Bei der Anmeldung an den Kunstschulen in München musste sich Gabriele innerlich noch über gesellschaftliche Vorurteile gegenüber «malenden Fräuleins und Damen» hinwegsetzen. Das Zeichnen von Köpfen bei Dasio gefiel ihr anfangs deswegen, weil er mit deutlichen Umrisslinien das Charakteristische treffen konnte, so wie auch sie es verstand. Aber mit der Zeit erschien ihr der Unterricht doch zu statisch und nicht auf den lebendigen Moment ausgerichtet, wie sie das in den USA so geliebt hatte. Die Ausbildung in der Damen-Akademie war zwar dem Studium an der bayerischen Akademie weitgehend angeglichen, dennoch hatten Absolventinnen damit zu kämpfen, dass man sie in die kunstgewerbliche Betätigung abdrängen wollte, weil es für freischaffende Malerinnen noch keine allgemeine Akzeptanz gab. Doch Gabriele drängte es unbedingt zu freiem künstlerischem Schaffen. Aus diesem Grund hatte sie auch München gewählt, denn kunstgewerbliche Ausbildungen gab es für Frauen auch in anderen Städten.

München war u.a. durch gezielte Maßnahmen des Prinzregenten Luitpold zu einer offenen Stadt geworden, in deren Atmosphäre sich Künstlerinnen und Künstler wohl fühlten. Er hatte verfügt, dass in Schwabing in jedem vierten Haus Dachateliers gebaut werden mussten. Der Jugendstil hatte – langsamer als in Wien – die historisierende Architektur abgelöst und München war zu einer Stadt der Jugend geworden, wie auch die Gründung der Zeitschrift «Jugend» im Jahr 1896 bezeugte.

Das alles entsprach ganz dem Lebensgefühl Gabrieles, wie es Gisela Kleine charakterisiert: «Ella Münter hatte in den Staaten zu einem freizügigen Umgang mit der Tradition gefunden. Sie entwickelte eine Abwehr gegen alles Regelhafte und ein Verlangen nach Aufbruch, Frische, Neubeginn.»[21]

Damit war das Ideal von Freiheit und Selbstständigkeit, wie Ella es in der Zeit des *1. Mondknotens* erträumt hatte, für sie real geworden. Und mit der weiteren Entwicklung der Empfindungsseele konnte sie dieses Ideal immer konkreter verwirklichen, auch wenn sie dafür Hindernisse überwinden musste.

(3) Das Selbstverständnis als Frau

In New York war Ella besonders davon beeindruckt, wie sich Mädchen von der Autorität der Männer emanzipierten. Das hatte ihr schon ihre Mutter vermittelt, und im Gymnasium hatte sie es in Büchern gelesen wie auch in Ibsens Dramen miterlebt. In München hatte man sich schon an fahrradfahrende Damen gewöhnt, die im Englischen Garten in weißen Radhosen und oft mit Schlips und Bowler ihre Runden zogen. Hier hatte die Emanzipation der Frauen einen guten Boden gefunden, und das sprach Gabriele sehr an. Sie besuchte möglichst an jedem Freitag die Vorträge von Ika Freudenberg und Anita Augspurg[22] im *Verein für Fraueninteressen*, der sich für Emanzipation und Frauenrechte einsetzte.

Weitere wichtige Impulse verdankte Gabriele dem Umgang mit ihrer Freundin aus der Düsseldorfer Zeit, Margarete Susman. Im Hause Wolfskehl hatten sie u.a. Kontakt mit Stefan George und Ludwig Klages, den sogen. «Kosmikern», die den *Eros cosmogonius* als Gegenmittel gegen den Rationalismus und die patriarchalische Herrschaft propagierten, die

«Gynäkokratie» mit Promiskuität als Gesellschaftsform der Zukunft. Für die «Freie Liebe» konnte sich Ella zwar nicht begeistern, sehr wohl aber für die gesellschaftliche Gleichstellung von Mann und Frau.

Neben der Auseinandersetzung mit gesellschaftspolitischen Fragen nutzte sie die Gelegenheiten zu Opernbesuchen und liebte vor allem Wagner, dessen Musik damals heftiges Für und Wider ausgelöst hatte! Und noch eine andere Seite des Kunstlebens faszinierte Ella: Sie war von den Kabarettisten *Elf Scharfrichter* und vom *Simplicissimus* begeistert. Vor allem gefielen ihr die Grafiken, die mit klaren Linien und Farbflächen das Wesentliche präsentierten. Das hatte Ella schon in New York so beeindruckt.

(4) Paarbildung und Freundschaften

Als Gabriele Wassily Kandinsky begegnete, entstand zwischen dem Lehrer und der Schülerin eine Beziehung von zwei erwachsenen, selbstbewussten Menschen. Gisela Kleine zitiert dazu Gabriele selbst: «Das war dann ein neues künstlerisches Erlebnis, wie Kandinsky ganz anders als die anderen Lehrer eingehend, gründlich erklärte und mich ansah wie einen bewusst strebenden Menschen, der sich Aufgaben und Ziele stellen kann. Das war mir neu und machte Eindruck.»[23]

Ella hatte endlich den Lehrer gefunden, der ihr besonderes Talent anerkannte und – wie er sagte – nur hüten musste, dass nichts Falsches dazukam. Beim Korrigieren übte er äußerste respektvolle Zurückhaltung und ergriff nie den Stift oder Pinsel der Schülerinnen, um ihr Bild zu verändern. Das schätzte Gabriele, die auf Selbstständigkeit großen Wert gelegt hatte.

Kandinsky schrieb rückblickend über seine Haltung: «Der Künstler muss seine Begabung durch und durch kennen und wie ein kluger Geschäftsmann kein Teilchen ungebraucht und vergessen liegenlassen, ausbilden muss er jedes Teilchen, bis zur letzten Möglichkeit, die es für ihn gibt.»[24]

Ella sprach immer freimütig aus, was sie empfand und dachte. Dazu schreibt Kleine: «Kandinsky war durch die Geradheit ihrer Worte gefesselt, durch ihr verständnisbereites Zuhören, durch ihren Arbeitsernst, der unvermutet in schalkhaften Mutwillen umschlagen konnte. Sie war uneitel und verlässlich, dazu begabt mit einem unverfälschten Sinn für Komik.

Um ihre mädchenhafte Erscheinung schwebte ein Hauch von Freiheit. Sie wirkte elegant und großzügig. Ihre Meinungen spiegelten die Weite ihrer Reiseerfahrungen in der Neuen Welt. Sie war selbstsicher, aufmerksam und wissbegierig. (...) Sie strahlte Frische und eine gewisse Bürgerlichkeit aus, die Kandinsky als höchst angenehm schätzte.»[25] Auch für den Lehrer war dieses Verhalten einer Schülerin mit Welterfahrung neu und anregend – ja, anziehend.

So entstand eine Lehrer-Schülerin-Beziehung der gegenseitigen Anerkennung, wenn auch mit unterschiedlichen Rollen. Und obschon mit den Teepausen und gelegentlichen Festen ein quasi-familiäres, durchaus freundschaftliches Verhältnis zwischen Schülerinnen und Lehrern im Entstehen war, bestand eine klar definierte Beziehung des Lehrenden mit der Lernenden.

In dieser Zeit (1902) zeichnete Ella das **Selbstbildnis** (1902) mit kurzem, lockigem Haar in der gelernten Schraffurtechnik, die eigentlich gar nicht ihrer Art entsprach. Sie wirkt in der weißen Bluse mit dem Stehkragen steif und etwas angespannt.

Während des Malens in Kochel und durch die Freizeitaktivitäten sowie beim Schwimmen im Kochelsee wurde aus dem Lehrer-Schülerin-Verhältnis eine Liebesbeziehung zwischen der fünfundzwanzigjährigen Gabriele und dem zehn Jahre älteren Wassily. Aus dem mir verfügbaren Material ist zu schließen, dass Wassily Kandinsky für Ella die erste große Liebe des Lebens war.

Nach Ellas intuitivem und implizitem Verständnis änderte sich dadurch der Charakter der Beziehung grundlegend: Aus der Ungleichheit zwischen Lehrer und Schülerin sollte eine Partnerschaft auf gleicher Augenhöhe entstehen. Solange sie die Liebe jedoch in der Öffentlichkeit nicht zeigen konnte, da Kandinsky noch verheiratet war und er seiner Frau diese Beziehung verheimlichte, entstanden für Ella wieder und wieder Rollenkonfusionen, die durch Vermummungen und heimliche Treffen noch verschlimmert wurden. Im Oktober 1902 hatte Ella einmal Kandinsky gefragt, ob er nicht auch sie einmal so mit Maske und Versteckspiel betrügen könnte ...

Ella hatte immer wieder an ihren Gefühlen gezweifelt, auch als es Mitte Juli 1903 im Wirtshaus zur Roten Amsel in Kallmünz zur Verlobung kam! Zu Ellas Überraschung hatte Kandinsky Ringe mitgebracht, die aber sogleich wieder in die Schatulle mussten. Sie konnten die Ringe nur an entfernten Orten tragen, da Anja Kandinsky von all dem nichts erfahren durfte. Als Verlobungsgeschenk überreichte Kandinsky sein Bild «Spazierende Dame». Es war im Genre seiner folkloristischen Bilder dieser Schaffensperiode gehalten, in denen er Ritter, Burgfräulein und galante höfische Szenen malte.

Zum besseren Verständnis der Beziehungsmuster bietet sich hier das Modell der Transaktionsanalyse von Eric Berne[26] an. Nach Berne kann eine Person A aus drei «Ich-Positionen» heraus mit Person B agieren, wobei auch B von verschiedenen «Ich-Positionen» ausgehen kann. So entstehen Beziehungen von Gleichwertigkeit oder Ungleichwertigkeit. Die drei «Ich-Positionen» einer Person können sein:
1) *Eltern-Position»*, d.h. A hält sich für erfahrener, kompetenter, menschlich oder fachlich überlegen gegenüber B und handelt entsprechend;
2) *Erwachsenen-Position»*, d.h. A versteht sich als kompetente, selbstbewusste Person und geht mit B als völlig ebenbürtig um oder reagiert aus der Position der selbstbewussten Person auf B;
3) *Kind-Position»*, d.h. A sieht sich als weniger reif, weniger erfahren als B und agiert oder reagiert entsprechend.

Wenn A aus der «Erwachsenen-Position» mit B agiert und er B dabei gleichfalls als auf «Erwachsenen-Position» befindlich behandelt, verläuft die Beziehung auf gleicher Augenhöhe.

Wenn A als Lehrer aus der «Eltern-Position» mit dem Schüler B spricht und er B als in der «Kind-Position» befindlich behandelt, benimmt sich A von oben herab gegenüber B (wobei A dies auf nette, wohlwollende oder unfreundliche Art tun kann). Wenn B dies akzeptiert und wie ein «Kind» mit seinen «Eltern» verkehrt, liegt eine «komplementäre Transaktion» vor. Wenn B sich aber durch das Verhalten von A unterschätzt fühlt und seinerseits versucht, von seinem «Eltern-Ich» aus auf A einzugehen und nun A als in einer «Kind-Position» befindlich behandelt, entsteht eine sogen. «gekreuzte Transaktion», die in der Regel konflikthaft ist.

Es ist auch möglich, dass sowohl A als auch B in der «Kind-Position» befindlich handeln; genau das ist bei regressivem Verhalten der Fall, wenn im Konflikt zwei Erwachsene miteinander wie Pubertierende umgehen.

Die Beziehungsmuster werden komplizierter, wenn das offizielle und formal definierte Rollenverhältnis abweicht vom faktischen Muster, wenn beispielsweise A der Vorgesetzte von B ist, während B aus dem Bewusstsein heraus handelt, seinem Chef A fachlich und menschlich überlegen zu sein und ihn ständig kritisiert.

Was besagt dies, wenn auf Ellas Beziehung mit Kandinsky geblickt wird? Die Lehrer-Schülerin-Beziehung zwischen «Dr. Kandinsky» und «Fräulein Ella Münter» war anfangs von Ella akzeptiert als Beziehung der Ungleichheit, nämlich des kompetenten Erfahrenen zur unwissenden Lernwilligen, auch wenn sich der Lehrende freundlich oder freundschaftlich verhielt. Doch durch den Wandel der Beziehung zu einem Liebesverhältnis war diese Beziehung nicht mehr angemessen. Es sollte eine Beziehung auf Basis der Gleichwertigkeit, auf Augenhöhe entstehen. Kandinsky sprach jedoch in seiner Verliebtheit Gabriele immer wieder mit verkleinernden Kosenamen an: «mein Müchen», «meine Kleine», «Schwimmfüchslein», «mein gutes Kindchen», «du meine Zarte», «du meine kleine Goldene», «mein Ella-Kind» etc. Das war gewiss zärtlich gemeint, drückte aber nicht Gleichwertigkeit, sondern «Vertikalität» aus. Dass sich Kandinsky in der ritterlichen Rolle gegenüber dem schutzbedürftigen Burgfräulein sah, war dafür auch stimmig und kam in seinen Bildern mittelalterlicher höfischer Szenen zum Ausdruck.

Wenn die Rollendefinitionen einander nicht komplementär ergänzen und die Beteiligten unterschiedliche Rollenauffassungen haben, führt dies zu Spannungen. Diese steigern sich dann zum Konflikt, wenn eine der beteiligten Personen ihr Rollenverständnis einseitig aufrechterhalten oder durchsetzen will. Diese permanente Spannung zwischen Gabriele und Kandinsky könnte der rätselhaften Verstimmung zugrunde gelegen haben, die während der ganzen Hollandreise bestand. Paradoxerweise traten Konflikte gerade dann auf, wenn sie nach längerer Trennung einander endlich wieder leibhaftig begegnen konnten.

Die Theorie der Transaktionsanalyse erklärt auch das Aufkommen zusätzlicher Komplikationen, wenn die wahre Natur der Beziehung – hier die partnerschaftliche Gleichwertigkeit der Verlobten – verheimlicht werden soll, und für die Außenwelt so getan wird, als bestünde nur die «offizielle» vertikale Beziehung zwischen Lehrer und Schülerin. Ella litt sehr unter dem Verheimlichen, zum einen, weil sie sich schon als Kind der Wahrheit unbedingt verpflichtet fühlte; zum zweiten, weil das Vortäuschen einer Beziehung immer Stress erzeugt; und zum dritten, weil es ihr ein natürliches Bedürfnis gewesen wäre, ihre Freude über die Liebe zum Partner offen zeigen zu können.

Dennoch ließ sich Gabriele nicht in die alte Schülerin-Rolle zurückdrängen, sondern brach immer wieder aus der «Vertikalität» aus. Das drückte sich u.a. im Sommer 1904 in einem Brief an Kandinsky aus, als sie ihre Kritik an seinen Holzschnitten unverhohlen äußerte, «sie entsprächen mit ihren märchenhaft-folkloristischen, am dekorativen Jugendstil und Symbolismus orientierten Motiven zu sehr dem Zeitgeschmack. Sie bezeichnete die Grafiken sogar als ‹Spielerei›, die ihn künstlerisch nicht viel weiter brächte. Er war von ihrer Kritik betroffen und letztlich auch verärgert …»[27] Sogar Jahre später versuchte er sich in seiner autobiografischen Schrift noch zu rechtfertigen, da ja «alle Kunst Spielerei» sei.

Kandinsky schob immer wieder die Klärung der Ehebeziehungen mit seiner Frau auf. Er vereinbarte mit Ella mehrere Male sogen. «Entwöhnungskuren» oder «Zeiten der Prüfung». In den Zeiten sollten sie herausfinden, ob ihre Liebe wirklich stark genug sei, um Zeiten der Trennung zu überstehen. Beide litten darunter und schrieben einander beinahe täglich Briefe – aber Kandinsky schuf doch keine klaren Verhältnisse, obwohl die Liebenden mit jeder «Prüfung» erlebten, wie stark sie schicksalsmäßig miteinander verbunden waren.

Für Ellas Umgang mit Beziehungen war ihr Streben nach Freiheit und Unabhängigkeit von großer Bedeutung. Das ließ immer wieder Zweifel aufkommen, ob sie ohne den geliebten Mann leben könnte bzw. ob sie in einer Ehe nicht ihre geistig-seelische Eigenständigkeit verlieren würde. Derartige Überlegungen ergaben sich auch aus ihrem Selbstverständnis als emanzipierte Frau. Das bedeutete für sie, den Partner auch mit seinen Schwächen ehrlich konfrontieren zu müssen, wie sie das in einem Brief nach einem misslungenen Treffen tat: «Vielleicht findest Du mich kleinlich, dass ich Dir Deine Formlosigkeit übelnehme, aber dann richte Dich doch nach mir, wenn Du etwas von mir willst. (…) Wenn Du das Rendezvous und weitere Freundschaft mit mir noch wünschst, so mache ich zur Bedingung, dass Du mir das Versprechen abgibst, mich mit der Rücksicht zu behandeln, die ich verlange …»[28]

Kandinsky gab den tieferen Grund für seine Selbstzweifel im Brief vom 18. Juni 1903 vor der Verlobung in Kallmünz an: «… Ich bin ja einsam und muss einsam bleiben. Das ist meine Rolle im Leben. Einsame Freuden, einsame Trauer, einsame tiefe, unerwartete Gefühle, volles verstecktes Leben, feierliche und unendlich trübe Gedanken, die in mir entstehen und verlöschen, ohne jemandem mitgeteilt zu werden. Und das muss so bleiben. So muss ich bleiben bis zum Tod.»[29] In einem anderen Schreiben sagte er von sich, dass er anderen in Beziehung immer nur Unglück bringe – und fragte sich, ob er das Ella antun könne. Und er bezeichnete sich selbst als Don Juan, da er während seiner Ehe doch mehrere Lieben gehabt hatte.

Nach den enttäuschenden Erfahrungen der Reise durch Tunis, Italien und Sachsen in 1905, mit der permanenten Verstimmung Kandinskys und den ständigen Streitigkeiten schrieb Kandinsky Briefe an Ella, in denen er feurig betonte, wie sehr er sie liebe und heiraten wolle, gleichzeitig aber sprach er aus, dass er doch das Leben getrennt führen wolle. Wassily war voll der Widersprüche. Des Friedens willen passte sich Ella manchen seiner Wünsche und Entscheidungen an, war aber unglücklich.

In Abschnitt (6) dieses Kapitels gehe ich noch auf den Umstand ein, dass sich Ella und Wassily wegen des Altersunterschieds von rund zehn Jahren in anderen Jahrsiebten befanden.

(5) Das Entwickeln eines eigenen Stils als Malerin

Schon in der Düsseldorfer Kunstschule hatte sich Gabriele gegen das Zeichnen von Köpfen aus Gips und für das Aktmalen entschieden, da sie nicht starr sitzende Modelle seelenlos abzeichnen, sondern echte Gefühlsregungen oder Stimmungen erfassen wollte. Dem Grundsatz blieb sie auch in der Phalanx-Schule treu. Sie wusste genau, was sie nicht wollte, und fand mit der Zeit Anerkennung für das Originäre ihrer Kunst. Und indem sie ihrer Neigung folgte, konnte sich ihr Talent entwickeln.

Während der Amerikareise zeigte sich schon in Ellas Skizzen und Fotografien, was für ihre Kunst charakteristisch war. Sie formulierte selbst treffend zu ihrer Zeichnung **Tante Lou in der Hängematte** (1899): Tante Lou «lässig in der Hängematte schaukelnd, gelöst in der Zuständlichkeit des Augenblicks, aber aufmerksam und angespannt in Wesen und Blick.» Gisela Kleine zitiert Gabriele Münter, wie sie später als anerkannte Malerin auf ihr Zeichnen in den USA zurückblickte, bei dem es ihr nur um Ähnlichkeit ging: In den Staaten «füllte ich meine Skizzenbücher immer noch als bescheidener Dilettant ohne künstlerische

Absicht ... (...) Ich wollte die Menschen nur erfassen, wie sie waren. Ein halbes Jahrhundert später sind die alten Skizzenblätter ausgegraben und dem Porträtierten oder den Kindern der inzwischen Verstorbenen als Dankesgaben für die nahrhaften Pakete in der Notzeit nach dem Kriege geschickt worden, und alle waren entzückt, wie echt das Leben im Bilde vor ihnen stand.»[30]

Dass sich diese Menschen in den Zeichnungen freudig erkannten, beweist nur, wie gut es Ella gelungen war, die «seelische Zuständlichkeit des Augenblicks» festzuhalten. Und Gabriele sagte von sich: «Es ist eigentlich die Sicherheit des Schlafwandlers, mit der ich früher meine Bilder malte.»[31]

Ellas Fotografien in den USA sind für ihre künstlerische Entwicklung von Bedeutung. Sie gelten heute als zeitgeschichtliche Dokumente, da in direkter und ungekünstelter Art das tägliche Leben der Pioniere für die Nachwelt festgehalten worden ist. Dabei achtete Gabriele mit dem Blick der Malerin auf die Komposition und lenkte die Aufmerksamkeit auf das Wesentliche. Seit sie fotografierte, zeichnete sie etwas weniger, nutzte aber das neue Medium als Künstlerin. Und mit dem Fotografieren wandte sich Ella immer mehr dem Bild der Landschaft zu.

Beim Freiluftmalen in Kallmünz folgte sie einerseits Kandinskys Anweisungen, beschritt aber in Zeichnungen schon einen eigenen Weg, den Kandinsky selbst erst später einschlagen sollte. Mit der Spachteltechnik nutzte sie nuancierte Farbübergänge wie im Impressionismus, doch in den Zeichnungen, die vermutlich Entwürfe für spätere Holzschnitte waren, arbeitete sie mit reinen Farbflächen, die sie mit Zahlen charakterisierte. Denn für die Holz- und Linolschnitte musste sie die Bilder auf reine Farben reduzieren. So schuf sie, wie Kleine betont, «aus willkürlich begrenzter Farbenskala ein Flächengefüge: Abstraktion als Gestaltungsprozess!»[32]

Die Kunstgeschichte hat die Kunst der Gabriele Münter lange Zeit nur als im Schatten der Männer des Blauen Reiters stehend gesehen. Erst später wurde erkannt und gewürdigt, wie selbstbestimmt Gabriele ihren eigenen Weg gegangen ist – gerade inmitten mehrerer starker Künstlerpersönlichkeiten. Und das erforderte ein hohes Maß an Eigenständigkeit.

(6) Die asynchronen Entwicklungen von Gabriele und Wassily

Zwischen Gabriele Münter und Wassily Kandinsky ergaben sich zu bestimmten Zeiten herausfordernde Spannungen, da sie sich durch den Altersunterschied von rund zehn Jahren in verschiedenen Entwicklungsphasen befanden. Diese Spannungen konnten sowohl befruchtend wirken als auch zu Konflikten führen.

Zum Verständnis mancher seelischer Besonderheiten Kandinskys hebe ich zunächst einige biografische Daten hervor.

Wassily Kandinsky wurde am 5. Dezember 1866 in Moskau geboren. Er war einziges Kind des Wassily Silvestrowitsch Ritter von Kandinsky, einem wohlhabenden Teehändler, und seiner Frau Lidija Ivanova Ticheeva, einer Moskowitin mit baltisch-deutschem Hintergrund. Als die Familie nach Odessa zog und der Knabe Wassily vier Jahre alt war, verließ die Mutter Mann und Kind und heiratete aufs Neue. An die Stelle der Mutter trat eine Schwester der Mutter, doch der Verlust der Mutter blieb für Wassily zeitlebens eine schmerzende Wunde. Wassily studierte Nationalökonomie und Jura, promovierte, war an sozialwissenschaftlichen Forschungsprojekten in Dörfern beteiligt und lehnte die angebotene Stelle als Dozent an einer kleinen estnischen Universität ab. Plötzlich wandte er sich abrupt von jeglicher Wissenschaft ab, als er von der Entdeckung des Zerfalls der Atome erfahren hatte (darauf kommt er in «Über das Geistige in der Kunst»[33] wieder zu sprechen). Sein bisheriges Weltbild, konkret sein Wirklichkeitsverständnis, brach zusammen, denn nichts war noch beständig, nichts schien sicher, hinter der Materie war eine Wirklichkeit der Strahlung, die wesentlicher war als die Welt der Erscheinungen. Neuen Halt fand er in der Spiritualität, denn er hatte schon in seiner Jugend erlebt, dass die Ikonen auf eine andere als die sinnlich erfahrbare Wirklichkeit verwiesen. Er entschied, Maler zu werden. Vor dieser Entscheidung hatte er zwar schon Zeichnungen, Aquarelle und Ölbilder gemacht, aber niemals Mal- und Zeichenunterricht erhalten. Zur Farbe Schwarz hatte er ein ambivalentes Verhältnis, denn sie war durch die traumatische Erfahrung des Verlusts seiner Mutter für ihn negativ besetzt, übte aber gleichzeitig eine magische Anziehungskraft auf ihn aus. Später malte er gerne auf schwarzer Pappe und konnte mit Farben seine Stimmung aufhellen, indem er das Schwarz bekämpfte. Und er bat Ella öfters, in ihrem schönen schwarzen Kleid zu kommen. So wurde Malen für ihn zum Kampf des Lichts gegen die Finsternis.

Sein Lebensunterhalt schien gesichert durch die Aussicht auf ein Erbe, bestehend aus Mieten eines bebauten Grundstücks in Moskau. 1893 heiratete er eine Cousine und zog Ende 1896, in seinem dreißigsten Lebensjahr, mit seiner Frau nach München, weil es dort die besten Ausbildungen für Malerei gab. Er studierte zuerst an einer privaten Kunstschule beim slowenischen Maler Abè, später an der Akademie bei Franz Stuck, den er für den besten Zeichner Deutschlands hielt. Ohne Abschluss und ohne besonders bekannte Werke wurde er Leiter der von ihm gegründeten Phalanx-Kunstschule und kurz danach Lehrer. Kandinsky war also, wie Gisela Kleine schreibt, als Galerieleiter und Gründer des Vereins und der Schule «von oben eingestiegen».[34]

1902 erhielt Gabriele, 25 Jahre alt, in der «Klasse Abendakt» Malunterricht von Kandinsky, der damals im 36. Lebensjahr war. Hier wurde zum ersten Mal ein Spannungsfeld sichtbar, das sich jedoch als fruchtbar erwies.

Ella befand sich mitten in der Entwicklung der Empfindungsseele (21 bis 28) und malte intuitiv aus der spontanen Stimmung heraus. Als sie bei Kandinsky ihr erstes Stillleben in Öl malte, lobte er es als frisch und lebendig. Er selber arbeitete nach der Entwicklung der Verstandes- und Gemütsseele (28 bis 35) als Lehrer schon aus der Haltung der Bewusstseinsseele (35 bis 42). Das wurde deutlich in der Auffassung, «... das angeborene Talent bedürfe, um wirksam zu werden, der Zügelung durch den wertenden und richtungweisenden Verstand.»[35]

Kandinsky spitzte das noch weiter zu: «Das ist das Element des ‹Bewussten›, des ‹Rechnens› in der Arbeit.»

Kandinsky schätzte Ellas Art, Umrisse zu zeichnen, ließ sie aber Akte nach dem Zeichnen bewusst auch noch modellieren, um aus dem Umriss herauszufinden. Gabriele konnte von Natur aus zeichnen, während für Wassily das Zeichnen immer schwer war. Ella musste lernen, von der Linie weg zur farbigen Fläche – Kandinskys Domäne – zu kommen, die sicher auch durch Kandinskys Kurzsichtigkeit bedingt war, denn ohne seinen Zwicker konnte er entferntere Gegenstände nicht gut sehen, da sie sich in Farbflächen auflösten. So waren ihre unterschiedlichen Talente Polaritäten, die einander ergänzten! Doch wenn Kandinsky in der Zeit seiner

Bewusstseinsseelenentwicklung zu einem Farberlebnis ein russisches Märchen fand und dazu eine Theorie bildete, wie das Rot gegen das Grün (in Rittergestalten gekleidet) kämpfte, und dergleichen mehr, fand dieses Theoretisieren bei Ella – in der Phase, in der sie sich gerade befand – keinen Widerklang. «Ella lag solch eine verrätselnde Malweise nicht. Sie musste auch erst einmal die rechte Sicherheit im Umgang mit der Farbe gewinnen», fasst Gisela Kleine Ellas Haltung zusammen.[36]

Die permanent angespannte Stimmung während der Hollandreise stammte zum einen aus den oben angesprochenen Rollenkonfusionen, die vor allem Ella sehr belasteten. Dazu kam nun noch, dass Gabriele in der Krise des 28. Jahres sehr verunsichert war. Denn die Empfindungsseelen-Haltung *befriedigte nicht mehr* so wie vorher, und die Verstandes- und Gemütsseelenhaltung *konnte noch nicht tragen*. Kandinsky jedoch befand sich im Juli 1904 im Alter von 38 ½ Jahren im *2. Mondknoten* und war seinerseits ständig in gereizter Stimmung. Zur Zeit des Mondknotens war er mit der Trennung von seiner Frau und der Auflösung seiner Münchner Wohnung befasst. Das Aufgeben seiner bisherigen bürgerlichen Existenz war ein deutliches «Weg von ...», aber das «Hin zu ...» bestand vorerst nur in einer vagen Perspektive, einer Wunschvorstellung.

Vor der Reise nach Tunesien erlebte Kandinsky bei seinem Besuch in Odessa ein kurzes Stimmungshoch, wodurch er malerisch sehr produktiv war. Er hatte gerade die Herausforderungen des 2. Mondknotens bewältigt und etwas Ordnung in sein Leben gebracht. Ella wartete jedoch in Bonn auf Kandinsky, um mit ihm die Reise nach Afrika anzutreten, und litt an einem Stimmungstief. Dadurch war sie unfähig, etwas zu malen. Die Bewältigung des krisenhaften Übergangs von der Empfindungsseele zur Verstandes- und Gemütsseele erforderte mehr Zeit. Als ihr Kandinsky aus Odessa schrieb, ihn bringe das Malen in Stimmung, musste ihm Ella mitteilen, dass sie eine inspirierende Stimmung brauche, um malen zu können. Daran wurde wieder eine der Komplementaritäten zwischen beiden sichtbar: «Malen brachte ihn in Stimmung. Ella aber brauchte Stimmung, um zu malen.»[37]

So ging Kandinskys Krise des 2. Mondknotens nach kurzer Zeit über in die *Midlife-Crisis*. Das Aufsuchen neuer Länder und Kulturen schien Kandinsky die Lösung seiner inneren Konflikte zu versprechen. Wie so viele Menschen versuchte er durch das Verändern äußerer Gegebenheiten aus der Krise herauszukommen, und wie so viele Menschen holte ihn sein Doppelgänger, weil er ihn nicht erkennen und verwandeln konnte, immer wieder ein. Kandinskys Ringen mit der Midlife-Crisis hielt dadurch auch seine Partnerin mit-gefangen. Kandinskys **Bildnis Gabriele Münter** (1905), Abb. 3.3, in Dresden nach den fortwährenden Streitereien gemalt, lässt Ellas seelische Befindlichkeit, wie sie von Wassily in seiner Krisenstimmung gespiegelt wurde, unmissverständlich erkennen. Beide machten sich hier nichts vor. Gisela Kleine beschreibt es unerbittlich deutlich: «Wie sah er sie? Das war nicht das Bild einer Geliebten, dazu fehlte ihm jede erotische Ausstrahlung. Der Blick ist von durchdringender Klarheit, forschend, distanziert. Der Mund ist herb geschlossen, das Kinn wirkt kurz und energielos. Eine grobe Nase beherrscht das Gesicht. (...) Der Oberkörper wirkt klobig und unbeholfen, eine plumpe Schleife verdeckt jede Andeutung weiblicher Rundungen. Ein morbides Grün-Grau unterstreicht Dumpfheit und Glücksferne. Es liegt eine so tiefe Traurigkeit über dem Bilde des ‹strahlenden Sternchens›, des ‹goldenen Füchsleins›, als wolle Kandinsky den Beweis dafür antreten, dass er alle Menschen seiner Umgebung unglücklich mache.»[38]

Gerade in der Zeit der größten Spannungen, in denen Kandinsky unter den Wirkungen des eigenen Schattens bzw. Doppelgängers litt, überhöhte er seine Partnerin zum Idol. In Briefen aus Odessa, September bis November 1905, sprach er sie an als «... mein Trost, ... mein Licht ..., mein Götze ..., mein Engel» usw. und beschwor sie, «ihn zu retten»: «Und ich flehe dich an, hilf mir, hilf mir um Gottes willen, mich selbst wiederzufinden. Du kannst viel, du kannst alles, Geliebte.»[39] Und weil er alles auf die Rettung durch ihre Liebe setzte, empfand er unfreundliche Worte als Todesstoß, wie einen Schlag auf den Kopf, als Messerstich ins blutende Herz, wie er schrieb. In der Tiefe der Midlife-Crisis glaubte sich der vierzigjährige Mann ganz von seiner Geliebten abhängig, anstatt eigene Kräfte zur Transformation seines Schattens zu wecken. Wenn er hoffte, sich «wiederzufinden», so wäre es ein Trugschluss gewesen, wenn er damit gemeint hätte, dass er wieder so werden könnte wie vorher. Was ihn wirklich weiterbringen könnte, wäre, sich seinem Doppelgänger zu stellen und neu auf sein Höheres Selbst zu hören. So aber schrieb er aus Odessa am 30. Oktober 1905: «... Es hängt sehr viel von dir ab. Du allein kannst nicht alles, aber nur durch dich kann ich zu wirklich Großem kommen ...».[40]

Als Ella und Wassily einander danach wiedersahen, verbrachten sie in Rapallo an der italienischen Riviera nach langem wieder eine glückliche Zeit.

15.5 Das fünfte Jahrsiebt von 1905 bis 1912 (28 bis 35):
Entwicklung der Verstandes- und Gemütsseele

Bei den Touren durch die USA hatte Gabriele gesagt, sie würde am liebsten immer auf Reise sein. Im 5. Jahrsiebt wurde dieser Wunsch Wirklichkeit, bis sie seufzend konstatierte, immer aus dem Koffer leben zu müssen werde ihr doch zu viel. Zum Abschluss des enttäuschenden Aufenthalts in Tunesien reise sie mit Kandinsky durch Italien, und nach einem kurzen Verbleib in München ging es weiter nach Paris, einige Male zu Familienbesuchen nach Bonn und Berlin, dann nach Südtirol und in die Schweiz, nach Österreich und schließlich nach München und ins bayrische Voralpenland, während Kandinsky in Moskau und Odessa einige Besuche abstattete. Endlich fand sie mit Kandinsky in Murnau am Staffelsee einen Heimathafen, so dass äußerlich Ruhe eintreten konnte. Innerlich aber blieb es eine sehr bewegte, konfliktreiche Zeit mit Höhen und Tiefen.

Nun zu den einzelnen Stationen in Gabrieles Lebensreise vom 28. bis in das 35. Lebensjahr. Kandinsky wollte das Zusammensein ausprobieren, da er aber von Anja noch nicht geschieden war, sollten sie das außerhalb Münchens tun – also mussten sie auf Reisen gehen.

Im Frühjahr 1906 mieteten Ella und Wassily ein Haus in Rapallo an der italienischen Riviera. Ihr Leben wurde für einige Zeit häuslicher und gemütlicher, und sie empfingen mehrmals Freunde, u.a. auch Wassilys Vater aus Russland. Gabriele fotografierte oft, machte Entwürfe zu Holzschnitten, malte viel mit Gouache und lichteren Farben und nach längerer Zeit auch wieder Stillleben, wie das **Stillleben mit Blumenkohl** (1906). Auch Kandinsky arbeitete viel, zumeist in Spachteltechnik und weniger grob als in Tunesien. In Rapallo gefiel es ihm so gut, dass er vorschlug, dort ein Haus zu kaufen. Doch als im Frühling Schlangen aus ihren Verstecken hervorkamen, verwarfen beide den Plan und reisten weiter nach Paris. Schon ein Monat später zogen sie von Paris nach Sèvres, da ihnen die Großstadt zu unruhig und zu teuer war. Doch da

Kandinsky nach einiger Zeit getrennt leben und arbeiten wollte, mietete Ella ein Zimmer in Paris.

Zusammen besuchten sie in Paris viele Galerien. Auf Gabriele machten vor allem die *Fauves* («die Wilden») Eindruck. 1905 waren in einem Saal des *Salon d'Automne* Werke von Matisse, Derain, Manguin, Marquet, Puy, Vlaminck, Friesz, Rouault ausgestellt, weshalb der Saal den Spottnamen «Käfig der wilden Tiere» erhalten hatte. Matisse führte diese Bewegung an. Bei diesen Bildern kam das Licht aus den Farben heraus, die Farbenexplosion überwältigte die Besucher, und Ella war von der flächenhaften Malerei sehr angetan. Gabrieles und Wassilys Vorliebe galt Henri Rousseau, der das Interesse des Pariser Publikums anzog! Kandinsky konnte in Paris Ölbilder, Tempera und Holzschnitte ausstellen, und in der Zeitschrift «Les Tendances Nouvelles» wurden einige symbolistische Holzschnitte Kandinskys gebracht.

In Paris wandte sich Gabriele in ihrer Malerei dem Spätimpressionismus zu. Im Juni 1906 belegte sie an der *Académie Grande Chaumière* einen Kurs für Pinselzeichnung. Doch Kandinsky nahm ihr übel, dass sie sich in Paris unbedingt weiterbilden wollte und nicht bereit war, sich wie in Dresden ganz nach ihm zu richten. Ella blieb bei ihrem Vorhaben.

Auch das Jahr in Sèvres und Paris war für beide sehr spannungsreich. Obwohl Kandinsky äußerlich den Eindruck machte, ruhig und ausgeglichen zu sein, stand er innerlich unter hohem Druck, anerkannt zu werden. Die Reaktion auf seine Werke im *Salon d'Automne* waren für ihn enttäuschend. Die Kritik fand, dass er mit seinen Tüpfchenbildern im Sinne des romantischen Jugendstils der modernen Entwicklung hinterherhinke. Zu Pariser Künstlern nahm er keine Kontakte auf, desto häufiger aber mit russischen Malerinnen, u.a. mit Elisabeth Epstein, einer jüdischen Polin mit russischer Staatsbürgerschaft, und mit Olga Meerson. Beide waren theosophisch orientiert, sodass er sich durch diese Begegnungen mit Fragen der Wiedergeburt befasste. Von theosophischen Gedanken angeregt, arbeitete er an seiner Farbtheorie.

Am 15. November 1906 bezog Gabriele ein Zimmer in Paris. So konnte sie am Kurs Pinselzeichnen an der *Académie Grande Chaumière* unkompliziert teilnehmen. In dieser Kunst, die ihrer Art sehr lag, machte sie gute Fortschritte. Als der berühmte Théophile Steinlen, der dort lehrte, ihr Skizzenbuch interessiert und aufmerksam durchsah und dazu sagte: «Avec ce dessin vous pouvez arriver à des choses très élevées!», fühlte sie sich von ihm bestätigt, auf dem richtigen Weg zu sein. Steinlens Lob hatte sie sehr wahrscheinlich zu den über zwanzig Holz- und Linolschnitten beflügelt, die sie in Paris machte.

Stolz schrieb sie an Charly nach Bonn, dass sie im Frühjahr 1907 bei den «Indépendants» ausstellen werde. Es war die erste Ausstellung in ihrem Leben – und ab jetzt fühlte sie sich als professionelle Malerin. Ihre Ölbilder wurden dort sehr kritisch aufgenommen, aber in ihren Drucken erkannten Kritiker ihr wahres Talent. Als Ella Anfang Juni 1907 wieder in Bonn zurück war, erntete sie dort für die in Paris gefertigten Holz- und Linolschnitte großes Lob. Es hieß, Münter «entfaltet in ihren Schnitten – unverwechselbar in ihrer Art, die Dinge zu sehen – eine weibliche Sensibilität, vermischt mit einer eigenwilligen Herbheit.»[41]

Über die Weihnachtstage und Anfang Januar 1906 machten sie einen Ausflug nach Chartres und wohnten danach wieder getrennt bis kurz vor der Abreise im Juni 1907.

Gabrieles bedeutendste Werke des halben Jahrs in Sèvres und Paris sind:
– Spachtelmalereien in Sèvres, vor allem im **Park St. Cloud** (1906),
– der Holzschnitt **Parc de St. Cloud** (1907),
– der poetische Holzschnitt **Rosengärtchen** (1907/08);
– Porträts der Vermieterin und des Vermieters in Paris,
– der Linolschnitt **Kandinsky am Harmonium** (1907).

Im Dezember 1907 wurden im *Kölner Kunstsalon Lenobel* in einer Gabriele-Münter-Einzelschau 80 Ölbilder ausgestellt, und einige Monate später auch Farbdrucke, die in Berlin entstanden waren. Vor allem Bilder von Kinderspielsachen erregten die Aufmerksamkeit und Bewunderung des Publikums.

Nach kurzen Aufenthalten Ellas in Bonn und München begannen beide am 30. August 1907 in Stuttgart eine Radtour in die Schweiz, wo es mit Fahrrad, Bahn, Schiff und zu Fuß durch das Hochgebirge zum Genfer See ging.

Vom September 1907 bis April 1908 verbrachten Gabriele und Wassily eine sehr anregende Zeit bei Emmys Familie in Berlin. Georg Schroeter arbeitete an der Universität und war durch Patente finanziell sehr erfolgreich. Da Carl mit dem geerbten Vermögen schlecht gewirtschaftet und zur Deckung seiner Schulden den geerbten Grundbesitz belehnt hatte, war Georg Schroeter immer wieder bereit, Gabriele finanziell zu helfen, wenn sie das benötigte.

Kandinsky konnte an der 14. Ausstellung der *Berliner Sezession – Zeichnende Künste* teilnehmen. Er hatte seit der Rückkehr aus Paris noch nicht gemalt und erhoffte sich in Berlin vor allem durch die Musik neue Impulse. Tatsächlich brachten viele Musikerlebnisse und die Begegnungen mit innovativen Künstlern vielfältige Anregungen. Diese bestärkten ihn in seiner Idee, dass Farben auch zu Klangerlebnissen führen. Deshalb gab er den Malereien oft musikalische Bezeichnungen. In seinem späteren Traktat nannte er Bilder «Impressionen», wenn er sie aufgrund eines gegenständlichen Eindrucks malte, im Unterschied zu «Improvisationen», wenn Bilder seiner inneren Natur entsprangen, und «Compositionen», wenn er abstrakte Bilder bewusst konstruierte.[42]

In Berlin experimentierte damals auch Max Reinhardt mit neuen Theaterformen. Über Emmy kamen Kontakte mit den Erneuerern der Bühnenkunst zustande, u.a. mit Edward Gordon Craig. Dessen Ziel war es, im Theater Bewegung, Licht, Farbe, Form, Tanz und Musik zusammenwirken zu lassen – und das traf sich mit Ideen Kandinskys. In diesen Monaten besuchten Gabriele und Wassily im Berliner Architektenhaus Vorträge von Rudolf Steiner, der damals Vorsitzender der deutschen Theosophischen Gesellschaft war, und dessen Ausführungen beide sehr ansprachen. Steiner verstand als Mission des Künstlers, Geistiges sichtbar zu machen und zu vermitteln, und das war für Kandinsky eine Bestätigung seiner Auffassungen, die im verzweifelten Suchen der Krisenjahre Gestalt gewonnen hatten. Ella und Wassily lasen u.a. Steiners Buch *Theosophie* und seine erkenntnistheoretischen Beiträge in der Zeitschrift *Luzifer-Gnosis*, machten oft Unterstreichungen und Randbemerkungen und notierten viele Gedanken in ihren Notizbüchern. Steiner war seinerseits an Kandinskys Arbeiten sehr interessiert und meinte, Kandinsky wäre vielleicht hellsehend. Inspiriert von Steiners Vorträgen malte Kandinsky einige Bilder (Die Schleier, Der Zeiger, Arielszene, usw.), in denen er Übersinnliches sichtbar zu machen versuchte. Es steht außer Zweifel, dass ihm Steiners Ausführungen für den Traktat «Über das Geistige in der Kunst», mit dem er seit 1903 innerlich beschäftigt war, wesentliche Anregungen gaben.

Als Kandinsky wieder in München war, schuf er – inspiriert durch viele Erlebnisse in Berlin – zusammen mit dem russischen Komponisten Thomas von Hartmann das Bühnenwerk *Daphnis und Chloe mit Prolog*. Und der Malerkollege Sacharow, der auch Pantomime war, sollte die Hauptrolle tanzen. Kandinsky hatte Tanz bisher nur ein «albernes Herumgehopse» gefunden, bis er den Maler-Tänzer Sacharow mit dem neuen Ausdruckstanz sah. Gabriele hingegen hatte Tanz immer geliebt, beteiligte sich gern an Gruppentänzen «und schätzte die Eurythmie zur Auflösung seelischer Spannungen ...».[43] Durch dieses Bühnenwerk sollte das Geistige des Theaters direkt auf die Zuschauer wirken. Denn nach dem Kunstverständnis von Craig müsse sich die Bühnenkunst vom Realen und Natürlichen abwenden. Doch die Aufführung des Bühnenwerks kam nicht zustande, obwohl Kandinsky dafür eigenhändig ein kleines Bühnenmodell geschaffen hatte, um Effekte auszuprobieren.

Das kunsthistorisch Besondere ist, dass Kandinsky über die Bühnenkunst den Schritt zur abstrakten Kunst vollzogen hatte, bevor er das noch in der Malerei tun konnte. Mit der Bühnenkunst wollte er erreichen, was mit der Statik eines Gemäldes nicht möglich war: Farben und Formen konnten sich wandeln, Punkte konnten zur Linie werden, Farben wie auch Prozesse mit Farben konnten Stimmungen hervorrufen. – Auch wenn das Gesamtkunstwerk niemals zur Aufführung kam, so hatte die Arbeit daran für Kandinsky und Münter wesentlich zur Findung ihrer eigenen Kunstauffassung beigetragen. Je entschiedener Kandinsky seinen Weg zur abstrakten Kunst verfolgte und dazu seine Gedanken in eine mitteilbare Form brachte, desto deutlicher wurde es für Gabriele, dass dies *ihr Weg nicht* sein kann!

Nach einer Phase intensiven geistigen Ringens und Suchens unternahmen Ella und Wassily mit Marianne von Werefkin und Alexej Jawlensky, die in München wohnten, ab dem Jahr 1908 Malausflüge in das bayrische Voralpenland nach Kochel am See und Murnau am Staffelsee.

Da die Zusammenarbeit mit Werefkin und Jawlensky für Münters und Kandinskys künstlerische Entwicklung von großer Bedeutung war, gehe ich hier auf beide Personen etwas ausführlicher ein.

Marianne von Werefkin war wie Kandinsky auf der Suche nach einer spirituellen Kunst. Sie hatte in Petersburg bei Ilja Rjepin – dem führenden und erfolgreichsten Maler Russlands – studiert. Marianne von Werefkin galt als «russischer Rembrandt», da sie die Kunst des Hell-dunkel-Malens perfekt beherrschte. Bei Rjepin begegnete sie dem Offizier Alexej Jawlensky, der aus ärmlichen Verhältnissen stammte und durch den Offiziersberuf eine finanzielle Basis für seine Arbeit als Maler schaffen wollte. Sie hielt sein Talent für weit höher als ihres, sodass sie beschloss, ihn als Pionier einer neuen Kunst zu unterstützen. Bei einem Jagdunfall hatte sie sich jedoch in die rechte Hand geschossen und dabei ihren Mittelfinger verloren, so dass sie mit ihrer rechten Hand nicht mehr gut malen konnte. Als Mitglied der russischen Oberschicht war «die Baronin» (wie sie von anderen immer genannt wurde) finanziell unabhängig und betrachtete es als ihre Lebensaufgabe, Jawlensky materiell und ideell zu fördern. Werefkin dachte, mit fremden Händen, nämlich mit denen Jawlenskys, zu schaffen. Weil Westeuropa dafür bessere Voraussetzungen bot als Russland, zogen beide 1896 nach München, wo sie Kandinsky begegneten. Werefkin und Jawlensky betrachteten ihre Beziehung als eine «geistige Vermählung», auch nachdem Jawlensky 1902 mit ihrem minderjährigen Hausmädchen, das sie als Waisenkind aufgenommen hatte, einen Sohn (Andreas) gezeugt hatte und alle unter einem Dach wohnten. Werefkins *Rosaroter Salon* in München, Giselastraße 23, war zum internationalen Treffpunkt von Künstlerinnen und Künstlern geworden, von denen sie hoffte, dass sie zu einer spirituellen Kunst vorstoßen würden. Wegen der Adresse wurde die Gruppe *Giselisten* genannt. 1907 hatte Werefkin selbst wieder zu malen begonnen und wollte – wie Edvard Munch, den sie sehr verehrte – die «inneren Bilder der Seele» malen.[44] Darum liebte sie rätselhafte Szenen und Bildeffekte der *Fauves*.

Jawlensky hatte viel gelernt von Gauguins *Schule von Pont-Aven* und den *Nabis*, die sich als Paul Gauguins Schüler verstanden, und kannte die modernen Franzosen sehr gut. Er beeinflusste sowohl Werefkin als auch Münter und Kandinsky, die sodann begannen, große Farbflächen im Cloisonné-Stil zu malen. Dafür ist Jawlenskys Bild **Sommerabend in Murnau** (1908/09) typisch. Gabriele behielt vieles davon bei, wie ihr Bild **Jawlensky und Werefkin** (1908/09), Abb. 3.4, bezeugt. Kandinsky bewegte sich in seinem Streben nach dem Lösen der Farben vom Gegenständlichen weiter, wie in seinem Bild **Kirche in Murnau** (1910), Abb. 3.5, sichtbar wird.

Ende April bis Mitte Juni 1908 wanderten Ella und Wassily durch Südtirol, um «dem Frühling entgegenzugehen». Über Werefkin und Jawlensky wurden sie auf den Marktort Murnau am Staffelsee aufmerksam gemacht. Ella und Wassily waren schon längere Zeit auf der Suche nach einem

Abb. 3.4: Jawlensky und Werefkin (1908/09), Öl auf Pappe, 32,7 x 44,5 cm

Ort, wo sie sich dauerhaft niederlassen konnten. Sie waren sofort von der Landschaft und vom Ortsbild begeistert und mieteten sich in einem billigen Quartier ein. Zu viert malten sie jetzt sehr viel, sahen sich gegenseitig die Werke kritisch an und sprachen ausführlich und engagiert über Kunst. Jawlensky beeinflusste Münter und Werefkin, doch auch Kandinsky, obschon sich in dessen Bildern noch Reste der Tüpfchenmalerei, des Jugendstils und Impulse der Fauves aus der Zeit in Paris fanden. An den Abenden las Kandinsky nach dem gemeinsamen Malen oft Teile seines Traktats *Über das Geistige in der Kunst* vor, die anschließend intensiv diskutiert wurden. Murnau erwies sich so für alle Beteiligten als außerordentlich befruchtend.

Gabrieles Freundschaft mit Jawlensky vertiefte sich. 1948 schrieb sie, «… (ich fand) zu der mir gemäßen Weise von Malerei. Ich malte zusammen mit Jawlensky, der aus Frankreich nachimpressionistische Anregungen zu unmittelbarer Farbenwirkung und mächtig zusammengefasster Gegenstandsgestaltung mitgebracht hatte, und mit Kandinsky, der sich langsam und folgerichtig aus sich selbst auf sein frühes, ihm lange schwer greifbares Ideal des reinen, von Naturnachahmung nicht gehemmten Ausdrucks

Abb. 3.5: Wassily Kandinsky: Murnau mit Kirche I (1910), Öl und Aquarell auf Pappe, 64,9 x 50,2 cm

hin entwickelte. Vor allem wies mir die Volkskunst den Weg, namentlich die um den Staffelsee einst blühende bäuerliche Hinterglasmalerei mit ihrer unbekümmerten Formvereinfachung und den starken Farben in dunklen Umrissen …«[45]

Im Februar 1909 malte die Gruppe im Friedhof von Kochel – jeder auf ganz andere Art. Ella malte u.a. **Wegkreuz in Kochel** (1909) und **Grab-**

Abb. 3.6: Grabkreuze in Kochel (1909), Öl auf Pappe, 40,5 x 32,8 cm

kreuze in Kochel (1909), Abb. 3.6. Trotz der vielen Anregungen fühlte sich Kandinsky noch immer matt. Er schrieb am 5. April 1909 an Gabriele: «Ich möchte etwas, aber was? Ich habe Sehnsucht, aber wonach? Ich fühle mich so wie die Gestalten auf meinen Bildern.»[46] Kandinsky war ständig auf der Suche nach dem «verborgenen Gral», während Gabriele immer die nötige komplementäre positive Haltung zu seiner Stimmung schaffte: «Kandinskys Erschöpfung begegnete sie mit Spannkraft, seiner Mutlosigkeit mit Zuversicht, seiner Realitätsscheu mit Weltoffenheit.»[47]

Gabriele wurde vom Malen in der Gruppe sehr beflügelt, weil sich ihre Perspektiven über Kandinsky hinaus erweiterten. An manchen Tagen malte sie fünf Ölstudien und lebte wie in einem Malrausch. Auch für Kandinsky bewirkte die Murnauer Gruppe nach langem Suchen und aufgestauter Energie doch einen Durchbruch. Durch das Schreiben an seiner

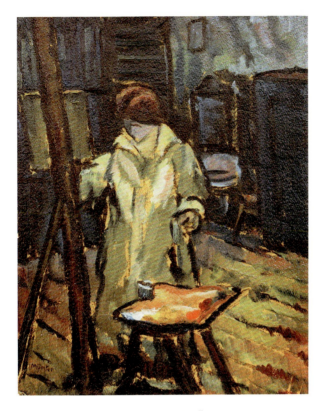

Abb. 3.7: Selbstbildnis an der Staffelei (um 1911), Öl auf Pappe, 37,5 x 30,0 cm

Abhandlung *Über das Geistige in der Kunst* fand er selbst zu geistiger Klarheit und Ordnung.

All diese positiven Erfahrungen bestärkten Gabriele, am 21. August 1909 ein Haus in Murnau am Staffelsee, Kottmüllerallee 6, zu kaufen, das gerade für Sommergäste gebaut worden war. Es lag ruhig außerhalb des Marktortes, hatte viele Räume und einen großen Garten und bot von der Terrasse einen schönen Ausblick auf die Berge. Wassily und Gabriele ließen einfache Möbel anfertigen und bemalten die Treppenwange mit aufwärts stürmenden Pferden. Gabriele hielt in mehreren Bildern das Interieur fest. Da oft die Freunde aus Russland zu Gast waren, nannte es die Bevölkerung «das Russenhaus» (heute «das Münter-Haus»).

Das gemeinsame Malen mit Jawlensky und Werefkin und Kandinsky beflügelte Gabriele ungemein. Das Selbstbildnis **An der Staffelei** (1910) und

Selbstbildnis an der Staffelei (1911), Abb. 3.7, zeigen sie voll Schwung und ganz vertieft in das Malen – ihre Person tritt eigentlich in den Hintergrund. Das Jahr 1910 war für Gabriele das Entdecken der für sie stimmigen Malweise, da sie je nach Sujet unterschiedlich malte: Landschaften erschienen großflächig und in reinen Farben, während Stillleben mit kleinen Pinselstrichen hingesetzt wurden. Doch gerade dieses Suchen brachte die Emanzipation von Kandinsky.[48] Gabriele erlebte die Zeit am Staffelsee als Höhepunkte ihres bisherigen Schaffens und als Durchbruch zu ihrem Selbst.

Kandinsky hatte in München, Ainmillerstraße 36, eine geräumige Wohnung mit Atelierräumen gemietet, in der auch seine Frau Anja gemeldet war. München war für die Ausführungsarbeiten von Kandinskys Schaffensimpulsen wichtig.

Der Salon Werefkin war von Januar bis März 1909 der Gründungsort des Vereins *Neue Künstlervereinigung München NKVM*. Hauptanliegen war die Präsentation verschiedener Richtungen und Kunstgattungen. Treibende Kraft und 1. Vorsitzender war Kandinsky, 2. Vorsitzender Jawlensky. Weitere Gründungsmitglieder waren Gabriele Münter, Marianne von Werefkin, Alfred Kubin und die beiden Kandinsky-Schüler Alexander Kanoldt und Adolf Erbslöh.

Damit kamen Gabrieles Arbeiten immer mehr in die Öffentlichkeit.

Vom 1. bis 15. Dezember 1909 fand in der *Modernen Galerie Thannhauser* in München die *1. Ausstellung der NKVM* statt, zu der Gabriele 21 der 128 Werke beisteuerte, nämlich 10 Gemälde und 11 Druckgraphiken. Im achtseitigen Katalog waren auch Preisangaben (bis zu 3000 Mark) angesetzt, für Münters Ölgemälde 200 bis 500 Mark. Doch die Kritiken in den Zeitungen waren verheerend. Es war u.a. die Rede von «Parodien, Farbenwitzen, wüstem Sich-gehen-Lassen, Künstlerulk, Faschingsvergnügen, etc.» Manche Besucher spuckten sogar auf die Bilder.

Dennoch wanderte die Ausstellung durch viele Städte, u.a. Brünn, Barmen, Hamburg, Düsseldorf, Wiesbaden, Schwerin, Frankfurt. Und so wurden die Namen der Künstlerinnen und Künstler nach und nach bekannt. Durch Kandinskys Bemühen stellten einige der NKVM-Mitglieder – u.a. Gabriele Münter – in Odessa, Kiew, St. Petersburg und Riga aus.

Die *2. Ausstellung der NKVM*, vom 1. bis 14. September 1910, sollte Ausdruck der Verbindung mit der internationalen Kunstszene sein, weshalb unter den 31 Künstlern, u.a. Braque, Picasso, Rouault, van Dongen etc., und lediglich elf aus München waren, und davon sechs Russen. Die Reaktionen darauf waren noch ärger, denn dies wurde als «französisch-russische Umklammerung» erlebt! Es ist erschreckend, heute sehen zu müssen, wie stark der Deutsch-Nationalismus vier Jahre vor Beginn des Ersten Weltkrieges bereits ausgeprägt war und die Kunst unter der aktuellen politischen Perspektive bewertet wurde. Ein Funken genügte, um eine Explosion herbeizuführen.

Die Ausstellung wanderte nach Karlsruhe, Mannheim, Hagen, Berlin und Dresden – und zuletzt nach Odessa und Moskau.

Nur Franz Marc, der sich gerade als «Tiermaler» einen Namen gemacht hatte und kein Mitglied der NKVM persönlich kannte, stand positiv zu den Anliegen dieser Gruppe und verfasste eine engagierte Verteidigungsschrift. Kandinsky ließ sie als Sonderdruck publizieren und lud Marc ein, Mitglied der NKVM zu werden. Da Kandinsky am 9. Oktober 1910 nach Moskau reiste und dort bis zum Jahresende blieb, konnte er den Kontakt mit Franz Marc zunächst nicht vertiefen. In den Briefen aus Moskau an Ella kam seine Verbitterung gegenüber München zum Ausdruck: Die Stadt war satt, glatt, harmoniesüchtig, bewahrend. In Russland hingegen fühlte er sich von Freunden umgeben, hielt Vorträge, stellte Bilder aus, eilte von Erfolg zu Erfolg und wurde bedrängt, doch nach Russland zu ziehen. Die deutsch-nationale Stimmung der Kritiken löste bei Kandinsky als Reaktion eine verstärkte Identifikation mit Russland aus. Und so setzte er auch Ella als «Deutsch-Ellchen» mit allen Deutschen gleich.

Gabriele schrieb nach den enttäuschenden Erfahrungen mit den Ausstellungen in München – gerade 33 Jahre alt! – an Wassily nach Moskau, dass sie bereit war, mit ihm nach Moskau zu ziehen! Dafür nahm sie Russisch-Unterricht beim Komponisten Skrjabin, der im Gegenzug bei ihr Deutsch lernte. Die negativen Reaktionen auf die Ausstellungen hatten auch in der NKVM zu heftigen Konflikten geführt. Diese eskalierten Ende 1909, weil die Mehrzahl der Mitglieder meinte, Kandinskys abstrakte Bilder wirkten sich für sie verkaufsschädigend aus. Darum sollte Kandinskys großformatige **Composition V** (1910) nicht ausgestellt werden. Doch Gabriele fand dies eine seiner wichtigsten Arbeiten, die er auf keinen Fall zurücknehmen sollte. Er werde eben nicht verstanden und nicht geschätzt. Kandinsky wollte aus dem Verein nicht austreten, weil in ihm die besten

Maler Deutschlands vereinigt waren. Und außerdem waren die Auseinandersetzungen in der Gemeinschaft der geistigen Entwicklung förderlich.

Der Besuch eines Schönberg-Konzertes am 1. Januar 1911 weckte Kandinskys Interesse für die Musik und Harmonielehre Schönbergs. Er suchte über Briefe Kontakt mit ihm, um ihn als Kampfgenossen für neue Hör- und Sehgewohnheiten zu gewinnen. Arnold Schönberg ging darauf nach einigen Briefen ein, da er vor allem Gabrieles Bilder sehr schätzte.

Kandinsky konnte für den Traktat *Über das Geistige in der Kunst* lange keinen Verlag finden und trug sich deshalb mit dem Gedanken, einen Almanach zu gründen, in dem Künstler unterschiedlicher Kunstarten zu Wort kommen sollten. Das entsprach seiner Auffassung von Diversität sowie vom Zusammenhang und Zusammenklang der Künste, der Synästhesie.

Schließlich trat Kandinsky als Vorsitzender der NKVM am 10. Januar 1911 zurück, während Jawlensky in seiner Funktion als 2. Vorsitzender blieb. Nach einer turbulenten Jury-Sitzung schrieb Franz Marc an seinen Freund August Macke: «Ich sehe, mit Kandinsky, klar voraus, dass die nächste Jury (im Spätherbst) eine schauerliche Auseinandersetzung geben wird und jetzt oder das nächste Mal dann eine Spaltung, resp. Austritt der einen oder anderen Partei: und die Frage wird sein, welche *bleibt* ...».[49]

Erst am 2. Dezember 1911 verließen Wassily Kandinsky, Gabriele Münter und Franz Marc den Verein und verständigten Alfred Kubin telegrafisch darüber. Marianne von Werefkin orakelte: «So, meine Herren, jetzt verlieren wir die beiden würdigsten Mitglieder, dazu ein wundervolles Bild, und wir selbst werden bald Schlafmützen auf dem Kopf haben!»[50] Werefkin und Jawlensky schieden erst 1912 aus der NKVM aus.

Indessen hatten Kandinsky, Marc und Münter die Konstituierung des *Blauen Reiters* schon weit vorangetrieben. Durch die Konflikte in der NKVM waren Kandinsky und Marc einander nahegekommen. Franz Marc schrieb an August Macke begeistert über die künstlerischen Bemühungen in München und Murnau. Bei einer Versteigerung des NKVM am 15. März 1911 erwarb er das Gemälde «Dorfstraße im Schnee» von Gabriele Münter und war glücklich.

Im Sommer 1911 arbeiteten Kandinsky und Marc in Murnau und Sindelsdorf (nahe bei Murnau), wo Maria Franck (Marc) und Franz Marc wohnten, schon an der Vorbereitung einer Ausstellung. Auch *Der Blaue Reiter* war als Name der Gemeinschaft schon beschlossene Sache. Marcs Vorliebe für Pferde mit Kandinskys Verehrung des Hl. Georg als Reiter-Kämpfer gegen den Drachen, mit Blau als «Sehnsucht nach Reinem und schließlich Übersinnlichem», fanden in dem Namen zusammen.[51]

Der Blaue Reiter war als Sammelband gedacht, der in loser Folge Einblicke in das aktuelle Kunstgeschehen geben würde. Es wurde kein Verband von Künstlerinnen und Künstlern angestrebt, der sich wie *Sezession, Sturm* oder *Brücke* durch Stilmerkmale von anderen unterscheidet, sondern es sollten verschiedene Kunstarten (Malerei, Bildhauerei, Druckkunst, Schauspiel, Musik, Tanz, Kunstwissenschaft) und Kunstrichtungen vorgestellt werden. Gemeinsam wäre allen, dass sie aus innerer Notwendigkeit nach künstlerischen Formen suchten, die ihrer Botschaft angemessen sind. Die Künstlerinnen und Künstler des Blauen Reiters waren tatsächlich nur eine Ad-hoc-Ausstellungsgemeinschaft und diskutierten manchmal bei passender Gelegenheit über ihre Werke und Kunstauffassung, doch viele kannten einander nicht persönlich.

Das war die Grundlage für die Publikation des *Almanach Der Blaue Reiter* und der 1. Ausstellung. Vor allem durch Gabrieles Einsatz wurden Autoren gewonnen, und Franz Marc konnte für die Drucklegung nach viel Mühen den Verlag Piper bereit finden. Auch wenn Gabriele Münter im Impressum nicht genannt wurde, war es doch so, dass Kandinsky, Marc und Münter zu dritt die Arbeit der Redaktion leisteten, wobei die Korrespondenz praktisch allein von Gabriele geführt wurde.

Die *Gründungsausstellung* des Blauen Reiters wurde am 18. Dezember 1911 in der Galerie Thannhauser eröffnet, parallel zur *3. Ausstellung der NKVM* in derselben Galerie. Die Veranstalter hatten im Begleittext betont, dass sie bewusst «nicht *eine* präzise und bestimmte Form propagieren», keinen -ismus vertreten. Ihr Anliegen war, innere Wahrhaftigkeit auszudrücken.[52] Darum konnten Kunstwerke der verschiedenen Epochen nebeneinander stehen. In drei Räumen zeigten vierzehn Künstlerinnen und Künstler 43 Bilder, wobei Gabriele Münter mit den Bildern **Das gelbe Haus** (1911), **Das dunkle Stillleben (Geheimnis)** (1911), **Landschaft im Winter** (1909) und drei weiteren Bildern vertreten war.

Die Presse erwähnte die Ausstellung überhaupt nicht, doch Besucher äußerten sich darüber durchweg sehr negativ: «Plunder», «Schwindel», «Ausdruck des Wahnsinns» etc. Lediglich Münter wurde manchmal von

Besuchern lobend erwähnt, weil ihre Bilder einfach und natürlich waren. *Der Blaue Reiter* musste seine Ausstellung bereits am 3. Januar 1912 wegen Mangels an Besucherinnen und Besuchern wieder schließen. Trotz des Misserfolgs in München ging die Ausstellung anschließend nach Köln, Berlin, Bremen, Hagen und Frankfurt.

Die Beziehung des Ehepaars Macke mit Gabriele und Wassily begann im Sommer 1911. Gabriele hatte August Macke in Bonn im Haus ihres Bruders kennengelernt und das Paar Macke anschließend in dessen Zuhause besucht. Beide Seiten waren voneinander sehr angetan. Macke konnte sich allerdings mit Kandinskys Idee der Abstraktion und des Geistigen nicht anfreunden. Gelegentlich witzelte er sogar über Kandinskys Bilder und fand dessen Kulturveränderungsanspruch zu pathetisch. Er erklärte Kandinskys Streben nach künstlerischen Ausdrucksformen als typisch für «den Asiaten Kandinsky».[53] Und er begann auch, Kandinskys Bilder zu verspotten und zu persiflieren. Marc stand Kandinsky philosophisch näher. Marcs und Mackes Frauen fanden am Anfang Gabriele sehr sympathisch, doch als die Spannungen zwischen ihren Männern und Kandinsky zunahmen, erschien ihnen «Fräulein Münter» zu nüchtern, zu kurz angebunden und ziemlich lästig.

So entstanden im Zuge der intensiven Arbeit am Blauen Reiter Spannungen zwischen den Paaren Macke und Marc auf der einen und Kandinsky-Münter auf der anderen Seite. Macke richtete öfters Angriffe gegen Kandinsky, die aber Gabriele abfing, um die Zusammenarbeit zwischen den Männern nicht zu gefährden. Der Konflikt eskalierte dann doch durch eine Differenz um die Gestaltung des Almanach-Umschlags, wobei Kandinsky einen Entwurf von Franz Marc kritisierte und unbedingt seinen eigenen Holzschnitt durchsetzen wollte, denn schließlich betrachtete er sich als Urheber des Ganzen. Dem folgte ein aggressiver Briefwechsel, worin Gabrieles Werk abgewertet wurde. Gabriele schrieb in einem Brief einerseits direkt und wahrhaftig, was sie empfand und dachte, und erklärte darin ihr Verhalten – doch das wurde von Maria Marc ins Lächerliche gezogen.

Macke hatte für die erste Ausstellung des Blauen Reiters vier Bilder beigesteuert, die jedoch mit der anschließenden Tournee durch andere Städte nicht mitgingen. Es erschien dann wie ein Racheakt Mackes, dass Gabriele nicht zur *Internationalen Kunstausstellung des Sonderbundes Westdeut-*

scher *Kunstfreunde und Künstler zu Cöln* eingeladen wurde, wo August Macke im Entscheidungsgremium saß. Kandinsky drohte daraufhin, all seine Bilder zurückzuziehen, wenn nicht auch seine «Gattin» ausstellen könne. Die Konflikte eskalierten und griffen besonders auf die Frauen über, nachdem Gabriele von Macke in einem Brief als «Frauenziefer, das er direkt kaputt schlagen könne», als «typische alte Jungfer» etc. und «Motte» betitelt wurde: «Fahr wohl, ‹Blauer Reiter›! Es kam eine Motte dazwischen.»[54] All das wurde noch schlimmer, als Maria Marc zum Jahresbeginn 1913 die exzentrische Dichterin *Else Lasker-Schüler* – mit der Franz Marc befreundet war – nach Murnau mitbrachte. Dabei wurde Else Lasker-Schüler gegen Ella sehr ausfällig, geriet später bei einer Franz-Marc-Ausstellung mit Ella in Streit und schrie vor allen Leuten: «Sie ist eine Null!»[55]

Trotz allem wanderte die Blaue-Reiter-Ausstellung über Berlin, Bremen, Hagen und Frankfurt durch Deutschland.

Die *2. Ausstellung Der Blaue Reiter «Schwarz-Weiß»* fand vom 12. Februar bis 18. März 1912 in der Kunsthandlung Goltz in München statt und bot nur Aquarelle, Zeichnungen und Druckgraphik. Franz Marc hatte in Berlin Werke und Personen der *Brücke* kennengelernt und darüber begeistert an Kandinsky geschrieben. Deshalb kam es dann zur Beteiligung von Paul Klee, Oskar Kokoschka und Künstlern der *Brücke* und des *Schweizer Modernen Bundes*.

Sehr positiv entwickelte sich die Beziehung zu Paul Klee. Die Familie Klee wohnte in derselben Straße in München wie Kandinsky/Münter. Klee achtete auf Distanz, hielt sich aber aus Klatsch und Erfolgs-Eifersüchteleien heraus und war insgesamt still und nachdenklich. Das drückte sich in Gabrieles Bild **Mann im Sessel** (1913), Abb. 3.8, aus. Für Gabrieles Werke hatte er öfters seine Bewunderung gezeigt («Das könnte ich nicht»), und Ella schätzte an ihm den feinen Humor seiner Zeichnungen. Hingegen konnte Klee mit Schönbergs Atonalität nichts beginnen, sondern liebte noch immer Mozart und Bach sehr – genau wie Gabriele auch.

Der Almanach lag erst Mitte Mai 1912 gedruckt vor. Die Hälfte der Druckseiten stammte von Kandinsky – und obwohl Gabriele das meiste zum Entstehen beigetragen hatte, kam dies nirgendwo zum Ausdruck. Sie selbst war sich dessen bewusst: «Dass ich mitbestimmend war, hat wohl niemand gefunden … außer Kandinsky. Alle sahen doch in mir die malende Dame vom Dutzend …»[56].

Abb. 3.8: Mann im Sessel (Paul Klee) (1913), Öl auf Leinwand, 95 x 125,5 cm

Insgesamt war dieses Jahrsiebt voller Bewegung: Physisch durch die vielen Reisen, psycho-sozial durch die angespannte Paarbeziehung zwischen Ella und Wassily und die Höhen und Tiefen der konfliktreichen Zusammenarbeit in der NKVM und zuletzt auch in der Initiative *Der Blaue Reiter*.

Das fünfte Jahrsiebt Gabrieles aus entwicklungspsychologischer Sicht

Die folgende Übersicht zeigt in Schlüsselbegriffen die bewegenden Ereignisse dieses Jahrsiebts.

Jahr	Alter	Ereignis	**fünftes Jahrsiebt**	Bilder
1906	29	Rapallo, Mai: Sèvres, GM Pinselzeichenunterricht (Steinlen) in Ac. Grande Chaumière		*Gasse in Sèvres* *Park in St.-Cloud, WK*
1907	30	bis Juni in Sèvres, Schweiz, Berlin, Sept. Vorträge R. Steiners, Ausstellungen GM Paris		*Marabout (Tunesien)* *Motiv aus Sèvres*
1908	31	bis April Berlin, Wandern Südtirol, München: Murnau, Freundschaft mit Jawlensky, Werefkin GM: Expressionismus! Chiemsee, Salzkammergut, Ausstellung in Köln		*Jawlensky und Werefkin* *Kruzifix im Friedhof*
1909	32	August: GM kauft Haus in Murnau «Neuer Künstlerverein München» NKVM gegründet. Wohnung in München mit WK		*Interieur Murnau* *Zuhören* *Bootsfahrt mit WK*
1910	33	Ausstellung: Picasso, Braque, Rouault ... des NKVM WK: «Über das Geistige in der Kunst»		*Apfel, WK am Teetisch* *Kirche, An der Staffelei* *Blumen vor Bildern*
1911	34	Spaltung im NKVM, Gründung «Redaktion Blauer Reiter»: Kandinsky, Münter, F. Marc (Jawlensky, Werefkin, Macke, Campendonk). Scheidung Anja und Wassily Kandinsky		*Stilleben, Selbstbildnisse* *WK und seine Freunde*
1912	35	2. Ausst. München mit Kokoschka, Klee Ausst. Paris, Berlin (u. Jawlensky, Werefkin)		*WK und Erma Bossi,* *Abstrakte Komposition*

Die Betrachtung dieses Jahrsiebts aus entwicklungspsychologischer Sicht beleuchtet in vier Abschnitten die individuellen und sozialen Aspekte dieser Phase.

(1) Entwicklung der Verstandes- und Gemütsseele und Gabrieles Kunstauffassung

Für die Entwicklung der Verstandes- und Gemütsseele hat das Bemühen eines Menschen große Bedeutung, die bisher gewonnenen Erfahrungen und die von anderen Menschen empfangenen geistigen Impulse für sich gedanklich zu ordnen und auf Stimmigkeit mit der eigenen Person zu überprüfen. Die Charakteristika dieser Entwicklungsphase werden durch das Ringen im Denken um ein eigenes, authentisches Weltbild sichtbar, aber auch in der Hinwendung zu materiellen Werten sowie zu Haus und

Familie, und dass in bestimmten Krisenmomenten Fragen des Todes im Bewusstsein aufsteigen. Das wird auch sichtbar in den Sujets, denen sich die Malerin in dieser Phase zuwendet, in den Bildern **Wegkreuz in Kochel** (1909) und **Grabkreuze in Kochel** (1909), Abb. 3.6, in Interieurs der Wohnung in München und des Hauses in Murnau und in Bildern von Begegnungen mit Menschen.

Gabriele hatte in Paris viele Anregungen und tiefe Impulse erhalten. Sie war beim Besuch der Gauguin-Retrospektive (mit 200 Werken) von seinem Mut zu Farbflächen beeindruckt. An Cézanne schätzte sie besonders, dass er niemals abmalte, sondern die Wirklichkeit eines Gegenstandes auf seine «Bildwürdigkeit» abtastete, wie es Kleine charakterisiert.[57] Und auch die stereometrischen Figuren in Cézannes Bildern beeindruckten Ella sehr. Kandinsky kritisierte an den *Fauves,* dass sie zwar eine gewisse Augenfreude böten, aber dass die Seele dabei kühl und leer bleibe,[58] während Ella sehr wohl Gefallen daran fand. Nach Théophile Steinlens Lob für ihre Zeichnungen und die Anerkennung für die Holz- und Linolschnitte in den Ausstellungen in Paris und Bonn konnte sie in ihrem weiteren Leben die Drucktechniken konsequent (und erfolgreich) zur Perfektion bringen.

In Paris war Gabriele sehr zielstrebig unterwegs, ihre besonderen Fähigkeiten zu entwickeln. Auch die positiven Kritiken zu ihren Holz- und Linolschnitten, die sie in Paris und Köln erhielt, waren ihr eine Bestätigung, auf dem richtigen Weg zu sein. Auch wenn sie weiterhin auf der Suche nach verschiedenen Stilmitteln war und noch vieles ausprobierte, bekam sie immer mehr Sicherheit für das ihr Eigene. Schon in Paris war es Gabriele somit klar, dass sie nicht den Weg einschlagen wollte, den Kandinsky zu gehen im Begriffe war.

Aber als Ella 1907 von Paris nach Bonn zurückkehrte, war sie es eigentlich satt, immer irgendwo Gast zu sein und kein eigenes Zuhause zu haben. Andererseits genoss sie bei Familienbesuchen die Kontakte mit Emmys Töchtern und bedauerte, dass sie selber keine richtige Familie hatte. Dafür spricht auch, dass Ella in der Berliner Zeit viele Linolschnitte von Kinderszenen und Spielzeug schuf. Diese Frage – ob Familie und Kinder oder nicht – kommt bei Frauen ab dem Alter von etwa 30 Jahren häufiger und eindringlicher auf als bei Männern. Sie entspringt auch dem Bedürfnis nach Verbindung mit der Erde und mit dem Materiellen, das sich bis zum 35. Lebensjahr weiter steigert, jedoch mit 33 zu einer Krise führen kann.

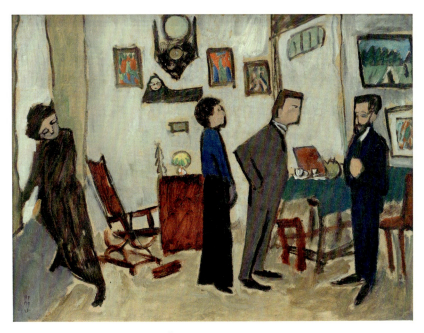

Abb. 3.9: Nach dem Tee II (1912), Öl auf Karton, 51 x 68 cm

Gisela Kleine spricht dies an: «Münter war nun dreißig Jahre alt und verbarg Kandinsky nicht ihre Traurigkeit darüber, dass sie keine ‹richtige Familie› gründen könnten. Im wachsenden Entzücken über Emmys Töchter Friedel und Mückchen, die beiden Nichten, wurde ihr die eigene Kinderlosigkeit schmerzhaft bewusst. Aber gab es für sie überhaupt noch Wahl oder Rückzug?»[59]

Das Bedürfnis nach Verbindung mit dem Materiellen und nach einem Ankerplatz auf der Erde lag auch der Frühlingswanderung 1909 durch Südtirol und durchs Voralpenland zugrunde. Ella und Wassily wollten einen Ort finden, an dem sie sich dauerhaft niederlassen und doch auch in München zusammen wohnen konnten, um den Finger am Puls der künstlerischen Entwicklungen zu halten. Dieser Wunsch erfüllte sich, als Gabriele das Haus in Murnau kaufte und gemeinsam mit Kandinsky einrichtete, mit Möbeln ausstatte und mit Bemalung schmückte. Die Sammlung der Hinterglasbilder und der volkstümlichen Heiligenfiguren, die Ella auf der Dult (dem Jahrmarkt) erwarb, wurde zu einer Leidenschaft. Welche Bedeutung die häusliche und intime Atmosphäre vor allem für Gabriele

Abb. 3.10: Entwurf zu Nach dem Tee II (1912), Bleistiftzeichnung, 20,8 x 20,0 cm

hatte, wurde in mehreren Gemälden des Interieurs und zahlreichen Stillleben mit Heiligenfigürchen und Hinterglasbildern sichtbar. Neben der Häuslichkeit ging es ihr auch um tiefere menschliche Begegnungen. Dies fand Ausdruck in den Bildern wie **Zuhören** (1909), **Kahnpartie** (1910), **Nach dem Tee** (1912), Abb. 3.9, Abb. 3.10, Abb. 3.11, **Kandinsky mit Erma Bossi am Tisch** (1912).

Das **Selbstbildnis um 1909** war in der Zeit entstanden, als Gabriele das Haus in Murnau kaufte. Sie stellt sich darin vor rosarotem Hintergrund und vor der Staffelei stehend dar. Ein großer, mit Blütenkranz geschmückter Hut und ein roter, ovaler Halbedelstein an einem Halsband sind die Attribute einer Frau, die sich für die bürgerliche Außenwelt mit Zeichen des Erfolges schmückt. Und dennoch drücken ihr fragender Blick und der

Abb. 3.11: Abstraktion (1912), Öl auf Pappe, 50 x 71 cm

verschlossene Mund Unsicherheit aus. In diesem Selbstporträt wird die Spannung zwischen Äußerlichkeit und Innerlichkeit sichtbar, die für die Krise des 33. Lebensjahres charakteristisch ist.

Bezeichnend für das Erleben des Spannungsfeldes zwischen dem für die Außenwelt geschaffenen Schein und der ungeschönten Innenwelt sind auf der einen Seite die Bilder **Schwarze Maske mit Rosa** (1912), **Masken** (1912) und ihr **Selbstbildnis** an der Staffelei und mit großem Hut (1909/10), Abb. 3.12, mit denen eine bestimmte Maske aufgesetzt wird, um den Erwartungen der Gesellschaft zu entsprechen – und auf der anderen Seite lässt das **Selbstbildnis** (um 1911), Abb. 3.13, ohne jegliche Maskerade die Zweifel, Unsicherheiten und Ängste sichtbar werden. Spannungen dieser Art treten in der Midlife-Crisis sehr heftig auf.

Von außen gesehen verfolgte die Malerin Gabriele Münter bewusst ihre Richtung und wählte das Haus in Murnau als sicheren Heimathafen. Doch gleichzeitig bedrängten sie im 33. Lebensjahr tiefe, quälende Zweifel, weil sich die Angriffe der Frauen von Marc und Macke und zuletzt von Else Lasker-Schüler gegen sie richteten. Sie fühlte sich von beiden sowohl als Mensch als auch als Malerin verkannt und abgewertet. Während Kandins-

Abb. 3.12: Selbstbildnis mit Hut an der Staffelei (um 1909/10), Öl auf Leinwand, 76,2 x 58,4 cm

ky in Moskau in einer Hochstimmung verkehrte, weil er dort viele gute Kontakte hatte und im Dezember 1910 in der Vereinigung *Karo Bube* ausstellte, litt sie in seiner Abwesenheit unter Selbstzweifeln und schrieb ihm: «Ich bin ihm (FG: einem Besucher) so unsympathisch, wie fast allen Leuten. Einfachheit wird schwer vertragen. (...) Nie hab' ich zur rechten Zeit das rechte Wort, nie meine Gedanken beieinander, bin *nie* Herr der Situation.

Abb. 3.13: Selbstbildnis (um 1911), Öl auf Pappe, 49,0 x 33,7 cm

Schon schlimm! (...) Was meinen inneren Gehalt betrifft, so habe ich ja schon gesagt, dass Du mich überschätzt.»[60] Ihre Unsicherheit zeigte sich in dem Jahr auch in ihren Gesten und ihrer äußeren Erscheinung: sie wirkte zaghaft, mutlos. Das kommt im **Selbstbildnis** von 1911, Abb. 3.13, deutlich zum Ausdruck, nachdem *Der Blaue Reiter* immerhin ohne ihre Hilfe nicht zustande gekommen wäre.[61] Ella erwog in der Krise des 33. Lebensjahrs, alles Materielle in Deutschland aufzugeben, um mit Kandinsky nach Russland zu ziehen. Ihre Kunst und ihre Beziehung zu Kandinsky waren ihr wichtiger als der gerade erworbene Besitz.

Das **Selbstbildnis** von 1911 (Abb. 3.13), so charakterisiert Gisela Kleine, «... zeigt Münter ernst, desillusioniert und müde. Hier fehlt der behütende Kopfputz, die bieder wirkende Hochsteckfrisur kippt nach rechts. Der Kragen fällt nach links. Die Kleiderfarben sind düster, nur flüchtig angedeutet. Die rechte Gesichtshälfte liegt im Schatten. Der Kopf ist aus der Mittelachse gerückt. Alles scheint aus dem Gleichgewicht geraten zu sein.»[62]

Auf Kandinsky machten in Berlin Rudolf Steiners Ausführungen zur Mission von Künstlerinnen und Künstlern tiefen Eindruck und wurden in sein Kunst- und Weltverständnis integriert, während sich Gabriele für theosophische Ideen nur zum Teil erwärmte. Wenn Kandinsky sich fragte, wie weit im Kunstwerk überhaupt noch Gegenständliches nötig sei, da es doch darum gehe, Geistigem Ausdruck zu verleihen – löste Gabriele das Geistige niemals von einem Gegenstand, an dem es sich symbolisch manifestiert. Darum ging sie den Weg des Abstrahierens nicht so weit wie Kandinsky – auch wenn sie abstraktes Malen in diesem Jahrsiebt und auch später öfters ausprobierte. So ein Versuch war die Serie von Bildern, beginnend mit der Zeichnung **Nach dem Tee** (1912), den Ölskizzen **Nach dem Tee I** (1912) und **Nach dem Tee II** (1912), Abb. 3.9, die zu der ungegenständlichen Farbimpression **Abstraktion** (1912), Abb. 3.10, führte.

Eine wesentliche Bestätigung erfuhr Gabriele im gemeinsamen Malen in Kochel und Murnau mit Jawlensky, der ihr oft genau die Empfehlungen gab, die sie intuitiv schon selber gesucht hatte.

So fand Gabriele vor allem in der Auseinandersetzung mit ihrem Partner Klarheit im Denken und im Fühlen und ihre Stimmigkeit des Denkens mit dem Gemüt. Und sie kam zur sicheren Erkenntnis, dass *abstraktes Malen nicht* ihr Weg war. Im Unterschied zu Kandinsky verspürte sie auch nicht das Bedürfnis, ihr Denken schriftlich darzulegen, sondern setzte es direkt malerisch um. Anthroposophisch gesehen bewegte sich Kandinsky mit seiner Auffassung, Geistiges von der materiellen Erscheinungsform zu lösen, in eine «luziferische Richtung», d.h. in eine Welt-abgewandte oder Welt-flüchtige Ideenwelt.

Auch in anderer Hinsicht waren Ella und Wassily künstlerisch komplementär eingestellt. Ella wollte mit den Zeichnungen die Dynamik eines spontanen momentanen Gefühls festhalten – Kandinsky wollte das Statische in Bewegung bringen. «*Festhalten vs. Lösen*», und «*Zur Ruhe bringen vs. In Bewegung versetzen*» waren die polaren Anliegen der beiden. Vermutlich bewegten sie sich deshalb immer wieder auch menschlich auseinander.

(2) Die asynchronen Entwicklungen von Wassily Kandinsky und Gabriele Münter

In der Darstellung des 4. Jahrsiebts (Kap. 9.1) wurde bereits auf die Wirkung des Altersunterschieds von rund 10 Jahren zwischen Gabriele und

Wassily hingewiesen. Die Tatsache, dass sie sich in verschiedenen Lebensjahrsiebten befanden, kann auch im 5. Jahrsiebt als Hintergrund für die permanenten Spannungen und Konflikte der beiden gesehen werden, die sich oft aus komplementären Stimmungen und Haltungen der beiden ergaben.

In Sèvres befand sich Wassily im 40. Lebensjahr und zutiefst in der Midlife-Crisis. Ella hingegen war gerade aus der Übergangskrise vom 4. zum 5. Jahrsiebt in einer Phase des Neubeginns und folgte intuitiv ihrer sich allmählich enthüllenden Entwicklungsrichtung. Doch Kandinsky war bei allen Spannungen davon überzeugt, dass durch die lange Krise die Reifung zu einem desto größeren Durchbruch führen werde, wie Gisela Kleine schreibt: «Er war stets mit charismatischer Gewissheit davon überzeugt gewesen, dass ihm etwas Unerhörtes gelingen werde, eine malerische Formulierung, die nicht der Vergangenheit entliehen, sondern revolutionär sein würde.»[63] Durch den Kunstbetrieb in Paris wurde Kandinsky zunächst noch entmutigt, weil z.B. die *Fauves* kühn das taten, was er nur spekulierend erwog. So geriet er in eine Schaffenskrise, in der seine Kreativität schwand und sein kunstpolitisches Interesse nachließ. Erst in den sieben Monaten in Berlin fand Kandinsky zu Ruhe, Klarheit und Kreativität. Die Spiritualität, wie sie Rudolf Steiner vertrat, wirkte für ihn in vielerlei Hinsicht als Bestätigung seiner Auffassungen, die er halb bewusst die ganze Zeit schon gesucht hatte. Er fühlte sich auch durch Steiners Aussage über die Mission eines Künstlers in seinem Innersten erkannt und bestärkt. Das gab ihm neue Kräfte für seine Schrift *Über das Geistige in der Kunst*, in der er bei Goethes Farbenlehre anknüpfte und über Steiner zur psychologischen und spirituellen Bedeutung von Farben fand.

In Berlin, Gabrieles Geburtsstadt, kam bei ihr das starke Bedürfnis nach einem Zuhause und nach einer eigenen Familie auf. Hier entstanden die Holzschnitte **Schlafendes Kind** (1908), Abb. 3.14, **Onkel Sam und Gesellschaft** (1908) und noch weitere mit Kindern und Spielsachen. Während es Gabriele mehr zur Verbindung mit der Erde und dem Leben drängte, suchte Kandinsky immer mehr Zugang zu geistigen Regionen, die sich von physischen Erscheinungen lösen konnten. Ellas Bewegung «erdwärts» stand Wassilys Bewegung «geistwärts» gegenüber. Sie könnten einander ergänzen und ausgleichen – sie können aber auch zur Zerreißprobe werden.

Abb. 3.14: Schlafendes Kind (1908), Holzschnitt (Kunsthaus Lempertz)

In Kandinskys Traktat weisen seine Wortwahl und sein Stil – den er trotz Anratens der Verleger auf keinen Fall ändern wollte! – starke Anklänge an theosophische Ausdrucksformen auf. Dafür ist beispielhaft, wie er in «Abschnitt VIII. Kunstwerk und Künstler»[64] die große und hohe Verantwortung des Künstlers anspricht: «Auf eine geheimnisvolle, rätselhafte, mystische Weise entsteht das wahre Kunstwerk ‹aus dem Künstler›. Von ihm losgelöst bekommt es ein selbständiges Leben, wird zur Persönlichkeit, zu einem selbständigen, geistig atmenden Subjekt, welches auch ein materiell reales Leben führt, welches ein *Wesen* ist.» Und damit ist der Künstler verantwortlich für seine Taten, Gedanken, Gefühle, weil sie die geistige Atmosphäre, die geistige Luft verklären oder verpesten (S. 140).

Im Dezember 1911 erschien endlich die «Broschüre», wie Kandinsky diese Schrift selbst immer bescheiden nannte, für die offiziell 1912 als Erscheinungsjahr angegeben wurde. Im April 1912 folgte mit einigen Ergänzungen schon die 2. Auflage. Kandinsky wurde mit diesem Traktat, der schnell zu einem Kultbuch wurde, mehr bekannt als mit seinen Bildern und Holzschnitten, die er bis dahin gemacht hatte.

Durch die geistigen, spirituellen und künstlerischen Anregungen in Berlin hatte Kandinsky endlich das Gefühl, aus seiner Midlife-Crisis herausgekommen zu sein. Er fand zu seiner Schaffenskraft, und das wirkte sich in seiner Malkunst in Murnau aus.

Im ungewöhnlich heißen Sommer 1911 hatte Kandinsky in Murnau noch eine besondere «Erleuchtungserfahrung» – und zwar mit der Farbe Weiß. Er meinte, Weiß bisher gering geschätzt zu haben, und erkannte nun, dass er als Maler die Farben souverän einsetzen kann: «Weiß ist wie die Pause in der Musik, das weiße Schweigen.»[65]

Kandinsky war zur Zeit der Kölner *Münter-Sonderschau* auf Kur in Bad Reichenhall. Mit russischen Freunden machte er eine dreitägige Fahrradtour von Reichenhall zum Kochelsee und über Rosenheim wieder zurück. Dabei bewegte ihn in Gesprächen mit theosophischen Freunden die Frage der Wiedergeburten. Er trat mit Madame Unkowsky aus Kaluga in Kontakt, die auch in München eine Wohnung hatte. Kandinsky wandte sich ab 1911 – er war 46! – religiösen und eschatologischen Themen zu, wie die Bilder **Apokalyptischer Reiter I** (1911), **Der Heilige Gabriel** (1911) und der Holzschnitt **Jüngster Tag** (1912) erkennen lassen, aber auch spätere Werke wie **Apokalyptischer Reiter II** (1914), **Landschaft mit Himmelfahrt des Elias** (1916) und **Posaunenengel** (1916).

Gabriele hingegen gab in ihren Stillleben mit Heiligenfigürchen und Hinterglasbildern auch religiösen Gefühlen Raum, doch sie bevorzugte dabei wie in der Volkskunst die Vereinfachung, um zum Wesentlichen zu gelangen. Damit folge ich Gisela Kleine, die auf die Gegensätzlichkeit der Beschäftigung mit dem Religiösen hinweist und schreibt, dass gerade in der Zeit, in der sich Kandinsky mit der Apokalypse und der Endzeit befasste, Gabriele in ihrer religiösen Gestimmtheit ihm das Irdisch-Vertraute gegenüberstellte, wie es sich in der Kunst des einfachen Volksglaubens manifestierte.[66] Darum «musste sie Bilder malen», einem inneren Drang folgend und oft mit einer visionären Kraft, wie im **Drachenkampf** (1913) und in anderen Stillleben mit dem Hl. Georg. Gabriele und Wassily waren zur selben Zeit mit tiefen religiösen Fragen beschäftigt, aber es zog sie in entgegengesetzte Richtungen.

Ella hatte an Wassilys Ideenwelt regen Anteil und fand es einfach gut, dass sich Wassily überhaupt wieder mit Perspektiven beschäftigte; aber sie bestimmte selbst, was sie für sich als relevant erachtete.

Kandinsky befand sich nach der Midlife-Crisis im siebten Jahrsiebt (42–49), und somit in der Phase unter der «Regentschaft des Kriegsgottes Mars». Das äußerte sich als Initiative zum Traktat *Über das Geistige in der Kunst*, dessen Idee er schon lange mit sich herumtrug und nun verwirklichen konnte, und das zeigen deutlich seine Gründungsideen des Bühnen-Gesamtkunstwerks und des Blauen Reiters. Bei diesen Projekten unterstützten ihn Franz Marc und Gabriele, doch Kandinsky war der ideell treibende Pionier, der dabei – wie er selbst von sich sagte – mit Franz Marc als Diktator herrschte.[67]

Etwa mit dem 35. Lebensjahr begann die Entwicklung der Bewusstseinsseele, in der sich Kandinsky befand. Er erwarb ein Bewusstsein seiner selbst, seiner Stärken und Schwächen und deren Wirkungen auf andere Menschen. Dass er sich selbst als «Diktator» bezeichnete und zu diesem Verhalten voll und ganz stand, war dafür ein deutliches Indiz. Die Stärkung des Selbstbewusstseins förderte auch die Schattenseite der Bewusstseinsseele als permanente selbstkritische Beobachtung und Beurteilung des eigenen Tuns und Lassens, wie dies in der noch länger bestehenden Midlife-Crisis sichtbar wurde. Die Münter-Biografin Gisela Kleine fasst dies prägnant so zusammen: «Nie war es zu der ungetrübten Harmonie gekommen, die er ersehnte, zum ‹Gleichklang der Seelen›. Immer wieder brach er in der ihm eigenen Dynamik in ihren Erlebniskreis ein, wollte alles, alles wissen, forderte rückhaltloses Bekenntnis und war dann bei jedem Gedanken, der sich nicht mit seiner Auffassung deckte, so tief gekränkt, dass er an ihrer Liebe zweifelte. Im Grunde wollte er keinen Dialog führen, sondern einen zweistimmigen Monolog.»[68]

(3) Selbstfindung, Partnerbeziehung und Freundschaften

Gabriele hatte in Paris, nach Vollendung des 28. Lebensjahrs, zu sich selbst gefunden – als Person, als Malerin, als Partnerin. Sie verstand sich nicht mehr als Wassilys Püppchen, das nur dazu da war, dass *er* sich verwirklichen konnte. Kandinskys Idealbild als Paar war symbiotisch, mit dem

Ziel der Bestätigung seines Ich. Am 20. September 1905 hatte er ihr geschrieben, dass er sich auf die Zeit freue, «wenn du immer ordentlich und brav tust, was ich will, ohne Ermahnung, das wird eine feine Zeit.»[69] Der Archetypus von Kandinskys Vorstellung der Beziehung mit Ella war sein Bild **Reitendes Paar** (1907), wie Gisela Kleine es beschreibt und deutet: «Mann und Frau einander zugewandt und eng aneinandergeschmiegt, reiten wie *ein* Wesen auf einem graziös ausschreitenden, bunt aufgezäumten Pferd. Ein goldblättriger Baum beugt sich abschirmend über das weltenthobene Paar …»[70] Kandinsky hatte diese Bilder und auch **Das junge Paar** (1904) «Ventile der Sehnsucht» genannt.

Wegen der Spannungen hatten Ella und Wassily für den Sommer 1911 eine Trennung vereinbart, um wieder zu sich selber zu finden. Ella besuchte Verwandte in Bonn, Herford und Berlin. Und Kandinsky schrieb ihr, dass wahrscheinlich eine dauerhafte Trennung am besten sei, da er ihr mit seinen dunklen Stimmungen das Leben nur schwer mache. Deshalb sei es am besten, wenn er geliebte Menschen verlässt und allein bleibt, sodass er für andere «unschädlich» sei. Gabriele antwortete sofort sehr energisch, dass dies keine Befreiung wäre, weil sie ohne ihn nicht leben könne.[71]

Kandinsky suchte immer wieder die Trennung von Ella wie auch von Anja, weil dadurch in ihm die Sehnsucht nach seinem Idealbild immer wieder neu geweckt wurde und ihn zu Bildern als «Ventile der Sehnsucht» inspirierte. Wenn Ella in physischer Nähe war, konnte er nicht träumen. Dann hielt er ihren Witz, ihr Zupacken, ihr Leuchten nicht aus. Nur wenn er den Trennungsschmerz spürte, konnte er im Malen kreativ werden. In Sèvres begleitete er Ella zum Vorortzug nach Paris, wo sie ein Zimmer bewohnte, aber kaum zu Hause angekommen, fühlte er sich verlassen. Er verfiel in Weinkrämpfe und Angstzustände, schrieb ihr lange Briefe und scheute sich, alleine zu schlafen. Dann verlangte er, dass sie zu ihm käme. Inzwischen war der Kater Waske (Kosename für Wassily) für ihn ein Trost. Er hatte auch in Träumen «seinen Tod vorausgesehen», bei dem Frauen die Todesbotinnen waren – alles Bilder seines Gewissens, die mit seinen ungeklärten Verhältnissen zu Anja und Gabriele (wie auch zu seiner späteren Frau Nina) zu tun hatten. Er vertröstete Gabriele ständig auf später und schob die Scheidung immer vor sich her, weil er Anja nicht wehtun wollte. Obwohl Ella darunter litt und auch von ihrem Bruder Carl Druck verspürte, fand sie sich damit ab. Erst 1911 wurde die Scheidung formalrechtlich vollzogen.

So kann ich mit Recht sagen, dass er sich mit «paradoxen Interventionen» selbst therapierte und auf diese Weise die meisten Bilder der russischen Periode für seine Heilung entstanden.[72]

Als durch die Arbeit am Blauen Reiter der Konflikt bis zur Stufe des Gesichtsverlusts und Vertrauensbruchs eskalierte – zur 5. Eskalationsstufe meiner neunstufigen Skala –,[73] ertrug Gabriele die äußerst verletzenden Aktionen von Maria und Franz Marc, in die auch Elisabeth und August Macke hineingezogen wurden, und stand dennoch zu Kandinsky. Aber sie erlebte auch die Entfremdung von ihm, die in den Bildern und Zeichnungen **Nach dem Tee** (1912), Abb. 3.9, Abb. 3.10, Abb. 3.11 deutlich zum Ausdruck kam. Darin stehen Kandinsky und der Buchhändler Goltz nahe beisammen, die Frauen sind zum Teil davon getrennt bzw. sitzen oder stehen teilnahmslos im Zimmer. Es zeigt die Dominanz der Männer und dass die Frauen in eine Statistenrolle abgedrängt wurden: «In den Zeichnungen trennt Gabriele Münter Männer von Frauen, sich selbst von Kandinsky: eine Kommunikation zwischen ihnen lässt sie nicht zu. (...) In der Auseinandersetzung mit den Bildern agierte sie die Konflikte ihrer sich verschlechternden Beziehung zu Kandinsky, ihre Unzufriedenheit und ihre Angst aus. Außerdem verlieh sie einer gewissen Solidarität mit Frauen Ausdruck, verbildlichte sie ihre Situation außerhalb des Kreises der um Kandinsky gescharten Avantgardekünstler ...»[74]

In diesem Jahrsiebt durchlebte Gabriele eine spannungsreiche Zeit und Ernüchterungen, an denen sie menschlich wuchs und reifte. Trotz der Konflikte mit ihrem Partner stand sie zum schicksalhaften Verbunden-Sein mit Kandinsky, weil sie an seine Mission und sein ernsthaftes Streben glaubte, an dem sie sich schmerzlich reiben musste, um als Künstlerin zu sich selbst zu finden.

(4) Gabriele Münters Welt- und Kunstverständnis

In den bewegten Jahren dieses Jahrsiebts fand Gabriele schließlich zu der ihr eigenen Kunstauffassung und lebte sie in ihren Zeichnungen, Holzschnitten und Malereien aus. Gabriele Wörwag[75] zitiert Gabriele, wie sie später über 1908 dachte: «1908 fand ich hier in Murnau am Staffelsee in kurzer Spätsommerzeit bei höchstem Arbeitsschwung zu der mir gemäßen Weise von Malerei. Ich malte zusammen mit Jawlensky, der aus Frankreich nachimpressionistische Anregungen zu unmittelbarer Farbenwirkung und mächtig zusammengefasster Gegenstandsgestaltung mitgebracht hatte, und mit Kandinsky, der sich langsam und folgerichtig aus sich selbst auf sein frühes, ihm lange schwer greifbares Ideal des reinen, von Naturnachahmung nicht gehemmten Ausdrucks hin entwickelte (...). Von nun an bemühte ich mich nicht mehr um die nachrechenbare ‹richtige› Form der Dinge. Und doch habe ich nie die Natur ‹überwinden›, zerschlagen oder gar verhöhnen wollen. Ich stellte die Welt dar, wie sie mir wesentlich schien, wie sie mich packte.» Wörwag fasst im folgenden Zitat eigentlich zusammen, was das Wesentliche der Entwicklung von der Empfindungsseele zur Verstandes- und Gemütsseele ist: «Der objektive Natureindruck wurde verinnerlicht und anstelle der äußeren Wirklichkeit das Bild wiedergegeben, das sich vor dem geistigen Auge der Künstlerin geformt hatte.»[76]

In dieser Zeit war Jawlensky in der Gruppe am fortschrittlichsten. Er hatte in seinem Münchner Atelier mit Jan Verkade und Paul Sérusier, den Schülern Gauguins, zusammengearbeitet. Er hing auch der «Synthese» an und verstand darunter das Streben, vielfältige Erscheinungen in der Natur zu großer einfacher Form zusammenzuziehen. Auch Cloisonismus spielte eine Rolle, indem klare Konturen[77] klare Farbflächen einschließen.

Gabriele räumte unter Einfluss von Jawlensky ihre Palette auf, entfernte viele Farben, behielt nur Krapplack, Kadmiumhellrot, Kadmiumorange, Kadmiumgelb, Chromoxydgrün, Preussischblau, Ultramarin, lichten Ocker, terra di Siena natur, Umbra, Elfenbeinschwarz, Zinkweiß. So radikal setzte sie um, was in ihr zur Erkenntnis gereift war.

In Murnau fand Gabriele – angeregt durch die Formen der Landschaft – zu ihrem neuen Stil: großflächiger Farbenauftrag, klare Linien und Konturen, keine Details, nicht nachimpressionistisch die Farben und Linien aufzulösen. Das entsprach der Landschaft und entsprach ihrem Naturell, ihrem Talent. Gabriele charakterisierte auch den Unterschied zu Kandinsky: «Bei mir ist es viel oder fast immer ein Mitgehen der Linien – Parallele – Harmonie –, bei Dir das Gegenteil, die Linien hauen und schneiden sich.»[78]

Früher hatte rund um den Staffelsee die Kunst der Hinterglasmalereien eine Blütezeit erlebt. Gabriele und Wassily waren von den einfachen Bildern, den kräftigen Farben und klaren Linien beeindruckt. Das wirkte sich auch auf ihren Malstil aus. Ella erlernte die Technik und malte viele Hinterglasbilder. Dafür begeisterte sie auch Kandinsky, der schließlich über 30 Glasbilder malte.

Auch für Gabriele trugen die Auseinandersetzungen mit esoterischen Fragen in der Berliner Zeit zum Finden ihrer eigenen Kunstphilosophie bei, in der sie aber nicht Kandinsky folgte, da er die Farbe völlig vom Gegenstand lösen wollte, sodass diese direkt Ausdruck des Geistigen werden kann. Kleine: «Die Macht der Ideen entfaltete sich für Münter in der raum-zeitlichen Welt, und sie konnten durch den Künstler *an den Dingen* offenbar gemacht werden. Für sie war das Allgemeine nur im Besonderen fassbar. Dass Schönheit sich im schönen Gegenstand schenke und geistige Werte nicht abgelöst von der Objektwelt erfahrbar seien, war ihre feste Überzeugung.»[79]

Auch bei Kandinskys Experimenten mit dem *Gesamtkunstwerk Theater* hielt sich Ella zu Wassilys esoterischen Auffassungen auf Abstand. Sie wollte in der Malerei nicht den Weg einschlagen, den Kandinsky beschritt, und fand so zu ihrer eigenen Malweise und Kunstauffassung. Es wird in der Kunstgeschichte viel zu wenig gewürdigt, dass sie als Frau – angesichts der damals noch stark erlebbaren Vorbehalte gegenüber einer Malerin – neben mehreren sehr profilierten avantgardistischen Malern eben doch zu ihrer Art zu malen fand. Doch der Weg dahin führte über Höhen und durch Tiefen und war bis zuletzt von vielen Fragen und Zweifeln gesäumt. Das kommt in den Selbstbildnissen unterschiedlich zum Ausdruck. In den Jahren 1908 bis 1912 malte Gabriele die meisten Selbstporträts, weil das kritische Hinterfragen der eigenen Identität, das Erleben der Spannungen zwischen Erwartungen der Menschen im Umfeld und des Anspruchs an sich selbst typisch ist für die Entwicklung der Verstandes- und Gemütsseele. Gabriele war lange Zeit unsicher, weil sie oft im selben Bild in verschiedenen Stilen malte: «Meine Arbeiten erscheinen mir oft zu verschieden, und dann meine ich auch wieder, dass es doch eine Persönlichkeit ist, die das Verschiedene macht ...»[80] Kandinsky schätzte das wirklich, weil es seiner Kunsttheorie entsprach, dass es bei allem auf die «innere Notwendigkeit», die Echtheit des Gefühls ankommt, die dann die angemessenen Formen findet. Im Almanach hatte er zu Gabrieles **Stillleben mit Heili-**

gem **Georg** (1911) einen Kommentar geschrieben, in dem er Ella implizit eigentlich vor Franz Marc verteidigte, der fand, dass sie zu verschiedene Stile im selben Bild hatte.

Im **Selbstbildnis** (1909/10), Abb. 3.12, mit dem Pinsel in der Hand vor der Staffelei, einem Blütenkranz auf dem ausladend großen Hut und einem Schmuckstein an einem Halsband, den gesellschaftlich üblichen Attributen der Weiblichkeit, machte sie sichtbar, dass sie sich äußerlich in der Rolle der Frau darstellte, die «im Dutzend» auch als Malerin tätig ist. Aber ihr Gesicht verrät, dass sie sich in diesem Selbstbild nicht wirklich gefunden hatte. Das andere **Selbstporträt mit Hut** (1909) ist ganz verschieden gemalt. Es ist ein Beispiel ihrer Versuche, im Stil der Hinterglasbilder zu malen, mit deutlichen Konturen und knalligen Farben. Auch dieses Bild wird sehr von den Attributen bestimmt: Das Kleid sieht aus wie von Kandinsky entworfen, die Hände sind hoch vor der Brust übereinandergelegt, und der Hut, der dem Selbstbildnis auch den Namen gibt, hat großes Gewicht. Mit dem Hut scheint sie hier zu Marianne von Werefkin, die für ihre extravaganten Hüte bekannt war und die Gabriele als eine sehr bestimmende Frau erlebte, in Konkurrenz zu stehen. Das Gesicht wirkt maskenhaft und mehr wie eine Karikatur, mit Anklängen an die *Fauves*. – Hierin wird zum einen im Betonen der Konturen und in den großen Farbflächen wie auch in der Pinselführung ihr Suchen nach dem für sie stimmigen Malstil sichtbar, und zum anderen offenbart das Bild auch die Spannung zwischen der Rolle als Frau des avantgardistischen Malers und der Person, die sich selbstkritisch hinterfragt.

Im **Selbstbildnis** (1911), Abb. 3.13, ist Gabriele 33 Jahre alt und verbirgt ihr Gesicht nicht mehr hinter einer Maske. Eine Gesichtshälfte ist im Schatten, das Haar ist ohne besondere Sorgfalt aufgesteckt, Ellas Gesichtsausdruck wirkt abgespannt, ihre Kleidung lässt Sorgfalt vermissen und insgesamt verzichtet Gabriele auf jeden Aufputz. Sie braucht keine Attribute. Gemalt ist mit kräftigen, impulsiven Pinselstrichen. All das verleiht dem Selbstbildnis eine expressive Intensität, wie sie nur noch im **Bildnis Marianne von Werefkin** (1909), Abb. 3.15, anzutreffen ist. Im Bild **An der Staffelei** (1910), Abb. 3.7, geht Gabriele ganz in ihrer Tätigkeit als Malerin auf. Unter dem Einfluss von Jawlensky malt sie große Farbflächen und arbeitet auch ihre Gesichtszüge nicht aus. Von dieser Zeit sagte sie selbst später, dass sie endlich zu der ihr eigenen Art zu malen gefunden hatte.

Abb. 3.15: Bildnis Marianne von Werefkin (1909), Öl auf Pappe, 81 x 55 cm

Auch das **Selbstbildnis an der Staffelei** (1911) ist wieder mit kräftigen, flotten Pinselstrichen gemalt. Gabriele ist im Arbeitskittel, ihre Bewegung ist völliges Eins-Sein mit dem Malen, die linke Hand hält ein Tuch, ihr Gesicht ist nicht differenziert – aber doch als das ihre zu erkennen. Die Malerin hebt sich farblich durch Ocker und schwarze Konturen nur wenig vom dunklen, blauen Hintergrund des Umraums ab, als wäre sie mit diesem eins. Auch in diesem Bild sind keine Spuren von Konflikten und Ambivalenz zu erkennen – wenngleich diese in der Beziehung zu Kandinsky ständig bestanden hatten. Aber vermutlich ist durch die Konkordanz in der Malgemeinschaft der Vier-von-Murnau (mit Werefkin und Jawlensky) der Konflikt mit Wassily in den Hintergrund gerückt.

Gabrieles Entwicklung als Mensch und als Malerin in diesem Jahrsiebt bestätigt eigentlich Kandinskys Überzeugung, dass durch die lange Krise die Reifung zu einem desto größeren Durchbruch führen werde.

Konsequent verwirklichte sie in den Stillleben, Porträts und Interieurs ihr Verständnis von «Synthese», indem sie in ihren Bildern den äußeren Eindrücken und dem inneren Erleben Ausdruck verlieh.

15.6 Das sechste Jahrsiebt von 1912 bis 1919 (35 bis 42):
Lehrende und Lernende

In diesem Jahrsiebt wurde Gabriele durch die Katastrophe des Ersten Weltkrieges und die dadurch bedingte Trennung von Kandinsky, die sich schon in den Jahren davor angekündigt hatte, völlig aus der Bahn geworfen. Doch mit der für sie charakteristischen Weise antwortete sie auf die Herausforderungen des 2. *Mondknotens* und der Midlife-Crisis mit mutigen und zielorientierten Aktionen, wenngleich sie durch die Trennung und Ungewissheit des Wartens auf Wassilys Rückkehr sehr litt und immer wieder in Depressionen verfiel.

Das sechste Jahrsiebt begann durchaus Erfolg versprechend. Denn am 6. Januar 1913 wurde in Berlin in Herwarth Waldens *Sturm-Galerie* die Münter-Einzelausstellung mit 84 Gemälden eröffnet. Als markanteste Werke waren **Drachenkampf** (1913) und **Mann im Sessel** (1913), Abb. 3.8, in dem Paul Klee im sogen. «Denksessel» sitzt, gut platziert. Die Beziehung zu Herrn und Frau Walden wurde für alle Künstlerinnen und Künstler des Blauen Reiters wichtig, weil er ihnen Einzelausstellungen ermöglichte und um den Verkauf ihrer Werke bemüht war, für die er eine Provision von 20% vereinbart hatte. Gabriele konnte erst im Juli zur Ausstellung nach Berlin kommen. Anschließend wanderte diese Ausstellung nach München als *Kollektivausstellung G. Münter 1904–1913*.

Bei der Gelegenheit sprachen der Bruder, die Schwester und der Schwager mit Ella wieder einmal darüber, dass doch nach Wassilys Scheidung 1911 einer legalen Eheschließung nichts mehr im Weg stünde. Daraufhin schrieb sie am 8. Juli an Kandinsky nach Moskau: «Ich habe noch immer gemeint vielleicht hast du doch gute Gründe gegen das Heiraten – u. wenn du sie mir sagtest, so würde ich vielleicht einverstanden sein, wie immer. Aber jetzt scheint mir wieder – im Grunde ist es nur eine Form, die durch unser Leben bedingt wird u. wenn sie auch lästig ist – es ist doch richtig da wir nun einmal in solchen Zuständen u. unter solchen

Menschen leben, daß wir diese Form mitmachen – wenn auch spät (...)».[81] Aber Kandinsky ging darauf nicht ein oder vertröstete auf später.

Gabrieles und Wassilys Beziehung war immer wieder von ihnen selbst auf die Probe gestellt worden. Und Wassily hatte einige Male ausgesprochen, dass er sich für eine Trennung und ein Leben in Einsamkeit entschieden habe, um niemandem Leid anzutun. In diese Stimmungslage brach die Meldung über den Krieg ein, von dem die meisten Menschen dachten, dass er nur eine kurze Strafaktion Österreich-Ungarns gegen Serbien wäre – mit dem deutschen Kaiserreich als Bündnispartner –, und dass nach einigen Monaten die Soldaten siegreich heimkehren könnten. Wie sich herausstellen sollte, war dies eine Illusion, die auf einer völlig falschen Einschätzung der Veränderungen beruhte, wie sie sich durch die Hegemonie zwischen dem deutschen Kaiserreich versus Großbritannien um die Vormacht in den Kolonien und in der Hilflosigkeit des habsburgischen Österreich-Ungarn gegenüber dem anwachsenden Panslawismus ergeben hatten.[82]

Am 1. August 1914 wurde die Welt vom Kriegsausbruch überrascht. Gabriele und Wassily fuhren am 3. August überstürzt in die Schweiz, nach Goldach am Bodensee, in die leerstehende Villa ihres Münchner Wohnungswirtes. Kandinsky als Russe war jetzt als «staatsfeindliches Element» in Deutschland unerwünscht. In der neutralen Schweiz wollten beide das Ende des Krieges abwarten, weil sie glaubten, dass er nach einem Vierteljahr beendet sei. Aber nach drei Monaten wurde Kandinsky zu unruhig und verreiste am 25. November über Italien nach Brindisi und dann weiter mit Schiffen um Griechenland herum ins Schwarze Meer nach Odessa und von dort nach Moskau. Gabriele blieb noch in Zürich, da dort in einer Ausstellung einige ihrer Bilder gezeigt wurden. Wassily schrieb täglich Briefe bzw. Telegramme über seine Reise, wobei die Briefe manchmal drei Wochen unterwegs waren.

Erschüttert durch die fluchtartige Abreise war Gabrieles und Wassilys Schaffenskraft zunächst gelähmt. In Kandinskys Haus in Moskau waren alle 24 Wohnungen und die für ihn reservierte Atelierwohnung vermietet, so dass er dort keine Bleibe hatte. Er bat Gabriele, sich dafür einzusetzen, dass auch Anja nach Moskau kommen könne, und durch Ellas Bemühungen war dann das geschiedene Paar in Moskau vereint.

Dann wurde Gabriele von dem Bericht erschüttert, dass August Macke am 26. September 1914 bei Verdun gefallen war; Franz Marc schrieb einen sehr bewegenden Nachruf auf seinen besten Freund.
Erst im Januar 1915 kehrte Gabriele aus der Schweiz nach München und Murnau zurück und versuchte, zu irgendeiner Normalität zu finden. Dort malte sie u.a. eine **Abstrakte Studie** (1915) und schrieb an Kandinsky, dass sie sich in abstrakter Malerei versuche. Sie löste den Hausstand in München auf, brachte den Hausrat bei einer Spedition unter und reiste Anfang Juli über Berlin und Kopenhagen nach Schweden, weil Skandinavien sich für neutral erklärt hatte und dort ein Treffen mit Kandinsky möglich war. Über Herwarth Walden entstanden Verbindungen zu Galerien und Kunsthändlern in Skandinavien, die seine Geschäftspartner waren, und Gabriele knüpfte in Stockholm schnell Kontakte mit Künstlerinnen und Künstlern.
Gabriele war fest davon überzeugt, dass es nach dem Krieg zur Eheschließung kommen werde. Obwohl ihr Kandinsky in der Schweiz ehrlich gestanden hatte, dass er die Beziehung für beendet betrachtete – und dennoch erneut «hoch und heilig» die Heirat versprach.[83]
In Stockholm bereitete Gabriele zielstrebig Ausstellungen von Werken Kandinskys für den Januar 1916 und von eigenen Werken für den März 1916 vor, wofür Walden Bilder nach Stockholm transportieren ließ. Kandinsky hatte versprochen, im September 1915 nach Stockholm zu kommen, schob aber den Besuch wieder auf, weil er einen Kuraufenthalt auf der Krim nötig habe. Der Briefwechsel ging daraufhin zu gegenseitigen Vorwürfen und Rechtfertigungen über, bis sogar Anja eingriff: Sie schrieb Gabriele einen Brief, in dem sie beteuerte, dass Wassily wirklich das Geld für die Reise fehlte. Und «... ich wünsche Ihnen von ganzem Herzen, dass Sie den Zustand der Unsicherheit und der Qual, in dem Sie seit langem leben, endlich überwinden, um eine neue Existenz zu gründen, (...) ... eine Existenz ohne betrügerische Illusionen, unabhängig, dankbar für die neuen Möglichkeiten, freier und glücklicher ...».[84] Gabriele reagierte empört auf «betrügerische Illusion», «Unabhängigkeit» und «Freiheit», weil Wassily ihr Unrecht angetan habe, und sie bestand auf der Einhaltung des Eheversprechens. Es ging ihr dabei primär nicht um den formalen Akt und das Papier, sondern um eine Rehabilitierung vor den Menschen in Murnau. Denn noch immer galt es für eine Frau als höchst verwerflich, eine Liebes-

beziehung mit einem verheirateten Mann zu haben. Deswegen wurde das «Russenhaus» in Murnau auch von vielen «Hurenhaus» genannt.

Schließlich kam Kandinsky am 23. Dezember 1915 nach Stockholm. Gabriele und die Galerie hatten vieles unternommen, um in der Presse Interesse zu wecken für Kandinskys Besuch. Zeitungen schrieben über das widersprüchliche «Phänomen Kandinsky»: Da war zum einen der intellektuelle, korrekt gekleidete Mann von Welt – und auf der anderen Seite gab es seine abstrakten Bilder, die eigentlich einen emotional-chaotischen Menschen als Maler erwarten ließen. Durch diesen Gegensatz erregte in der Kunstwelt und besonders bei Psychologen und Psychiatern die Person Kandinsky mehr Interesse als seine Malerei.

Gabriele und Wassily wurden viele Male von der kulturellen Elite Stockholms zu Diners eingeladen, auch von Prinz Eugen auf Schloss Waldemarsudde, da der Prinz selber auch malte. Beim Empfang auf Waldemarsudde entstand das berühmte Foto, auf dem beide in Gala und wie Fremde steif nebeneinander stehen: Kandinsky mit Stehkragen und Fliege und Münter mit fürstlicher weißer Pelzmütze. In den zwölf Wochen seines Aufenthalts in Stockholm erlernte Kandinsky die Kunst der Radierung und nutzte sie für die sogen. «Bagatellen»-Motive seiner Malereien.

Die Vernissage von Kandinskys Einzelausstellung fand am 1. Februar 1916 statt. Es wurden 19 Gemälde bis 1914 gezeigt, da er im Jahr 1915 keine Ölbilder gemalt hatte. In Schweden wurden er und seine Werke vor allem aus tiefenpsychologischer Perspektive diskutiert. Unter anderem wurde eine öffentliche Diskussion des Malers mit einigen Psychologen organisiert, bei der Kandinsky keinerlei Einblicke in die biografischen Hintergründe seiner Bilder gewährte.

Vom 1. bis 14. März 1916 fand die Einzelausstellung Gabriele Münter mit 28 Ölbildern und kleineren Arbeiten statt, von denen die meisten bereits in Schweden entstanden waren, wie z.B. Narvik-Hafen (1916), Abb. 3.16. Ihre Werke wurden von den Medien sehr beachtet und außergewöhnlich positiv bewertet, wie einige Aussagen bezeugen: «... ein selbständiger Künstler mit einem außerordentlich saftigen Malertemperament ...», «... ein kluges Wagnis einer ernsthaft suchenden Künstlerin ...».[85] Dass sie mit Munch verglichen und sehr geschätzt wurde, war ein Höhepunkt ihrer Anerkennung als Malerin. Ihre Bilanz der beiden Ausstellungen war jedoch ernüchternd: Kandinskys Bilder haben wenig Anerkennung gefunden,

Abb. 3.16: Narvik-Hafen (1916), Öl auf Leinwand, 47,5 x 64,5 cm

aber pekuniär etwas gebracht, während ihre Bilder sehr gelobt wurden, aber pekuniär nichts gebracht haben.[86]

In Stockholm erhielten sie die Nachricht, dass Franz Marc am 4. März 1916 vor Verdun gefallen war, was beide trotz der Konflikte in der letzten Zeit sehr berührte. Am 16. März reiste Kandinsky wieder nach Moskau.

Nach dem Abschied von Wassily fühlte sich Gabriele sehr verlassen. In Briefen stellte sich ein klagender und fordernder Ton ein, auf den Kandinsky immer beschwichtigend – mit der Zeit jedoch spürbar distanzierter reagierte. Da er auch über seine finanziellen Sorgen schrieb, begann Gabriele, Verkaufsausstellungen für seine Werke zu organisieren. Auch sie selbst hatte mit finanziellen Problemen und ihrem Verlassensein zu kämpfen. Im Frühling 1917 schlug aber der Ton ihrer Briefe in Frustration um. Indessen hatte Wassily im Februar 1917 – was Gabriele nicht wusste – die um 20 Jahre jüngere Nina von Andrejewskaja geheiratet und machte die Hochzeitsreise nach Finnland. Im September wurde

Abb. 3.17: Uhrmacher (1916), Kaltnadelradierung auf Zink, 7,4 x 9,9 cm

ihnen ein Sohn geboren, was Gabriele auch erst nach dem Kriegsende erfuhr.

Sie wartete auf Briefe, auf das Wiedersehen. Das drückte sich in der **Zeichnung Uhrmacher** (1916), Abb. 3.17, aus: Die Zeit vergeht oder steht still, ein Uhrmacher ist mit einer Reparatur beschäftigt, im Vordergrund steht eine Frau mit verlorenem Blick an einem Schreibpult mit Tintenfass, links im Hintergrund springen zwei Pferde zur Bildmitte wie eine Erinnerung an die Zeit des Blauen Reiters.

Gabriele machte mit einer Freundin eine dreiwöchige Eisenbahnfahrt nach Nordschweden und weiter nach Norwegen, wo sie den Hafen von Narvik skizzierte. Entlang der norwegischen Küste fuhr sie in die Hauptstadt Christiania (Oslo), wo Walden für einige der in Stockholm gezeigten Werke von Kandinsky und Münter eine Ausstellung organisiert hatte. Über Göteborg und Südschweden reiste sie nach Hof Arnäsholm von Carl Sundbeck, wo sie Ende Juli bis Anfang September 1916 verblieb und dort 15 Bilder malte. Es entstanden u.a. Porträts von Mitgliedern der Familie Sundbeck und Landschaftsbilder, wie **Narvik-Hafen** (1916), Abb. 3.16, nach der Skizze, die sie bei der Norwegen-Reise vor Ort gemacht hatte. Zurückgekehrt nach Stockholm war sie als Malerin sehr produktiv!

Finanziell ging es Gabriele schlecht, da die von Carl bezahlte Rente wegen der Inflation in Deutschland ständig an Wert verlor. Manchmal gewann sie Aufträge zu Porträts, die ein wenig Geld brachten. Gabriele wartete auf Kandinskys Rückkehr, die dieser immer wieder aufschob. Nach der Oktoberrevolution wusste sie nicht, ob er überhaupt noch am Leben war und gab einen offiziellen Suchauftrag, auf den sie erst im September 1918 eine Antwort erhielt.

Aber die Lebenskrise wurde nicht zur Schaffenskrise! Denn es entstanden einige besondere Werke: Im **Stillleben mit Palette** (1916), Abb. 3.18, hatte Gabriele – wie es auf deutsch heißt – ihre alte Palette mit den *dunklen Farben* «an den Nagel gehängt». Das bedeutet allerdings nicht, dass sie als Malerin aufhörte, sondern nur, dass sich ihre Palette geändert hatte. Denn das Bild ist – anders als die Stillleben in Deutschland, die oft sehr dunkel gehalten waren – in hellen, blass und dünn aufgetragenen Farben gemalt. Darin kündigte sich ihr neuer Stil an, mit dem sie in Skandinavien weiter experimentierte. Das Bild **Musik** (1916), Abb. 3.19, hat einen biografischen Bezug und könnte eine Erinnerung an Berlin sein, wo in Emmys Haus musiziert wurde. Gabriele hing sehr an diesem Bild, und es erntete bei aller Kritik auch viel Lob. In dem bürgerlichen Interieur sind in der rechten Bildhälfte eine Pianistin und ein Geiger beim Spiel aufeinander bezogen, während in der linken Bildhälfte eine Frau in sich verschlossen auf einem Stuhl sitzt und zu den Musizierenden in keiner sichtbaren Beziehung steht. Die auf dem Stuhl sitzende Frau ist einsam, auch wenn sie sich unter Menschen befindet.

Am 30. Januar 1917 eröffnete in Stockholm eine Ausstellung, in der Gabriele mit zwei anderen Malerinnen 32 Werke zeigte, von denen die meisten aus dem Jahr 1916 waren. Ab 3. Mai 1917 stellte sie in Stockholm Arbeiten aus, die erst im März desselben Jahres entstanden waren. Es waren Bilder – zumeist eindringliche Frauengestalten im Innenraum – «in denen sie sich zum ersten Mal verschlüsselt mit ihrer Beziehung zu Kandinsky auseinandersetzte».[87] Oft stellte sie Paare dar, die entweder im Begriffe sind, auseinanderzugehen oder Beziehungslosigkeit zum Ausdruck bringen. Beispiele dafür sind **Landleute** (1917), **Straße in Vaxholm** (1917), **Im Salon** (1917), **Sommerabend in Stockholm** (1917) und andere Bilder.[88]

Abb. 3.18: Stillleben mit Palette (1916), Öl auf Leinwand, 80,5 x 65,0 cm

In die Porträts melancholischer Frauen legte sie stellvertretend ihre eigene Befindlichkeit, denn in ihrem Gemütszustand vermied sie Selbstbildnisse. Die Tuschfederzeichnung **Ich bin deutsch** (1917), Abb. 3.20, ist davon eine Ausnahme, doch diese Zeichnung dürfte sie nur für sich selbst gemacht haben.

In diesem Selbstporträt wird ihre depressive Stimmung aufgrund ent-

Abb. 3.19: Musik (1916), Öl auf Leinwand, 90,0 x 115,0 cm

täuschter Hoffnungen und aussichtslosen Wartens klar sichtbar. Beispielhaft dafür ist u.a. das Bild **Sinnende** (1917), Abb. 3.23, auf dem eine selbstbewusste, moderne Frau den suchenden, erwartungsvollen Blick in die Zukunft richtet und über Geschehenes nachsinnt, so wie Gabriele in Skandinavien viel an die Zeit mit Kandinsky denken musste und die Zukunft völlig im Dunkeln lag. Im Ölbild **Zukunft** (1917) sitzt eine junge Frau nachdenklich in sich versunken im Zimmer vor einem verschlossenen Fenster, durch das eine Straße in der Stadt zu sehen ist. Die Dichterin **Anna Roslund** (1917) sitzt als selbstbewusste Frau mit kurzgeschnittenem knabenhaftem Haar nachdenklich und doch lasziv im Rohrstuhl und raucht eine Pfeife. Für Gabriele war sie in ihrer verzweifelten persönlichen Situation das Idealbild einer souveränen Frau. In dem großformatigen Öl-

Abb. 3.20: Ich bin deutsch (1917)
Tuschfederskizze

bild **Krank** (1917), Abb. 3.21, drückte Gabriele, obschon sie nicht krank war, ihre Melancholie und Hilflosigkeit aus, während der Kranken ein Brief vorgelesen wird.

Es ist auffallend, dass 1917 Gabriele in Skandinavien, wo sie seit der Ausstellung für Kandinsky und anschließend für eigene Werke sehr mit Kandinsky in Verbindung gebracht wurde, ihre Werke mit *Münter-Kandinsky* zu signieren begann. Im Jahr 1917 nahm Gabriele an Gruppenausstellungen in Stockholm teil. Trotz der Anerkennung ihres Werkes machte sie eine lähmende Einsamkeit durch und sagte dazu später: «Ich lebte im Prophetenstand – jetzt bin ich Weltkind geworden.»[89]

In ihrer Geldnot wandte sie sich an Walden, der bereit war, in Deutschland eine Sturm-Ausstellung vorzubereiten. Doch Freunde rieten ihr, wegen der Hungerprobleme nicht nach München, sondern nach Berlin zu kommen, wo sie einen Freundeskreis habe, der sich um sie kümmern könne. Aber weil Gabriele auf Kandinskys Rückkehr nach Schweden hoffte, wollte sie gar nicht aus Skandinavien weg und blieb bis auf Weiteres in Schweden, machte aber Pläne für Kopenhagen.

Abb. 3.21: Krank (1917), Öl auf Leinwand, 93,0 x 139,0 cm

Nach dem Wanderleben in Schweden zog Gabriele 1918 nach Kopenhagen. Die erste Zeit konnte sie bei der Dichterin Anna Roslund, Herwarth Waldens Schwester wohnen, danach bezog sie wieder Pensionen. Im Dezember 1918 nahm sie in Kopenhagen an der Sturm-Gesamtschau teil, in der auch Werke von Chagall, Jawlensky, Kandinsky, Klee, Léger, Marc und Picasso zu sehen waren. Ihre Bilder wurden von der Kritik lobend erwähnt, die der anderen Maler aber ziemlich abgewertet. Dennoch konnte sie im Oktober 1919 in Kopenhagen einhundertelf Gemälde ausstellen, von denen die Kritik die strahlenden Farben lobend hervorhob, die in die nordische Landschaft eine «etwas exotische Note» einbrachten.

Doch litt sie in Dänemark unter großer finanzieller und persönlicher Not. Um zu überleben, malte sie Porträts und bot über Anzeigen Malunterricht an. Ihre künstlerische Produktion war – abgesehen von Porträtaufträgen in ihrem lichten Stil – ganz gering.

Das sechste Jahrsiebt Gabrieles aus entwicklungspsychologischer Sicht

Die schematische Übersicht fasst die wesentlichen Daten dieses Jahrsiebts zusammen:

Jahr	Alter	Ereignis **sechstes Jahrsiebt**	Bilder
1913	36	Einzelausstellung GM Berlin (84 Gemälde) München Retrospektive	*Paul Klee im Sessel Drachenkampf*
1914	37	August: Krieg - WK u. GM in die Schweiz, WK nach Moskau, GM bleibt in Zürich	*See am Abend*
		2. Mondknoten	
1915	38	GM nach Schweden, Künstlerkontakte in Stockholm GM bereitet Ausstellung WK und GM vor Dezember: WK kommt nach Stockholm	*Abstrakte Studie*
1916	39	Einzelausstellung für WK, danach für GM WK reist am 16. März nach Russland Danach nie mehr ein Treffen GM mit WK!	*Zeichnung Uhrmacher Narvik-Hafen Suchende*
1917	40	Stockholm: GM Einzelausstellung WK heiratet in Moskau Nina Andrejewskaja, GM hört es viele Jahre später	*Krank, Sinnende Norwegen Tjellebotten*
1918	41	Wanderleben in Schweden, Kopenhagen. Größte Einzelausstellung	
1919	42	Dänemark, Porträts, gibt Malunterricht große finanzielle und persönliche Not, ganz geringe künstlerische Produktion	*Klippenpartie Bornholm*

(1) Entwicklung der Bewusstseinsseele

Mit der Bewusstseinsseele entwickelt ein Mensch immer mehr Selbstbewusstsein und Selbstsicherheit, und das bedeutet auch, dass er Bewusstsein der eigenen Fähigkeiten hat und damit spielen kann. Dabei kommt es auf die Übereinstimmung von Denken, Fühlen, Wollen und Handeln mit dem Selbstverständnis und dem eigenen Denk- und Wertesystem an.

Wie vollzog sich angesichts der weltpolitischen und persönlichen dramatischen Ereignisse bei Gabriele Münter die Entwicklung der Bewusstseinsseele? Weil hier die äußeren historischen Ereignisse als exogene Auslöser gleichzeitig mit der endogenen Dynamik des *2. Mondknotens* und der darauf folgenden *Midlife-Crisis* auftraten, muss ich die verschiedenen Schicksals- und Entwicklungslinien etwas entflechten.

Allgemein ist bei jeder Krise entscheidend, ob die von ihr betroffene Person daran zerbricht oder resigniert oder sich an das Bisherige klammert – oder ob sie die äußeren Schicksalsschläge zwar als gegeben akzeptiert und nun als Herausforderung zur Entwicklung neuer Fähigkeiten versteht.

Die weltpolitisch angespannte Zeit vor dem Kriegsbeginn war auch eine spannungsreiche Zeit in Gabrieles Beziehung mit Wassily und mit den Maler-Freundinnen und -Freunden des Blauen Reiters. Der Kriegsausbruch fiel zeitlich zusammen mit Gabrieles 2. Mondknoten – rechnerisch wäre dies im April 1914 gewesen. In Gabrieles Biografie wurden die immanenten Entwicklungen durch die äußeren Ereignisse ungemein beschleunigt und intensiviert. Wie ich in Kap. 7 ausgeführt habe, ist der 2. Mondknoten der «Knoten der Wende und des Umbruchs». Gewöhnlich kommt es auch ohne besondere äußere Anlässe zu einem bewussten und gewollten radikalen Abbruch der bisherigen, vertrauten Beziehungen und es werden an deren Stelle neue «Wahlverwandtschaften» gesucht und aufgebaut. Dadurch können weitere Potenziale aufgespürt und entwickelt werden, die zur Erfüllung des Lebensziels erforderlich sind.

Gabriele versank nicht in Trauer und Lethargie, sondern wagte etwas Neues, allem Schmerz und aller Verzweiflung zum Trotz. Unterstützend war, dass Gabriele in Stockholm von Anfang an von den Künstlerinnen und Künstlern der Gruppe *De Unga* («Die Jungen») als Pionierin der modernen Malerei anerkannt und willkommen geheißen wurde, wie ihr das nie zuvor widerfahren war. Das stärkte ihr Selbstwertgefühl und gab ihr Kraft, die hier gebotenen Chancen zu nutzen und den Schmerz zu überwinden. Sie lud in ihre kleine Wohnung zum Tee ein, bei dem die Menschen auf Augenhöhe miteinander über ihre Arbeit und ihr Kunstverständnis sprachen, ohne Profilierungs- und Konkurrenzverhalten. Das war ähnlich wie im «Salon Werefkin» in München, nur eben sehr bescheiden. So baute Gabriele ihre «Wahlverwandtschaft» auf, in der sie anderen Menschen viele Anregungen geben konnte und als 38- bzw. 40-Jährige sogar in die Rolle der Meisterin und Lehrerin geriet. Dabei war sie nicht nur die Gebende, sondern erhielt selbst neue Impulse, die sich in ihrer Art zu malen niederschlugen – in ihrem sogen. «skandinavischen Stil». All das erleichterte ihr, sich auf die Menschen der neuen Umgebung einzustellen und sich für die Schönheiten der nordischen Landschaft zu öffnen. Aus diesem Einfühlen heraus fand sie zu einer Malweise, die dem Charakter Skandinaviens gerecht wurde. Mit lichten und reinen Farben zu malen gab ihr das Gefühl, wieder bei sich zu sein. Das entspricht dem Grundbedürfnis in der Bewusstseinsseele, im Denken, Sprechen und Handeln nach innerer und äußerer Stimmigkeit zu streben. Denn hätte sie in Skandinavien genau so gemalt wie in Bayern, hätte ihr das vielleicht ein Gefühl der *inneren* Stimmigkeit gegeben, nicht aber *äußere* Stimmigkeit gebracht. «Malen bedeutete für Münter», schreibt Kleine, «stets Haltsuche gegen das Verworrene. Es bot Heilung für alle Risse und Brüche ihres Selbstgefühls, war ein Versuch, Entfremdung aufzuheben.»[90] Und hier ging es auch um die mögliche Entfremdung von sich selbst.

Ein Zeichen für eine positive Bewältigung der Herausforderung des 2. Mondknotens durch die Haltung der Bewusstseinsseele ist innere Sicherheit über die eigenen vorhandenen Potenziale, die bewusst spielerisch eingesetzt werden. Sie sind die Grundlage für neue Schöpfungen und können von der Künstlerin transformiert werden, wie es die Situation erfordert. Das geschah in Stockholm, als sie die Technik der Kaltnadel-Radierung erlernte und mit ihrer Meisterschaft des Zeichnens erfolgreich anwandte. Und in Kopenhagen ergriff sie die Möglichkeiten der Lithographie zur Gestaltung des Plakats für die eigene Ausstellung. Beim Plakat kam ihr zugute, was sie als Zwanzigjährige in New York so beeindruckt hatte: Die Fokussierung auf die klare Werbebotschaft!

In den Wendezeiten einer Krise werden immer die bisher gebildeten Werte und Tugenden auf die Probe gestellt: Sie können sich für den weiteren Lebensweg als einschränkend oder unangemessen erweisen – aber es kann sich auch herausstellen, dass es jetzt besonders darauf ankommt, ihnen treu zu bleiben. Bei Gabriele trat nicht der Egoismus als Schattenseite der Bewusstseinsseele auf – im Unterschied zu Wassily, der in seinem Jahrsiebt der Bewusstseinsseele oft sehr egozentrisch handelte. Schon nach ihrer Ankunft in Stockholm setzte sich Gabriele als Erstes für eine Kandinsky-Einzelausstellung ein, und erst im Anschluss daran auch für sie selber. Das war sicher nicht ganz uneigennützig, entsprang aber zum Großteil der Treue zu ihrem Partner. Und obwohl Gabriele in Skandinavien finanziell ums eigene Überleben kämpfen musste, sandte sie mittels eines Kuriers Geldbeträge aus Verkäufen seiner Arbeiten nach Moskau und setzte sich mit dem Schreiben an Herwarth Walden dafür ein, dass Kandinsky die Verkaufserlöse seiner Bilder wertgesichert erhalten sollte. Doch wie sich später herausstellte, hatte Kandinsky selbst bereits eine andere Anweisung gegeben, ohne es Gabriele mitzuteilen. Sie stand in unverbrüchlicher Treue zur «Gewissensehe» mit Kandinsky, auch wenn sie sich damit abgefunden hatte, dass er auf ihr Drängen nach einer formalen Eheschließung immer wieder ausweichend und vertröstend reagierte. Diese Treue lebte sie nicht nur in Perioden des Schönwetters, sondern auch jetzt bei Sturm und Hagel. Ihr Drängen entsprang auch ihrer unbedingten Verpflichtung zur Wahrhaftigkeit, die ihr schon in der Kindheit den Ruf eines starrköpfigen Mädchens eingebracht hatte. In den ersten Jahren ihrer Beziehung, als Wassilys Frau Anja von dem Liebesverhältnis noch nichts erfahren durfte, hatte sie deshalb Kandinskys Maskeraden und die heimlichen Treffen mit ihm abgelehnt ... aber schließlich doch mitgemacht. Dennoch unterstellte sie bei Kandinsky dieselbe Verpflichtung zur Wahrhaftigkeit, die sie selbst hoch hielt.

Wie Karoline Hille[91] schreibt, befand sich Gabriele all die Jahre in Skandinavien in einer tiefen Lebenskrise, keinesfalls aber in einer Schaffenskrise. Sie selbst sagte zwar von sich in Bezug auf die Ablösung von Kandinsky: «Wer aus dem Leben herausgeworfen ist, ist auch aus der künstlerischen Entwicklung herausgeworfen.»[92] – Doch das galt für Gabriele auf eine spezielle Art, weil sie nur aus dem wirklich Erlebten heraus malen konnte.

Sie haderte an sich nicht mit dem Schicksal, durch das sie nach Schweden verschlagen worden war, aber sie litt sehr unter der Trennung von Kandinsky und der Ungewissheit, ob er überhaupt noch am Leben sei und ob es eine gemeinsame Zukunft geben werde. An Gabrieles Entwicklung während der Jahre in Skandinavien wird sichtbar, dass sich die geistige Entwicklung von den physisch-materiellen Bedingungen emanzipieren und sich in reifem künstlerischem Schaffen manifestieren kann.

Durch die Dominanz des 2. Mondknotens, und vor allem dank der offensiven und konstruktiven Bewältigung durch Gabriele, machte sich bei ihr die typische Midlife-Crisis in diesen Jahren kaum bemerkbar. Gabriele verstärkte durch die Treue zu ihren Grundwerten die Verbindung mit ihrem Höheren Selbst. Und im Umgang mit den malenden Freundinnen und

Freunden scheint sie ihre kantigen und starren Wesenszüge, die Aspekte ihres Schattens waren, zu einer Haltung des wertschätzenden Verstehens und Leben-Lassens des fremden Wollens transformiert zu haben.

Die vierzigjährige Gabriele wurde auch im Exil von den Fragen heimgesucht, die sich jede Frau in diesem Alter stellen muss: Will ich Kinder haben? In der Zeit des Verlassen-Seins in Schweden verbrachte Gabriele einige Zeit bei der Familie *Wissler in Mariafred* – und sie bekannte später: «Ringsum blühte es. Frau Wissler erzählte, sie war über 40 Jahre alt, als sie den Jungen bekam. Sie meinte, ich hätte doch auch noch Zeit dazu, und meine Gefühle – ! Die Jugend vertan, das Leben verpasst – oder kommt es noch?»[93]

(2) Die asynchronen Entwicklungen von Wassily Kandinsky und Gabriele Münter

Kurz bevor der Erste Weltkrieg begann, hatte Kandinsky das befreiende Gefühl, aus der Midlife-Crisis herausgefunden zu haben und schritt nun konsequent auf seinem Weg der abstrakten Malerei weiter voran. Er war in der «Mars-Phase» und hatte sich als Pionier für viele neue Vorhaben eingesetzt. Doch genauer besehen war die Frucht der Krisenbewältigung vor allem eine kognitive Klärung, wodurch er den Traktat *Über das Geistige in der Kunst* schreiben konnte. Und auch im Wollen hatte er zu einer klaren Richtung gefunden, doch die Entwicklung im Bereich des Fühlens hatte damit nicht Schritt gehalten. Die Folgen davon bekam Gabriele noch in diesem Jahrsiebt zu spüren.

Als Kandinsky mit Kriegsbeginn Deutschland verlassen musste, schien ihm trotz des Schocks fürs erste die Zeit gekommen zu sein, dem Drängen seiner Freunde in Russland zu folgen und sich in seiner alten Heimat zu verwirklichen. Auch Gabriele war bereit gewesen, mit ihm nach Moskau zu ziehen. Doch als er in Moskau ankam, waren mit dem Kriegsbeginn die Verhältnisse zu seinen Ungunsten verändert, denn alle 24 Wohnungen seines eigenen Hauses und selbst das für ihn reservierte Atelier waren besetzt. So war er die erste Zeit entmutigt und antriebslos. Als er im Dezember 1915 für die Vernissage seiner Ausstellung nach Stockholm kam, war er – theoretisch gesprochen – gerade in die «Jupiter-Phase» eingetreten.

Doch in seinem praktischen Denken und Tun hatten ihn die äußerlichen Ereignisse als «verhinderten Pionier» frustriert zurückgelassen und bei ihm zu einer Regression geführt. Wenn die Ereignisse nicht die Trennung erzwungen hätten und die Beziehung nicht schon so belastet gewesen wäre, hätte Wassilys «Jupiter-Haltung» auf Gabriele, die sich im 2. Mondknoten befand, positiv wirken können.

(3) Selbstfindung, Partnerbeziehung und Freundschaften

Schon seit 10 Jahren lebten Gabriele und Wassily in ambivalenten und immer wieder spannungsreichen Beziehungen.

Im Sommer 1913 war Kandinsky wieder in Moskau, um Familienkontakte zu pflegen und Möglichkeiten für Ausstellungen zu erkunden. Als Gabriele ihm schrieb, dass sie jetzt heiraten sollten, weil dies eben eine gesellschaftliche Konvention sei, an die sie sich – wenn auch spät – zu halten hätten, ging Wassily darauf nicht ein. Gabrieles Motiv dazu erklärt Karoline Hille[94] als rein pragmatisch: «Sie hatte es einfach satt, die ‹kleine Münter› und das ‹Fräulein› zu sein, wollte mit ihm reisen und im Hotel ‹legal› und nicht heimlich (wenn überhaupt) zusammenwohnen, ohne Angst vor der Polizei bei der Anmeldung, wollte einfach in diesem Punkt die bürgerliche Sicherheit von Trauschein und Ehe.»

Gabriele kam 1915 in Schweden wieder darauf zu sprechen und Kandinsky schrieb aus Moskau am 2. März 1915 – wie schon öfters –, dass er die Einsamkeit brauche, «... weil mein Ideal der Liebe größer ist als die Fähigkeit, es zu verkörpern. (...) Die Liebe (in meinem Ideal) muss grenzenlos und in jeder Weise fruchtbar sein.»[95] Weil auch sie, Ella, das nicht könne, habe sie ihn nicht wirklich geliebt. Und dann schob er den Besuch unter Berufung auf verschiedene praktische Umstände wieder auf und kam erst am 23. Dezember nach Stockholm.

Es ist deutlich, dass Wassilys maßlos überhöhtes Idealbild einer menschlichen Liebe von normal Sterblichen niemals verwirklicht werden könnte. Das musste zu Enttäuschungen führen. Und jetzt schob Kandinsky die Schuld am Misslingen auf seine Partnerin, weil sie ihn nicht wirklich so geliebt habe, wie er es von ihr erwartet hätte. Aus diesem Verhalten spricht deutlich, wie gering Kandinskys Fähigkeit zur

Selbstreflexion in dieser Phase seines Lebens gewesen sein musste. Und es zeigt auch, dass er die Herausforderung seiner Midlife-Crisis nur zum Teil bewältigt hatte. Er hatte zwar zu der erhofften *geistigen Klarheit* gefunden, die dann in seinen Traktat *Über das Geistige in der Kunst* einfloss, doch das war eben nur eine *kognitive* Klarheit. Kandinsky sprach und schrieb viel über «das Geistige» und die Aufgabe des Künstlers, Geistiges auszudrücken, damit das «Zeitalter des Geistes» beginnen könne, wie es im Mittelalter Joachim von Fiore nach der «Epoche des Vaters» und der «Epoche des Sohnes» als dritte Epoche des «Heiligen Geistes» verstanden hatte. Wassilys tägliches praktisches Handeln stand zu diesem Geistigen – das hohe moralische Ansprüche an Menschen stellt – in deutlichem Widerspruch. Und ich vermute, dass August Macke und Franz Marc diesen Widerspruch scharf erkannten und deshalb sein Sprechen über das Geistige oft ins Lächerliche zogen. Aber Kandinsky konnte oder wollte nicht begreifen, dass er sich der Konfrontation mit der dunklen Seite des Geistigen zu stellen habe. Sein Fühlen, Wollen und Handeln wurden von der gewonnenen Erkenntnis nicht wirklich tiefer berührt und auch nicht transformiert. Denn dann hätte er seinen Schatten bzw. seinen Doppelgänger erkannt, der vor allem in seiner egozentrischen Haltung, in der Ambivalenz seiner Gefühle und Stimmungen bestand, und wäre bemüht gewesen, ihn über den mühsamen Weg der Selbsterziehung zu wandeln. So setzte er seine Lebensführung mit immer wiederkehrenden großen Stimmungsschwankungen unverändert fort und hob in seiner weltenflüchtigen, «luziferischen» Haltung noch mehr von der Realität seiner Wirkungen auf andere Menschen ab.[96] Gabriele wollte ihm darin nicht folgen, sondern blieb in der Lebensführung und in ihrer Kunst dem Irdisch-Konkreten verbunden. So lebten beide immer weiter auseinander.

Der Abschied am 16. März 1916 in Stockholm war dann der definitiv letzte. Denn Kandinsky hatte im September 1916 die junge Nina kennengelernt, und es war – wie Nina später schrieb[97] – für beide Liebe auf den ersten Blick. Gabriele hatte dies von ihm nie zu hören bekommen, sondern erfuhr es später nur über Umwege.

Bemerkenswert für den Stand der Partnerschaft in Schweden ist Kandinskys Ölbild **Heiliger Georg IV** (1917?), Abb. 3.22. Es ist eine erstaunlich genaue Wiedergabe der erkalteten Beziehung zwischen beiden und

Abb. 3.22: Wassily Kandinsky: Heiliger Georg IV (1917 ?), Öl auf Karton, 79,5 x 92 cm

wirkt auf mich sogar wie eine Persiflage seiner früheren Reiterbilder des Heiligen Georg. Gisela Kleine deutet das Bild wie folgt: «Das nicht genau datierbare Bild fordert eine biographische Deutung geradezu heraus: Georg mit Schild und Lanze auf einem Schimmel, trabt einer von ihm abgewandten, still in sich versunkenen Frau davon. (…) Umhüllt von einer grauen, leicht eingeschwärzten Farbaura, beherrscht er die Bildmitte, die Frau ist an den rechten Rand gerückt. Sie trägt eine Haube mit bodenlangem Schleier, wirkt darum wie eine wartende (oder verlassene) Braut. Über ihr schwebt an einem langen, gebogenen Stiel ein wolkenartiges Farbgebilde mit dunklen Eintrübungen. Mann und Frau kehren sich gegenseitig den Rücken zu …»[98] Dieser Deutung Gisela Kleines schließe ich mich an, doch ich sehe in dem «wolkenartigen Farbgebilde» am Stiel eine Entsprechung mit dem in Berlin 1907/08 entstandenen Bild Kandinskys **Der Zeiger,** bei dem diese Wolke die Verbindung (durch den Stiel) der Person (Prinzessin oder Braut) mit ihrer Seele (das wolkenartige Farbgebilde) darstellt. Rudolf Steiner hatte in Berlin, als er dieses Bild sah, darauf hingewiesen, dass eine ähnliche «Wolke an einem Stiel» den seelischen Zustand (die «Astralität») des «Zeigers» darstelle. Darum ist **Heiliger Georg IV** (Abb. 3.22) eine sehr prägnante Wiedergabe der seelischen Befindlichkeit Gabrieles nach dem Abschied von ihrem «Ritter». Gabriele machte sich über die wahre Art der Beziehung wahrscheinlich keine Illusion. Aber sie ließ im festen Glauben an die Wahrhaftigkeit ihres Partners die Hoffnung nicht fahren, dass er das Heiratsversprechen ernst meine und kein falsches Spiel spiele.

In Skandinavien war Gabriele als «Münter, Frau des russischen Malers Kandinsky» bekannt geworden. Doch erst 1917 begann sie, Bilder als «Münter-Kandinsky» zu signieren. Sie hat sich meines Wissens nicht darüber ausgesprochen, warum sie mit Münter-Kandinsky signierte, aber ich habe zwei Vermutungen: (1) Sie tat dies in Zeiten der größten Verunsicherung, weil sie nicht wusste, ob Wassily noch lebte oder ob ihm in der Revolution etwas zugestoßen wäre; mit dem Doppelnamen könnte sie zu ihrer geistigen Verbundenheit mit ihm stehen; (2) Sie verstand sich nach den wiederholten Heiratsversprechen als Kandinskys Frau und könnte beabsichtigt haben, sich im Falle seines Ablebens die Eigentumsrechte an seinen Werken zu sichern.

Während die Beziehung mit Kandinsky in Brüche ging, bewies Gabriele in Skandinavien, wie leicht sie freundschaftliche Kontakte knüpfen und pflegen konnte. Aus der Zusammenarbeit 1912 mit den Ehepaaren Marc und Macke am Blauen Reiter hatte Gabriele an ihrer eigenen sozialen Kompetenz zu zweifeln begonnen. Sie hatte bei vielen Menschen angeeckt und war als zu direkt, rechthaberisch und starr wahrgenommen worden. In ihrem «Salon» in Stockholm wurde sie zum Mittelpunkt des künstlerischen Lebens der Avantgarde. Ihr Urteil war gefragt und geschätzt und ihre Anregungen wurden gerne aufgegriffen. Zu den selbstbewussten Frauen, wie zur Malerin Sigrid Hjertén, zur Dichterin Anna Roslund und zur «Dame von Welt», Gertrude Holz, die auch zu ihren Bildern **Zukunft/Dame in Stockholm** (1917), **Sinnende** (1917), Abb. 3.23, **Anna Roslund** (1917), Modell saßen, entwickelten sich wahre Freundschaften.

Gabriele hatte aus dem 2. Mondknoten bis in ihr praktisches Tun und künstlerisches Handeln Lehren gezogen und die störenden Wesenszüge

Abb. 3.23: Sinnende (1917), Öl auf Leinwand, 66,0 x 99,5 cm

ihrer Schattenpersönlichkeit mit den Kräften der Lichtseite ihres Höheren Selbst wirksam verwandeln können. Sie hatte «ihre Hausaufgaben» gemacht. Das ist der Grund, warum sich die Midlife-Crisis in diesen Jahren bei ihr schwächer und nur gelegentlich als Perioden geringerer Schaffenskraft manifestierte.

(4) Gabriele Münters Welt- und Kunstverständnis

Mit den soeben ausgeführten Fortschritten in Gabrieles Entwicklung hängt ihre Kunstauffassung eng zusammen.

Als Gegengewicht zu den Konflikten mit Maria und Franz Marc zusammen mit Elisabeth und August Macke war das gemeinsame Malen mit Werefkin und Jawlensky in Murnau für Gabriele ein Höhepunkt im Prozess der Selbstfindung. Auch die ruhige, bedachtsame und humorvolle wie auch spirituelle Art von Paul Klee wirkte auf Gabriele als Ruhepol, wie sie dies im Bild **Mann im Sessel** (Paul Klee, 1913), Abb. 3.8, spontan ausdrücken wollte. Mit ihrem 35. Lebensjahr hatte sie wieder zu sich gefunden. Nach dieser Zeit und nach dem Bild mit Paul Klee im Sessel malte Gabriele keine Interieurs und häuslichen Szenen mehr, bis auf **Musik** (1916), Abb. 3.19. Denn 1912/13 hatte sie ihre stärkste Verbindung mit den bürgerlichen, materiellen Werten bereits überschritten. Das wurde in den Bildern sichtbar, wie Karoline Hille[99] schreibt: «Die Räume und Einrichtungen, die sie im weiteren Verlauf ihres Lebens darstellen sollte, waren nun stets solche, die von den porträtierten Personen bewohnt wurden oder in denen sie selbst nur vorübergehend zu Gast war. Die Konnotationen der persönlichen Präsenz, des Besitztums und der behaglichen Vertrautheit, die frühere Genreporträts heraufbeschworen, wurden praktisch ins Gegenteil verkehrt, da in den Interieurs nunmehr die Identität der Anderen und Münters Entfremdung von ihnen zum Ausdruck kam.» Ein deutliches Beispiel dafür ist auch das Bild ihrer Nichte **Im Zimmer/ Frau im weißen Kleid** (1913). In ihm dienen Gegenstände nur noch zur Charakterisierung der porträtierten Person.

Als Kandinsky 1915 schon in Russland war und Gabriele den Umzug nach Schweden vorbereitete, malte sie mehrere Form- und Farbstudien ohne Gegenstände, wie z.B. **Abstrakte Studie** (1915), und berichtete das an Wassily. Vielleicht tat sie das in Erinnerung an den Partner und in Würdigung seiner Neuerungen? Dann schickte sie diese Bilder mit den anderen Werken nach Stockholm. Das war auch in der Zeit des 2. Mondknotens und in der Aufbruch-Stimmung! Gabriele hatte öfter ungegenständlich gemalt – entweder weil sie mit der Komposition eines gegenständlichen Bildes rang (**Nach dem Tee II,** 1912, Abb. 3.11), oder weil sie einfach Fingerübungen machen wollte. Es waren Schritte in Richtung ihres neuen Stils.

Als sie nach Stockholm kam, gefiel ihr die Stadt, sie fühlte sich bei den Menschen sofort heimisch und lernte schnell Schwedisch. Der Maler Carl Palme wurde ihr ein sorgsamer Begleiter und führte sie bei der Gruppe *De Unga* (Die Jungen) ein, von der einige Mitglieder bei Matisse studiert hatten. Durch Walden und seine Partner-Galerie Gummeson in Stockholm sprach sich Münters Anwesenheit bald herum und sie konnte erleben, wie sehr sie dort als Avantgardistin anerkannt war – um vieles mehr als in Deutschland. Auch die Kritiken würdigten sie als außergewöhnliche Künstlerin. So bereitete sie die Kandinsky-Einzelausstellung vor, die am 1. Februar 1916 in Anwesenheit des Künstlers eröffnet wurde und wegen des Interesses für die Person Kandinsky in der Presse große Beachtung fand. Die Vernissage der Münter-Einzelausstellung fand am 1. März 1916 statt und wurde von der Kritik gleichfalls positiv aufgenommen.

In Stockholm versuchte sich Gabriele zum ersten Mal mit Radierungen und fertigte damit Stillleben nach eigenen Gemälden an. Und die Technik der Lithografie eignete sie sich in Kopenhagen an. Gabrieles sogenannter «skandinavischer Stil» wurde durch die Kontakte mit den jungen schwedischen Matisse-Schülerinnen und Schülern inspiriert. Ihre Bewunderung für Matisse, die sie schon in Paris gehegt hatte, erwachte dadurch wieder neu. Aber mit dem Wandel der Palette, der Linienführung und Komposition blieb sie dem Grundsatz treu, den auch Kandinsky immer zum obersten Prinzip erklärt hatte: Sie fand die Form, die Gestaltung, die am besten dem entsprach, was sie an den Objekten als wesentlich wahrgenommen hatte und was in ihr zum Ausdruck drängte. Folglich erlebte sie das Licht, den Himmel und die Menschen in Skandinavien anders als in Frankreich, Italien oder Deutschland – und dem wurde sie mit anderen Mitteln gerecht als in den Jahren davor. In den vielen positiven Kritiken, die sie in Schweden und Dänemark für ihre Kunst erhielt, wurde eigentlich anerkannt, wie unvoreingenommen sie Land und Leute wahrnehmen und malen konnte. Während die jungen Künstler um *De Unga* die ihnen vertraute Welt mit den Augen ihres Meisters Matisse sahen und malten und etwas verfremdeten, spiegelte ihnen Gabriele das Wesentliche ihrer Welt sozusagen auf geläuterte Weise.

So experimentierte Gabriele und malte Metamorphosen von Stillleben, die sich öfters schrittweise der Abstraktion näherten, wie die Bilder **Stillleben im Kreis** (1912) und **Studie mit weißen Flecken** (1912) und die Varianten der Bilder **Nach dem Tee I, II** (1912), Abb. 3.9, bis hin zu **Abstraktion** (1912), Abb. 3.11, zeigen.

Nach der Trennung von Kandinsky verlor Gabriele das Interesse am Fotografieren und beschränkte sich auf Fotos, in denen sie die Hängung ihrer Bilder in den Galerien festhielt

15.7 Das siebte Jahrsiebt von 1919 bis 1926 (42 bis 49): Der fehlgeleitete Kampfgeist

Gabriele war wegen des Bürgerkriegs in Russland in großer Sorge um Wassily und suchte sogar mit spiritistischen Methoden mit ihm in Verbindung zu treten – jedoch erfolglos. Sie war ehrlich bemüht, die Erlöse des Verkaufs seiner Bilder durch Herwarth Waldens *Sturm-Galerie* für Wassily sicherzustellen. Deshalb schrieb sie Walden, er möge die Bilder nicht zu billig verkaufen, denn diese seien Kandinskys Vermögen, und er solle das Geld auf eine Bank in Dänemark überweisen, wo es für Kandinsky deponiert bliebe. Walden antwortete, dass Kandinsky ihm aufgetragen hatte, die Erlöse in Deutschland zu deponieren, was er Gabriele niemals mitgeteilt hatte. Sie wusste zu der Zeit noch nicht, dass Wassily schon seit Februar 1917 mit Nina verheiratet war und einen Sohn hatte.

Im Jahr 1919 hatte sie in Kopenhagen die bisher größten Ausstellungen und beachtliche Publikumserfolge. Sie zeigte dort hundert Gemälde, zwanzig Hinterglasbilder und sieben Radierungen. Nebenbei erlernte sie die Technik der Lithografie und nutzte sie für Plakate zu Ausstellungen.

Um Geld zu verdienen, bot sie auf Bornholm eine Malschule an, zu der aber nur eine Schülerin kam und mit der sie arbeitete. Ihre finanzielle Lage wurde immer schwieriger.

Dennoch konnte sie im Oktober 1919 in einer *Separatausstellung* in Kopenhagen dreiundneunzig Gemälde und achtzehn Hinterglasbilder ausstellen. Besondere Aufmerksamkeit erregte das Ölbild **Klippenpartie Bornholm** (1919), Abb. 3.24; es ist in kräftigen, leuchtenden Farben gehalten, von denen sich im Hintergrund das Meer von der Küste in dunklem Blau abhebt. In Zeitungsberichten wurde hervorgehoben, wie einfühlsam Gabriele den Charakter der dänischen Landschaft erfasst und ins Bild gebracht habe.

In Berlin fand im Dezember 1919 eine Ausstellung in der *Sturm-Galerie* statt, bei der neben Gabriele Münter auch Paul Klee und Gösta Adrian-Nilsson vertreten waren.

Am 28. Februar 1920 – eine Woche nach ihrem 43. Geburtstag – kehrte Gabriele wieder zurück nach Deutschland, erst nach Berlin und dann nach München, wo sie schnell Kontakt mit alten Maler-Freunden und mit der Gruppe *Münchner Neue Secession* aufnahm. Ihre Schwester kam mit

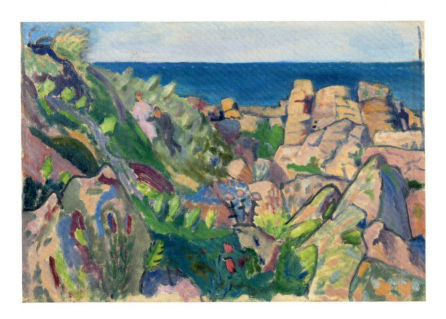

Abb. 3.24: Klippenpartie Bornholm (1919), Öl auf Leinwand, 36 x 54 cm

Tochter Friedel nach Murnau ins Russenhaus, in das während Gabrieles Abwesenheit die Familie eingezogen war, die das Haus 1908 erbaut hatte. Allerdings konnte die Familie das Haus nur langsam bis 1921 räumen. Im September und später in den Weihnachtstagen verbrachte Gabriele mehrere Tage auf *Schloss Elmau*. Dort hatte 1916 der Theologe und Schriftsteller Johannes Müller ein Refugium für Menschen geschaffen, die in ihrem Leben eine Neuorientierung suchten. Er hatte sich wegen seiner Auffassungen mit seiner Amtskirche zerstritten und führte das Haus im anthroposophischen Sinn nach Rudolf Steiners Ideen, indem er biologisch-dynamische Speisen und Getränke bot, Kunst- und Atemtherapie, Eurythmie und Tanz und psychologische Begleitung. In den nächsten Jahren suchte Gabriele Schloss Elmau immer wieder auf und fand dort durch den gesamten Rahmen und die intensive Reflexion ihrer Lebensführung allmählich wieder zu sich selbst.

Sie malte einige Stillleben, Porträts und Selbstporträts – sonst wenig.

Im Dezember 1920 fand in der Galerie Thannhauser eine *Münter-Retrospektive* statt, die in der Presse ein gutes Echo fand – jedoch finanziell folgenlos blieb.

Bei aller Betriebsamkeit war sie in völliger Unsicherheit, wie es um Kandinsky stand. Erst über Walden erfuhr sie, dass er noch lebte, aber unter welchen Umständen, das konnte er ihr aus Diskretionsgründen nicht sagen.

Ende 1920 nahm der Offizier Ludwig Baehr mit Gabriele Kontakt auf, weil Kandinsky seine Werke, die seit 1915 bei einer Speditionsfirma in München lagerten, zurückforderte. Ludwig Baehr trat als Unterhändler zwischen ihr und Kandinsky auf. Doch die Tatsache, dass Kandinsky auf ihre Schreiben nie geantwortet hatte und jetzt mit Forderungen auftrat, erlebte sie als empörend und brachte sie in Wut, wodurch sie verhärtete.

Gabriele blieb nach den Weihnachtstagen noch bis 21. Januar 1921 auf Schloss Elmau und schöpfte daraus wieder Kraft. Da die Familie in Murnau ihr Haus noch immer nicht zur Gänze geräumt hatte und sie ein Atelier brauchte, bezog sie die *Pension Romana* in München. Doch über den Sommer lebte sie sehr zurückgezogen in Murnau, danach wieder in der *Pension Romana*. Es gelang ihr, bei der *Münchner Neue Secession* wieder einige Bilder auszustellen, wenngleich dies finanziell nichts brachte. Und sie wurde zur Teilnahme an der Ausstellung der *Revolutionären Novembergruppe* in Berlin eingeladen. Im Dezember erfuhr Gabriele, dass Kandinsky nach Deutschland kommen werde. Sie setzte ihre Hoffnung auf eine Aussprache mit ihm, aber Kandinsky meldete sich überhaupt nicht. Als sie von der Münchner Spedition die Nachricht erhielt, dass zwei Herren dort gewesen seien, die Kandinskys Bilder abholen wollten, wurde sie gefragt, ob sie das erlaubte. Ihre Antwort war ein striktes Nein! Sie war wütend, dass Kandinsky auf ihre Schreiben niemals geantwortet hatte und jetzt einfach Bilder holen wollte, ohne im Voraus um ihre Zustimmung zu fragen. Weil Gabriele die Verweigerung jeglichen Gesprächs als Demütigung und als Verachtung erlebte, verfiel sie in Zorn und in Hass, wodurch ihr Leben vergiftet wurde. Im Streit mit Kandinsky ließ sich Gabriele seit Februar 1922 durch einen Anwalt vertreten, hoffte aber trotz allem auf eine persönliche Aussprache mit Wassily.

Im kulturellen Leben Deutschlands begann sich wieder viel zu regen. Im März wurde Kandinsky als Lehrer an das Staatliche Bauhaus berufen. Klee war schon vorher dorthin geholt worden. Gabriele beteiligte sich an der *Internationalen Kunstausstellung Düsseldorf*, zu der Mitglieder der bekannten Gruppen der Vorkriegszeit, wie *Brücke, Sturm* und *Der Blaue Reiter* eingeladen waren. Gabriele störte dabei allerdings, dass Kandinsky für den Katalog das Vorwort geschrieben hatte, in dem er seine bereits früher oft geäußerten Ideen breit darlegte.

Doch um aus dem Hadern mit der Vergangenheit herauszufinden und neue Anregungen zu erhalten – da sich Freunde wie Paul Klee und andere zurückgezogen hatten –, belegte sie im Januar 1922 in München einen Kurs Abendakt und war bereit, wieder zu lernen.

Gabriele war in mehrfacher Hinsicht heimatlos geworden. Sie litt darunter, dass sie keiner Gruppe mehr wirklich angehörte und dass ihre Pionierrolle vergessen worden war. Und auch das ständige Pendeln und Reisen konnte Gabrieles düstere Stimmung nicht wirklich aufhellen. Die ganze Zeit war sie in einem seelischen Tief: Sie pendelte zwischen Murnau und München, weil sie in München ein Atelier suchte; sie bereiste verschiedene Städte in Deutschland; sie knüpfte an frühere Kontakte an und warb dabei für Gelegenheiten, ihre Bilder auszustellen – aber sie blieb in der Depression gefangen.

Die folgende Übersicht lässt erkennen, wie umtriebig Gabriele in dieser Zeit war.

Im März verbrachte sie mehrere Tage in Murnau und blieb nach einigen Reisen den größten Teil des Jahres dort. Aber sie ertrug die Einsamkeit in Murnau nicht mehr. Emmy und ihre Tochter kamen zu Besuch und holten sie aus ihrer Isolation. Das Russenhaus war ja voll der Erinnerungen, aber draußen im Moor, am See und auf den Bergen der Umgebung fühlte sie sich befreit und malte wieder, wie das Bild **Der blaue Staffelsee** (1923), Abb. 3.25, erkennen lässt.

Schloss Elmau war für Gabriele wegen der Atmosphäre und der künstlerisch-therapeutischen Programme zu dem Ort geworden, an dem sie körperlich, seelisch und geistig regenerieren konnte. Sie kam regelmäßig für mehrere Wochen hin, Mitte Februar bis Ende März 1923, dann im April, wieder zum Jahreswechsel und zuletzt im März 1924, machte Bleistiftporträts der Gäste und verdiente dabei ein wenig Geld. Durch die Aufenthalte in Elmau fand sie wieder zu ihrer Resilienz und konnte die traumatisierende Enttäuschung durch Kandinskys Verrat allmählich verarbeiten.

1924 vermietete sie im Sommer das Haus in Murnau an Feriengäste und wohnte einige Zeit in München, u.a. auch bei Konstanze Schwedeler. Mit

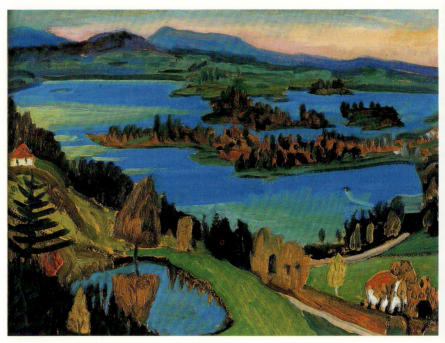

Abb. 3.25: Der blaue Staffelsee (1923), Öl auf Karton, 33 x 45 cm

ihr malte sie gelegentlich Landschaften, Ansichten von Murnau und vom Staffelsee.

Mitte September kam Maria Marc für einige Tage nach Murnau. Den Rest des Jahres zog Gabriele in Deutschland umher und versuchte, Veranstalter von Ausstellungen für ihr Werk zu interessieren – mit wechselndem Erfolg. Weihnachten war sie in Bonn bei Carls Familie zu Besuch.

In Köln fand 1925 eine umfangreiche Ausstellung *Gabriele Münter-Kandinsky* von fünfundsechzig Gemälden und Zeichnungen statt, die weiter nach Essen, Krefeld und Duisburg wanderte. In Köln begann sie mit ihrer Schrift *Beichte und Anklage* in tagebuchartiger Form, die insgesamt fünf Hefte und lose Blätter umfasste.

Eine Nichte kam wieder nach Murnau, um sie aufzuheitern. Im Herbst räumte sie das Haus in Murnau für eine längere Abwesenheit gründlich auf, um es zu vermieten. Als das nicht gelang, räumte sie es völlig um, als wollte sie die damit verbundenen Erinnerungen auflösen. Sie ging nach Berlin, in der Hoffnung, damit wieder Anschluss an die Kunstwelt zu finden. Sie besuchte öfters die jour fixe des Malers Arthur Segal, und es entstanden einige neue Freundschaften zu Künstlerinnen.

Durch dieses unstete Leben war sie ohne eine Heimstätte und ohne Atelier, konnte also nur in Ateliers von Freundinnen malen. Für die Porträts brauchte sie nur ihr Skizzenbuch und den Zeichenblock, und so machte sie aus der Not eine Tugend: Sie entwickelte ihre Porträtkunst zur Perfektion, bei der die Personen nur mit Umrisslinien gezeichnet wurden.

In diesen Jahren trug sie die Last des Verlassen-Seins und des Verrats mit. Ihre Verbitterung, die in Hass auf Kandinsky umgeschlagen war, vergiftete ihr eigenes Leben und raubte ihr auch ihren künstlerischen Schwung. Sie sagte von sich selber einmal, als sie sich in im Bett liegend im Spiegel sah: «Ich glaube doch eigentlich, dass ich meistens schon tot bin.»[100] In Zeiten großer finanzieller Not streckte ihr Schwager Georg Schroeter immer wieder ganz unkompliziert Geld vor, anders hätte sie nicht überlebt.

Über Kandinskys Hausrat und seine Bilder wurde nach vier Jahren langer und mühsamer Gerichtsverhandlungen ein Vergleich erreicht. Gabrieles Rechtsanwalt musste Gabriele immer wieder bestätigen, dass er ihre tiefen Verletzungen verstehe, aber da sie sich auf die Forderung nach direkten Gesprächen mit Kandinsky versteifte und unbedingt auf einer von ihr ausformulierten Erklärung seiner Schuld beharrte, kam er keinen Schritt weiter. Letztendlich wurde erst am 2. April 1926 von Wassily Kandinsky und Gabriele Münter der Vergleich unterzeichnet. Kandinsky räumte dafür «Frau Gabriele Münter-Kandinsky» das volle, bedingungslose Eigentumsrecht an allen Arbeiten ein, die er bei ihr 1915 zurückgelassen hatte.[101] Danach schickte ihm Gabriele 26 Kisten mit seinen persönlichen Gegenständen, Kleidern und Hausrat, und zwei Dutzend seiner Bilder, die für seine künstlerische Entwicklung besonders aufschlussreiche Beispiele waren.

Gabrieles Wesen entkrampfte sich allmählich und sie wurde wieder beziehungsfähig, und in Berlin entstanden freundschaftliche Beziehungen zu Malerinnen. Im Sommer ging sie zur Sommerfrische nach Thüringen, wo sie viele Studien der Landschaft und verschiedener Burgen machte. Und doch fand sie im Herbst noch nicht den richtigen Schwung zum Malen. In Berlin hielt sie sich erst bei Schroeters auf und zog danach in eine Pension. Sie besuchte einen Malkurs bei Arthur Segal, den sie bereits früher kennengelernt hatte, war aber selber mit den Ergebnissen unzufrieden. Schließlich zog sie es vor, bei dem anthroposophischen Maler und Steinbildhauer

Walter Besteher (1887–1962) systematischen Unterricht in Bildhauerei zu nehmen und begründete dies im Rückblick damit, dass «... ein Neuanfang mir darin wohl möglicher ist als in der Malerei. Vielleicht ist es eine Kateridee, es fehlt mir ja überhaupt an Schwungkraft ...»[102] Doch der Bildhauer konnte sie ermutigen, und seither arbeitete sie mit Hingabe.

Gleichwohl nahm Gabriele in diesem Jahr an mehreren Ausstellungen teil
- im April im *Verein der Künstlerinnen zu Berlin,*
- bei der *Gesellschaft der Freunde junger Kunst* in Braunschweig,
- im *Kunstsalon Richter* in Dresden,
- im *Kunstverein Nordhausen;*
- an der *International Exhibition of Modern Art* in New York und Philadelphia.

Die Kritiken waren überall anerkennend. Gabriele wusste allerdings nicht, dass sie die Einladung zur Ausstellung in Braunschweig Kandinsky zu verdanken hatte, der um ihre finanzielle Situation Bescheid wusste und ihr helfen wollte.

Das siebte Jahrsiebt Gabrieles aus entwicklungspsychologischer Sicht

In der folgenden Übersicht werden wichtige Ereignisse nochmals in Erinnerung gerufen (S. 341).

Ab 1914 bestimmte die erzwungene Trennung von Kandinsky die seelische Entwicklung Gabrieles, ihre Selbstfindung und damit auch die Partnerbeziehung, die sich durch die ungelösten Konflikte mit Kandinsky zu einer schweren seelischen Belastung auswuchs. Deshalb gehe ich auf die Selbstfindung und die Partnerbeziehung als erstes Thema ein.

(1) Selbstfindung, Partnerschafts- und Freundschaftsbeziehungen

Gabriele hatte in Skandinavien als Künstlerin und Person in den Medien und im Freundeskreis große Wertschätzung erlebt. Das stärkte sie sehr, so dass sie die ständigen finanziellen Probleme und Widrigkeiten des unsteten Lebens seelisch gut überstehen konnte. Doch als sie nach dem

hr	Alter	Ereignis	siebtes Jahrsiebt	Bilder
20	43	Rückkehr nach Berlin, München. Kontakt mit WK über Rechtsanwalt, WK fordert Bilder, die sich seit 1915 in München befinden, zurück. Aufenthalte auf Schloss Elmau		Bleistift-Porträts
21	44	Gruppenausstellungen in München, Berlin. Schloss Elmau		Porträtzeichnungen
22	45	GM Neubeginn als Malerin, Kurs Abendakt Kontakte zu Künstlerinnen, Schloss Elmau, WK kehrt nach Deutschland (Bauhaus) zurück		Porträtzeichnungen
23	46	Murnau, Künstlerkontakte, GM malt wieder in der Natur		Der blaue Staffelsee, Studie mit Telegrafenstangen
24	47	Murnau – Zeichnungen. Schloss Elmau Marie Marc zu Besuch. Köln, Bonn		Murnau im Mai, «Beichte und Anklage»
25	48	Ausstellungen Köln, Essen, Krefeld, Duisburg, Ausstellung Verein der Künstlerinnen zu Berlin		
26	49	Berlin, Kontakte mit Loulou Albert-Lazard, Elli Heimann, Grete Csaki-Copony, *Vergleich mit WK,* Ausstellung in Berlin Kurs Bildhauerei bei Walter Besteher		Dichterin S. v. Harden, Der Brief Selbstbildnis

Krieg nach Deutschland zurückgekehrt war und versuchte, an die Vergangenheit anknüpfend ihre Existenz wieder aufzubauen, erlebte sie den größten Gegensatz zu den Jahren davor. Umso tiefer stürzte sie dadurch in Selbstzweifel und Depressionen ab, aus denen sie erst 1926 herausfand. Wegen der Wirren des Krieges und der Revolution in Russland war sie in großer Sorge um Kandinskys Schicksal gewesen. Alle Versuche, von ihm ein Lebenszeichen zu erhalten, waren gescheitert – bis sie über Gerüchte und vage Andeutungen verstand, dass Wassily 1917 eine junge russische Frau geheiratet hatte und Vater geworden war. Das war für sie nach den Jahren des Bangens der übelste Verrat. Den größten Schlag versetzte ihr dann noch Kandinskys direkte Forderung nach Herausgabe seiner Besitztümer und Bilder, die sie 1915 bei einer Spedition in München vorsorglich in Sicherheit gebracht hatte. Diese Forderung traf Gabriele deshalb so tief, weil Kandinsky die von ihr ersehnte persönliche Begegnung und klärende Aussprache strikt verweigert hatte.

Durch dieses Erlebnis geriet Gabriele in ein seelisch-geistiges Tief. In dem Gemütszustand hatte sie am 13. Juli 1922 einen vierzig Seiten langen anklagenden Brief an Kandinsky abgeschickt. Er hatte sehr distanziert geantwortet und Gabriele überdies mit «Sie» angesprochen. Das Scheitern der Beziehung sei, so behauptete er, die Schuld von ihnen beiden. Und er deutete ihr beharrliches Fordern einer persönlichen Aussprache so, dass es ihr dabei primär um eine finanzielle Entschädigung gehen müsse.

Als 1922 die über einen Vermittler geführten Verhandlungen mit Kandinsky kein Ergebnis brachten, schrieb sie im Oktober an ihren Rechtsanwalt: «Mit meiner Kunst geht es mir als alleinstehender Frau auch dreckig – eigentlich geschätzt, verstanden wird mein Talent ebenso wenig wie meine Person, und dass ich zu den Pionieren der neuen Kunst gehört habe, ist längst vergessen. Die mit und hinter mir standen, sind jetzt lauter Berühmtheiten, ich bin aus allem heraus – eine von tausend malenden Frauen, die nirgends dazugehört und nirgends zur Ausstellung kommt ...».[103]

Die Verweigerung des Gesprächs und die Unterstellung schnöder finanzieller Motive verletzte und demütigte Gabriele obendrein noch mehr. Später schrieb sie ins Tagebuch, wie hart sie das getroffen hatte. Die Biografin Kleine fasste diese Demütigung wie folgt zusammen: «Kandinsky hatte sich geweigert, sie zu treffen, ja überhaupt das Wort an sie zu richten! Schlimmer als die Häme mancher ‹Freunde› war ihr diese Schmach. Sein Mangel an Vertrauen stellte für sie die eigentliche Verletzung dar, war eine Beschämung, die der Verachtung gleichkam.»[104] Und Kleine erklärt auch, wie Gabriele ihren Schmerz in Verachtung, Zorn und Hass wandelte, da sie sich als Frau beraubt, verletzt, betrogen, gedemütigt und verraten fühlte. Ihr Hass wurde durch ihre Grübeleien nach und nach selbstzerstörerisch und nahm ihr ganzes Wesen in Beschlag, so dass sie sich von ihm aus eigener Kraft lange Zeit nicht mehr befreien konnte.

Ihrem Anwalt erklärte sie wieder und wieder, dass es ihr nicht um ihren Vorteil gehe, sondern um Rehabilitation ihrer Würde, und der Anwalt wies sie ebenso beharrlich darauf hin, dass sie damit nur die Pattstellung einzementierte. Und so wie es für Menschen im Konflikt dieser Eskalationsstufe typisch ist, weckte der Kampf in ihr eine gewisse Kraft, ohne die sie wahrscheinlich in Depression und Apathie versunken wäre. Doch diese Kraft wurde ihren Lebenskräften und ihren künstlerischen Schaffenskräften entzogen.

Es verwundert deshalb nicht, dass Gabriele in diesen Jahren oft an Schlafstörungen litt, keinerlei Antrieb zu künstlerischer Arbeit verspürte und ständig in einem vorwurfsvollen und selbstrechtfertigenden Grübeln gefangen war. Morgens konnte sie oft nicht aus dem Bett kommen, da sie in ihrem Tun keinerlei Sinn sah. Als Gegenmittel gegen die seelische Lähmung verordnete sie sich jeden Abend ein Programm für den nächsten Tag, das zeitlich strikt gegliedert war. Und sie hakte ab, was erledigt war, damit sie ein Erfolgserlebnis hatte.[105]

Gabriele hatte ihrerseits die Pattstellung heraufbeschworen, weil sie als Voraussetzung einer verbindlichen Einigung ein «Schuldeingeständnis» entworfen hatte, das Kandinsky erst unterzeichnen müsste, bevor sie ihm die Sachen herausgeben könnte. Die wesentlichen Punkte dieses Schuldbekenntnisses waren: «Ich gebe zu, dass ein Mann von Ehre seine Versprechen hält. Ich gebe zu, immer wieder erklärt zu haben, dass unsere Ehe, gerade weil sie nicht legal ist, absolut untrennbar ist. Diese Erklärung gab ich noch 1914 kurz vor meiner Abreise. In Stockholm 1916 habe ich vor meiner Abreise ungefragt beteuert, niemals eine andere Verbindung einzugehen. Ich habe die Legalisierung der Ehe seit der Verlobung angeboten und immer wieder versprochen.»[106] Doch Kandinsky weigerte sich beharrlich, darauf nur irgendwie einzugehen.

Konfliktpsychologisch betrachtet wird hier eines ganz deutlich: So wie Gabriele sich und die Situation wahrnahm und was dabei in ihr an Gefühlen aufkam, was in diesem Zustand ihr Denken beherrschte und ihr Handeln antrieb, all das zeigt, dass sie sich mit Kandinsky nach dem Krieg in einen Konflikt auf den Eskalationsstufen 5 und 6 auf der neunstufigen Skala verbohrt hatte.[107] Was heißt das konkret? Für die *Eskalationsstufe 5* ist charakteristisch, dass Gabriele ihrem Partner Lüge, Betrug und Verrat vorwarf, wodurch er in ihren Augen *sein Gesicht zur Gänze verloren* hatte, d.h. seine moralische Glaubwürdigkeit. Sein Benehmen ihr gegenüber war für sie eine entwürdigende Verachtung ihrer Person, und deswegen verachtete sie jetzt ihn desto tiefer; und sie fühlte sich gerechtfertigt, mit absoluter Unnachgiebigkeit ihre Forderungen an ihn zu wiederholen, deren Nichtbefolgung für ihn Nachteile zur Folge hatte – das entspricht der Eskalationsstufe 6 (Strategie von Drohung und Gegendrohung). Erst mit der Zeit konnte sie – größtenteils durch die auf Schloss Elmau ermöglichte Selbsttherapie – schmerzlich einsehen, wie sie durch ihr eigenes Benehmen dem Partner genau das Verhalten ermöglicht hatte, das sie ihm jetzt vorwarf: Es waren ihre Bewunderung und Verehrung für ihn, ihr maßloses Idealisieren und Überhöhen seiner Person, und wie sie ihn gegen Macke und Marc trotz seiner Schattenseiten verteidigt hatte und vieles mehr. Weil er dadurch nicht an seinem Doppelgänger arbeitete, erkannte sie das als ihre Anteile am Scheitern der Beziehung. Die im Rückblick gewonnene bittere Erkenntnis tastete gleichfalls ihre Selbstachtung an.

Gabrieles Vorwürfe in dem vierzig Seiten langen Brief an Kandinsky lassen das typische Konfliktverhalten erkennen, das von der «Affektlogik» bestimmt wird. Luc Ciompi[108] hat die Wirkung der Affekte auf das Denken und Wollen erforscht und beschrieben. Was das für Konflikte bedeutet, habe ich kurz zusammengefasst:[109] Das von Emotionen beherrschte Denken, Wollen und Handeln wird von einer «Leitemotion» bestimmt, die alle anderen Gefühle in Bezug auf den Gegner und die Konfliktsituation übertönt, als gäbe es nur das eine starke Gefühl der Leitemotion; die Leitemotion wirkt sich auf die Wahrnehmung als Filter aus und macht das Denken zu einer «Verachtungs-Logik», oder «Verschwörungs-Logik», oder «Wut-Logik» oder «Hass-Logik» usw.[110] Diese «Logik» ist eine Rationalisierung der Emotion und erfüllt jetzt zwei Funktionen: 1. dient sie dazu, das Verhalten des Gegners als schlüssig zu erklären – auch wenn vieles nur auf Unterstellungen beruht, wie z.B. bei der «Verschwörungs-Logik», derzufolge jemand hinter allen Aktionen des Gegners nur Intrigen gegen seine Person sieht; 2. dient die «Logik» zur Rechtfertigung des eigenen destruktiven Verhaltens als «passende Antwort» auf das unterstellte bösartige Handeln des Gegners; das legitimiert dazu, dass jetzt auch ethisch bedenkliche Methoden eingesetzt werden dürfen, um die (vermeintliche) Intrige abzuwehren. Weil das Denken weitere böse Absichten des Gegners erwartet, wird selektiv nur das wahrgenommen, was diese Annahme zu bestätigen scheint; und darum werden weitere aggressive Gegenmaßnahmen als gerechtfertigt empfunden. In dieser Gemütsverfassung befand sich Gabriele vier Jahre lang und vernichtete damit ihre eigenen Lebenskräfte. – Die Empirie hat klar gezeigt, dass die betroffenen Streitparteien aus solchen Teufelskreisen durch direkte Gespräche *nicht aus eigener Kraft* herausfinden können, wenn solche Gespräche ohne externe Hilfe durchgeführt werden. Nur mithilfe der Gesprächsbegleitung durch eine unparteiliche, neutrale und all-empathische professionelle Drittpartei kann wieder

Selbststeuerung entstehen, die eine Voraussetzung für das Auflösen der Teufelskreis-Mechanismen ist. Gabrieles Anwalt war mit seiner Ausrichtung auf sachliche Verhandlungen damit jedoch überfordert.

Wie anders war es, als die Murnauer-Viererguppe 1909 bis 1914 zusammen malte. Weil durch die neuen Mitglieder – Werefkin und Jawlensky – insgesamt ein neues Rollensystem der Viererguppe entstand, änderte sich damit auch die Beziehung des Paares Gabriele und Wassily. Wassily war nicht mehr der ausschließliche Lehrer Gabrieles, vielmehr entstand durch die Interaktion der Gruppe eine wechselseitige Lernpartnerschaft, in der jeder – auch Kandinsky! – von den anderen lernte. Das begünstigte Gabrieles begonnene Emanzipation von Wassily. Dadurch änderte sich Gabrieles Selbstbild und Selbstwertgefühl und somit auch ihr Rollenverständnis in der Beziehung mit Wassily. Doch mit der durch den Kriegsbeginn erzwungenen Trennung von Werefkin und Jawlensky, die wegen ihrer russischen Nationalität gleichfalls als «staatsfeindliche Subjekte» Deutschland verlassen mussten, fiel die Rollenbeziehung zwischen Gabriele und Wassily wieder in das Muster zurück, das vorher bestanden hatte. Später übernahm Gabriele im sicheren und neutralen Schweden gegenüber Kandinsky, den sie in einer großen Notlage vermutete, eine fürsorgliche Rolle. Kandinsky konnte diese Rolle aber nicht annehmen, nachdem er einen eigenen, unabhängigen Weg zu gehen beschlossen hatte. Dieses Rollen-Wirrwarr trug noch Weiteres zur Trübung der Vertrauensbeziehung bei.

Gabriele geriet durch die äußeren Umstände und die finanziellen Schwierigkeiten in große Unsicherheit. Dadurch wurden die Fragen aktuell, die sich in der Midlife-Crisis stellen. Sie hatte 1922 schon das 45. Lebensjahr überschritten, in dem die meisten Menschen doch einen konstruktiven Ausweg aus der Midlife-Crisis gefunden haben und gereift in die neue Lebensphase eintreten können. Doch Gabriele verstrickte sich durch den selbstzerstörerischen Umgang mit den demütigenden Erfahrungen immer tiefer in die Krise und stellte sich grundlegend in Frage. Das mit Bleistift gezeichnete **Selbstbildnis** (1926/27), Abb. 3.26, spiegelt Gabrieles Kraftlosigkeit und Unzufriedenheit mit ihrem Dasein in der Dauerkrise.

Kandinskys Verweigerung einer klärenden und konfliktlösenden Aussprache empfand Gabriele nicht nur als Demütigung, sondern als Verachtung ihres Wesens. Von jemandem verachtet zu werden, wirkt sich auf die Selbstachtung immer fatal aus! Deshalb wollte sie mit der ge-

Abb. 3.26: Selbstbildnis (1926/27), Bleistift, 21,0 x 16,4 cm

forderten Aussprache in erster Linie wieder Achtung vor sich selbst zurückgewinnen. Kandinskys Rechtfertigung, dass sie beide Schuld am Misslingen der Beziehung hätten und Gabrieles Anteil darin bestünde, dass sie ihn nicht genug geliebt hätte, verurteilte sie als Verantwortungsflucht und ungerechtfertigte Schuldzuweisung. Und getrieben von den bekannten psychischen Mechanismen der Teufelskreise[111] konterte sie impulsiv mit einer Gegen-Schuldzuweisung: «So warst Du immer, ein brutaler Egoist, für den die ‹Innere Notwendigkeit› eines anderen nicht existierte ...»[112] Der Konflikt eskalierte von Eskalationsstufe 5 (Gesichtsangriff und Gesichtsverlust) auf Eskalationsstufe 6 (Drohungen und Gegendrohungen).

Für die Konfliktdynamik ab Eskalationsstufe 5 ist typisch, dass durch die erlebte Desillusionierung das Bild des Gegners auch rückwirkend nur noch negativ und diabolisch gesehen wird. Deshalb liest sich das Urteil

«... so warst Du *immer* ...» als Aussage Gabrieles eigentlich wie «... nur habe ich das nie durchschaut – aber jetzt findet die *Täuschung* ein Ende, ich bin *ent-täuscht*, ich bin nicht mehr getäuscht.» – Erst als Gabriele allmählich in zermürbender und zunehmend doch ehrlicher Selbstreflexion erkannte, dass auch ihr eigenes Rollenverständnis zu Wassilys Partnerverhalten beigetragen hatte, konnte sie sich von ihrer defensiv-aggressiven Haltung lösen und wieder zu sich selbst und ihrer Kraft finden.

Die Läuterung durch Selbstreflexion verdankte Gabriele zu einem Großteil ihren wiederholten Aufenthalten auf Schloss Elmau, das sich «Insel gegen die Zeit» nannte. Das lag an Elmaus anthroposophischem Gesamtkonzept, am gesunden biologisch-dynamischen Essen und Trinken, an der organisch rhythmisierten Zeitgestalt des Programms, an der Atemtherapie und an der seelenkundigen Beratung. Sie schätzte besonders Eurythmie und das Tanzen in der Gruppe, da Menuett, Quadrille und andere historische Tänze formgebunden waren und gemeinschaftsbildend wirkten. In den Gesprächen mit dem Elmau-Gründer Johannes Müller und durch ihre Eintragungen ins Tagebuch *Beichte und Anklage* konnte sie reflektieren, was ihre eigenen Anteile am Entstehen und am Erhalten ihres Elends waren. – Das alles zusammen war als Selbsttherapie wirksam!

Hier zeigt sich entwicklungspsychologisch noch etwas Besonderes: Eigentlich war Gabriele in diesem Jahrsiebt in die *Mars-Phase* ihrer Entwicklung eingetreten, doch aufgrund der hier beschriebenen tiefen Verletzungen und wegen ihrer Fixierung auf Rehabilitierung ihrer Würde steigerte sie sich in eine unerbittliche Kampfhaltung. Diese war nichts anderes als die Schattenseite der Mars-Qualitäten, die falsch angewandten Kräfte des Kriegsgottes. Bei einer guten Entwicklung hätte Gabriele sie für gesellschaftlich nützliche Vorhaben eingesetzt, doch durch die konfliktbedingte Regression nutzte sie diese Kraft nur für sich selbst, für ihr Selbstwertgefühl. Erst nach dem Vergleich mit Kandinsky konnte langsam wieder Entspannung eintreten und wurde Gabriele wieder fähig, neue Freundschaften, vielleicht sogar eine Partnerbeziehung einzugehen.

Als der Vergleich mit Wassily Kandinsky unterzeichnet wurde, hatte Gabriele Münter gerade ihr 49. Lebensjahr abgerundet, mit dem sie in die «Jupiter-Weisheit» eintreten konnte, die ihre eine Meta-Sicht auf ihr bisheriges, gegenwärtiges und künftiges Tun ermöglichte.

*(2) Die asynchrone Entwicklung von Gabriele Münter
und Wassily Kandinsky*

Kandinsky hatte in Berlin in den Jahren 1907 und 1908 durch die Begegnung mit Rudolf Steiner und den Erneuerern der Theaterkunst wichtige Erkenntnisse gewonnen und starke Impulse für sein künstlerisches Schaffen erhalten. Diese Erlebnisse führten ihn zu der lang erhofften geistigen Klarheit und flossen in seinen Traktat *Über das Geistige in der Kunst* ein. Nach seinem eigenen Empfinden fand er dadurch endlich aus der schon lange bestehenden Krise, die seine Midlife-Crisis war, heraus. Aber in den darauffolgenden Jahren zeigte sich, dass Kandinsky aus seiner Midlife-Crisis *nur kognitiv* gereift hervorgegangen war, während sein Fühlen, Wollen und Handeln davon nicht tiefer erfasst wurden. Und bezüglich der Schatten-Aspekte seiner Persönlichkeit, unter denen Gabriele wie auch andere Menschen in seinem Umfeld oft leiden mussten, hatte er zu keiner tiefer greifenden Selbsterkenntnis gefunden und deshalb auch nicht seine Haltung zu ändern versucht. Wie sich in der Sprache seines Traktats ausdrückt, verlor er durch eine schwärmerische geistige Haltung den Boden der Realität unter seinen Füßen – hielt dies jedoch für eine umfassende spirituelle Entwicklung zum «Großen Geistigen». Als nun Kandinsky 1922 nach Deutschland zurückkehrte und sich als Künstler wieder philosophisch positionierte, erregte seine Haltung bei der sich verraten fühlenden Gabriele den tiefsten Widerwillen, der sich in ihr bis zu Abscheu und Verachtung steigerte und in Hohn und Spott äußerte. Im Gegensatz zur theoretisch-spirituellen Haltung Kandinskys verkörperte Gabriele in ihrem Welt- und Kunstverständnis immer die Erde-gerichteten Kräfte.

Die frustrierenden Erfahrungen nach ihrer Rückkehr aus Skandinavien wirkten sich auf Gabriele in der Bewältigung ihrer Midlife-Crisis sehr negativ aus, sodass sie für längere Zeit in der Entwicklung zurückgeworfen wurde. Während sie die Herausforderung des 2. Mondknotens sehr gut bewältigt hatte, weil sie auf ihre Werte zurückgreifen konnte, wurde jetzt durch die schockierende Entdeckung von Kandinskys Verrat ihr ganzes Werteverständnis ins Wanken gebracht. Dadurch war vieles von dem, was sie als Persönlichkeit errungen hatte, für sie fragwürdig geworden, und sie verkrampfte sich in Anklage, Selbstmitleid und verbissenem Kampf um ihre Rehabilitierung. Ihre Entwicklung blieb längere Zeit in der Midlife-Crisis stecken und pervertierte so die Initiativkräfte der Mars-Phase ihrer Entwicklung zu verbissenem Kampfverhalten.

(3) Gabriele Münters Welt- und Kunstverständnis

Gabrieles Malweise hat sich in den Jahren öfters geändert – und doch gibt es darin eine Konstante. Die Bilder der Murnauer Landschaften sind anders gemalt als die Stillleben derselben Zeit, weil Gabriele die passende Ausdrucksform suchte, die ihrem Erleben des Gegenstandes entsprach. In Skandinavien brachte sie die nordische Landschaft mit helleren, reinen Farben wieder anders ins Bild, weil sich der Charakter des Lichts und der Landschaft in ihrem Empfinden so darstellte. Die Ölbilder selbstbewusster Frauen in Schweden spiegeln die von ihr ersehnte Befindlichkeit, weshalb dafür eine relativ nüchterne Ausdrucksform passend war. Wieder zurück in Deutschland, merkte sie, dass sich ihr Blick auf Land und Leute geändert hatte, und darum konnte sie nicht einfach an bewährte Formen anknüpfen, denn es ging ihr nicht bloß um Formen.

Die Landschaftsbilder, die sie nach 1920 wieder in der Region um den Staffelsee zu malen begann, lassen erkennen, dass sie ständig auf der Suche war, wie sie nach dem Erleben der skandinavischen Landschaft mit neuen Augen dem Charakter des Voralpenlandes gerecht werden könnte. Manche Bilder, wie **Der blaue Staffelsee** (1923), Abb. 3.25, atmen deshalb auch etwas vom Geist der skandinavischen Bilder.

Anders war es mit den Porträts, die sie seit ihrer Rückkehr oft als Bleistiftzeichnungen ausführte. Da sie die meiste Zeit auf Wanderschaft war und selten ein Atelier nutzen konnte, aber den Zeichenblock immer mit hatte, perfektionierte sie die Zeichnungen. Auch bisher hatte sie schon Porträts mit klaren, sicher gesetzten Linien gezeichnet, aber im Lauf der Jahre erfasste sie mit dem Stift gezielt nur das Notwendigste. Dafür ist das **Selbstbildnis** (1926/27), Abb. 3.26, ein sprechendes Beispiel.

Oft konzentrierte sie sich auf das Wesentliche, indem sie Striche wegließ und beispielsweise nur die Augen- oder Mundpartie oder die typische Linie der Nasenform ausführte, oder manche Striche im Irgendwo enden ließ und dergleichen. Ihre Kunst war eine entschiedene Absage an Pathos oder schmückendes Beiwerk – sie suchte das Wesen, das sich in der Erscheinung offenbart: «Für dies Unsichtbare, worauf es ankommt, ist das sichtbar Körperliche das natürliche Symbol», schrieb sie in *Bekenntnisse und Erinnerungen*.[113]

Im Gegensatz dazu erlebte sie, wie sich Kandinsky 1922 nach seiner Rückkehr in Deutschland präsentierte, wobei ihre Wahrnehmung und Bewertung allerdings zur Gänze von den Konflikt-Affekten bestimmt war, in denen sie sich durch das Erleben des Verrats und der Verachtung verfangen hatte. Nach Gabrieles Meinung war Kandinsky bemüht, auf eine pathetische, «größenwahnsinnige» Art potenzielle Käufer seiner Werke anzusprechen. Er sprach und schrieb vom «Großen Geistigen», das im Kommen sei, er kündete von der Vereinigung aller Gegensätze und von Versöhnung, von Wandel und von Entwicklung, vom Großen Geistigen, etc. ... Gabriele empfand gegen solche Parolen tiefen Widerwillen und konnte nicht nachlassen, seine Art zu persiflieren. Gisela Kleine warf stellvertretend für Gabriele die Frage auf: «Hatte er noch das Recht, hier als Verkünder künftigen Menschheitsglücks aufzutreten? Da sprach einer von Überbrückung und Versöhnung, der ein großer Zertrenner gewesen war. So anmaßend und dogmatisch fand sie seine Worte, dass sie eine ‹Nachdichtung› verfasste.»[114] Und mit Gabriele Münters eigenen Worten hieß es darin: «Wir stehen unter dem Zeichen bestialischer Rücksichtslosigkeit, wir – ‹Menschen›. Alles erzittert vor Betrug und Selbstbetrug. Alter Schwindel wird weggeworfen, neuer Schwindel wird angefangen. So ist man tot und macht als Leiche Ansprüche an das alte Leben, das weggeworfen ist. Das ist die Epoche des Poseurs der Heiligkeit. Die süße Bestie als Prophet. (...) Das Untrennbare wird getrennt. Zwei Wege führen zu zwei Höllen: Falschheit und Bosheit zur Würdelosigkeit, Unrecht und Lüge zum Größenwahn.»

Es war für manche überraschend, dass Gabriele Münter, die in Skandinavien so geschätzte Pionierin der modernen Malerei, wieder Malunterricht nahm. Das entsprang ihrem Bewusstsein, dass sie nicht einfach etwas fortsetzen konnte, was in der Vergangenheit Erfolg gebracht hatte. Damit würde sie ihrem eigenen Grundsatz untreu werden – den sie seinerzeit mit Kandinsky aus Überzeugung geteilt hatte, nämlich, dass sich der wahre künstlerische Ausdruck authentisch aus dem Erleben zu ergeben habe. Doch da sie sich eingestehen musste, dass der ungelöste Konflikt mit Kandinsky ihr Bewusstsein ständig besetzt hielt, hatte sie keinen ungetrübten Zugang zu ihrem Erleben und ihrem Gemüt – und damit nicht zu ihren Quellen der Kreativität.

Eine Befreiung aus der Fesselung der Depression brachte ihr der Wechsel vom Malen zur Bildhauerei, zu der sie der anthroposophische Maler und Steinbildhauer Walter Besteher ermutigt und eingeladen hatte. Da konnte sie sich auf ein Gebiet begeben, in dem Kandinsky keine Rolle als Lehrer gespielt hatte, auch wenn er sie in der Phalanx nach dem Aktzeichnen zum Nachbilden in Ton animiert hatte. Und da war es ihr möglich, ihr Potenzial der genauen Linienführung zu metamorphosieren, indem sie die Umrisslinien in begrenzende Flächen verwandelte. Vielleicht lebte darin auch wieder die Erinnerung an ihre Kindheit auf, als sie in Herford dem Nachbarn Rosenberg beim Zeichnen und Bildhauern zuschaute und zu ihren ersten Zeichnungen angeregt wurde. Mit Bildhauerei konnte sie vielleicht aus ihrer Agonie herausfinden. Und so war es auch.

15.8 Das 8. Jahrsiebt von 1926 bis 1933 (49 bis 56): Der Panorama-Blick

Im Jahr 1927 und in den Folgejahren boten sich mehrere Gelegenheiten für Ausstellungen. Ab 31. Mai 1927 nahm Gabriele an der Gruppenausstellung *Die schaffende Frau in der bildenden Kunst* mit fünf neueren Gemälden teil, von denen einige Porträts und das Bild eines Mädchens aus dem Dorf Versuche im Stil der Neuen Sachlichkeit waren. In der Ausstellung war sie in guter Gesellschaft, u.a. mit Käthe Kollwitz, Nell Walden, Loulou Albert-Lazard, der ehemaligen Freundin Rainer Maria Rilkes.

Im Juni 1927 suchte sie wieder körperliche und seelische Stärkung und machte auf Empfehlung einiger Elmau-Gäste eine Kur in Cademario am Luganersee im Sanatorium der *Neugeistigen Lebensreform*. Anschließend besuchte sie Marianne von Werefkin in Ascona, die in bitterer Armut lebte, da sie nach der Revolution die zaristische Rente nicht mehr erhielt. Durch Kurzgeschichten hielt sie sich finanziell über Wasser. Doch ihre hoheitsvolle Art hatte die «Baronessa», bzw. «La Nonna», wie sie dort genannt wurde, nicht eingebüßt. Es war aber gegen ihre Überzeugung, Bilder zu verkaufen: «Bilder sind kein Wandschmuck!» Sie lebte jetzt allein, denn Alexej Jawlensky hatte sie wegen einer 25 Jahre jüngeren Malerin verlassen. Gabriele erhielt über Werefkin Zugang zu deren Künstlerkreis. Als es darin mit Ella zu Kontroversen über Kandinsky kam, reiste sie früher als geplant ab und wieder nach Elmau. Dann ging es durchs Tessin und das Engadin nach Berlin, wo sie Oktober bis Dezember blieb. Gabriele wohnte in Berlin in einer Pension, da sie ihrer Schwester nicht immer zur Last fallen wollte und sich unabhängiger bewegen konnte. Sie nahm mit drei Bildern aus Murnau und Schweden an einer Ausstellung des *Vereins der Künstlerinnen zu Berlin* teil. Dort versuchte sie, Anschluss zu finden an die Neue Sachlichkeit, und probierte sie aus. Sie malte Ölbilder im Stil *Neue Sachlichkeit,* wie z.B. das Porträt **Sinnende II** (1928), Abb. 3.27, war aber nach kurzer Zeit enttäuscht und merkte selbstkritisch, dass sie in eine äußerliche Manier verfiel. Sie hatte ja selbst einmal erkannt: «Das Tödliche für alle Kunst ist die Manier.»[115]

Auf der Silvesterfeier beim Maler Hermann Konnerth in Berlin kam es zur schicksalhaften Begegnung mit dem Kunsthistoriker und Philosophen Dr. Johannes Eichner, der als Journalist seinen bescheidenen Unterhalt verdiente. Nachdem Gabriele ihn wiederholt eingeladen hatte, besuchte Johannes Eichner sie zu Beginn des Jahres 1928 im Atelier, und beide besuchten danach oft Museen. Gabriele nannte ihn, der neun Jahre jünger war, wegen seines abgeklärten Gehabes und seines alles ‹Liederliche› verachtenden Hochmuts schon in ihren ersten Briefen neckisch *Opapa*.

Gabriele verfügte über das technische Können für die *Neue Sachlichkeit,* fand aber, dass damit nur eine glatte, seelenlose Oberfläche abgebildet werden könne. Sie konnte sich dafür nicht erwärmen und ließ es wieder bleiben. Das positive Gegenbeispiel zur Neuen Sachlichkeit ist die Bleistiftzeichnung **Kokett** (um 1928), Abb. 3.31, in der das Wesentliche der Haltung dieses Mädchens gerade durch gekonntes Weglassen von Strichen hervortritt.

Im Sommer 1928 war sie mit acht Gemälden aus dem Jahre 1913 in der *Großen Berliner Kunstausstellung* der *Vereinigten Verbände bildender Künstler Berlins* vertreten.

Anschließend fuhr sie nach Murnau und richtete das Haus her. Sie räumte den Speicher des Hauses auf und wollte ihren Briefwechsel mit Kandinsky vernichten, was Johannes Eichner verhinderte, weil er es kunstgeschichtlich interessantes Material fand.

Eichner ermutigte Gabriele wiederholt, doch ihr vorhandenes Talent

Abb. 3.27: Sinnende II (1928), Öl auf Leinwand, 95 x 65 cm

zu nutzen und zu malen. Jedoch fand er, dass Zeichnungen keine richtige, ernste Kunst seien, sondern höchstens der Vorbereitung für «große Dinge» dienten. Und er gab Ratschläge, nicht künstlich flächig zu malen, denn die Welt ist tief …: «Raffen Sie sich auf. Seien Sie ein Mann …» Wenn sie verkaufen wolle, empfahl er, müsse sie sich am Publikumsgeschmack orientieren. Ihren Werken fehle die «unauffällige Gefälligkeit»![116] Um Verkaufserfolge zu erzielen, müssten ihre Gemälde einer «strengsten Durchleuchtung von Seiten des Kunstverstandes standhalten». Er begründete seine Ansichten immer philosophisch mit Generalisierungen der von ihm angenommenen Bedürfnisse «der Betrachter». Kleine deutet sein Motiv so: «Eichner aber genoss die Vorstellung, dass beide in der Verbindung von Verstand und Gefühl ein gemeinsames Werk schaffen könnten: ‹Kopf küsste die Hand, / nun fand sie die Schlüssel, / dem innersten Quellen / Bahnen zu öffnen.›»[117]

Er las *Über das Geistige in der Kunst* und fand den Traktat «unerheblich».

Seine Ratschläge halfen Gabriele überhaupt nicht weiter, denn er zeigte keinerlei Verständnis für ihre seelische Lähmung. Sie hielt den Aufmunterungen entgegen, dass ein Künstler nur sich selbst motivieren könne – wollte aber durch Kontroversen den Freund nicht verlieren.

Im August 1928 führte der Buchhändler in Murnau eine kleine Verkaufsausstellung durch, sodass Gabriele bei ihrem Schwager etwas von ihren Schulden zurückzahlen konnte.

Ende November zog Gabriele nach Berlin, weil in ihrem Haus in Murnau nur ein Zimmer beheizbar war. Auch den Jahreswechsel verbrachte sie mit Eichner in Berlin. Dort nahm sie 1929 Malunterricht in der Segal-Schule, arbeitete aber meistens an Motiven aus ihren alten Bildern. Im Juni zog Gabriele nach Murnau, und auch Johannes Eichner kam Ende August bis Oktober zu ihr, um gemeinsam Museen in München zu besuchen. Vom Verkauf des geerbten Grundstücks hatte sie eine Vorauszahlung erhalten und Eichner verwaltete in ihrem Auftrag das Vermögen sehr umsichtig, sodass sie mit weniger Sorgen einiges unternehmen konnte. In dieser Zeit entstand die Zeichnung **Johannes Eichner lesend im Stuhl,** Abb. 3.28, die für die Beziehung Gabrieles mit ihrem neuen Partner charakteristisch ist. Anders als in den Jahren mit Kandinsky, in denen zwischen ihnen eine permanente Verstimmung bestand, ist dies ein Bild der Entspannung und Behaglichkeit.

Abb. 3.28: Johannes
Eichner lesend im Stuhl
(1928/30), Schwarze Feder
21 x 14,9 cm

Ende Oktober 1929 reiste Gabriele nach Paris, wo sie seinerzeit zur Gewissheit als Künstlerin gefunden hatte. Sie erhoffte von diesem Aufenthalt künstlerische Anregungen, denn sie merkte, dass die Ratschläge Eichners sie nicht weiter brachten. Zu ihrer Freude traf sie in Paris wieder Konstanze Schwedeler aus München und malte vor allem Frauenbildnisse.

Im Februar 1930 besuchte sie die große Cézanne-Ausstellung. Dadurch wurde sie so angeregt, dass sie in eine Hochstimmung geriet und Stillleben malte. Da Eichner nicht in Paris war, berichtete sie ihm in Briefen, was und wie sie malte – nämlich wieder so, wie es sie spontan drängte. Doch er riet ihr zu Besonnenheit – und sie sollte auf Stil achten, nicht im billigen Künstlerviertel wohnen, sich mondäner kleiden – kurz: Sie sollte Dame von Welt sein! Er gab ihr auch Ratschläge, wie Porträts zu malen seien: Man sollte nicht mit dem Kopf beginnen, sondern die ganze Fläche im Bild haben ... Doch ihr Leben wurde insgesamt ungezwungener, sie begegnete (wie schon in Stockholm) Isaac Grünewald, kam in Kontakt mit in Paris lebenden Künstlerinnen und Künstlern, u.a. auch wieder mit Loulou Albert-Lazard und Lazare Segal. Sie wurde auch in einige Salons als Ehrengast eingeladen und lernte dort einflussreiche Personen kennen. Dadurch ergaben sich manchmal Möglichkeiten, Bilder auszustellen.

Eichner riet immerzu, dass sie einen repräsentativen Salon haben müsse, wo sie nur prominente Männer porträtieren sollte, usw. Aber diesmal ließ sie sich nicht von ihrem Weg abbringen. Auf die Ratschläge reagierte sie neckisch, spöttelnd, mit augenzwinkernden Doppelbotschaften, sprach ihn als «kleinen Opa» an, nannte sich selbst «dummes, schutzloses Müchen», «lieben Säugling» usw.

Damit übertrieb sie die Tendenzen ihrer Kommunikation, die von der Transaktions-Analyse als Beziehungen aus der Position des «Eltern-Ichs» (Eichner) mit dem «Kind-Ich» des Partners (Münter) bezeichnet werden können, ins Skurrile und entschärfte sie somit. Wie Kleine schreibt, sah Münter «darin vor allem Behütung und Sorge und weniger den Versuch einer Entmündigung.»[118]

Eichner fand auch, dass Schroeter beim Verkauf des Grundstücks in Berlin einen schlechten Vertrag mit der Baufirma abgeschlossen hatte, weil er Zahlungsraten nach Baufortschritt vorsah. Wenn in diesen unsicheren Zeiten die Baufirma in Konkurs gehen sollte, würde sie nichts mehr zahlen. Leider hatte er damit Recht, weil die Baufirma als Käufer tatsächlich in Konkurs ging. Das führte zum Zerwürfnis mit Emmy und Georg Schroeter und hatte zur Folge, dass Gabriele bis zu Emmys Tod 1946 mit ihrer Schwester keinen Kontakt mehr hatte. Als sie nach dem Verkauf des geerbten Grundstücks ihren Anteil aus der bereits bezahlten Summe bekam, erleichterte sie das finanziell zwar etwas, aber der größte Teil des Erbes war für sie verloren.

Sie bot Johannes Eichner an, gemeinsam eine Wohnung zu mieten, und ließ ihm die Wahl, ob er heiraten wolle oder nicht. Für sie war Heirat nicht mehr nötig, da sie auch nicht mehr eine tiefe emotionale Bindung einging. Denn «Opa» war eigentlich ihr Sekretär und Gabriele lebte fortan ohne Trennungsängste. Als Eichner im Juli nach Paris kam, mieteten beide zusammen eine Wohnung in Meudon. Gabriele hatte wieder ihren Schwung gefunden, malte Ansichten des Ortes und auch Stillleben. Anfang September brachen beide nach Südfrankreich auf. Gabriele machte unterwegs und in den Alpen viele Skizzen, die sie später für Gemälde nutzte. An der Côte d'Azur, im Fischerdorf Sanary-sur-Mer, geriet sie in einen wahren Malrausch. Sie konnte nachfühlen, wie die *Fauves* im Süden die Leuchtkraft der Farben entdeckt hatten, und malte insgesamt hundert Bilder.

Ende Oktober reisten sie nach Paris zurück und weiter nach Berlin. In der Galerie Wiltschek stellte sie einundzwanzig Gemälde aus Paris und Südfrankreich aus, und die Kritik war durchweg begeistert. Gabriele blieb mit Eichner bis März 1931 in Berlin. Ab April wohnte sie in Murnau und beteiligte sich an einer Ausstellung, zu der die *Münchner Neue Secession* sie eingeladen hatte. Gabriele malte rund um Murnau Landschaften, in denen sie oft an ihre expressionistischen Bilder von 1910/12 anknüpfte. Diesen Stil behielt sie bis in die späten Dreißigerjahre bei und griff ihn auch in den Fünfzigerjahren wieder auf. 1932 lebte Gabriele die meiste Zeit in Murnau, hielt sich aber im Januar und im April kurz in München auf. In Jena stellte sie einige Bilder in der Ausstellung *Künstlerisches Frauenschaffen* aus.

Und dann wurde der politische Klimawandel spürbar. Anfang März 1932 fand Gabriele an der Tür des Russenhauses drei Hitler-Flugblätter. Sie schrieb in ihr Notizbuch: «Es kann einem übel werden. Also morgen ist der große Zimt. Wenn es nur nicht, statt des Endes, der Anfang für Nazi-Tätigkeit wird.»[119] Denn Murnau galt seit 1931 als Nazi-Hochburg, und da es am 1. Februar 1931 in einem Hotel eine Saalschlacht gegeben hatte, zeigte sich jetzt, wie stark der Nationalsozialismus dort bereits Fuß gefasst hatte. Hitler hatte nämlich im Mai 1923 in der überfüllten Turnhalle in Murnau eine Rede gehalten, die immer wieder von Beifall unterbrochen wurde. Darum fand Gabriele es sehr mutig, dass Adolf Erbslöh, der Mitbegründer des NKVM gewesen war, im Mai 1934 eine Jubiläumsausstellung zum Blauen Reiter durchführen wollte. Jedes Mitglied konnte dazu 10 bis 12 Bilder zur Verfügung stellen, das graphische Werk sollte in einer gesonderten Ausstellung gezeigt werden. Alle hatten zugesagt, auch Kandinsky fand es eine ausgezeichnete Idee – doch dann musste Erbslöh absagen: Die aufkommende NSDAP lasse eine internationale Kunstausstellung nicht angezeigt erscheinen. Und die Museen, die Bilder des Blauen Reiters hatten, würden diese nicht zur Verfügung stellen. Ein nationalsozialistischer Minister in Thüringen hatte alle Lehrer der *Staatlichen Kunsthochschule in Weimar* entlassen, die den Ideen des Bauhauses anhingen! Die «Verfallskunst» sollte aus dem Weimarer Schlossmuseum entfernt werden, darunter Dix, Feininger, Kandinsky, Klee, Kokoschka, Marc und Nolde. Auf Betreiben der Rechten wurde in Dessau das Bauhaus geschlossen, weshalb Kandinsky erwog, Deutschland zu verlassen.

Die Lage verschärfte sich noch weiter. Am Abend des 30. Januar 1933 schaute sich Gabriele den Fackelzug der Hitler-Anhänger in Murnau an. Sie verfolgte in der Zeitung genau das politische Geschehen rund um Hitler, hörte seine Rundfunkreden und fand das Radio ein gefährliches Instrument für die Massenpropaganda. Der Dichter Ödon von Horvath hatte im *Hotel Post* die Kellnerin gebeten, das Radio mit einer Hitler-Rede abzustellen und wurde daraufhin von Gästen angegriffen, so dass er unter SA-Schutz nach Hause geleitet wurde.

Am 27. Februar 1933 diente der Reichstagsbrand in Berlin als Vorwand zur Verhaftung kommunistischer Funktionäre. Hitler erließ die *Notverordnung des Reichspräsidenten zum Schutz von Volk und Staat* und setzte die Grundrechte außer Kraft. Durch das Ermächtigungsgesetz vom 23. März konnte die Regierung sogar Verfassungsänderungen ohne Parlament beschließen.

Von da an häuften sich die Angriffe gegen die Verfechter der Moderne, gegen die «Schmierereien von Kokoschka», das «läppische Krickelkrackel» von Klee, gegen Kollwitz' anklagende «Untermenschen» etc. Ähnliche Beschimpfungen hatten die NKVM und Der Blaue Reiter schon ertragen müssen und konnten sich dagegen wehren – jetzt aber war die rassistische Kunstideologie Staatsdoktrin geworden! Für Hitler war Max Nordau mit dem Buch *Entartung* (aus 1892) maßgeblich, da er die neue Kunst als Ausdruck eines Irreseins bezeichnete und die Moderne insgesamt als eine geistige Volkskrankheit.

Gabriele hatte sich aus Berlin ihre Bilder und Skizzen und alles schriftliche Material schicken lassen, insgesamt 944 Kilo, begann Franz Marc und andere zu lesen und machte sich ernsthaft Sorgen um die Zukunft. Nach den Bücherverbrennungen überlegte Gabriele, ob sie nicht emigrieren sollte. Aber Eichner fand es unrealistisch, aus Deutschland wegzuziehen. Immerhin machten Eichner und Gabriele eine Reise nach Oberitalien

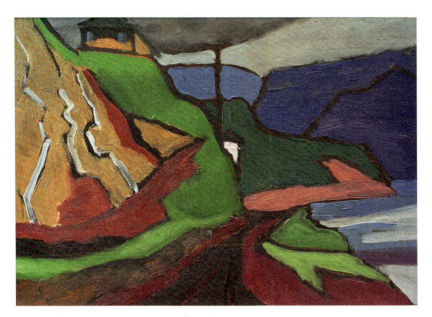

Abb. 3.29: Weg am Iseosee (1933), Öl auf Pappe, 26 x 35,8 cm

zum Iseosee und Gardasee. Dabei entstanden viele Bleistift-, Aquarell- und Ölstudien, wie u.a. **Weg am Iseosee** (1933), Abb. 3.29, in denen – sozusagen in freier Luft! – der Weg des Expressionismus unbeirrt weiter beschritten wurde.

Im September 1933 gründete Goebbels die *Reichskulturkammer* mit sieben Fachbehörden, mit dem Zweck, die «staatserhaltende Aufgabe der Kunst» zu gewährleisten: Jeder Kunstschaffende musste Mitglied werden, sonst konnte er nicht bei öffentlichen Ausschreibungen und Ausstellungen berücksichtigt werden. Wer sich nicht als zuverlässig erwies, konnte ausgeschlossen werden – als wirksames Mittel der Zensur. Gabriele beantragte zur Existenzsicherung die Mitgliedschaft und zahlte pünktlich ihre Beiträge.

Viele Museumsdirektoren, die Gabriele Münter kannten und förderten, wurden entlassen. Die Hetze gegen den Blauen Reiter als «Muster des Kulturverfalls» nahm zu. Hitler legte am 15. Oktober in München den Grundstein für das *Haus der deutschen Kunst*, das der Mittelpunkt «arischer Kunst» werden sollte.

Gabriele überlegte, was zu tun wäre, und beschloss: Den Kopf einziehen, aber die Richtung halten! Eichner riet ihr als Malerin zu Unauffälligkeit und Naturtreue mit Gemütswerten.

Im Gegensatz dazu plädierte der *Nationalsozialistische Studentenbund* für den Expressionismus, der dem deutschen Wesen gemäß sei und sich gegen «romantisches Harmoniestreben und welsche Augenlust» wandte. Doch gleichzeitig wurden Ausstellungen organisiert, die gegen «Entartung» gerichtet waren, wie die folgenden:
- *Regierungskunst von 1918–1933* in Karlsruhe gegen Maler der Brücke
- *Schreckenskammern der Kunst* in Nürnberg und Dessau
- *Kunst im Dienste der Zersetzung* in Stuttgart
- *Kulturbolschewismus* in Mannheim
- *Spiegelbilder des Zerfalls* in Dresden und München.

Eichner begann in Murnau, Münters künstlerische Arbeiten und schriftliche Zeugnisse zu sichten. Mit kleineren Publikationen bereitete er eine große Einzelausstellung *Gabriele Münter 1908–1933* vor. In Begleittexten und Waschzetteln betonte er – im Sinne der Nazis – die Einfachheit, Volksverbundenheit und ur-deutsche Art der Malerin Gabriele Münter, und die Kritik griff oft auf seine Formulierungen zurück. Dies wurde die erste große Einzelausstellung seit 1926. Sie startete in Bremen im Paula Modersohn-Becker-Haus und begann im Sommer zu wandern, zuerst nach Barmen, danach zu zahlreichen Kunstvereinen, bis zuletzt 1935 die Finissage in Stuttgart stattfand.

Die nationalsozialistisch imprägnierten Kunstkritiken waren durch die Bank sehr positiv und betonten vor allem[120]
- die Ich-Enthaltsamkeit und naturgetreue Wiedergabe (Bremer Nationalsozialistische Zeitung),
- die volksgebundene Art der Gemälde (Bremer Nachrichten),
- die gesunde Triebhaftigkeit blutgebundener Art anstelle kühler Überlegung (Wuppertaler Zeitung),
- Münters mutige Kunst für unverbildete Menschen mit gesunden Sinnen (…) bei paralleler Formgebung mit der Kunst des Volkes in einer Zeit zersprengter und zerfaserter Gefühlsartistik (Wuppertaler Zeitung),
- Die gesunde und deutsche Menschen heute wieder besonders ansprechende Einfachheit ihrer volksmäßigen und landschaftlichen Motive … (Bochumer Anzeiger).

Nur als in Jena ein Kritiker (Jenaische Zeitung) lobend auf Ähnlichkeiten mit Munch hinwies, der von vielen Nazis als dekadent und «dämonengepeitscht» verurteilt wurde, kam es zu Stimmen der Empörung, die aber vom Jenaer Volksblatt mit nichtssagenden Formulierungen beschwichtigt wurden.

Auf der letzten Station der Ausstellung in Stuttgart stellte der *Völkische Beobachter* fest, «diese Künstlerin sei ihrer Zeit beispielhaft voraus: ‹Sie hat dem heutigen allgemeinen Verständnis und der Wertschätzung für die Volkskunst mit den Weg geöffnet.›»

Im März 1933 emigrierte Paul Klee in die Schweiz und im Dezember zog Kandinsky nach Neuilly-sur-Seine bei Paris.

Gegen Ende des Jahres 1933 durchschritt Gabriele den *3. Mondknoten*, der «Mondknoten des Abgrundes» genannt wird und als geistige Prüfung für die weitere Lebensführung erlebt wird, wie ich in Kap. 7 ausgeführt habe. Oft treten existenzbedrohliche Situationen auf, die manche Menschen in den Suizid treiben. Für Gabriele waren es – wie 1914 beim Kriegsbeginn – wieder dramatische politische Ereignisse, die existenzgefährdend waren und die Gabriele vor die Frage stellten, wie sie mit ihren Überzeugungen und gelebten Werten in Zeiten der Gesinnungsdiktatur umgehen werde. Sie entschied sich, mit Rücksicht auf das gemeinsame Leben mit dem gerade gefundenen Lebenspartner, für Treue zu ihrer Person und zu ihrer Kunst, verhielt sich aber gleichzeitig vorsichtig und unauffällig. Dass sie in ihrer Wut auf das politische System zu Höchstleistungen angesetzt wurde, beweist das im Winter 1933/34 entstandene Ölbild **Drei Häuser im Schnee** (1933), Abb. 3.30, mit dem sie stilistisch an 1909, die besten Zeiten ihres Malerinnenlebens, anknüpfte: **Gegen Abend** (1909).

Gegenüber der rassistisch-nationalistischen Ideologie und Lebensweise des Nationalsozialismus empfand sie eine tiefe Abneigung. Das hatte viele Gründe: ihre Erziehung im liberalen deutsch-amerikanischen Elternhaus, dann ihre vielen Reisen in andere Regionen, die persönlichen Erfahrungen, wie sie von Menschen in anderen Kulturen gut aufgenommen worden war und von ihnen viele Anregungen erhalten hatte, ihre Freundschaften mit besonderen Persönlichkeiten aus verschiedenen Ländern.

Nach den «personellen Säuberungen» in Museen, Galerien, Hochschulen, Orchestern und anderen öffentlichen Einrichtungen war es Gabriele klar, dass die Gesinnungsdiktatur im Bund mit brutalster Gewaltanwen-

Abb. 3.30: Drei Häuser im Schnee (1933), Öl auf Leinwand, 47 x 55,5 cm

dung die Republik Deutschland in die politische Diktatur führen werde. Und wie zu Beginn des Ersten Weltkrieges setzte sie ihre Hoffnung auf ein Überleben unter Wahrung der geistigen Identität. Sie war froh, dass sie jetzt wenigstens einen Lebensgefährten zur Seite hatte und sich nicht ganz allein durchschlagen musste, wie sie es in Skandinavien hatte tun müssen.

Das achte Jahrsiebt Gabrieles aus entwicklungspsychologischer Sicht

Die folgende Übersicht fasst wichtige Ereignisse und Werke Gabrieles in diesem Jahrsiebt zusammen (S. 363).

Jahr	Alter	Ereignis achtes Jahrsiebt	Bilder
1927	50	Berlin, Schweiz Kuraufenthalt, Oberitalien, Berlin: begegnet Johannes Eichner, Ausst. «Die schaffende Frau in der bildenden Kunst», Cademario, Werefkin, Elmau, Berlin	Bleistiftskizzen Selbstbildnis Die Unvergleichliche
1928	51	Berlin, Eichner wird Lebenspartner, Neue Sachlichkeit, Berliner Kunstausstellung, GM richtet Russenhaus her, Murnau, Berlin	Kokett Sinnende II
1929	52	Malunterricht bei Segal, Oktober in Paris, Kontakte zu Malerinnen/Malern aus Schweden Schickt Geburtstagsgruß an WK. Berlin	J. Eichner lesend im Stuhl
1930	53	Paris Cezanne-Ausstellung, Südfrankreich GM arbeitet intensiv, Galerie Wiltschek	Negerdame Sanary-sur-Mer
1931	54	GM wohnt permanent in Murnau, knüpft an Ihren expressionistischen Stil/alte Motive an	Weg zur Fürstalm Russenhaus Murnau
1932	55	Murnau, München. Hitler-Aufmarsch Murnau Ausst. Augsburger Kunstverein, Versuch einer Jubiläumsausst. Der Blaue Reiter – abgesagt	Winter Murnauer Moos
1933	56	NS Anfeindungen, Bremen Einzelausstellung geht 3 Jahre durch Deutschland, Oberitalien	Berglandschaft Gewitter Weg am Iseosee
		3. Mondknoten	3 Häuser im Schnee

(1) Selbstfindung und Entwicklung zur Jupiter-Haltung

Für Gabriele Münter begann durch den Vergleich im Konflikt mit Wassily Kandinsky im Februar 1926 und vor allem durch die heilsamen Erfahrungen auf Schloss Elmau mit ihrer schonungslosen Selbstreflexion ein neuer Lebensabschnitt. Sie konnte sich aus der regressiven kämpferischen Verkrampfung lösen und ihre Kräfte aufs Neue konstruktiv einsetzen. Die gewonnene Zuversicht war aber nach wie vor gefährdet, denn die soeben verheilten Wunden konnten bei jeder unachtsamen Berührung wieder zu bluten beginnen und einen zeitlichen Rückfall auslösen.

Gabriele schrieb am 7. Januar 1927 über die zurückliegende schwierige Zeit ins Tagebuch: «Bei mir ist es, als ob Sand gestreut worden wäre – Asche –, und eine dicke Schicht auf meinem Leben und meinen Gefühlen läge und kein Blühen mehr aufkommen lasse … Ohne Hilfe kann ich nicht diese schwere Schicht durchbrechen und wegschaufeln, dass es wieder wachsen und leben kann. Meine Malanstrengungen wollen neues Leben schaffen, wollen mich in ein neues Leben stellen, das ist ein qualvolles, schweres Beginnen – Schwergeburten, die tot zur Welt kommen ... Immer will ich's doch zwingen.»[121]

Allmählich gelang es Gabriele immer besser, sich für Freunde und auch für eine neue Partnerschaft zu öffnen. Dafür musste sie zur Vergangenheit und zur Beziehung mit Kandinsky noch Abstand gewinnen. Dazu trugen auch überraschende kleine Erlebnisse bei, wie das folgende.

Gabriele traf 1926 in einer Abendgesellschaft einen Schüler des Bauhauses, der Fotos von Wassily und Nina Kandinsky herzeigte. Nina war dort strahlender Mittelpunkt eines Kreises junger Männer. Kleine bemerkt dazu: «Diese Frau erschien ihr ein bißchen zu glitzernd, ein bißchen zu kokett, ein bißchen zu banal, ein bißchen zu sehr ‹Weibchen›.»[122] Und Kleine zitiert aus Gabrieles Tagebuch: «Ich sah sein Foto lange an. Alt! Die Unterlippe böse eingekniffen. Hochmütige Kopfhaltung wie früher, dadurch die fliehende Stirn stark verkürzt. Ansicht en face. Sieht ebenso aus wie früher: unglücklich, unfroh, gequält, arrogant.» Während sie das Foto prüfte, spürte sie, wie sie zu diesem Menschen inneren Abstand gewann. Und sie befreite sich selbst von einem Feindbild, das sie in ihrer Seele festgehalten hatte.

Es war schon ein Zeichen der beginnenden Überwindung der so verletzenden Erfahrungen mit Kandinsky, dass sie die Wirkung seiner jungen Frau nicht in negativen Superlativen beschrieb, sondern mit dem relativierenden «bißchen». Und dass sie in Wassilys Gesicht auch dessen Schmerz und Unerfüllt-Sein wahrnahm – neben der Arroganz «wie früher». Dadurch befreite sie sich selbst!

Als sie beim Maler Hermann Kunnerth in Berlin auf der Silvesterfeier 1927/28 dem in sich gekehrten Philosophen und Kunsthistoriker Johannes Eichner begegnete, war dies für beide schicksalhaft und wurde zum Beginn einer lebenslangen Freundschaft.

Im Jahr 1928 war sie aus der tiefen Krise herausgekommen und notierte im Tagebuch: «Wie viel Zeit habe ich mit unfruchtbarem Murren verbracht, das doch nicht mehr war als ein Eingeständnis der eigenen Unvollkommenheit.»[123]

Es war ein mutiges und deutliches Zeichen dafür, dass sie aus der Gefangenschaft des Kriegsgottes Mars entlassen war, als sie am 4. Dezember 1929 aus Paris Geburtstagswünsche an Kandinsky schickte. Auf dem Kuvert stand kein Absender – aber sie war sicher, dass Wassily ihre Handschrift sofort erkennen werde. Dass der Gruß gerade aus Paris kam, wo sie 1906/07 zum ersten Mal das Gefühl gehabt hatte, eine richtige professionelle Künstlerin zu sein, war ein Symbol ihrer zurückgewonnenen schöpferischen Kraft als Malerin. Und damit gab sie Kandinsky zu verstehen, dass sie an der Seite ihres neuen Freundes ohne Zorn und Trauer der gemeinsamen Jahre gedachte. Das war für sie ein großer Schritt! Da ich in meinem Beruf als Mediator Menschen dabei begleite, aus derartig tief eskalierten Konflikten zu sich selber zu finden und die Beziehung zum Partner neu zu gestalten, weiß ich nur zu gut, wie viel Überwindung es einen Menschen kostet, über den eigenen Schatten zu springen und ohne Bedingungen auf den Gegner zuzugehen.

Als Paul Gauguin den Durchbruch aus der Midlife-Crisis fand und sich der Hausausforderung zur Transformation seines Doppelgängers stellte, malte er das Bild **Matamoe, Landschaft mit Pfauen**, Abb. 2.27, das wie in der Zen-Malerei den Moment der «Erleuchtung» festhält. Auf meiner Suche nach einem Bild, in dem Gabriele Münter eindeutig zum Ausdruck bringt, dass sie die traumatischen Erfahrungen der Partnerbeziehung überwunden hat und sich für eine neue, andersgeartete Beziehung öffnen konnte, fand ich ihre Federzeichnung **Johannes Eichner lesend im Stuhl**, Abb. 3.28. Äußerlich gesehen erscheint das nicht sehr spektakulär, und gerade deshalb drückt es Gabrieles Befindlichkeit sehr genau aus. Diese Situation der Entspannung und behaglichen Gelassenheit ist mit der schwarzen Feder in sicheren Strichen gezeichnet, da gab es kein Suchen und Zaudern. Und es spiegelt auch Heiterkeit.

Als Fünfzigjährige war Gabriele trotz des entwicklungshemmenden Umgangs mit der Krise in die *Phase des Jupiter-haften Überblicks* eingetreten, und der Geburtstagsgruß an Kandinsky war dafür eine kleine, aber bedeutende Geste. Diese Phase hatte – zunächst zaghaft – eigentlich schon begonnen, als sie 1927 in Cademario und Elmau wieder zu sich selbst gefunden hatte. Das befähigte sie, aus einer Meta-Sicht auf sich selbst zu schauen – sowohl auf die schmerzlichen als auch erfreulichen und erhebenden Ereignisse der Vergangenheit. Der Überblick und Weitblick zeigte sich darin, dass sie zum Verstehen des Scheiterns der Beziehung mit

Wassily bis in ihre Kindheit zurück schaute und dabei u.a. ihre absolute Verpflichtung zur Wahrheit in Form der Rechthaberei als eigenen Anteil entdeckte. Und dass sie später durch ihre Neigung zum Bewundern und Idealisieren des Partners – trotz des Wandels vom Lehrer-Schülerin-Verhältnis zur Partnerin-Partner-Beziehung – ihm die Vormachtstellung zum Bestimmen des Rollenverhältnisses einräumte. Auch dann noch, als sie während der Arbeit am Blauen Reiter und in der Zeit ihres Aufenthalts in Skandinavien im Gegenzug selbst eine Beschützerfunktion für ihn übernahm, der er sich wegen seiner Situation in Russland nicht entziehen konnte, so dass er dann lieber ganz aus der Beziehung ausbrach.

Gabrieles erweiterter Horizont zeigte sich auch in ihrem Bedürfnis, verschiedene einander sogar widersprechende Stilrichtungen des Spätimpressionismus und Paul Cézannes, Paul Gauguins und der Fauves, Kandinskys und Jawlenskys in ihrem Werk zu integrieren, wo dies durch die innere Notwendigkeit des Sujets und des persönlichen Erlebens geboten war.

(2) Partnerbeziehung und Freundschaften

Gabriele suchte in dieser Phase – ähnlich wie in Skandinavien – am liebsten Freundschaften mit selbstbewussten Künstlerinnen, die sie spontan zeichnete oder die ihr zum Porträt saßen. In ihnen erlebte sie vorbildlich die Aufrichtekräfte, die sie selbst erst allmählich wieder entwickeln und konsolidieren konnte.

Als die freundschaftlichen Kontakte mit Johannes Eichner entstanden, war Gabriele ohne Zweifel der werbende, aktive Teil, denn Eichner war als Privatgelehrter sehr verschlossen und hatte schweren Zugang zu den eigenen Gefühlen. Aber Gabriele schätzte an ihm Ruhe und gedankliche Ordnung, die er in ihr Leben brachte. Auch wenn er schwer Einblick in sein Inneres gewährte, so hinderte dieser Wesenszug Gabriele nicht, ihm ihre Gedanken und Gefühle zu offenbaren. Sie hatte ihm – als außergewöhnlichen Vertrauensbeweis – Briefe und Tagebucheintragungen aus der Zeit nach der Trennung von Kandinsky zu lesen gegeben. Er antwortete darauf in einem Brief: «Ein ganzes Leben höchstens könnte hinreichen, zu verstehen, zu lösen, zu begütigen, zu fördern, zu erfüllen. Ich bin Ihr J. E.»[124]

Ihr Fehler sei, so schrieb er einmal, dass sie kein Mann sei und keine fürsorgende Frau neben sich habe, die sie von allem häuslichen Kram entlaste. Ein Mann könne das nicht, weil der immer eigene Ziele verfolge. Und doch bot er als Mann einer Frau seine uneingeschränkte Unterstützung wie ein Sekretär an. Zu diesem Zweck hatte sie ihm offiziell die Vollmacht gegeben und sich damit den Missmut ihres Bruders und des Schwagers zugezogen. Beide hatten bisher Gabriele jegliche finanzielle Gebarung abgenommen und verstanden deshalb die Übertragung der Vollmacht an einen ihnen fremden Mann als Akt des Misstrauens ihnen gegenüber. Eichner hatte ihr tatsächlich dringend geraten, die Vermögensverwaltung nicht einem Familienmitglied anzuvertrauen, weil darunter die Sachlichkeit des Kalküls leiden könnte. Wirtschaft war zwar nicht sein Fach, aber als Sohn eines zu Reichtum gelangten Unternehmers hatte er nebenbei genügend kaufmännischen Hausverstand entwickelt und kannte sich mit Möglichkeiten der Geldanlage gut aus (auch nachdem sein Vater sein Vermögen bereits wieder verloren hatte). So hat er im Umgang mit Gabrieles Mitteln bewiesen, dass er immer uneigennützig in ihrem Interesse handelte.

Es war also eine Beziehung entstanden, die auf uneingeschränktem gegenseitigem Vertrauen beruhte. Als Gabriele vorschlug, eine gemeinsame Wohnung zu mieten und ihm anheim stellte, zu heiraten oder auch nicht, blieb es ohne Eheschließung bei der guten Freundschaft. Dabei kam es zwischen ihnen niemals zum vertrauten «Du», sondern es blieb immer die Anrede «Sie» bestehen. Gabriele sprach ihn nur in ihren intimen Tagebuchnotizen manchmal mit Johannes und «Du» an.

Als sich mit dem Aufkommen des Nationalsozialismus das politische Klima sehr schnell verschlechterte, war Gabriele froh, dass ihr in diesen Zeiten Johannes Eichner zuverlässig zur Seite stand und durch seine bedachtsame, vorsichtige Art Schutz versprach. Deshalb konnte sie über seine Besonderheiten zumeist mit Humor hinwegsehen.

(3) Gabriele Münters Welt- und Kunstverständnis

Die Lähmung ihrer künstlerischen Kraft hatte Gabriele erst im 52. Lebensjahr in Paris ganz überwunden. Bis dahin lebte sie zunächst orientierungslos, war aber bemüht, sich von alten Mustern und Stilelementen zu befreien, sofern denen etwas von Kandinskys Einfluss als Lehrer anhaftete.

So eine Befreiung war ihr bereits gelungen, als sie Ende 1926 bei Walter Besteher Unterricht im Bildhauen nahm. Um Anschluss an die aktuellen Strömungen in der Malerei zu finden, probierte sie auch, im Stil der *Neuen Sachlichkeit* zu malen und wandte sich von ihm wieder schnell ab. Er war ihr zu glatt, oberflächlich, seelenlos und manieriert, und genau das wollte sie ja nicht.

In der Zeit des Suchens und Probierens hatte sie mit Johannes Eichner oft Auseinandersetzungen, weil er immer «etwas Schönes und Großes» verlangte – und zwar abbildgenau und ohne etwas von ihrem Gefühl hineinzulegen. Genau das war aber gegen ihre Art, denn sie musste in heftige Emotionen geraten, um ein Bild zu malen – und dann in einem Schwung! Eine Landschaft malte sie, weil sie etwas Unfertiges hatte, das sie im Bild erst durch ihre Komposition zu einem Ganzen machte. Dafür waren Maßstabgerechtigkeit, richtige Perspektive und Genauigkeit nicht gefragt. Manchmal setzte sie deshalb beim Malen die Lesebrille auf, um die Details des entfernten Motivs unscharf zu sehen.

Was sie allerdings sehr irritierte, waren Eichners Bemerkungen, dass Zeichnungen keine selbständigen Kunstwerke wären, bestenfalls Vorstudien zu Ölbildern. Denn sie wären zu unpersönlich und in gewissem Sinn zu perfekt! Um Perfektion zu erschweren, versuchte sie einige Zeit, mit der linken Hand zu zeichnen und Striche weg zu lassen, damit es weniger wie die Kopie eines Originals aussehe. Auf diese Weise gelang ihr dies mit der meisterlichen Zeichnung **Kokett** (um 1928), Abb. 3.31. Eichners Kritik und Ratschläge konnten ihr mitunter die Lust am Zeichnen nehmen. Sie schrieb ihm 1932:[125] «Ja, wenn ich höre, daß ich Bilder malen *muß* – große, schöne, und daß ich das Rennen mitlaufen muß, Reklame machen, ausstellen, klappern, dann werde ich ganz welk.»

Nach Gisela Kleine[126] ist Gabriele auf Eichners sicherheits- und erfolgsorientierte Stilanweisungen nicht aus Mangel an innerer Sicherheit eingegangen, sondern weil sie das Leben zu zweit nicht durch Eigensinn gefährden wollte. Mit vielen seiner philosophischen Begründungen, die er für Ausstellungen in den Begleittexten zu ihren Bildern darlegte, war sie nicht einverstanden und sagte ihm das auch. Aber sie respektierte seine Autorenschaft für den Text.

Die Zeit der NS-Herrschaft war für niemanden leicht, und schon gar nicht für freischaffende Künstlerinnen und Künstler, so dass diese oft zwi-

Abb. 3.31: Kokett (um 1928), Bleistiftzeichnung

schen innerer oder äußerer Emigration entscheiden mussten, wenn sie nicht von vornherein heroisch gegen das System ankämpfen wollten.

Gabriele beantragte aus rein pragmatischen Gründen die Mitgliedschaft in der *Reichskulturkammer*, weil sie keine andere Möglichkeit hatte, Bilder zu verkaufen oder an Ausstellungen teilzunehmen. Außerdem konnten nur Mitglieder der Reichskulturkammer Farben und andere Malutensilien kaufen. Sie wusste, dass sie bei einem möglichen Ausschluss aus der Reichskulturkammer die Existenzgrundlage als Malerin verlieren würde. Denn durch die Zwangsmitgliedschaft und die permanente Drohung eines Ausschlusses bei nicht NS-konformem Verhalten, hielt diese Institution ihre Mitglieder brutal unter Kontrolle. Auch das sich schnell entwickelnde Spitzelwesen und die übliche soziale Kontrolle mit anonymen Anzeigen bei den Behörden trugen wesentlich zur Gleichschaltung bei. Für Gabriele bestand nun die Kunst darin, sich selbst treu zu bleiben und geschickt an der Grenze zum Ausschluss zu lavieren.

Als Ende 1933 sogar *Der Völkische Beobachter* die Ausstellung in Stuttgart ganz und gar positiv beurteilte und Münters frühere Teilhabe am Blauen Reiter mit keinem Wort erwähnte, war Johannes Eichner sehr erleichtert – und mit ihm sicher auch Gabriele, wenngleich mit gemischten Gefühlen. Eichners Strategie hatte sich bis dahin bewährt. Er riet aber weiterhin zu Vorsicht und Tarnung.

15.9 Das 9. Jahrsiebt von 1933 bis 1940 (56 bis 63): Weise werden

Dieser Lebensabschnitt wurde insgesamt von Hitlers Machtergreifung überschattet. Die alles beherrschende Meinungs- und Gedankenkontrolle machte es Gabriele beinahe unmöglich, ihre Bilder auszustellen und zu verkaufen und dadurch Geld für den Lebensunterhalt zu verdienen. Nur die Partnerschaft mit Johannes Eichner und einige Freundschaften gaben ihr Rückhalt. Aber trotz des Drucks, der von allen Seiten auf Künstlerinnen und Künstler der Moderne ausgeübt wurde, konnte Gabriele ihrer Kunstauffassung treu bleiben und produktiv sein.

Mit dem 1. Januar 1934 wurde Gabriele Mitglied der Reichskulturkammer, weil sie sonst emigrieren hätte müssen. Trotz der beginnenden Schwierigkeiten für moderne Kunst wurde in Jena die Ausstellung *Gabriele Münter – Aus 25 Schaffensjahren* durchgeführt. In einer öffentlichen Diskussion warfen einige Nationalsozialisten die Frage auf, ob solche Bilder noch als Kunst gezeigt werden sollten. Dennoch gelang es noch, an weiteren Kollektivausstellungen in Eisenach und Dresden teilzunehmen.

Während Gabriele in München überwinterte, da im Russenhaus nur ein Zimmer beheizbar war, blieb Eichner in Berlin. Gabriele malte das **Selbstbildnis** (1934), Abb. 3.32, in dem ihre kritische Lage klar zum Ausdruck kommt. Trotz aller Hindernisse wurde 1935 in Altenburg eine *Gabriele*

Abb. 3.32: Selbstbildnis (1934), Öl auf Pappe, 35,2 x 27,1 cm

Münter-Wanderausstellung eröffnet, zu der Eichner eine Eröffnungsrede hielt, und die in der Galerie Valentien in Stuttgart zum Abschluss kam.

Auf Eichners Anraten malte Gabriele – weil ihr dies am unverfänglichsten erschien – die Baumaschinen der Straßenbauarbeiten für die geplante Ausstellung «Die Straßen Adolf Hitlers in der Kunst». Ansonsten begann sie wieder Figuren-Stillleben zu malen, wie in Schweden, als sie vereinsamt in Emigration lebte.

Gabriele bemühte sich, das Haus in Murnau zu verkaufen und nach München zu übersiedeln, denn im Russenhaus verfolgten sie die Erinnerungen an die Vergangenheit mit Kandinsky und dem Blauen Reiter. Aber es gelang nicht.

In der Zeitschrift *Kunst der Nation*, die einen Artikel über Franz Marc und den Blauen Reiter gebracht hatte und noch nicht auf die Parteilinie eingeschwenkt war, brachte Eichner in der Februarnummer einen Aufsatz über Gabriele Münter unter. Darin wollte er den Eindruck wecken, dass Gabriele immer schon dem Volkstum nahe und modischen -ismen abhold gewesen sei.

Da Gabriele keine Bilder verkaufte, mussten sie ganz sparsam leben. Tee, Obst und Gemüse kamen aus dem Garten. Dickmilch mit Zimt und Zucker war oft das Abendmahl. Eichner wusste, dass sein Freund Konnerth mit Hitlerporträts Tausende verdiente – aber Gabriele entschied, trotzdem keines zu versuchen! Daraufhin riet Eichner, Gabriele sollte sich im Volkskundemuseum nach Bildern umsehen, die sie abmalen könnte. Und vor allem solle sie als arrivierte Frau in damenhafter Eleganz auftreten, das steigere die Verkaufschancen und die Preise. Gabriele lehnte solchen Fassadenbau entschieden ab, und das gab immer wieder Zerwürfnisse mit Eichner.

Johannes Eichner blieb bis zum Frühsommer 1936 in Berlin. Gabriele suchte indessen nach einer geeigneten Wohnung oder einem Haus in München oder Umgebung, hatte an die 80 Wohnungen besichtigt, diese genau beschrieben und deren Grundrisse gezeichnet und nach Berlin geschickt. Doch Johannes Eichner zerpflückte und verwarf alles, um ihr die Lust zum Umzug zu nehmen. Der Ton wurde im Briefwechsel auf beiden Seiten rauer und kulminierte in der entscheidenden Frage, ob sie überhaupt weiterhin beisammen bleiben wollten. Konfrontiert mit dieser Frage entschied sich Eichner, künftig mit Gabriele in Murnau zusammen zu wohnen, wenn das Haus besser bewohnbar gemacht wird. Das wurde schließlich gemeinsam beschlossen.

In Gabrieles Abwesenheit wurde das Haus gründlich renoviert und umgebaut, und am 22. Juli 1936 ging das Haus in Eichners Besitz über – als Ausgleich für die hohen Renovierungskosten. Erst Mitte September kam Gabriele nach Murnau zurück und war freudig überrascht, wie gut der Umbau gelungen war. Eichner hatte im Obergeschoss seine Wohnung eingerichtet und auch das Atelier mit einem großen Fenster nach Süden für eine freie Aussicht auf die Berge. Alles war beheizbar und komfortabel, das Badezimmer entsprach dem neuesten Stand, vor dem Esszimmer im Erdgeschoss hatte er eine Terrasse anlegen lassen.

Gabriele war wieder motiviert und beteiligte sich mit einigem Widerwillen mit kleinformatigen Ölbildern von Baumaschinen an der Ausstellung *Die Straßen Adolf Hitlers in der Kunst*.

1937 war das Jahr der Ausstellungen, auf die sich der Ungeist der Nazi-Herrschaft unterschiedlich auswirkte.

Zu Gabriele Münters 60. Geburtstag im Februar 1937 gab es einen Lichtblick, denn das Heimatmuseum Herford veranstaltete zu Ehren der ehemaligen Bewohnerin der Stadt eine große Ausstellung mit 56 Bildern, unter denen sich auch neueste Werke befanden. Anders war es im April, als im *Münchner Künstlerverein* eine Auswahl ihrer Werke ausgestellt wurde. Sie lockte nur wenige Besucher. Doch dann tauchten gegen Ende der Schau verfängliche Worte auf: «Der Blaue Reiter», «abstrakte Formensprache», «Brücke-Kreis».[127] Deshalb kam es am letzten Tag zu einem Auftritt des Kultus-Staatsministers Adolf Wagner, eines strammen Nazis und Freund Hitlers, der sich schon beim Betreten des Saals laut über Münters Kunst empörte, noch bevor er die Bilder hatte sehen können. Dennoch wanderte nachher die Schau weiter in das liberalere Stuttgart und erhielt in der Presse gutes Echo.

Für das neue *Haus der Deutschen Kunst* in München, zu dem Hitler 1933 den Grundstein gelegt hatte, wurden aus 15.000 Objekten 900 Bilder ausgesucht – Gabrieles Bilder wurden abgewiesen. Die Architektur des Museums war eine «Herrschaftsarchitektur» von Hitlers Leibarchitekt Ludwig Troost: Eine tempelartige Kultstätte, über die ganze Breite des Gebäudes eine aufsteigende Stufe, wie um das Sakrale zu betonen. Über dem Eingang stand Hitlers Parole: *«Kunst ist eine zum Fanatismus verpflichtende Mission»*. Gabriele war entsetzt über die Geschmacklosigkeit und Rückwärtsgewandtheit der dort gezeigten Bilder. Es war eine Schau der Mittelmäßigkeit, die zum Standard geworden war.

Doch ein wahres Horrorerlebnis war für sie die Ausstellung *Entartete Kunst*. Bewusst wurden viele Objekte in kleinen Räumen auf chaotische Weise zur Schau gestellt, mit großen Schildern, auf denen der Preis stand, den das Museum einmal dafür bezahlt hatte. Damit sollte der Unmut des Volkes geweckt werden, wenn Besucher sehen konnten, wie viel Geld der Staat für diesen «Unrat» verschwendet hatte. Zu ihrem Glück kam darin ihr Name nicht vor, da bisher kein einziges Museum in Deutschland ein Werk Gabriele Münters gekauft hatte. Und Herwarth Walden hatte sie aus der Liste der Sturm-Künstler gestrichen, weil sie ihm wegen nicht ausbezahlter Erlöse mit einem Gerichtsverfahren gedroht hatte. Dieser Umstand schützte sie zwar jetzt, andererseits aber war sie doch auch gekränkt, dass sie nicht als Pionierin der Moderne erwähnt wurde.

Nun malte Gabriele viel, konnte aber nichts verkaufen. Auch Eichners Bemühen um Aufträge für Gabriele scheiterten. Nur «seriell gemalte»

Blumenbilder fanden manchmal Eingang in gute Stuben von Murnau bis München. Das geschah entweder gegen Bargeld oder als Tausch gegen Waren und Dienstleistungen; so war der Arzt einmal überrascht, als er zur Bezahlung für seine Honorar von vier Mark ein Bild angeboten bekam und Gabriele ihn fragte, ob es für sie als freischaffende Künstlerin, die bei keiner Krankenkasse versichert sei, keinen Preisnachlass geben könnte. Manchmal überreichte sie ein Bild auch als Geschenk.

In Stuttgart wagte der Galerist Fritz Valentien dennoch, für Gabriele Münter eine Schau zu organisieren, bei der sie zusammen mit anderen verfemten Künstlern, wie Oskar Schlemmer vom Bauhaus und August Macke ausstellte. Gabriele fuhr selbst nach Stuttgart, traf dort liebe Bekannte und fühlte sich unter Gleichgesinnten wohl. Sie blieb wegen des guten Klimas bis zum Ende der Ausstellung. Die Malerin Csaki rühmte «die Ruhe und Herzlichkeit, die von Münter ausging. Sie war das Gegenteil von einem ehrgeizigen Malweib …»

Gabriele schrieb an Eichner, dass sie von der Atmosphäre sehr beschwingt war, weil sie mit Gleichgesinnten offen reden konnte. Verkauft wurde kein einziges Bild, aber Gabriele gab zur Vergütung für die entstandenen Kosten ein frühes, kleines Ölbild Kandinskys an Valentien. Der wusste das sehr zu schätzen, doch Johannes Eichner erhob deswegen heftige Vorwürfe, weil das Bild einen Marktwert von über tausend Mark gehabt hätte und sie selber in Geldnot waren.

Hitler kündigte 1936 die größte Auftragserteilung aller Zeiten an, «doch habe der Künstler wiederzugeben, was in der Gemeinschaftsseele des Volkes empordränge: ‹Es ist nicht Aufgabe der Kunst, um des Unrats willen zu wühlen, den Menschen nur im Zustand der Verwesung zu malen, Kretins als Symbol der Mutterwerdung zu zeichnen und krumme Idioten als Repräsentanten männlicher Kraft hinzustellen.›»[128] Es war Gabriele und Johannes Eichner klar, dass dies jederzeit zu Willkürakten führen konnte. Die Gefahr wurde noch größer durch das *Gesetz über die Einziehung von Erzeugnissen entarteter Kunst* vom 31. Mai 1938. Gleichzeitig wurde angekündigt, dass Enteignungen auch in privaten Sammlungen stattfinden sollten.

Auf Eichners Betreiben holte sie deshalb alle Bilder, vor allem Kandinskys Frühwerk, aus dem Münchner Lager und versteckte alles in einem Kellerraum des Hauses in Murnau, dessen Zugang hinter Regalen verborgen war. Hätte sie das nicht getan, wäre alles in München durch Fliegerbomben zerstört worden.

Münter beschickte keine Ausstellungen mehr, um nur nicht Aufmerksamkeit auf sich zu lenken. Anfang 1939 verbrachte Gabriele mit Eichner einige Zeit in München. Für das Frühjahr hatten beide eine Reise nach Sizilien geplant, aber das Geld reichte nur für eine Person. Deshalb fuhr Eichner allein und reiste weiter nach Tripolis und Libyen. Stattdessen gönnte sich Gabriele einen Aufenthalt auf Schloss Elmau und war dort um Porträtaufträge bemüht – allerdings erfolglos.

Die Malerin Lena Gierl, die in Murnau lebte, traf sich mit Gabriele regelmäßig zu Malnachmittagen. Als Beamtenwitwe brauchte sie sich nicht um die Verkaufstauglichkeit ihrer Bilder zu kümmern. Sie malte sehr frei nach Lust und Laune und brachte durch ihre Art etwas Leichtigkeit in Gabrieles Leben. Der Buchhändler Wiegelmann in Murnau organisierte für beide eine gemeinsame Verkaufsausstellung in Murnau.

Gabrieles künstlerische Produktion ging in dieser bedrückenden Stimmung letztlich stark zurück. Gabriele und Johannes Eichner lebten 1940 und in den weiteren Kriegsjahren sehr zurückgezogen und eingeschränkt in Murnau. Gabriele malte überwiegend Blumenstillleben und konnte ab und zu einige verkaufen oder gegen Waren eintauschen. Mit Eichner konzentrierte sie sich auf das tägliche Leben im Haus und im Garten. Durch den Garten waren sie jederzeit mit Obst und Gemüse versorgt.

Seit dem Kriegsbeginn hielten sich Gabriele und Johannes Eichner nicht mehr in München auf. Es kamen die Nächte, in denen Scheinwerfer den Himmel nach Bombern absuchten. Von Murnau aus konnten sie den Feuerschein brennender Straßenzüge in München sehen.

Das neunte Jahrsiebt Gabriele Münters aus entwicklungspsychologischer Sicht

Die Übersicht bringt die wichtigsten Ereignisse und Werke dieses Jahrsiebts wieder in Erinnerung (S. 376).

Jahr	Alter	Ereignis	**neuntes Jahrsiebt**	Bilder
1934	57	NS-Zeit: GM ab 1.1. Mitglied der «Reichskulturkammer der Bildenden Künste»		*Selbstbildnis* *Abend am Staffelsee*
1935	58	Einzelausstellung endet nach Wanderung durch Deutschland in Stuttgart, gute Kritiken		*Schwaiganger Brand*
1936	59	Maler sind zur Ausstellung eingeladen: «Die Straßen Adolf Hitlers in der Kunst»: GM malt 2 Bilder, Umbau des Russen-Hauses, Eichner wird Eigentümer.		*Baustelle Olympiastraße* *Drei Kreise Cademario*
1937	60	Herford, München: größere Einzelausstellung, Gauleiter lässt GMs Bilder abhängen, GM besucht Ausstellung «Entartete Kunst»		*Vorfrühling in Murnau*
1938	61	Künstlerische Produktion geht zurück, GM sucht Porträtaufträge. Finanzielle Probleme. Marianne v. Werefkin stirb in Ascona. Gesetz zum «Einzug von Produkten entarteter Kunst»		
1939	62	Eichner: Sizilienreise. Um Porträtaufträge in Elmau bemüht, Ausstellung in Buchhandlung		*Dorf mit grauer Wolke* *Tigerlilie in Landschaft*
1940	63	GM und Eichner in Murnau, zurückgezogen, hält Bilder von WK vor Nazis versteckt im Keller, malt meistens nachts (Kunstlicht)		*Blühender Kaktus* *Blumen in der Nacht*

Das neunte Jahrsiebt begann nach Gabriele Münters 3. Mondknoten und hatte für Gabriele und den Partner den Charakter fortwährender Prüfungen, sowohl materiell als auch psycho-sozial und ideell. Gabrieles Lebenswerk drohte vernichtet zu werden bzw. verloren zu gehen. Trotz der unheilvollen politischen Veränderungen und der persönlichen finanziellen Notlage blieb Gabriele ihren Werten und künstlerischen Überzeugungen treu und ließ sich durch die nationalsozialistische Kulturpolitik nicht korrumpieren. Was das bedeutet, kann eigentlich nur von Menschen richtig verstanden und gewürdigt werden, die ähnliche existenziell bedrohliche Lebenssituationen durchgemacht haben.

(1) Selbstfindung und «Weise werden»

Gabriele hatte sich mit Johannes Eichner entschieden, nicht in den offenen Widerstand gegen das Regime zu gehen, sondern in Deutschland zu bleiben und zu überleben, ohne ihre Werte und Überzeugungen zu verraten. Das zeichnete ihr Verhalten in allen Jahren der Nazi-Tyrannei und des Krieges aus. Johannes Eichner riet dabei immer zu Vorsicht und zu äußerlicher Anpassung an die herrschende Kulturpolitik. Er respektierte aber, dass sie sich in ihrer Kunstauffassung und Haltung nicht der Gleichschaltung unterwarf. Wie sich später zeigte, hatte er durchaus das richtige Gespür für das, was die von Hitler und Goebbels manipulierte «öffentliche Meinung» erwartete. Auf dieser Grundlage kleidete er seine Begleittexte zu Gabrieles Ausstellungen und seine Artikel über Münter und ihre Bilder in eine Chamäleon-artige Sprache, die Münters Person und Werk für die Herrschenden genießbar machen sollte. Denn er hatte es als seine Mission verstanden, ihr Werk für die Kulturwelt zu retten. Gabriele war damit nicht glücklich, weil dadurch die Grenze zwischen anbiedernder Lüge und Wahrhaftigkeit zu verschwimmen begann. Aber sie verstand und akzeptierte sein Anliegen, sie und sich selbst damit zu schützen.

Eichner hatte sich in der Zeitschrift *Kunst der Nation* 1935 in einem Aufsatz über Gabriele Münter der gängigen nationalsozialistischen Phrasen bedient und geschrieben: «Sie brachte von Natur alles mit, um ganz von selbst einer neuen Zeit anzugehören, richtiger: eine neue Zeit mitzuschaffen. (...) Die sich überstürzenden ‹Ismen›, die Verwilderungen und Verkünstelungen im Expressionismus und die Umkippung in gesuchte Sachlichkeit sind ohne Verführungen an ihr vorübergegangen ...»[129]

Darauf Bezug nehmend hatte Gabriele an Eichner, der sich mit besten Absichten für ihre Karriere einsetzte, geschrieben: «Wenn ich schon Ihre ‹Mission› bin, dann können Sie sich auch frisch und mutig für mich einsetzen. (...) Besprechen Sie sich auch ganz einfach und sachlich mit ‹Kunst der Nation› ... Offen und einfach, ohne Verschweigetaktik. Man schätzt sich selbst und die andern, und darum sagt man frei die Wahrheit.»[130] In dieser Stimmung entstand Gabrieles **Selbstbildnis** (1934), Abb. 3.32. Es zeigt Gabriele vor einem dunklen, beinahe schwarzen Hintergrund. Die achtundfünfzigjährige Frau hat ihr Gesicht, und vor allem die Augen und den Mund mit feinem Pinsel differenziert gemalt, während das Haar und die Kleidung mit groben Pinselstrichen ausgeführt sind. Sie schaut ohne Maske, ohne Aufputz mit sorgenvollem und doch auch klarem Blick in die Zukunft, weil das linke und das rechte Auge eine unterschiedliche Gefühlslage zu erkennen geben. Auf der Stirn liegt ein Schatten mit dem Ansatz zu einem Stirnrunzeln. Die Lippen sind schmal und geschlossen und wirken fest entschlossen. Verglichen mit Fotos und Selbstbildnissen aus früheren Jahren erscheint Gabriele Münter hier nicht mehr so leicht wie früher, sondern härter, kantiger und verschlossener. Für mich spricht daraus eine Ahnung, dass noch schwere Zeiten kommen würden. Karoline Hille zitiert Gabrieles Rückblick auf diese Zeit (geschrieben im Jahr 1948): «Seit 1931 lebe ich in Murnau (…) und male. Um die neuesten Kunstrichtungen habe ich mich nicht bekümmert. Die Diktatur, die mich seit 1937 zwang, mein künstlerisches Dasein zu verbergen, und der Krieg vollendeten meine Zurückgezogenheit, ohne meine Arbeit zu hemmen oder zu verbiegen.»[131] Gehemmt hat die Nazi-Zeit sehr wohl, aber nicht verbogen – und das war ihr sehr wichtig!

Die Situation wurde noch gefährlicher, nachdem Hitler 1937 angekündigt hatte: «Wir werden von jetzt ab einen unerbittlichen Säuberungskrieg führen gegen die letzten Elemente unserer Kulturzersetzung.»[132]

Der Präsident der Reichskammer der bildenden Künste, Adolf Ziegler, war sodann durch alle deutschen Museen gereist, um aus deren Beständen Beispiele «entarteter Kunst» für die Ausstellung *Entartete Kunst* zusammen zu holen. Er sagte, «es hätten Eisenbahnzüge nicht gereicht, um die deutschen Museen von diesem Schund auszuräumen. Das wird noch zu geschehen haben, und zwar in aller Kürze.» Hitler hatte dafür vier Jahre Zeit gegeben – Ziegler (seit langem ein Freund Hitlers) schärfte diensteifrig noch nach: «Die Geduld ist nunmehr für all diejenigen zu Ende, die sich innerhalb der vier Jahre in die nationalsozialistische Aufbauarbeit nicht eingereiht haben.»[133] Gabriele wie auch die anderen Künstlerinnen und Künstler der Moderne mussten auf der Hut sein. Sie konnten jederzeit von Fanatikern als staatsfeindlich angezeigt, angeprangert und vernichtet werden. Ohne Eichners Vorsorglichkeit hätte sich Gabriele in ihrem Wahrheitsdrang wahrscheinlich exponiert und großen Gefahren ausgesetzt.

Gabriele hatte beim Besuch der Ausstellung *Entartete Kunst* ambivalente Gefühle. Einerseits war sie erleichtert, nicht als «Entartete» genannt worden zu sein, andererseits aber auch traurig, weil damit ihr Beitrag als

Pionierin der modernen Malerei nicht zu sehen war. Und damit wurde das Kernthema des «Mondknotens des Abgrundes» auf besondere Weise erlebbar, nämlich, dass ihr ganzes bisheriges Lebenswerk ausgelöscht werden könnte. Und das bedeutete, in ihrer geistigen Existenz vernichtet zu werden. Sie musste daher im Verborgenen wirken und darauf vertrauen, dass ihr Werk diese dunklen Zeiten überdauern werde.

Ihr Weise-Werden bezeugte die Zuversicht, dass sie das Schreckensregime überleben werde, wie sie schon 25 Jahre davor auch den großen Krieg überlebt hatte und sich darüber hinaus auch noch weiter entwickeln konnte. Der Zeithorizont war bei ihr um viele, viele Jahre weiter als bei den Mächtigen des «Tausendjährigen Reiches». Vielleicht vertraute sie auf einen Spruch Abraham Lincolns, den sie in den USA sehr verehrt hatte: «Man kann einige Leute die ganze Zeit, alle Leute einige Zeit aber nicht alle Leute die ganze Zeit für dumm verkaufen.»

(2) Partnerbeziehung und Freundschaften

Gabriele hatte aus der gescheiterten Partnerschaft mit Wassily Kandinsky gelernt, sich mit Johannes Eichner nicht mehr auf eine symbiotische Beziehung einzulassen. Da beide durch die Wohnsituation Murnau–Berlin oft längere Zeit räumlich getrennt lebten und über Briefe in Verbindung blieben, fand ihre Beziehung in der Korrespondenz einen beinahe lückenlosen Niederschlag. Als Gabriele eine Wohnung bzw. ein Haus in München und Umgebung suchte und Eichner ihre Vorschläge immer wieder radikal zerpflückte und verwarf, trieb die Beziehung zwischen beiden auf eine Krise zu. Je unsicherer Gabriele dadurch wurde, umso direktiver wurden Eichners Briefe aus Berlin, die zuletzt nur mehr kurz angebunden waren und aus Imperativen bestanden! Er machte Vorschriften, war rechthaberisch und nörgelte respektlos an allem herum, was Gabriele vorschlug.

Im März 1936 spitzte sich der Briefwechsel zwischen beiden extrem zu. Eichner schrieb in direkter Sprache, weil sie so starrköpfig sei, sich nicht helfen lasse und ihr Leben verpfusche, werde er sich zurückziehen. Sie antwortete darauf ebenso heftig und nannte die Dinge, die sie an seinem Verhalten störten, unumwunden beim Namen. Die Freundschaft stand vor einer Zerreißprobe. Doch plötzlich lenkte Eichner ein und schrieb, dass er doch bei ihr bleiben wolle. Darüber hinaus bot er nun an, dauerhaft zu ihr nach Murnau zu ziehen. Doch erst müsse das Haus ein wenig umgebaut und renoviert werden, wofür er die Kosten übernehmen wolle. Während des Umbaus solle sie in München bleiben und sich vom Ergebnis überraschen lassen. Darauf ließ sich Gabriele erleichtert ein.

Spannungen traten immer wieder auf, wenn sich seine «Ratschläge» auf das Malen bezogen und sehr direktiv wurden. Wenn er neben Gabriele saß, während sie ein Ölbild malte, gab er ungefragt ständig Anweisungen und machte Druck, dass sie eine Wolke korrigierte oder etwas sehr schwungvoll Gemaltes – wie sie es selbst nannte – «fein auspinseln» sollte, obwohl dies gegen ihr Empfinden war. Dennoch war solchen Bildern kein Verkaufserfolg beschieden; der einzige Nutzen war, dass die Künstlerin damit unauffällig blieb. Gabriele hatte gelernt, auf seine – wie er es nannte – «kunsttheoretisch strengen Prüfungen» verschieden zu reagieren: (1) Oft nahm sie diese nicht ernst, setzte sich spöttisch witzelnd über sie hinweg und malte doch so, wie es ihrem Bedürfnis entsprang. (2) Oder sie berücksichtigte seine Ratschläge und versuchte, das Beste daraus zu machen, ohne sich zu verbiegen – war aber doch nie mit dem Ergebnis zufrieden. (3) Oder sie fand seine anmaßend direktiven Anweisungen ausgesprochen irritierend und machte daraus kein Hehl – und versuchte, sie zu ignorieren, wodurch sie aber nicht mehr voll bei der Sache war. (4) Oder sie wurde so wütend, dass sie mit dem Malen aufhören musste oder manchmal ein fertiges Bild vernichtete. Und dennoch: Gabriele ertrug im Großen und Ganzen Eichners Kritik und Anweisungen, um das Zusammenleben nicht aufs Spiel zu setzen. Als die Beziehungskrise (im März 1936) im Briefwechsel so eskalierte, dass beide in Briefen ganz direkt die grundsätzliche Frage der Trennung aufwarfen, führte das durch Eichners Einlenken zur Entscheidung, beisammen zu bleiben. Gabriele hatte gelernt, nötigenfalls durch konfrontierendes Auftreten Klarheit herbeizuführen und dafür das Risiko der Trennung in Kauf zu nehmen. Das schaffte eine Basis für eine neue Partnerschaft von eigenständigen Individuen, wie auch eine Erfahrung der Gruppendynamik besagt: Nur wer allein leben kann, ist zu einer reifen Partnerschaft fähig. Die partnerschaftliche Beziehung wurde schließlich gefestigt, als beide im «Russenhaus» wohnten, nachdem es gemäß Eichners Ideen gründlich renoviert und umgebaut worden war.

Neben der Partnerbeziehung nutzte Gabriele die Gelegenheiten zu tieferen freundschaftlichen Kontakten. Wegen des allgegenwärtigen Spitzelwesens musste Gabriele allerdings sehr umsichtig sein und darauf achten, wem sie ihre wahren Gefühle und Gedanken anvertrauen konnte. Bei vertrauenswürdigen Menschen lebte sie auf, wie 1937 bei der Ausstellung in Stuttgart. Dort wurden alte Freundschaften erneuert, weil das gegenseitige Vertrauen in die Aufrichtigkeit der Freundin und des Freundes jeden für kurze Zeit aufatmen ließ.

Eine Besonderheit muss hier hervorgehoben werden: Es war ihr Einsatz für Kandinskys Frühwerk, indem sie seine Bilder, Skizzen, Aquarelle und Holzschnitte in einem verborgenen Raum im Keller versteckte und so vor der möglichen Zerstörung durch Nazi-Kulturbanausen und durch Bombardements im Krieg rettete. Trotz der tiefen seelischen Verwundungen, die ihr der *Mensch Wassily* zugefügt hatte und die sie aus eigener Kraft wieder hatte ausheilen können, blieb ihre Anerkennung für die Pionierleistungen des *Künstlers Kandinsky* ungebrochen. Darum fühlte sie sich der Kultur und Kunstwelt verpflichtet, seine Werke der Nachwelt zu erhalten. Auch das entspricht dem Bewusstsein und der uneigennützigen Haltung dieser Entwicklungsphase, die vom weiten geistigen Horizont der Jupiter-Phase und von den Saturn-Weisheitskräften inspiriert wurde.

(3) Gabriele Münters Welt- und Kunstverständnis

Das **Stillleben mit weißem Pferdchen** (1935), Abb. 3.33, war in der Zeit der zunehmenden Gesinnungsdiktatur ein subtiles Gedenken Gabrieles der wichtigen Phasen ihres Lebens: Ein Hinterglasbild mit St. Georg in einer blauen Farbwolke erinnerte an den Blauen Reiter, das weiße Dala-Pferdchen im Vordergrund war eine Reminiszenz an Schweden, Vögel und die Vase mit Blumen waren ein stilles Gedenken an die bittere Zeit nach dem Ersten Weltkrieg. In diesem Stillleben vereinen sich laut Hille[134] außerdem alle bisherigen Stilelemente, vom Expressionismus über bunte Vögel als Fauves-Motiv bis zur naiven Malerei in Murnau und in Schweden …: «Es entstand ein Werk von großer Homogenität und Harmonie, gemalt von einer Künstlerin, die sich der souveränen Beherrschung ihrer künstlerischen Mittel in jeder Hinsicht absolut sicher war.»[135] Das Bild ist

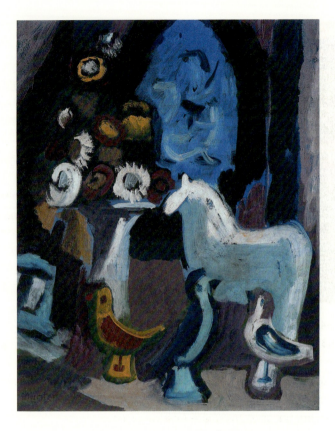

Abb. 3.33: Stillleben mit weißem Pferdchen (1935), Öl auf Leinwand, 46 x 38 cm

eigentlich eine verdichtete Manifestation der Synthese-Haltung in der Jupiter- und Saturn-Periode, wie unscheinbar es sich auch auf den ersten Blick präsentiert.

Trotz des Wandels im Umgang mit den Farben, mit Spachtel oder Pinsel, mit den Schneidewerkzeugen für Holz- oder Linolschnitte und mit der Radiernadel war immer deutlich zu sehen, dass Gabrieles besondere Stärke das Zeichnen und die Linie war. Sie beschrieb das selbst am Beispiel des Bildnis' Paul Klee, Abb. 3.8: Es war nach einer Skizze in einem Zug gemalt worden:[136] «Zunächst malte die Künstlerin mit schwarzer Farbe in raschem Pinselstrich die Umrisse der einzelnen Gegenstände auf den Bildträger und legte damit die Komposition fest. Erst danach kam die Farbe hinzu, dabei blieben die Konturen sichtbar und umschlossen die Figuren.

Abb. 3.34: Abend am Staffelsee/Der blaue See (1934), Öl auf Leinwand, 39,0 x 56,0 cm

Auf dieser zeichnerischen Grunddisposition basiert das gesamte Œuvre Gabriele Münters. Denn die Linie bildete ihr künstlerisches Fundament und war ihre unverwechselbare Ausdrucksform …»

Nach den Versuchen mit der Neuen Sachlichkeit wandte sich Gabriele von diesem als oberflächlich glatt, kalt und seelenlos empfundenen Stil schnell ab und lebte auf, als sie sich wieder in eine starke Emotionalität steigerte und ganz ihrem Gefühl nachgab – denn sie hatte öfters geäußert, dass sie es nötig habe, in «Wut» zu geraten. So entstanden die kraftstrotzenden, expressionistischen Landschaftsbilder, wie schon 1931 **Weg zur Fürstalm,** dann beispielsweise **Abend am Staffelsee** (1934), Abb. 3.34, **Schwaiganger Brand** (1935), **Dorf mit grauer Wolke** (1939). Und als sich Gabriele immer mehr beim Malen ins Haus zurückziehen musste, schuf sie die farbfrohen Stillleben **Zinnien und weiße Begonie** (1934), **Frühstück der Vögel** (1934), Abb. 3.35, **Puppe, Katze, Kind** (1937), **Tigerlilie in Landschaft** (1939), um nur einige Hauptwerke zu nennen. Es ist unverkennbar, wie sie in diesen Werken die unter der politischen Stimmung unterdrückten Gefühle immer wieder befreien konnte.

Abb. 3.35: Frühstück der Vögel (1934), Öl auf Pappe, 45,5 x 55 cm

Es ist für mich so, wie wenn sie sich damit selbst beweisen musste, dass die kräftige, ausdrucksstarke Gabriele Münter noch stets ungebrochen in ihr lebte. Und mittels ihrer Kunst konnte sie aus dem mentalen Gefängnis der Nazi-Tyrannei ausbrechen. Vielleicht hätte sie ansonsten geistig-seelisch gar nicht überlebt?

Das Kunstverständnis dieses Lebensabschnitts will ich charakterisieren als eine Verdichtung und Intensivierung ihrer in der Lebensmitte gewonnenen Haltung und Malweise, die immer danach gestrebt hat, mit der Form dem Sujet und der damit verbundenen Empfindung gerecht zu werden. Was äußerlich als Stil-Mischung erscheint, ist Ausdruck der *inneren und äußeren Stimmigkeit* – und somit authentisch. Sie wusste, was sie konnte und beherrschte ihr Fach so, dass sie damit spielen konnte, je nach den Erfordernissen der Situation und der inneren Befindlichkeit. Gabriele Münter war auf der Höhe ihres Könnens angekommen, auch wenn es vor der Öffentlichkeit noch verborgen bleiben musste.

15.10 Das 10. Jahrsiebt von 1940 bis 1947 (63 bis 70): Blumen in der Nacht

In den dunklen Kriegsjahren wollte Gabriele jede öffentliche Aufmerksamkeit vermeiden. Erst nach dem Krieg konnten Johannes Eichner und sie wieder aufleben.

Es erwies sich mit Beginn des Krieges, nach dem «Polenfeldzug» und der Ausweitung des Krieges auf andere Länder als glückliche Fügung, dass das Russenhaus winterfest gemacht worden war und beiden ein sicheres Heim bot. Mit Obst, Gemüse und Tee aus dem eigenen Garten konnten sie zumindest die ärgsten Hungerperioden durchstehen. Doch die Kontakte mit anderen Menschen kamen beinahe ganz zum Erliegen.

Wenn Gabriele malte, dann tat sie es zumeist in der Nacht und bei Kunstlicht, so wie beispielsweise das Ölbild **Blumen in der Nacht** (1941) entstanden war. Aber die Produktion war jetzt insgesamt gering.

Im Juni 1942 kam etwas Abwechslung in das eintönige und isolierte Leben. Gabriele konnte auf Schloss Elmau wiederum kurz in die Atmosphäre dieses Ortes eintauchen und Kraft schöpfen. Es gelang ihr allerdings nicht, von anwesenden Gästen Porträtaufträge zu erhalten.

Doch dann wurden überraschenderweise alle Künstler des Bezirks zur Kunstausstellung des *Weilheimer Kreistages der NSDAP* eingeladen. Für Gabriele und Johannes Eichner war es klar, dass Gabriele eine Teilnahme nicht verweigern konnte, da sie sonst von der Zuteilung der Malmittel ausgeschlossen worden wäre. Das war die mildeste Form, über Malerinnen und Maler Kontrolle auszuüben, die bei sonstigen Unbotmäßigkeiten zum Ausschluss aus der Reichskulturkammer geführt hätte. Deshalb schickte Gabriele zwei Bilder, u.a. **Ernte in Oberbayern** (1942), denn das könnte vom Sujet her der so geschätzten Volksnähe entsprechen, und außerdem hatte sie das Bild bereits vor der Einladung zur Ausstellung gemalt.

Während in Murnau von militärischen Handlungen vorerst nichts zu merken war, wurde die Situation für München sehr bedrohlich, da die englische Luftwaffe 1942 angekündigt hatte, dass München als «Stadt der

Volkserhebung» dem Erdboden gleichgemacht werden sollte. Bei einem Bombardement waren einige Bilder Gabrieles in München verbrannt. Deshalb schrieb Gabriele an ihre Freundin Flora Scherer in München: «Haben Sie ihre kleine Kunstsammlung aus der Stadt geschafft? Bitte, vergessen Sie dann nicht mein Blatt mit der Struwweldahlie.»

In Murnau wurde an Eichner (damals 56 Jahre alt) offiziell das Amt eines Luftschutz-Untergruppenführers übertragen. Er musste die Schutzmasken und Geräte und die Verdunklungsmaßnahmen kontrollieren. Dass er dies – seinem Charakter entsprechend – pedantisch genau tat, war zum Wohl der Bewohnerinnen und Bewohner Murnaus.

1943 begannen systematische Fliegerangriffe auf München, auf Bahnhöfe, Gleisanlagen und Eisenbahnzüge – was auch für Murnau gefährlich werden konnte, da die Bahnstrecke München–Garmisch Partenkirchen nahe am Russenhaus vorbeiführte. Tiefflieger griffen mutwillig auch Zivilpersonen an, die sich zur Arbeit auf Feldern befanden oder im Freien Wäsche zum Trocknen aufhingen und vieles mehr. Nachts gab die sorgfältigste Verdunkelung beim Malen noch ein Gefühl von Sicherheit.

In diesem Jahr kamen die ersten Ausgebombten aus München auch nach Murnau. Die Behörden suchten in jedem Haus nach freien Räumen, fanden aber im Russenhaus den geschickt verborgenen Kellerraum nicht. Oft bangte Gabriele um den Kunstschatz, den sie im Haus versteckt hielt. Auch Gabriele und Eichner mussten eine Frau, die in München ausquartiert worden war, im Haus aufnehmen, überließen ihr das Erdgeschoss und bewohnten gemeinsam nur das Obergeschoss.

Im Garten hatte Gabriele außer diversen Kohlarten viel Mais und Zuckerrüben angebaut, was sie über die Runden brachte; aber dennoch litten sie wie alle Menschen Hunger. Deshalb schrieb Gabriele Bittbriefe an Freunde auf dem Land – denn sie machte sich am meisten Sorgen um Eichner, der unterernährt und matt war und weniger als 45 kg wog.

Die Notlage und ständige Bedrohung brachte Gabriele und Johannes Eichner einander näher. Er konnte – entgegen seiner Art – immer mehr seine Zuneigung zu Gabriele zeigen, indem er kleine Gedichte zu ihren Bildern machte und ihr diese beim Malen zuschob. Gabriele freuten diese Zeichen sehr, und das war wiederum für Eichners dichterischen Versuche eine Anerkennung, die er bisher noch von niemandem erhalten hatte.

Im Frühling 1945 mehrten sich die Zeichen der Niederlage Hitler-

Deutschlands. Im April 1945 kamen Soldaten der deutschen Armee auf ihrem Rückzug durch Murnau, denen der Bürgermeister mit einer weißen Fahne zum Zeichen der Kapitulation mutig entgegenging – denn manchmal wurden solche Menschen von fanatischen Nazis hinterrücks erschossen. Am 29. April rückten die US-Panzer auf und der Bürgermeister von Murnau übergab den Ort, entgegen den Endkampfbefehlen der Heeresleitung, kampflos. Sofort mussten alleinstehende Häuser für die US-Soldaten geräumt werden. Dazu wurden der Bevölkerung fünfzehn Minuten Zeit gegeben, wichtige Sachen einzupacken und mitzunehmen. Das Russenhaus blieb davon vorerst verschont.

Soldaten durchsuchten viermal das Russenhaus von unten bis oben, konnten aber den heimlichen Kellerraum nicht finden und zogen aus Respekt vor der 68-jährigen weißhaarigen, halb verhungerten Dame wieder ab. Gabriele suchte danach die Kommandanten auf, sprach natürlich fließend englisch-amerikanisch mit ihnen und hatte ein bekanntes amerikanisches Kunstbuch mit, in dem sie mit dem Blauen Reiter erwähnt worden war – und das half bei allen Offizieren, die zu ihrem Erstaunen sogar ihren Namen als Künstlerin kannten! In kurzer Zeit erreichte sie, dass auf ihr Haus ein Anschlag «Off limits» geklebt wurde, womit jeder Zugriff ausgeschlossen war, auch von Besatzern. Damit konnte sie endlich ohne Ängste um die versteckten Kunstwerke leben. Dennoch hielt sie den Bilderschatz auch nach 1945 noch länger streng geheim, selbst dann, als bereits eine Wiederbesinnung auf die Kunst vor der Nazi-Zeit begonnen hatte.

Gabrieles Zuversicht in ein gutes Ende dieser Epoche der ärgsten Bedrängnis war nie erschüttert worden und hatte ihr die Kraft gegeben, ihrer Mission bis ins hohe Alter treu zu bleiben.

Die Kriegsjahre stellten für alle Menschen in den betroffenen Ländern die größten Herausforderungen ihres Lebens dar. Erst nach und nach wurden die wahren Dimensionen dieses Krieges, mit den Millionen Opfern in den KZs und an den Fronten aller kriegführenden Parteien überschaubar, und es wurden die Verbrechen des Schreckensregimes bekannt: Die systematische Ermordung von Millionen Juden, Romas und Sintis, die Tötung von Tausenden mit körperlichen und geistigen Behinderungen, von Menschen mit nicht tolerierten sexuellen Orientierungen, von Vertreterinnen und Vertretern politischer oder religiöser Überzeugungen, die sich dem Gesinnungsdiktat nicht unterwarfen. Diese Gräueltaten waren für sensible, bewusste und über das Zeitgeschehen gut informierte Menschen wie Gabriele Münter zu spüren und wirkten sich auf ihre Stimmungslage und Schaffenskraft aus.

Das zehnte Jahrsiebt Gabrieles aus entwicklungspsychologischer Sicht

Jahr	Alter	Ereignis	**zehntes Jahrsiebt**	Bilder
1941	64	lebt mit Eichner zurückgezogen in Murnau, kann Blumenbilder verkaufen, gegen Essen eintauschen. Jawlensky stirbt in Wiesbaden		*Blumen in der Nacht*
1942	65	Murnau, kurzer Aufenthalt Schloss Elmau. Beteiligt an der Kunstausstellung des Weilheimer Kreistags der NSDAP, Eichner für Luftschutz tätig		*Frühling im Gebirge* *Ernte in Oberbayern*
1943	66	Murnau. Münchner Ausgebombte in Murnau einquartiert, auch im «Russenhaus». Hunger		*Schneelast*
1944	67	Murnau. Bittbriefe um Nahrung an Freunde auf dem Land. Am 13. Dez. stirbt WK in Neuilly-sur-Seine		
1945	68	Murnau ergibt sich kampflos. US-Soldaten durchsuchen Haus. GM erreicht Schutz, Bilder vor Besatzungsmacht verborgen		
1946	69	Murnau		*Blick auf Murnau*
1947	70	Murnau. Germanisches Nationalmuseum Bereitet Ausstellung *Der Blaue Reiter* vor. Bücher über GM geplant		

Der grauenhafte Spuk des «Tausendjährigen Reiches» dauerte noch bis in den Mai 1945, danach konnte aus den Trümmern langsam wieder neues Leben aufkeimen.

(1) Selbstfindung und Entwicklung der Persönlichkeit

Gabriele lebte in diesen Jahren sehr zurückgezogen, um den Spitzeln und der NS-Parteiführung nicht aufzufallen. Aber sie hatte auch zu einer wahrhaftigen Bescheidenheit gefunden, sodass die Dorfbevölkerung mitleidig von «dem armen Hascherl, das immer so dankbar den Gruß erwidert»[137] sprach. Dass sie im *Haus der Deutschen Kunst* als Pionierin der Moderne nicht einmal erwähnt worden war, hatte sie anfangs zwar geschmerzt, aber sie wusste selbst um ihre Bedeutung und war nicht mehr auf Anerkennung durch die Außenwelt angewiesen. Umso mehr war sie überrascht, dass den US-Offizieren ihr Name und ihre Bedeutung als Malerin bekannt war. Und das konnte sie weidlich zum Schutz der verborgenen Kunstschätze im Keller ausnutzen.

In ihrer Verantwortung zur Rettung der Kunstwerke des Blauen Reiters und von Kandinskys Frühwerk war sie ein hohes Risiko eingegangen. Wäre das im Kellerraum versteckte Gut den Nazis in die Hände gefallen, dann hätte das für sie und für Eichner persönlich fatale Folgen gehabt, da die Fanatiker mit solchen Menschen nicht zimperlich umgingen. Und wahrscheinlich wäre der Kunstschatz für die Nachwelt verloren gegangen – es sei denn, dass Teile daraus zur Beschaffung von Devisen ins Ausland teuer verkauft worden wären.

Deswegen musste sie bis zum Kriegsende oftmals Ängste ausstehen, selbst noch im April 1945, als ihr die US-Besatzer bei der Hausdurchsuchung die Pistolen an die Brust setzten.

Aber sie ließ sich nicht einschüchtern. Zu stark war ihr Wille zur Rettung dieser Kunstwerke, die eine besonders schöpferische Phase der Kunst und ihres eigenen Lebens repräsentierten.

(2) Paarbeziehung und Freundschaften

Die Freundschaften beschränkten sich in diesen gefährlichen Zeiten auf einige Freundinnen in München und die Malerin Lena Gierl, die in Murnau wohnte und zum Malnachmittag ins Russenhaus kam. Gabrieles Haltung und Überzeugung waren ihr bekannt, aber sie behielt dieses Wissen die ganze Zeit für sich.

Gabriele erfuhr erst nach Kriegsende, dass Jawlensky 1941 in Wiesbaden und Kandinskys 1944 in Frankreich gestorben war. Marianne von Werefkin war von Jawlensky auf ähnliche Art verlassen worden wie seinerzeit Gabriele von Wassily. Jawlensky hatte, nach einer Affäre mit einer 25 Jahre jüngeren Malerin, schließlich Werefkins Dienstmädchen, die Mutter seines Sohns Andreas, geheiratet und nur eine lapidare Mitteilung darüber an Marianne von Werefkin geschickt.

Gabriele hatte aus ihren Erfahrungen mit Kandinsky die Lehre gezogen, dass eine gute Partnerschaft vom anderen nichts fordern könne. Was immer der Partner an Wertschätzung äußerte, war ein Geschenk, das dankbar angenommen wurde. Die Not hatte Gabriele und Johannes Eichner mehr und mehr zusammengebracht. Eichner gewann immer mehr Respekt vor dem Werk seiner Partnerin und unterließ mit der Zeit seine Kritik und Ratschläge, da es auf die Gefälligkeit der unverkäuflichen Bilder doch nicht mehr ankam. In seinen kleinen Gedichten, die er «Bilder in Worten» nannte, drückte er aus, was er als den tieferen Sinn des betreffenden Bildes verstanden hatte. Er hatte neben den Gedichten auch Aphorismen zu Philosophen und Künstlern geschrieben, die er in Reinschrift und in gebundener Form Gabriele zum 67. Geburtstag schenkte. Gabriele war davon sehr berührt, und vielleicht hatte sie zum ersten Mal das Empfinden, von ihrem Partner richtig verstanden und geschätzt zu werden. Überhaupt galt wegen der prekären Ernährungslage Gabrieles Sorge mehr ihrem Partner als ihrer eigenen Befindlichkeit.

Die Zeit nach Ende des Krieges zeigte, wie sehr beide in der Partnerschaft gereift waren.

(3) Gabriele Münters Welt- und Kunstverständnis

Die künstlerische Produktion war durch die einschränkenden Umstände sehr gering. Bei allen wohlmeinenden Ratschlägen Eichners ließ sich Gabriele nicht davon abbringen, so wie sie sagte, «zu malen wie mir der Pinsel gewachsen ist!»[138] Sie malte souverän, einmal eine Landschaft mit schwarz konturierten großen Farbflächen, dann wieder Blumen und Stillleben in heimeliger, manchmal mystisch anmutender Atmosphäre. Als Malerin war sie auf der Höhe ihrer Kunst und konnte über ihre Talente verfügen, wie es der Gegenstand erforderte. Sie hatte nach dem kurzen Ausflug in die *Neue Sachlichkeit* jeder Manieriertheit abgeschworen, und wie im Leben und in der Partnerschaft war für sie Wahrhaftigkeit das oberste Prinzip.

15.11 Das 11. Jahrsiebt von 1947 bis 1954 (von 70 bis 77): Späte Ernte

Schon kurze Zeit nach den Jahren der Nazi-Herrschaft und des Krieges wurde in diesem Jahrsiebt die bahnbrechende Leistung des Blauen Reiters und Gabriele Münters in zahlreichen Ausstellungen in vielen Städten Deutschlands der Öffentlichkeit wieder zugänglich gemacht und gewürdigt. Das stimulierte Gabriele wieder zum Malen, wobei sie die dadurch entstandene Nachfrage nur schwer befriedigen konnte.

1948 hatte Gabriele in Mainz fünf und in Köln drei Gemälde ausgestellt, die von der Presse als Wiederentdeckung gefeiert wurden.

1949 wurde die Gedächtnis-Ausstellung *Der Blaue Reiter in München* im Haus der Kunst durchgeführt, wo zwar nur neun Bilder von Gabriele Münter zu sehen waren, aber 41 von Kandinsky, 49 von Klee, 22 von Kubin, 51 von Macke und 48 von Marc. Auch wenn Gabriele darin unterrepräsentiert war, so freute sie sich sehr über die Anerkennung für den Blauen Reiter, der ja ganz wesentlich durch ihren Einsatz zustande gekommen war. Es ging ihr nicht um Eitelkeit, sondern sie war zufrieden, dass sie damit wieder aus dem Verborgenen ans Licht getreten war. Gabriele war als Zeitzeugin zur Vorbereitung und Gestaltung in das Ehrenkomitee der Gedächtnis-Ausstellung berufen worden.

Zur Vernissage war Nina Kandinsky als Ehrengast geladen. Die Begegnung mit Gabriele verlief frostig distanziert, und beim gemeinsamen Festmahl wurde Johannes Eichner zwischen Nina und Gabriele gesetzt. Hingegen erlebte Gabriele das Wiedersehen mit den früheren Freundinnen Elisabeth Macke und Maria Marc und dem Phalanx-Lehrer Wilhelm Hüsgen als sehr berührend.

Ab Juli 1949 bereitete Eichner eine große Wanderausstellung *Gabriele Münter, Werke aus fünf Jahrzehnten* vor, mit 60 Gemälden und 40 Zeichnungen. Sie begann in Braunschweig, zog dann durch 22 Städte und endete 1953 im Heimatmuseum Herford. Den dabei geernteten Ruhm teilte sie mit Eichner.

Vor allem mit der Wanderausstellung stieg die Nachfrage von Privaten, Museen und Kunstvereinen nach ihren Bildern so stark an, dass sie darüber klagte, wegen der vielen Antwortschreiben kaum mehr zum Malen zu kommen. In dieser Zeit entstand **Heiteres Blumenbild** (1949), bei dem ihr

Abb. 3.36: Kahl (1949), Öl auf Leinwand, 49 x 56 cm

gestärktes Selbstbewusstsein sichtbar Pate gestanden hatte. Mit dem Ölbild **Kahl** (1949), Abb. 3.36, griff sie eine ihrer alten Malweisen mit einer relativ geometrischen Komposition auf. Und als sich die Hamburger Kunsthalle mit dem Vorschlag einer Kollektivausstellung an Gabriele wandte, stellte sie – sich ihrer Bedeutung gewiss – Bedingungen bezüglich der erforderlichen Fläche und Platzierung und wünschte eine Einzelausstellung.

Der Ausstellungsreigen fand 1950 mit der 25. Biennale in Venedig eine würdige Fortsetzung. Dort wurden drei Gemälde Gabrieles ausgestellt. Sie fuhr mit Eichner nach Venedig und besuchte dort Peggy Guggenheim in ihrem Palazzo.

Die von Eichner vorbereitete Ausstellung *Gabriele Münter, Werke aus fünf Jahrzehnten* wanderte ab 1951 durch Bremen, Hannover, Frankfurt und Bochum. In Düsseldorf fand eine Ausstellung *Das Menschenbild unserer Zeit* mit Werken Münters statt.

Auf diese Serie beglückender Ereignisse folgten zwei persönliche Rückschläge.

Anfang 1951 hatte Eichner einen Unfall und musste mehrere Wochen im Bett verpflegt werden. Und im April stolperte Gabriele in der Dämmerung, stürzte und schlug so unglücklich mit dem Kopf auf dem Steinboden auf, dass sie danach vorübergehend unter Lähmungserscheinungen und Gleichgewichtsstörungen litt. Danach war sie bei bestimmten Bewegungen etwas eingeschränkt und konnte ohne fremde Hilfe ihren Kopf nicht zur Seite wenden. Ab dann malte sie nur noch im Sitzen, ließ sich aber die Lust am Malen dadurch nicht im Geringsten nehmen. Sie ernährte sich weiterhin viel mit Rohkost, hielt sich an die Naturheilkunde und machte regelmäßig Eurythmie-Übungen, die sie auf Schloss Elmau schätzen gelernt hatte. Wegen der großen Nachfrage nach ihren Blumenstillleben, wie das Ölbild **Gelbe Blüten** (1951), malte sie oft Blumen, und zu ihrem eigenen Vergnügen zwischendurch auch abstrakte Studien. Das **Stillleben vor dem gelben Haus** (1953), Abb. 3.37, ist charakteristisch für die Situation der Bewegungseinschränkung, in die sie durch den Sturz geraten war: Sie sitzt am Fenster und richtet ihren Blick auf die nahe häusliche Innenwelt und wendet ihr Interesse gleichzeitig der Welt zu – ein Zeichen der Reife «am Fensterplatz des Alterns».

Im Jahr 1952 zog die große, von Eichner gestaltete Wanderausstellung weiter durch Oberhausen, Münster, München, Gießen und Bielefeld. Der von Johannes Eichner verfasste Katalog hob Münters Leistung besonders hervor. Gabriele erhielt zu ihrem 75. Geburtstag hundert Briefe und Telegramme, darunter auch von Alfred Kubin, dem Kampfgefährten des Blauen Reiters. Diese Briefe und Telegramme zu organisieren war das Werk Eichners, der ihr diese in einem Band gesammelt überreichte.

In dem Jahr entstand das Ölbild **Landschaft mit blauem Berg** (1952), in dem sich ein kleines weißes Haus gegen den rechten Rand des Bildes in die mit klaren Formen und kräftigen Farben gemalte Abendstimmung schmiegt.

Die Reihe von Ausstellungen mit ihren Werken ging weiter. Eine besondere Genugtuung erfuhr Gabriele, als eine Ausstellung ihrer Bilder in dem NS-Amtsgebäude stattfand, in dem der Gauleiter amtiert hatte, der in der Ausstellung ihre Bilder hatte abhängen lassen. Georg Friedrich Hartlaub gab den Band *Menschenbilder in Zeichnungen* heraus, für den Gabriele mit

Abb. 3.37: Stilleben vor dem gelben Haus (1953), Öl auf Leinwand 46,5 x 54,5 cm

Eichners Hilfe einen Essay geschrieben hatte: *Gabriele Münter über sich selbst.* Im Laufe von 1953 wurde die Ausstellung *Gabriele Münter, Werke in fünf Jahrzehnten* in Hagen, Leverkusen, Münster, Wuppertal und zuletzt in Herford gezeigt. In München war Gabriele an der Jubiläumsausstellung des Münchner Kunstvereins beteiligt. In Heidelberg wurden 1954 in der Ausstellung *Vier Malerinnen* Gabrieles Bilder neben denen von Ida Kerkovius, Ursula Ludwig-Krebs und Greta Haller ausgestellt. Die Galerie Stangl in München brachte zahlreiche abstrakte Improvisationen von Gabriele Münter, denen bei Stangl kurze Zeit später die Ausstellung *Kandinsky, Marc, Münter – Unbekannte Werke* folgte, die großes Aufsehen erregte.

Das elfte Jahrsiebt Gabrieles aus entwicklungspsychologischer Sicht

Die Übersicht erinnert an die wichtigsten Ereignisse und Werke dieses Jahrsiebts:

Jahr	Alter	Ereignis elftes Jahrsiebt	Bilder
1948	71	Murnau	
1949	72	München: Ausstellung *Der Blaue Reiter* mit Jawlensky, Kandinsky, Klee, Kubin, Macke, Marc, GM malt und verkauft viel	*Heiteres Blumenbild* *Kahl*
1950	73	Eichner organisiert Wanderausstellung, nimmt an Biennale Venedig mit 3 Gemälden teil. GM und Eichner in Venedig.	*Blumen mit Ostereiern*
1951	74	Zahlreiche Ausstellungen – Anerkennung! Oktober: GM stolpert, fällt, seitdem Gleichgewichtsstörungen, malt nur sitzend.	*Gelbe Blüten*
		4. Mondknoten	
1952	75	Anerkennung! 100 Briefe und Telegramme zu GMs 75. Geburtstag, mehrere Ausstellungen – u.a. im NS-Verwaltungsgebäude des ehemaligen Gauleiters Wagner	*Landschaft mit blauem Berg* *Abstrakte Studien*
1953	76	Ausstellungen – Anerkennung! *Viele* positive Kritiken	*Stillleben Madonnenfigürchen*
1954	77	Ausstellung *Redaktion Der Blaue Reiter*, und *Abstrakte Improvisationen*	*Murnau im Schnee*

Bei der entwicklungspsychologischen Betrachtung dieses Jahrsiebts gehe ich nicht mehr nach der bisher von mir praktizierten Differenzierung vor und verbinde die verschiedenen Gesichtspunkte zu einem Gesamtbild.

Die vielen Ausstellungen und die damit verbundene Würdigung der Person Gabriele Münter und ihres Werkes gaben der siebzigjährigen Frau persönlichen und frischen künstlerischen Auftrieb. Sie hatte wieder unbändige Lust zum Malen der Landschaft um den Staffelsee und erfüllte mit den Blumenbildern – gleichsam in Serie gemalt – gerne die Wünsche des kauflustigen Publikums, das auch aufzuatmen schien, nachdem die erstickende Last der Tyrannei abgefallen war. Neben den Landschaftsbildern nach alten Skizzen und den Blumenstilllleben, für die Eichner unermüdlich neue Blumen aus dem Garten holte und ihr hinstellte, schuf Gabriele zwischendurch abstrakte Kompositionen – nur zu ihrem eigenen Vergnügen, wie sie schrieb.[139]

Gabriele befand sich nun in einem Alter, in dem Menschen oft auf ihr Leben zurückblicken, in Fotoalben blätternd Erinnerungen auffrischen und anderen ihre Geschichten erzählen. Von ihrer bisherigen Entwicklung hängt es nun ab, ob sie dabei mit ihrem Leben hadern und mit bestimmten Menschen weiterhin noch im Unfrieden leben, weil sie ihnen manches nicht verzeihen können, oder ob sie sich in Altersweisheit auch an Erlebnisse erinnern können, die sie einmal als verletzend erlebt haben und von denen sie sich jetzt lösen können, um sich und die anderen Menschen innerlich wieder in Freiheit zu entlassen. Durch die Ausstellungen und Begleittexte, in denen fünf Jahrzehnte ihres Schaffens im Zusammenwirken mit den ihr ganz nahen Künstlerkollegen vorgestellt wurden, hielt Gabriele eigentlich von Mal zu Mal Rückschau. Dabei wurden viele Erlebnisse immer distanzierter angeschaut – und im Sinne der Bewusstseinsseelen-Haltung auch so, dass sich Gabriele selbst von außen sehen konnte. Aus der verbitterten Anklägerin war eine Frau geworden, die verständnisvoll und milde zu urteilen vermochte und verzeihen konnte. Denn dass sie Vergnügen daran empfand, sich zwischendurch an abstrakten Kompositionen zu versuchen, wie seinerzeit mit Wassily Kandinsky in jugendlicher Experimentierlaune, diese Tatsache bezeugt für mich unmissverständlich, dass sie sich mit Kandinsky innerlich völlig ausgesöhnt hatte und nun ohne Ressentiments so malen konnte, wie dies Kandinskys größtes, sehnsüchtiges Suchen war.

In einem Brief vom 12. März 1949 an Carl Palme in Stockholm schrieb sie über Kandinsky: «Nach seiner Rückreise damals aus Stockholm blieb er in Rußland, schwieg und verheiratete sich mit einer Russin. Damit verletzte er seine oft, noch in Stockholm ausgesprochene Überzeugung und seinen Grundsatz, daß unsere Ehe untrennbar u. durch Gewissen fester begründet sei als durch amtliche Urkunden. Für mich war seine Untreue gegen sich u. mich unausdenkbar u. ein schwerer Schlag. Dies Trübe in seiner Person hat aber meine Erinnerung an den großen Künstler nicht getrübt.»[140]

Gabriele hatte sich als Frucht ihrer Altersreifung zur Haltung des Verzeihens und der Versöhnung durchgerungen, die nach Andreas Kruse[141] für das hohe Alter ein wichtiger Entwicklungsgewinn sein kann.

Nur gegenüber Kandinskys Frau Nina, der sie 1949 bei der Vernissage zum Blauen Reiter zum ersten Mal persönlich begegnete, musste sie erst noch eine Haltung der Gelassenheit und des Verzeihens finden.

Es ist sonderbar und für mich sehr berührend, dass Gabriele durch einen unglücklichen Sturz für den Rest ihres Lebens Gleichgewichtsstörungen hatte und dadurch nur noch auf dem Stuhl sitzend malen konnte. Dies geschah kurze Zeit nach Johannes Eichners Unfall, der ihn für einige Wochen ans Bett fesselte – und Gabriele war gerade in ihrem *4. Mondknoten*. Wie ich in Kap. 7 ausgeführt habe, findet mit jedem Mondknoten eine neue Geburt im seelisch-geistigen Sinn statt. Um in eine neue, selbst gewählte Zukunft eintreten zu können, muss etwas abgelegt bzw. zurückgelassen werden, das bisher Geborgenheit gegeben hat.

Für den 4. Mondknoten belegen die von Florian Roder[142] näher ausgeführten Beispiele, dass Menschen mit dem 74. Lebensjahr neue geistige Jugendkräfte erhalten, die sie zu besonderen wissenschaftlichen oder künstlerischen Leistungen befähigen. Goethe verliebte sich mit 74 Jahren in Marienbad in die neunzehnjährige Ulrike von Levetzow und ließ sogar den Herzog in seinem Namen um ihre Hand anhalten; als er abgewiesen wurde, floss die für ihn außergewöhnlich schmerzliche Erfahrung in die *Marienbader Elegien* ein, mit denen er als Dichter besondere Höhen seiner Kunst erreichte. Den Schmerz des Abgewiesen-Seins transformierte er in ein tief bewegendes Gedicht. Dadurch fiel er nicht als der bitter Enttäuschte in die Adoleszenz zurück, sondern verwandelte die neuen Jugendkräfte in weisheitsvolle Liebe, so dass die menschliche Erotik mit göttlicher Liebe verbunden und erhöht wurde.

Bei Gabriele waren schon vor dem fatalen Sturz neue jugendliche Schaffenskräfte zum Durchbruch gekommen, die sich trotz der Bewegungseinschränkung in äußerlichem Tun doch gewinnbringend ausleben konnten. Da sich durch viele Ausstellungen der Erfolg überraschend schnell einstellte, verführte er zu schnellem und auch oberflächlichem Tun, indem Gabriele die einmal gefundene «Erfolgsformel» immer wieder mit kleinen Variationen anwandte. Gabriele malte ihre Blumenbilder viel schneller als früher und begnügte sich oft mit einer Ausführung, die ihren eigenen Maßstäben nicht ganz entsprach. Aber es wurde so bestellt und gekauft.

Jetzt begünstigte das Malen beim Sitzen inneres Stillhalten und förderte besinnliches Verweilen und Abwägen, ob das Werk nach eigenem Ermessen wirklich authentisch sei. Eichners kleine Bilder-Gedichte trugen ebenfalls zur Verinnerlichung bei, weil sie auf ihre Art das Wesen der Bild-Botschaft zu erfassen versuchten. Und da sich jeder vom Partner bzw. von der Partnerin gut verstanden und bestätigt fühlte, wurde das Band zwischen beiden verstärkt. – So paradox das sicher klingen mag, wurde damit deutlich, dass durch die Behinderung neue Fähigkeiten geweckt wurden, die vorher so noch nicht in Erscheinung getreten waren. Und Paradoxien dieser Art sind kennzeichnend für eine gute Krisenbewältigung: Was zuerst als verhängnisvoller Schicksalsschlag erschien und abgewiesen worden war, wurde später als Herausforderung angenommen und mit einer positiven Haltung beantwortet. So wurden neue Kräfte geweckt, die bisher noch nicht aktiviert worden waren und offensichtlich eines äußeren Anstoßes bedurft hatten. Nach Florian Roder[143] bietet sich mit dem 4. Mondknoten die Gelegenheit, das weitere Leben viel direkter aus dem Höheren Selbst heraus zu gestalten.

Durch die konkreten und präzisen Methoden der Karma-Forschung, wie sie Rudolf Steiner[144] in den Vorträgen von 1912 (und später von 1924) vermittelt hat, können Menschen sogar zur Erkenntnis gelangen, dass sie eines Schicksalsschlag bedurft haben, um sich für das Höhere Selbst zu öffnen. – Bei Gabriele werden wir im zwölften Jahrsiebt sehen, welche besonderen Entscheidungen sie nach dem 4. Mondknoten getroffen hat, mit denen sie in ihrer seelisch-geistigen Reifung noch weiter voranschritt.

15.12 Das 12. Jahrsiebt und Todesjahr von 1954 bis 1962 (77 bis 85):
Bewusstsein an der Schwelle

Ein Foto aus dem Jahr 1955 zeigt Johannes Eichner und Gabriele Münter einander an der Hand haltend – ein Bild des Eingeständnisses ihrer Nähe und ein Zeichen dafür, dass beide füreinander sorgten. Der Unfall Eichners und Gabrieles Sturz kurz danach im Jahr 1951 hatten die beiden einander durch die gegenseitige Pflege noch näher gebracht. Im Lauf der Jahre hatte Eichner Gefallen gefunden am Zusammenleben, nachdem er sein Leben die längste Zeit allein geführt hatte und anfangs zurückhaltend war. Während der Zeit der Nazi-Diktatur hatte er vieles zum Schutz beider unternommen, und nach dem Krieg setzte er sich unermüdlich für die Anerkennung des Blauen Reiters und der Rolle Gabriele Münters darin ein. Er ergriff Initiativen zu Ausstellungen, arbeitete an deren Vorbereitung mit und schrieb Katalogtexte. Dank seiner Mitarbeit kam die Ausstellung der Galerie Stangl *Kandinsky.Marc.Münter* zustande und wanderte anschließend weiter nach Essen, Köln, Frankfurt und Bremen. Auch in Witten und Berlin erhielt Gabriele eine umfangreiche Ausstellung. Im Sommer war Gabriele auf der *1. documenta in Kassel* mit zwei Bildern vertreten, mit denen eine Brücke geschlagen wurde zwischen der Kunst vor der Nazi-Herrschaft und der Gegenwartskunst der Nachkriegszeit.

In diesem Jahr bahnte sich noch ein sehr wichtiger Kontakt an: Der Hauptkonservator der Bayerischen Staatsgemäldesammlung, Hans Konrad Roethel, war auf ihren Bilderbesitz (Kandinsky, Blauer Reiter) aufmerksam geworden und besuchte sie in Murnau. Es begannen Gespräche, wie dieser Kunstschatz der Allgemeinheit zugänglich gemacht werden könnte.

Anfang 1956 erhielt Gabriele, 79 Jahre alt, den *Kunstpreis der Stadt München für Malerei*, der mit 3.000 Mark dotiert war. Im Juli kam Will Grohmann, der mit einer Monografie über die Malerin beschäftigt war, nach Murnau um viele Informationen von ihr direkt zu erhalten.

Am 19. Februar 1957 schenkte Gabriele anlässlich ihres 80. Geburtstages den kompletten künstlerischen Nachlass Kandinskys der *Städtischen Galerie im Lenbachhaus*. Hans Konrad Roethel, der indessen Direktor der *Städtischen Galerie im Lenbachhaus* geworden war, hatte den Vertrag ausverhandelt. Damit schenkte Gabriele Münter viele Werke Kandinskys: 90 Ölbilder, mehr als 330 Aquarelle und Temperablätter und Zeichnungen, 29 Skizzenbücher, 24 Hinterglasbilder und beinahe das gesamte druckgraphische Werk. Zusätzlich übergab sie Werke von Paul Klee, Franz Marc und Alfred Kubin. Das erregte in der nationalen und internationalen Presse großes Aufsehen. Gisela Kleine führt einige Pressestimmen beispielhaft an. Der *Münchner Merkur* schrieb: «Vor Frau Münter wollen wir den Hut ziehen und uns in Dankbarkeit verneigen.»[145] Und die *Abendzeitung* sprach von einem «... Beispiel von menschlicher Überlegenheit, von Noblesse und innerer Geradlinigkeit, das jeden Vergleich hinter sich lässt und Worte verstummen macht.»

Bei aller Referenz, die Gabriele damit erwiesen wurde, erschien sie jetzt in erster Linie als Stifterin. Die Malerin wurde nur insoweit gewürdigt, als sie an der Seite des Genies Kandinsky schaffen konnte und ihn unterstützte. In den meisten Artikeln wurde Gabriele keine eigenständige künstlerisch-originelle Entwicklung zugesprochen, da sie gemäß dem noch stets herrschenden Frauen-Klischee nur in der Abhängigkeit von Kandinsky gesehen wurde. Diese Sicht auf ihre Bedeutung blieb in der Kunstgeschichte noch lange zu Unrecht bestehen, wie Gisela Kleine[146] und Karoline Hille[147] ausführlich belegen.

Deshalb organisierte und gestaltete Roethel in Zusammenarbeit mit Eichner kurz vor Gabriele Münters 80. Geburtstag im Lenbachhaus die Doppelausstellung *Kandinsky und Gabriele Münter. Werke aus fünf Jahrzehnten*. Dort waren 177 bisher noch nicht bekannte Werke Kandinskys und 61 Bilder Münters zu sehen.

Am 19. Februar 1957 erhielt Gabriele Münter zum 80. Geburtstag die *Goldene Ehrenmünze der Stadt München* und das *Große Bundesverdienstkreuz*. Bei dieser Ehrung gedachte sie dankbar ihres früheren Partners: «Es ist nun eingetreten, was Kandinsky mir schon früh prophezeit hatte, wenn ich als Frau immer zurückgesetzt und übersehen wurde, dass spät, aber sicher die allgemeine Anerkennung kommen werde.»[148]

Die Ausstellung *Kandinsky und Gabriele Münter. Werke aus fünf Jahrzehnten* wanderte in etwas reduziertem Umfang von Oldenburg nach Berlin und zuletzt nach Stuttgart.

Roethel hatte einen kleinen Bildband über Gabriele Münter herausgegeben und gleichzeitig erschien Johannes Eichners Buch *Kandinsky und Gabriele Münter. Vom Ursprung moderner Kunst*. Eichner hatte als Kunsthistoriker schon lange eine Münter-Monografie in Arbeit und betrachtete sie als sein Lebenswerk. Als sie einmal gefragt wurde, ob sich denn alles so zugetragen habe, wie es von Eichner dargestellt wurde, war ihre knappe Antwort: «So sind nun einmal die Schriftsteller, sie vermischen Dichtung und Wahrheit.»[149]

Das internationale Aufsehen bezüglich der Schenkung hatte ein überraschendes, und leider unangenehmes Nachspiel. Weil Eichner oft Kandinsky zitiert hatte, kam die Frage auf, ob Gabriele Münter neben den Eigentumsrechten auch die Verwertungsrechte an Kandinskys Werken habe. Im Herbst 1957 kam Nina Kandinsky mit rechtlichem Beistand aus

Paris nach München und erklärte, die von Münter eingebrachten Werke seien auch Teil ihres Gesamterbes. Deshalb könne Münter nicht darüber verfügen. Nina Kandinsky war es primär um die Kontrolle der Notizen und Briefe Kandinskys gegangen. Bei der Gerichtsverhandlung im Dezember war der seinerzeitige Vergleich (vom 2. April 1926) nicht auffindbar, da er sich mit dem anderen Material noch ungesichtet und ungeordnet in Safes und Kisten befand. Am 4. Dezember 1957 – ein Tag vor Kandinskys 91. Geburtstag! – kam es zu einer Einigung:[150] Ninas Bedingung wurde erfüllt, dass ihr sämtliche Urheberrechte an den Werken verblieben sind, die sich in der Schenkung befanden, wovon aber die Stiftung die Nutznießung haben sollte.

Nina Kandinsky hatte nämlich verschiedene Stellen in einem Buch von Lothar Günther Buchheim, die er aus Eichners Buch zitiert hatte, als «Taktlosigkeit» bezeichnet und erwirkt, dass Buchheims Buch – nachdem es von den Kritikern gelobt worden war – zunächst nicht ausgeliefert werden durfte. Dieser Streit war für Eichner eine schwere seelische Belastung.

Kurz vor Gabrieles 81. Geburtstag folgte für Gabriele nach den vielen Ehrungen der traurige Antiklimax: Johannes Eichner starb am 11. Februar 1958 während einer Augenuntersuchung im Uniklinikum plötzlich an einem Hirnschlag.

Gabriele trauerte sehr um den Partner, mit dem sie dreißig Jahre in Freundschaft verbunden war. Sie sprach aus, dass auch sie sich einen leichten Tod «ohne Umstände» wünsche.

Mit 81 sagte sie, «ich fühle mich nicht mehr besonders munter, aber ich raffe mich doch noch zum Malen auf, da ich mir verschiedene Aufgaben gestellt habe.» Sie konnte konzentriert arbeiten und malte kleine Bilder auf Papier. Dafür nutzte sie alte Motive und Skizzen und ihre Vorlagen von früher. Roethel vermittelte einen Besuch zweier amerikanischer Kunsthändler, was dann Ausstellungen in Los Angeles und New York zur Folge hatte.

Nach Eichners Tod bedachte Gabriele, dass sich ihre nahen Verwandten aufgrund des Schenkungsvertrags mit der Stadt München brüskiert fühlen könnten, da sie völlig leer ausgingen und nicht einmal ein Bild als persönliches Erinnerungsstück erhalten sollten. Sie versuchte im Testament noch unter Anwesenheit eines Notars, der ihre Rechtsfähigkeit bezeugte, kleine Anpassungen vorzunehmen, doch der Erbvertrag war nicht mehr zu ändern.

Im Russenhaus waren darüber hinaus noch stets weitere Kunstwerke gelagert, u.a. 31 Gemälde Kandinskys aus der Zeit von 1902 bis 1908, Skizzen und andere Werke. Und von Münters Hand 213 Porträts, 518 Landschaften, 327 Blumen- und 127 andere Stillleben, überdies noch 111 Ölgemälde zu verschiedensten Themen, mehrere Statuetten, bayrische Volkskunst und Hinterglasbilder sowie 45 Konvolute. Roethel war weiterhin für Gabriele aktiv und organisierte 1959 eine Ausstellung in Charlottenburg-Berlin und in Baden-Baden, in der auch Alfred Lörcher und Emy Roeder vertreten waren.

Gabriele malte nach wie vor Ölbilder, u.a. die Landschaft **Weg im bunten Oktober** (1959), Abb. 3.38, den Weg zur Fürstalm, den sie schon 1931 fauvistisch-expressionistisch gemalt hatte. Sie griff jetzt oft auf alte Motive und Skizzen zurück, kopierte jedoch nicht ihre früheren Werke, sondern ließ sich dabei ganz auf die Stimmungen ein, die beim Betrachten hier und jetzt entstanden und schuf dabei jedes Mal ein neues, originales Werk.

1960 fanden die ersten Ausstellungen in den USA, in Los Angeles und New York statt. Aus diesem Anlass hatte Gabriele wieder Kontakt mit amerikanischen Familienmitgliedern und erzählte ihnen von ihren Arbeiten und Erfolgen. Zum Malen verspürte sie viel Energie und Lust, saß aber oft im «Russenhaus» am Tisch vor dem Fenster und schaute auf die Murnauer Kirche, die sie und Kandinsky auf ihre Art öfters gemalt hatten. In dieser Stimmung entstand im Winter das mit lichten und dünnen Ölfarben gemalte Bild der Eichenallee, die bei ihrem Haus begann und zum Murnauer Moos führte: **Kottmüllerallee in Murnau** (1960), für das leider die Abdruckgenehmigung nicht zu bekommen war.

Eichner hatte mit der Vorbereitung zu einer großen *Gabriele Münter-Ausstellung* begonnen, die Roethel nach Eichners Tod fortsetzte und die 1961 zuerst in Berlin, dann in Baden-Baden, Köln und Mannheim Station machte.

Gabriele Münter sagte oft, wie erstaunt und dankbar sie sei, dass sie noch lebe; und dass sie nicht das «große Dunkel» fürchte. Sie starb am 19. Mai 1962 in ihrem Haus in Murnau, so wie sie das nach Eichners Tod gewünscht hatte: friedlich und schnell «ohne Umstände».

Bei der Trauerfeier zur Feuerbestattung rühmte der Münchener Bürgermeister Gabriele Münters Stiftung als einmalig in der Kunstgeschichte. Darauf folgte noch eine weitere große Überraschung, denn wie Gabriele Münter gewünscht hatte, wurde erst nach ihrem Tod die Gründung der zweiten

Abb. 3.38: Weg im bunten Oktober (1959), Öl auf Leinwand, 50,4 x 37,5 cm

Stiftung der Öffentlichkeit mitgeteilt, der «Gabriele Münter und Johannes Eichner-Stiftung», bei der es um die Bilder ging, die nicht zum Nachlass Kandinskys gehört hatten. Wie sich nämlich erst nach ihrem Tod herausstellte, hatte sie nach 1945 aus dem Verkaufserlös ihrer Bilder Werke ihrer Malerfreunde des Blauen Reiters im Gesamtwert von 1,2 Millionen Mark gekauft und zu ihrer Schenkung an die Städtische Galerie Lenbachhaus hinzugefügt. Das vervollständigte die Sammlung der Werke des Blauen Reiters. Alle diese Bilder wurden im Lenbachhaus von Oktober bis Dezember 1962 als *Gabriele Münter-Gedächtnisausstellung* gezeigt. Es ist das Ziel der «Gabriele Münter und Johannes Eichner-Stiftung», Verständnis für die moderne Kunst zu fördern. Der komplette schriftliche Nachlass, der Briefverkehr mit Kandinsky, Klee, Kubin, Marc, Macke usw., gingen an die Stiftung, die dadurch zu einem Forschungszentrum für die Kunst des Blauen Reiters wurde.

Das zwölfte Jahrsiebt und das Todesjahr Gabriele Münters aus entwicklungspsychologischer Sicht

Jahr	Alter	Ereignis	**zwölftes Jahrsiebt**	Bilder
1955	78	Sommer: 2 Werke auf *documenta 1* in Kassel Ausst. Kandinsky-Marc-Münter. Roethel hört von gehütetem Kunstschatz in Murnau		
1956	79	Kunstpreis Stadt München für Malerei. Grohmann (Monografie) besucht GM in Murnau		*Abstrakt*
1957	80	**80. Geburtstag:** Goldene Ehrenmünze der Stadt München, Großes Bundesverdienstkreuz. GM schenkt gesamten Kandinsky-Nachlass an Lenbachhaus und 25 eigene Ölbilder. Doppelausstellung GM-WK. Eichner: Buch WK und GM		
1958	81	Murnau, zurückgezogen. Nina Kandinsky führt Prozess wegen «Indiskretionen», Verwertungsrechten. 11. Februar: J. Eichner stirbt an Gehirnschlag. US-Kunsthändler besuchen GM		*Motive von früher*
1959	82	Murnau – GM lebt sehr zurückgezogen, Ausstellungen in Berlin, Baden-Baden		*Arbeiten auf Papier Weg im bunten Oktob*
1960	83	Ausstellungen in Los Angeles, New York		*Kottmüllerallee*
1961	84	Murnau. Ausstellung mit 70 Gemälden in Berlin, Baden-Baden, Köln, Mannheim		
1962	85	GM stirbt am 19. Mai in ihrem Haus in Murnau		

In diesem Jahrsiebt und im Jahr danach klang Gabriele Münters Lebenssymphonie nach einem Finale Majestoso in zarten Akkorden aus und führte in die Stille.

Gabriele erfuhr ab dem 70. Lebensjahr allmählich die Anerkennung als Vorreiterin der Moderne, die ihr lange versagt worden war. Zum 80. Geburtstag wurde sie von der Stadtregierung München und der Bundesregierung geehrt und von der Presse mit Lob überhäuft. Diese Wertschätzung und die vielen Ausstellungen waren für Gabriele gewiss eine Genugtuung, wenngleich sie es wirklich nicht liebte, so sehr im Scheinwerferlicht zu stehen. Für ihren Selbstwert war sie nicht mehr auf das Urteil der Außenwelt angewiesen. Darum stand sie auch Eichners Bemühen, ihr mit einer Monografie einen Platz im Künstlerinnen-Olymp zu sichern, gar nicht positiv gegenüber. Sie hatte Bedenken gegen Eichners kunstphilosophisch angelegtes Werk, weil sie lieber nicht Mittelpunkt der öffentlichen Aufmerksamkeit sein wollte: «Es gefällt mir nicht, so herausgestellt zu werden ... Die Stille passt mir besser.»[151] Aus diesem Grund hatte sie verfügt, dass die Gründung der «Gabriele Münter und Johannes Eichner-Stiftung» erst nach ihrem Tod bekanntgemacht werden durfte.

Eichner hatte nach den aufsehenerregenden Funden von Kandinskys Frühwerk sein Buchkonzept erweitert und stellte nun das Zusammenwirken von Kandinsky und Münter als Kunstschaffende dar. Allerdings geriet Gabriele auch dadurch ungewollt mehr in die Rolle der Begleitperson und wurde weniger als selbständige Künstlerin sichtbar, die an der Seite Kandinskys bewusst ihren kongenialen, aber eigenen Weg ging.

In den letzten Jahren hielt sie oft vor ihrem Fenster inne und blickte schweigend hin zur Murnauer Kirche und darüber hinweg in den Himmel, weil dieser Anblick (Abb. 3.5) gewiss mit Erinnerungen an die Zeit mit Kandinsky verbunden war. Aber in diesen Jahren schien ihre Sicht auf die Vergangenheit nicht durch Wehmut getrübt gewesen zu sein, sondern erfüllt von einem Gefühl der Dankbarkeit. Gabriele betrachtete wirklich – wie Sibylle Sulser es nannte – die Welt mit Anteilnahme aber gelassen von ihrem Fensterplatz aus.

Gabriele versank keineswegs in der Vergangenheit. Sie hatte ja gemeinsam mit ihrem neuen Lebensgefährten Eichner in schwierigen Zeiten in gegenseitiger Unterstützung viel Positives erleben dürfen. Jetzt galt ihr großes Interesse der Gegenwart und der Zukunft. Das gegenwärtige politische Geschehen verfolgte sie sehr gewissenhaft, hob die Zeitungen auf, die sie aus praktischen Gründen am Tag des Erscheinens nicht hatte lesen können und sah sie später genau durch, bevor sie entsorgt wurden. Ihr

Interesse für die Zukunft äußerte sich in der regen Anteilnahme an den Ausbildungsplänen ihrer Großnichten in den USA. Und aufgrund ihrer Lebenserfahrung engagierte sie sich für Fragen der Gleichstellung von Frauen in der Gesellschaft – ein Anliegen, das ihr schon als Fahrrad-fahrende junge Frau wichtig war und für das sie sich auch in den Studienjahren in München eingesetzt hatte. Nachdem der Vertrag mit der Stadt München abgeschlossen war, kamen bei Gabriele in Rücksicht auf die engere Verwandtschaft doch einige Skrupel bezüglich eines Erbes auf; aber für Änderungen zugunsten von Familienmitgliedern war es schon zu spät. Dennoch war Gabriele mit der gültigen Regelung zufrieden, durch die sie intuitiv der Menschheitsfamilie und den künftigen Wahlverwandtschaften Vorrang gegeben hatte vor der Blutsverwandtschaft. Trotzdem belastete es Gabriele bis ans Lebensende, dass das verletzte Vertrauensverhältnis mit ihrem Bruder Carl wie auch mit der Schwester Emmy und dem Schwager Georg Schroeter nicht mehr ausgeheilt werden konnte. Durch Gabrieles Entscheidung, Johannes Eichner die Vollmachten zur Vermögensverwaltung zu übertragen, war die Beziehung in die Brüche gegangen, weil Bruder Carl und der Schwager Georg Schroeter diese Mandatierung als Akt des Misstrauens gegen sie empfunden hatten. Gleichzeitig war die Vollmacht ein großer Vertrauensbeweis für ihren Lebenspartner.

Diese Interessen, Sorgen und Bemühungen sind deutlicher Ausdruck der Entwicklung der *Ego-Transzendenz,* wie sie Robert Peck[152] beschrieben hat und wie sie auch in der «Generali-Hochaltrigkeitsstudie» von Kruse und Schmitt[153] in den Daseinsthemen und Sorgeformen generell erhoben worden sind, und die von großer Weltzugewandtheit zeugen.

In den letzten Monaten war es um Gabriele still geworden.

«Im März 1960, in den letzten Wintertagen,» führt Karoline Hille zum Ölbild **Kottmüllerallee in Murnau** aus, «hat Gabriele Münter mit dünnen Ölfarben die Eichenallee zum Murnauer Moos hin, die gleich hinter ihrem Haus begann, auf ein Blatt Papier gemalt. Die schlanken Bäume, die ihre kahlen, noch mit Schnee bedeckten Äste in den goldenen Abendhimmel strecken, leuchten, kündend schon vom Frühling, in einem unwirklichen, durchscheinenden Türkis, und der Pfad führt ins Helle, Weite. Vielleicht ist sie so gegangen, die Künstlerin, auf ihrem letzten Weg ins Licht.»[154]

16. Gabriele Münters Lebensweg: Ein michaelisches Ringen

Im Rückblick auf ihre Schaffensperioden schrieb Gabriele im Jahr 1948, 14 Jahre vor ihrem Tod, dass es 7 Abschnitte ihrer künstlerischen Entwicklung gibt, denen Karoline Hille[155] bei der Gliederung ihres Buches über Gabriele Münter folgte:
1. Zeichnungen und Fotografien der Amerika-Reise 1877–1900
2. Impressionistische Malerei und Farbholzschnitte 1901–1907
3. Aufbruch in den Expressionismus 1908–1910
4. Neue Malerei und Der Blaue Reiter 1911–1914
5. Skandinavischer Stil und Porträtzeichnungen 1915–1928
6. Expressiv-vitale Sachlichkeit 1929–1945
7. Abstraktion und Improvisation 1946–1962.

Ich folge zunächst Gabrieles eigener Gliederung und gehe der Frage nach, was für Gabriele die wesentlichen Ereignisse in diesen Perioden waren und wie sich diese in der Entwicklung ihrer Malkunst wiederfinden.

Periode 1: Zeichnungen und Fotografien der Amerika-Reise 1877–1900

Bis zum 7. Lebensjahr schaute Ella in Herford dem Nachbarn Rosenberg bei seiner Arbeit als Bildhauer zu und machte erste Zeichnungen von Köpfen und Fachwerkhäusern.

Im Alter von neun und zehn Jahren überschritt Ella den «Rubicon», als erst ihr Vater starb, und etwa zwei Jahre danach auch August, ihr liebster Bruder, der ihre Zeichnungen sehr geschätzt hatte. Ella zeichnete in der Schulzeit immer und überall.

Mit dem 1. Mondknoten eroberte sich Ella Freiheit und Unabhängigkeit symbolisch mit dem Fahrrad. In Düsseldorf erhielt sie Zeichenunterricht, der für sie aber nicht befriedigend war.

Nach dem Tod der Mutter wurde Ella mit Emmy, der älteren Schwester, von Verwandten in die USA eingeladen und beide reisten viel durch das Land. Ella machte über 400 Fotos, zeichnete Porträts und Alltagsszenen, aber ohne künstlerische Ambition.

Periode 2: Impressionistische Malerei und Farbholzschnitte 1901–1907

Im Alter von 24 Jahren fand Gabriele ihre Berufung als Malerin und ging nach München. An der Phalanx-Schule lernte sie den Lehrer Wassily Kandinsky kennen und zwischen ihnen begann schnell eine Liebesbeziehung, die mit einer Verlobung besiegelt wurde, obschon Kandinsky noch nicht geschieden war. In ihren Lehr- und Wanderjahren malte sie impressionistisch, zumeist in der von Kandinsky erlernten Spachteltechnik. Gemeinsame Reisen führten sie nach Holland, Tunesien, Italien, Sachsen, Paris, Berlin. Die Beziehung war die längste Zeit sehr spannungsreich.

In Paris erhielt Gabriele viele Anregungen von Gauguin, Cézanne, Matisse, Steinlen, und dort wurden zum ersten Mal Gabrieles Ölbilder und Farbholzschnitte ausgestellt – sie fühlte sich als professionelle Malerin. In Berlin begegneten sie Rudolf Steiners Anthroposophie, der modernen Bühnenkunst und der experimentellen Musik. Kandinsky schrieb «Über das Geistige in der Kunst» und experimentierte mit Bühnenkunstwerken.

Periode 3: Aufbruch in den Expressionismus 1908–1910

In München und Murnau entstand eine enge Freundschaft mit Marianne von Werefkin und Alexej Jawlensky. Jawlensky prägte Gabrieles Stil. Sie malten oft zu viert und diskutierten über ihre Kunstauffassungen. Gabriele kaufte ein Haus in Murnau. Die Neue Künstlervereinigung München führte Ausstellungen durch, in denen auch Gabriele vertreten war. Sie befand sich in der Phase der Entwicklung der Verstandes- und Gemütsseele und festigte ihre Kunstauffassung.

Periode 4: Neue Malerei und Der Blaue Reiter 1911–1914

Nach dem Zerwürfnis in der Neuen Künstlervereinigung München fanden sich Kandinsky, Marc, Macke und Münter zur losen Gruppe «Der Blaue Reiter» zusammen. Gabrieles Einsatz war entscheidend für die Publikation des Almanachs und das Zustandekommen des Blauen Reiters. Der Blaue Reiter führte Ausstellungen durch, in denen auch Gabriele prominent vertreten war. Kandinsky entwickelte konsequent seine abstrakte Malerei. Gabriele befand sich in der Phase der Entwicklung der Bewusstseinsseele und entschied bewusst, nicht den Weg der Abstraktion zu gehen.

Periode 5: Skandinavischer Stil und Porträtzeichnungen 1915–1928

Zur Zeit von Gabrieles 2. Mondknoten begann der Erste Weltkrieg und brachte alle Pläne durcheinander. Kandinsky musste als Russe Deutschland verlassen und es kam zur Trennung. Gabriele emigrierte nach Skandinavien, das im Krieg neutral war, so dass Kandinsky dort hinkommen konnte. In Schweden erlebte Gabriele ihre «Meisterjahre», da sie als Pionierin der Moderne den jungen Malern und Malerinnen in Stockholm, die sich sehr an Matisse orientierten, wertvolle Impulse gab. Das entsprach der (siehe Teil I, Kap. 10.5) von Karl Jaspers formulierten Theorie der Grenzsituationen der Existenz, durch die oft Klarheit über das eigene Selbst erlangt wird. Sie erlernte die Technik der Radierung und organisierte erst für Kandinsky und danach für sich eine Ausstellung, zu der er nach Stockholm kam. Beim Abschied versprach er die Heirat – doch danach begegneten die beiden einander nie mehr. Gabrieles Werke wurden in verschiedenen Städten Schwedens und Dänemarks ausgestellt. Sie erlernte auch die Technik der Lithographie. Die Kritiken rühmten sie als maßgebliche Wegbereiterin der Moderne. In Skandinavien lebte sie in großer finanzieller Not und Einsamkeit. Um ihr Leben zu fristen, führte sie viele Porträtaufträge durch.

Viel später erfuhr Gabriele, als sie nach Deutschland zurückgekehrt war, dass Kandinsky 1917 in Moskau eine junge Russin geheiratet hatte und Vater geworden war. Das erlebte Gabriele als Verrat, sie war tief verletzt und fühlte sich verachtet. Als Kandinsky die Rückgabe seiner Bilder forderte, wurde über Anwälte verhandelt und Gabriele verlangte von Kandinsky ein Schuldbekenntnis, das er aber verweigerte. Dennoch wurde 1926 ein Vergleich geschlossen.

Gabriele suchte regelmäßig Schloss Elmau auf und konnte dort mit Porträtzeichnungen etwas Geld verdienen. Das anthroposophisch orientierte kunsttherapeutische Programm in Elmau unterstützte Gabrieles Prozess der Reflexion als Selbsttherapie, so dass sie sich schließlich vom Konflikt mit Kandinsky innerlich lösen konnte.

Periode 6: Expressiv-vitale Sachlichkeit 1929–1945

In Berlin nahm Gabriele Malunterricht, um sich im Stil der Neuen Sachlichkeit zu versuchen. Sie malte auf diese Art Porträts, konnte sich aber damit nicht anfreunden. Bei einer Sylvesterfeier lernte sie Johannes Eichner kennen, mit dem eine Freundschaft begann, die sich zu einer Partnerschaft entwickelte. Während der NS-Zeit lebten Gabriele und Eichner sehr zurückgezogen in Murnau, um nicht zu riskieren, dass Münter als Malerin von «entarteter Kunst» verfolgt werde.

Im Keller des Russenhauses konnten alle Bilder und Schriften Kandinskys und des Blauen Reiters versteckt bleiben, damit sie nicht von den Nazis und später nicht von den amerikanischen Besatzern beschlagnahmt wurden.

Gabriele malte hauptsächlich Blumenstücke und Stillleben und konnte durch den Verkauf der Bilder oder im Tausch gegen Lebensmittel die Kriegszeit überleben.

Periode 7: Abstraktion und Improvisation 1946–1962

Nach dem Krieg wurde die moderne Malerei rehabilitiert. Vor allem der Blaue Reiter wurde als wichtiger Erneuerer der Kunst anerkannt. Gabriele erhielt zum 70. und zum 80. Geburtstag viele Ehrungen. Sie schenkte die im Haus versteckt gehaltenen und geretteten Kunstwerke Kandinskys und der Maler des Blauen Reiters der Städtischen Galerie Lenbachhaus und brachte die meisten eigenen Werke in die Gabriele Münter und Johannes Eichner-Stiftung ein.

Sie malte regelmäßig, indem sie auf alte Skizzen oder Motive zurückgriff, die aber jedes Mal wieder authentisch neu empfunden und gemalt wurden. Durch die Erfolge der Ausstellungen entstand vor allem eine große Nachfrage nach Blumenbildern, die sie mit weniger vollständig ausgeführten Bildern befriedigte. Zur eigenen Abwechslung malte sie zwischendurch nach Lust und Laune abstrakte Studien.

In der letzten Periode konnten ihre verschiedenen Stilepochen auf stimmige Weise zu einer souveränen Synthese gebracht werden.

So weit folgte ich Gabrieles eigener Gliederung in Stilepochen, die ich mit wichtigen biographischen Daten verknüpft habe. Dazu gehe ich jetzt noch auf andere entwicklungspsychologisch auffällige Aspekte in Gabrieles Leben ein.

Zum 80. Geburtstag hatte sich Gabriele zur Doppelausstellung *Kandinsky und Gabriele Münter* im Lenbachhaus führen lassen, um von den Bildern, die Zeugen ihres Lebens waren, Abschied zu nehmen. Sie ging bei ihren eigenen Werken aufmerksam von Bild zu Bild und blieb immer besonders lange und versonnen vor Kandinskys Bildern stehen, als würde sie von einer anderen Warte, jenseits der Schwelle des Todes, auf ihr Leben mit dem verstorbenen Partner schauen.

Gabriele malte noch bis zu ihrem Tod, weil sie sich selbst Aufgaben gestellt hatte, die sie erfüllen wollte. Dabei griff sie in den letzten Lebensjahren gerne auf Motive zurück, die sie zwischen 1910 und 1914 gemalt hatte, aber nicht – wie manche Kunsthistoriker meinen –, weil ihr nach der Trennung von Kandinsky die Ideen ausgegangen wären, sondern weil im Rückblick das Bedürfnis aufkam, in einem Bild auszudrücken, von welcher Stimmung sie im Erinnern *hier und jetzt* beim Malen erfüllt war. Das waren nicht mehr die ungestümen, leidenschaftlichen Regungen wie bei der dreißigjährigen entdeckungsfreudig vorwärtsstürmenden Frau. Im Alter war Gabrieles Luftelement eben klarer, transparenter, ruhiger und auch kühler geworden – und manchmal erschien ihr eine abstrakte Farb- und Formenimprovisation die genau passende Ausdrucksform für diese Stimmung. Denn bei ihrem Bemühen um das Erfassen des Wesentlichen einer Person oder einer Begegnungssituation, einer Landschaft oder einer Anordnung von Bildern und Gegenständen, blieb sie ihrer Auffassung treu: Das Geistige tritt immer durch etwas Physisch-Materielles sinnlich in Erscheinung. Dabei hängt es von der seelisch-geistigen Verfasstheit der Malerin und von ihrem Können ab, wie sie dieser Wahrnehmung in Farben und Formen Ausdruck verleiht. Deshalb wurde ein bestimmtes Motiv in der seelischen Resonanz von einer dreißigjährigen Frau anders ins Bild gebracht als von einer achtzigjährigen, lebenserfahrenen Dame.

Gabriele hatte Kandinskys Treuebruch als sehr schmachvoll und zutiefst verachtend erlebt. Mit voller martialischer Kraft hatte sie über mehrere Jahre den Partner niederringen wollen, damit er die ihm vorgelegten Schuldbekenntnisse, die sie verfasst hatte, unterschreiben sollte. Letztlich kam die Einigung ohne Kandinskys Schulderklärung zustande. Doch erst mit der Zeit heilte diese tiefe Wunde aus, die Gabriele mit ihrem starren Kampfgeist selbst immer wieder zum Bluten gebracht hatte. Nur durch Gabrieles Reifung und das Stärken der Beziehung zu ihrer Lichtpersönlichkeit, zum Höheren Selbst, das auf Schloss Elmau angesprochen und wesentlich gefördert wurde, konnte sie konsequent an der Durchlichtung und Verwandlung ihres Schattens und «Doppelgängers» arbeiten. Dieselbe Kraft, mit der sie vorher in den Kampf gezogen war, wurde allmählich gewandelt zu einer stark verankerten Haltung des Vergebens und Verzeihens. Das ließ ihr Verhalten bei den großen Gedächtnisausstellungen deutlich erkennen. Es war ihr wirklich gelungen, ihre Beziehung zum wortbrüchigen *Menschen* Wassily zu trennen von ihrer schicksalhaften Verbindung mit dem einmaligen *Künstler* Kandinsky. Allerdings bestand gegenüber Nina Kandinsky noch lange große Befangenheit.

Aufgrund der mir verfügbaren Quellen habe ich den Eindruck, dass Kandinsky selbst mit der Beziehung zu Gabriele menschlich und moralisch nicht wirklich ins Reine kommen konnte. Er war in der Selbstreflexion und Selbsterkenntnis nicht so weit fortgeschritten, dass er Verantwortung für seinen Anteil an der Beziehungsproblematik hätte übernehmen können. Wenn ihm das so gut wie Gabriele gelungen wäre, hätte die Begegnung Ninas mit Gabriele beim Diner anlässlich der Vernissage des Blauen Reiters anders verlaufen können.

Gabriele wurde sich in den politischen Wirren der Dreißigerjahre ihrer Schicksalsverbundenheit mit dem Maler Kandinsky deutlich bewusst und konnte sie letztlich – mit allen Höhen und Tiefen – zur Gänze annehmen. Es war ihr klar, dass Kandinsky sehr viel der Auseinandersetzung mit ihr und ihrer Bereitschaft, sich auf Erneuerungen in der Kunst einzulassen, verdankte; durch sie hatte er als Gast bei Emmys Familie in Berlin die Gelegenheit zur Begegnung mit Rudolf Steiner sowie mit der experimentellen Bühnenkunst Max Reinhardts und der Musik Arnold Schönbergs und erhielt davon wesentliche Impulse, die ihn in seinem Denken bestätigten. Das ermöglichte ihm das Lösen von Farben und Formen aus der Statik der Malerei und die Transformation in Prozesse und Klänge, lange bevor er das – wonach er ja unablässig gesucht hatte! – in der Malerei schaffte. Aus der Murnauer-Vierergruppe, Gabriele und Wassily und Werefkin und Jawlensky, erwuchs dann durch Gabrieles unermüdlichen und bescheidenen

Einsatz *Der Blaue Reiter*, der bei seinen ersten Auftritten verspottet und erst nach dem Zweiten Weltkrieg als Meilenstein in der Kunstgeschichte gefeiert wurde.

Als Kandinsky den Weg in die abstrakte Malerei einschlug, blieb Gabriele bewusst ihrer eigenen Welt- und Kunstauffassung treu und löste Formen und Farben nicht von den Objekten. Nur im hohen Alter, je «nach Lust und Laune», wie sie sagte, malte sie einige abstrakte Bilder. Als Kandinsky in München mit dem Malen der **Komposition VII** beschäftigt war, hatte sie vom 26. bis 29. November 1913 insgesamt vier Fotos der einzelnen Stadien des Bildes gemacht[156] und einige Details dazu im Notizbuch vermerkt. Denn der eigentliche *Prozess* der Farben und Formen ist der des *Entstehens* der Komposition; er ist der wirkliche Schlüssel zum Verstehen des Bildes. Denn obwohl es Kandinsky darum ging, im Betrachtenden ein dynamisches Geschehen durch die Interaktion der Farben und Formen anzuregen, ist das fertige Bild als Endprodukt paradoxerweise doch nur statisch. Und der Endzustand erscheint dem Betrachter als intellektuell konstruiert. Gabriele war sich darüber im Klaren, und hieran wurde verständlich, warum sie sich sehr bewusst dazu entschieden hatte, den Weg des Abstrahierens nicht so weit beschreiten zu wollen wie Wassily. Ihr selbst ging es mit den Bildern nicht um den Prozesscharakter, sondern um eine menschliche Seelenlandschaft, in der das seelisch Wesentliche einer Landschaft erfasst wurde, um eine entsprechende Resonanz bei der betrachtenden Person auszulösen.

Bestimmte Themen kehrten in Gabrieles Bildern immer wieder zurück. Kandinsky und auch Gabriele hatten oft den Heiligen Georg gemalt, den Drachenüberwinder. Sankt Georg ist in seiner Verbindung mit dem Erzengel Michael in allen christlichen Kulturen der Archetypus für den makrokosmischen Kampf des göttlichen Lichtes gegen die Finsternis des Bösen, und er ist Urbild für das mikrokosmische Ringen des Höheren Selbst, der Lichtpersönlichkeit eines Menschen, mit seinem Schatten und Doppelgänger. Der Heilige Georg und der Erzengel Michael spielen in der russischen Orthodoxie, mit der Wassily aufgewachsen ist, aber auch in der Volksgläubigkeit, welcher Gabriele in Bayern begegnete, eine große Rolle. In Georgien, wo der Legende nach der Kampf des fremden Ritters mit dem Drachen zur Befreiung einer jungfräulichen Prinzessin aus der Macht des Ungeheuers stattgefunden haben soll, habe ich oft Fresken und Ikonen gesehen, in denen der besiegte Drache nicht getötet worden war. Denn die gerettete Prinzessin führte den besiegten Drachen mit dem Gürtel, den sie um ihre Mitte getragen hatte, weg und hielt ihn lebenslang unter Kontrolle. So ist auch für Menschen die Auseinandersetzung mit dem eigenen Drachen täglich neu zu führen, denn ein definitiver Sieg wäre eine Illusion.

Während St. Georg für Wassily Kandinsky in erster Linie eine makrokosmisch apokalyptische Bedeutung hatte, war er für Gabriele immer ein Bild für das tägliche mikrokosmisch seelisch-geistige Ringen eines Menschen, der durch die Lichtkräfte des Höheren Selbst das Dunkel des Schattens in sich aufhellen und verwandeln will.

Am Ende des Lebens sei deshalb die Frage erlaubt, ob Gabriele mit ihrer Lebensführung in diesem Sinne einen michaelischen Kampf geführt hat, oder ob St. Georg nur ein dekoratives Symbol der Volkskunst geblieben ist. Ich bin mir meiner Antwort sicher: Gabriele hatte ihr Leben als einen permanenten Kampf verstanden, in dem es um den Sieg des Lichtes ging. Schon als Kind hatte sie St. Georgs «Lichtschwert der Wahrheitsliebe» mit fester Hand geführt und sich dadurch bei Familienmitgliedern oft unbeliebt gemacht. Und später trug ihr das auch bei Franz und Marie Marc und August und Elisabeth Macke heftige Konflikte ein. Als sich die Liebesbeziehung zu Kandinsky entwickelte, hatte sie seine Heimlichtuerei gegenüber Anja Kandinsky verabscheut und Wassily sogar gefragt, ob er ihr gegenüber nicht auch einmal ein ähnliches falsches Spiel spielen könnte. Entrüstet wies dies Wassily damals von der Hand. Es war für mich deshalb sonderbar berührend, als mir auf Kandinskys Aquarell-/Gouachebild **Dame in Moskau** (1912), Abb. 3.39, die frappante Ähnlichkeit des Gesichts der «Dame» mit Ninas Gesicht und Frisur auf dem Foto mit Wassily in der Moskauer Wohnung auffiel.[157] Auf diesem Aquarell Kandinskys steht eine Frau mit erotischer Ausstrahlung in der Mitte des Bildes, umgeben von einem dünnen grauen Schatten; sie hält mir als Betrachter mit der rechten Hand eine Rose entgegen, während ihr linke Hand einen kleinen Schoßhund auf einem Tischchen krault; links oben schwebt aus der Luft herab ein großer, schwarzer Fleck – halb so groß wie die Frauenfigur. Für Kandinsky war schwarz die Farbe des Unheils, seit er als Kind von seiner Mutter Abschied nehmen musste und sie dann in einer schwarzen Kutsche verschwinden sah. Dieses Bild aus 1912 mutet mich wie eine prophetische Ahnung Kandinskys an, dass in Moskau

Abb. 3.39: Wassily Kandinsky: Dame in Moskau (1912), Aquarell, Gouache und Bleistift auf Papier, 31,5 x 27,9 cm

eine Frau in sein Leben eindringen werde – obgleich er 1912 Nina noch nicht kannte.

Mit 38 Jahren, zur Zeit ihres 2. Mondknotens und in der langen Phase der Midlife-Crisis, wurde sich Gabriele allmählich ihrer eigenen Anteile bewusst, die zum Scheitern der Beziehung mit Kandinsky geführt hatten. Kandinskys Bild **Heiliger Georg IV** (1917), Abb. 3.22, offenbart den wahren Charakter der Trennung, auch wenn mich das Bild wie eine Selbst-Persiflage Kandinskys anmutet. Nach längerer Zeit erst erkannte Gabriele die fehlgeleitete Mars-Kraft, mit der sie gegen Kandinsky ankämpfte, um sich vor sich selbst zu rehabilitieren. Erst durch ihre beharrliche Selbstreflexion konnte sie zur Anerkennung der künstlerischen Bedeutung Kandinskys reifen und so für sich wieder zur Freiheit finden; damit vermochte sie auch Kandinsky, dessen Feindbild sie in ihrer Seele gefangen gehalten hatte, wieder frei zu geben. Das war die Voraussetzung für ihren Rettungsversuch seines Werks vor den Nazis. In den folgenden dunklen Jahren der Nazi-Herrschaft blieb sie ihrer Mensch-, Welt- und Kunstauffassung treu, wenngleich sie sich mit Eichners Tarnkappe der Unauffälligkeit vor der verhetzten Öffentlichkeit verborgen halten musste. Dass sie das NS-Regime von vornherein als barbarisch und menschenfeindlich durchschaut hatte und ablehnte, spricht für ihre michaelische Haltung, die mit St. Georg im Bunde ist. Auch in der Partnerschaft mit Johannes Eichner musste sie viele ihrer Kanten abschleifen und ihn, den sie anfangs «Opa» nannte, seinem tieferen Wesen gemäß achten, um das Leben mit ihm als einem ebenbürtigen Partner zu teilen. Der Drachenüberwinder war wirklich eine Leitfigur ihres ganzen Lebens, und deshalb hat sie auf den Heiligen Georg überhaupt intuitiv angesprochen.

Bei jedem Menschen offenbart sich nach dem Tod im Rückblick auf sein Leben, welche Werte und Ideen für ihn leitend gewesen sind und auch, womit dieser Mensch gerungen hatte. Gabriele Münter hatte sich schon in der Kindheit der *Wahrheit und Wahrhaftigkeit* verpflichtet gefühlt und dafür auch in Kauf genommen, dass dies nicht jederzeit und nicht von jedermann geschätzt wurde. Die Schattenseiten dieser Tugend sind Rechthaberei und Prinzipienreiterei, in die sich jemand verrennen kann. Gabriele hatte in der für sie zutiefst verletzenden Sache, beim Kampf um das Wiedergewinnen ihrer Selbstachtung, ihre Schattenseiten erkennen und schließlich auch transformieren können.

In Gabrieles Leben waren der 1., 2. und 3. Mondknoten ganz wesentliche Prüfungen ihrer Geisteshaltung. Zu den drei Mondknoten-Zeiträumen, die immer herausfordernde Krisen sind, wurde jedes Mal auf andere Art Gabrieles Verständnis von *Freiheit und Unabhängigkeit* auf die Probe gestellt. Beim 1. Mondknoten (1895) war sie erfüllt vom Ideal der Freiheit und Selbstständigkeit und verließ die schützende Umhüllung des bürgerlichen Elternhauses. Ein wichtiges Symbol dafür war ihre Begeisterung fürs Fahrrad. Damit konnte sie selbst ihr Ziel bestimmen und es aus eigener Kraft erreichen. Noch dazu war damals Radfahren für junge Frauen äußerst ungewöhnlich oder sogar anstößig und deshalb auch ein symbolischer Akt, mit dem sie ihre Unabhängigkeit demonstrierte. Diese Haltung vertiefte sich durch die Erfahrungen während der USA-Reise, und in München wandte sie sich aus demselben Grund der Frauenrechtsbewegung zu. Ihr Selbstverständnis als autonome Individualität wirkte sich auf die Partnerbeziehung aus.

Beim 2. Mondknoten (1914) erzwang der Ausbruch des Ersten Weltkrieges die Trennung des Paars und eine völlige Umorientierung Gabrieles. In der Emigration bewies sie in jeder Hinsicht ihre Selbstständigkeit. Sie musste für den Lebensunterhalt sorgen, organisierte Ausstellungen und fand Auftraggeber für die Porträts. Es spricht für sich, dass sie für die von ihr selbst intendierten Porträts nur sehr selbstständige und selbstbewusste Frauen gewählt hatte. Gabriele musste in Skandinavien auch mit der Schattenseite der Unabhängigkeit lernen umzugehen: mit Einsamkeit.

Beim 3. Mondknoten (1933) hatte sich die Welt durch die unverhohlene Machtpolitik der Nationalsozialisten grundlegend geändert. Anstatt in der Kunstwelt und Gesellschaft als Persönlichkeit weiter sichtbar zu werden, musste Gabriele nun im Gegenteil alles tun, um nur nicht die öffentliche Aufmerksamkeit auf sich zu lenken. Zu dem Zweck setzte ihr Lebenspartner Eichner ein Bild der Person und Malerin Gabriele Münter in die Welt, das an der Grenze zur Anbiederung war. Aber Gabriele hatte bewiesen, dass sie sich durch den massiven Meinungsdruck geistig nicht korrumpieren ließ.

Beim 4. Mondknoten (1951) waren für die Fünfundsiebzigjährige jetzt die Vorzeichen völlig ins Gegenteil gekehrt. Die öffentliche Anerkennung und der Erfolg waren so verführerisch, dass die von allen Seiten bestellten Blumenbilder zu einem Massenprodukt verkommen konnten. Sie war herausgefordert, gerade dann ihrer Lebens- und Kunstauffassung treu zu bleiben. Und sie konnte sich vor der Serienproduktion retten, indem sie immer wieder – «zur Abwechslung und nach Lust und Laune» – abstrakte Improvisationen malte.

Es zeichnet Gabriele Münters seelisch-geistige Entwicklung aus, dass sie weder durch die materielle Notlage dazu verführt wurde, gegen ihre Überzeugung zu handeln, noch dass der überwältigende Erfolg sie von ihrer eigenständigen Haltung abbringen konnte – nicht als Mensch, nicht als Künstlerin.

Gabriele lebte und arbeitete mit besonderen Menschen zusammen, von denen jeder auf seine Art wichtiges zur Entwicklung der Malkunst beigetragen hat. Sie waren nicht nur Meister ihres Fachs, sondern haben auch noch darum gerungen, ein klares Bewusstsein zu schaffen für das

Warum und Wozu ihrer Kunst. Sie fühlten sich im Suchen und Versuchen geschwisterlich miteinander verbunden, und sie ahnten darüber hinaus, dass sie als Erneuerer der Kultur auch mit dem Geiste verbunden waren, der im Werden ist und an dessen Geburtswehen sie Teil hatten. Gabriele Münter war eine von ihnen. Die Größe und Stärke ihrer Persönlichkeit zeigte sich gerade darin, dass sie in den Auseinandersetzungen, im Geben und Nehmen dieser profilierten Pioniere der Moderne mit ihnen auf Augenhöhe verkehrte und dabei ihre unverwechselbare Identität als Frau und als Malerin entwickelte und in Standhaftigkeit zu wahren wusste.

Anmerkungen zu Teil III

1. Kleine 1994, S. 25
2. Kleine 1994, S. 29
3. Kleine 1994, S. 30
4. Kleine 1994, S. 34
5. Kleine 1994, S. 28
6. Zitiert von Hille 2012, S. 14
7. Hille 2012, S. 20 zitiert Gabriele Münter
8. Zitiert in Eichner 1957, S. 26
9. Kleine 1994, S. 35 f.
10. Hille 2012, S. 21
11. Zitiert in Hille 2012, S. 14
12. Zitiert von Kleine 1994, S. 48
13. Kleine 1994, S. 53
14. Kleine 1994, S. 57
15. Kleine 1994, S. 54
16. Hille 2012, S. 49
17. Kleine 1994, S. 160 f.
18. Kleine 1994, S. 163 f.
19. Kleine 1994, S. 208
20. Hille 2012
21. Kleine 1994, S. 83
22. Kleine 1994, S. 109
23. Kleine 1994, S. 119
24. Zitiert bei Kleine 1994, S. 150
25. Kleine 1994, S. 149
26. Berne 1964
27. Hille 2012, S. 54
28. Kleine 1994, S. 171
29. Kleine 1994, S. 170 f.
30. Kleine 1994, S. 69
31. Kleine 1994, S. 148
32. Kleine 1994, S. 177
33. Kandinsky 1952, S. 15
34. Kleine 1994, S. 147
35. Kleine 1994, S. 150
36. Kleine 1994, S. 201
37. Kleine 1994, S. 208
38. Kleine 1994, S. 224 f.
39. Kleine 1994, S. 229
40. Kleine 1994, S. 119
41. Hille 2012, S. 67
42. Kandinsky 1912, S. 146
43. Kleine 1994, S. 293
44. Poppe 2011, S. 76
45. Zitiert von Hille 2012, S. 68
46. Kleine 1994, S. 324
47. Kleine 1994, S. 324
48. Hille 2012, S. 86
49. Zitiert bei Lankheit 1994, S. 256
50. Poppe 2011, S. 91
51. Poppe 2011, S. 93
52. Kleine 1994, S. 385
53. Kleine 1994, S. 413 ff.
54. Poppe 2011, S. 84
55. Poppe 2011, S. 86
56. Kleine 1994, S. 406
57. Kleine 1994, S. 243
58. Kleine 1994, S. 239
59. Kleine 1994, S. 276
60. Kleine 1994, S. 350 f.
61. Gabriele Münter hatte das Bild nicht datiert, doch auf der Rückseite geschrieben 1907–1914, darum wird es manchmal auf 1909/10 und dann wieder 1911 datiert, wie von Gisela Kleine.
62. Kleine 1994, S. 351 f.
63. Kleine 1994, S. 259
64. Kandinsky und Marc 1912, S. 136
65. Kleine 1994, S. 376 ff.
66. Kleine 1994, S. 441
67. Lankheit 1994, S. 258
68. Kleine 1994, S. 162
69. Kleine 1994, S. 263
70. Kleine 1994, S. 268
71. Hille 2012, S. 108 f.
72. Hille 2012, S. 269
73. Glasl 2020, S. 278 ff.
74. Hoberg und Friedel 1992, S. 61
75. Wörwag 1999, S. 17
76. Wörwag 1999, S. 18
77. Wörwag 1999, S. 19
78. Kleine 1994, S. 322

79 Kleine 1994, S. 313
80 Kleine 1994, S. 408
81 Zitiert in Hoberg 2000, S. 148
82 Siehe Glasl 2014 b
83 Hille 2012, S. 135
84 Kleine 1994, S. 463
85 Kleine 1994, S. 476 f.
86 Kleine 1994, S. 477
87 Hille 2012, S. 150
88 Kleine 1994, S. 490 ff.
89 Hille 2012, S. 136
90 Kleine 1994, S. 15
91 Hille 2012, S. 149
92 Kleine 1994, S. 15
93 Kleine 1994, S. 495 f.
94 Hille 2012, S. 128
95 Kleine 1994, S. 458
96 Siehe Glasl 2020 c, S. 136 ff.
97 Kandinsky 1976
98 Kleine 1994, S. 471 f.
99 Hille 2012, S. 62
100 Kleine 1994, S. 529
101 Kleine 1994, S. 524
102 Kleine 1994, S. 533
103 Hille 2012, S. 161
104 Kleine 1994, S. 511 f.
105 Kleine 1994, S. 524 f.
106 Zitiert bei Kleine 1994, S. 513 f.
107 Glasl 2020 a, S. 278 ff.
108 Ciompi 1999
109 Siehe Glasl 2014 c
110 Ballreich und Ciompi 2017, Ballreich, Ciompi, Glasl und Von Schlippe 2016
111 Glasl 2020 b, S. 60 ff.
112 Kleine 1994, S. 519
113 Zitiert in Hille 2012, S. 164
114 Kleine 1994, S. 516 f.
115 Hille 2012, S. 164
116 Kleine 1994, S. 563
117 Kleine 1994, S. 564
118 Kleine 1994, S. 572
119 Kleine 1994, S. 586
120 Kleine 1994, S. 601 ff.
121 Zitiert bei Kleine 1994, S. 545
122 Kleine 1994, S. 530
123 Kleine 1994, S. 531
124 Kleine 1994, S. 548
125 Hille 2012, S. 174 f.
126 Kleine 1994, S. 607
127 Hille 2012, S. 192
128 Kleine 1994, S. 628 f.
129 Kleine 1994, S. 605 f.
130 Kleine 1994, S. 605
131 Hille 2012, S. 168
132 Kleine 1994, S. 629
133 Kleine 1994, S. 630 f.
134 Hille 2012, S. 190 f.
135 Hille 2012, S. 191
136 Hille 2012, S. 13
137 Kleine 1994, S. 638
138 Zitiert bei Hille 2012, S. 196
139 Kleine 1994, S. 649 f.
140 Hille 2012, S. 143 f.
141 Kruse 2017, S. 12 ff.
142 Roder 2005
143 Roder 2005
144 Steiner GA 135
145 Kleine 1994, S. 652
146 Kleine 1994, S. 652 ff.
147 Hille 2012, S. 226 ff.
148 Kleine 1994, S. 650
149 Kleine 1994, S. 658
150 Kleine 1994, S. 661
151 Kleine 1994, S. 653
152 Peck 1968
153 Kruse 2017, S. 159 ff., Kruse und Schmitt 2015
154 Hille 2012, S. 223
155 Hille 2012
156 Barnett und Friedel 1995, S. 446 f.
157 In: Barnett und Friedel 1995, S. 518

Teil IV. Anhang

Bildnachweis zu Teil II und Teil III

17. Bildnachweis zu Paul Gauguins Werken

Abb. 2.1: Die Genealogie des Paul Gauguin
Eigene Darstellung des Autors

Abb. 2.2: **Flora Tristan** (Chazal)
Kupferstich von Gerinler, Paris
Bibliothèque Nationale, Paris

Abb. 2.3: **Aline Gauguin,** die Mutter des Künstlers (1888 oder 1890), gemalt von Paul Gauguin nach einem Foto (rechts oben)
Öl auf Leinwand, 41 x 33 cm
Staatsgalerie Stuttgart (akg-images)

Abb. 2.4: **Die Seine zwischen der Iénabrücke und der Grenellebrücke** (1875)
Öl auf Leinwand, 81 x 116 cm
Privatsammlung (The Picture Art Collection / Alamy Stock Photo)

Abb. 2.5: **Im Garten in der Rue Carcel** (1882) Öl auf Leinwand, 87 x 114 cm
Ny Carlsberg Clyptotek, Kopenhagen
(Artepics / Alamy Stock Photo)

Abb. 2.6: **Selbstporträt** (1877)
Öl auf Leinwand, 46 x 38 cm
Fogg Art Museum, Harvard University Art Museums (GL Archive / Alamy Stock Photo)

Abb. 2.7: **Gauguin und Pissarro, Doppelporträt** (1883)
Kohle-Zeichnung
Musée du Louvre, Cabinet des Dessins, Paris (Peter Horree / Alamy Stock Photo)

Abb. 2.8: **Selbstbildnis an der Staffelei** (1885) Öl auf Leinwand, 65,2 x 64,3 cm
Kimbell Art Museum, Fort Worth, Texas
(PAINTING / Alamy Stock Photo)

Abb. 2.9: **Am Teich** (1887)
Öl auf Leinwand, 54 x 65 cm
Rijksmuseum Vincent van Gogh, Amsterdam (Art Heritage / Alamy Stock Photo)

Abb. 2.10: **Vision nach der Predigt oder Der Kampf Jakobs mit dem Engel** (1888)
Öl auf Leinwand, 73 x 92 cm
National Gallery of Scotland, Edinburgh
(The Yorck Project)

Abb. 2.11: **Van Gogh, Sonnenblumen malend** (1888)
Öl auf Leinwand, 73 x 91 cm
Rijksmuseum Vincent van Gogh,
Amsterdam (The Yorck Project)

Abb. 2.12: **Selbstbildnis vor dem Gelben Christus** (1890)
Öl auf Leinwand, 38 x 46 cm
Saint-Germain-en Laye, Sammlung Familie Maurice Denis (Antiquarian Images / Alamy Stock Photo)

Abb. 2.13: **Der grüne Christus oder Bretonischer Kalvarienberg** (1889)
Öl auf Leinwand, 92 x 73 cm
Musées Royaux des Beaux-Arts, Brüssel
(The Yorck Project)

Abb. 2.14: **Christus am Ölberg (Selbstporträt)** (1889)
Öl auf Leinwand, 73 x 92 cm
West Palm Beach, Norton Gallery and School of Art (The Picture Art Collection / Alamy Stock Photo)

Abb. 2.15: **Bonjour Monsieur Gauguin** (1889) Öl auf Leinwand auf Holz geleimt, 75 x 55 cm
Armand Hammer Museum of Art and Cultural Center, Los Angeles
(The Yorck Project)

Abb. 2.16: **Ernte in Arles oder Menschliches Elend** (1888)
Öl auf Jute, 73 x 93 cm
Ordrupgaard Collection, Kopenhagen
(Foto Ole Woldbye)

Abb. 2.17: **Keramikskulptur, Selbstporträt** (1889)
Emailliertes Steingut, Höhe 28 cm
Musée d'Orsay, Paris (RMN – Grand Palais)

Abb. 2.18: **Ia Orana Maria (Gegrüßet seist du, Maria)** (1891)
Öl auf Leinwand, 113,7 x 87,7 cm
The Metropolitan Museum of Art, New York
(incamerastock / Alamy Stock Photo)

Abb. 2.19: **Die Verdrossene** (1891)
Öl auf Leinwand, 91,2 x 68,7 cm
Worcester Art Museum, Worcester (Mass.)
(The Yorck Project)

Abb. 2.20: **Pape Moe (Geheimnisvolle Quelle)** (1893)
Öl auf Leinwand, 99 x 75 cm
Privatbesitz, Schweiz (Pictures Now / Alamy Stock Photo)

Abb. 2.21: **Selbstporträt mit Palette** (um 1894) Öl auf Leinwand, 92 x 73 cm
Privatsammlung, New York
(Art Heritage / Alamy Stock Photo)

Abb. 2.22: **Selbstporträt mit Hut** (1894)
Öl auf Leinwand 46 x 38 cm
Musée d'Orsay, Paris (The Yorck Project)

Abb. 2.23: **Bé Bé (Die Geburt)** (1896)
Öl auf Leinwand, 66 x 75 cm
Puschkin-Museum, Moskau
(The Yorck Project)

Abb. 2.24: **Selbstbildnis oder Bei Golgotha** (1896)
Öl auf Leinwand, 76 x 64 cm
Museo de Arte, Sao Paulo
(The Yorck Project)

Abb. 2.25: **Woher kommen wir? Was sind wir? Wohin gehen wir?** (1897)
Öl auf Leinwand, 139 x 375 cm
Museum of Fine Arts, Boston
(The Yorck Project)

Abb. 2.26: **Vairumati** (1897)
Öl auf Leinwand, 73 x 94 cm
Musée d'Orsay, Paris (The Yorck Project)

Abb. 2.27: **Matamoe, Landschaft mit Pfauen** (1892)
Öl auf Leinwand, 115 x 86 cm
Puschkin Museum, Moskau
(The Yorck Project)

Abb. 2.28: **Selbstporträt mit Götterfigur** (1891) Öl auf Leinwand, 46 x 33 cm
The Marion Koogler McNay Art Museum, San Antonio, Texas (The Picture Art Collection / Alamy Stock Photo)

Abb. 2.29: **Faa iheihe / Tahitisches Hirtenlied** (1898)
Öl auf Leinwand, 54 x 169 cm
Tate Gallery, London (Peter Horree / Alamy Stock Photo)

Abb. 2.30: **Der große Buddha (Das Idol)** (1899)
Öl auf Leinwand, 134 x 95 cm
Puschkin-Museum, Moskau (Artothek)

Abb. 2.31: **Das Abendmahl** (1899)
Öl auf Leinwand, 60 x 43,5 cm
Collection Larock Granoff, Paris
(Peter Willi/Artothek)

Abb. 2.32: **Selbstporträt –**
mit Nickelbrille (1903)
Öl auf Leindwand, auf Holz
aufgeleimt, 42 x 45 cm
Kunstmuseum Basel (incamerastock /
Alamy Stock Photo)

Abb. 2.33: **Reiter am Strand** (1902)
Öl auf Leinwand 73 x 92 cm
Sammlung Stavros Niarchos
(The Yorck Project)

Abb. 2.34: **Stillleben mit Papageien**
(1902) Öl auf Leinwand 62 x 76 cm
Puschkin-Museum, Moskau
(The Yorck Project)

18. Bildnachweis zu Gabriele Münters Werken

Abb. 3.1: **Carrots for dinner** (1899)
Bleistiftzeichnung 18,3 x 27 cm
Gabriele Münter und Johannes Eichner-
Stiftung, München (© 2021 VG Bildkunst,
Bonn)

Abb. 3.2: **Kandinsky beim Landschafts-
malen** (1903)
Öl auf Leinwandkarton, 16,9 x 25 cm
Städtische Galerie im Lenbachhaus und
Kunstbau München, Gabriele Münter
Stiftung 1957 (© 2021 VG Bildkunst, Bonn)

Abb. 3.3: Wassily Kandinsky: **Bildnis
Gabriele Münter** (1905)
Öl auf Leinwand, 45,2 x 45 cm
Städtische Galerie im Lenbachhaus und
Kunstbau München (Artothek / © 2021 VG
Bildkunst, Bonn)

Abb. 3.4: **Jawlensky und Werefkin**
(1908/09) Öl auf Pappe, 32,7 x 44,5 cm
Städtische Galerie im Lenbachhaus und
Kunstbau München, Gabriele Münter
Stiftung 1957 (Artothek / © 2021 VG Bild-
kunst, Bonn)

Abb. 3.5: Wassily Kandinsky: **Murnau
mit Kirche I** (1910)
Öl und Aquarell auf Pappe, 64,9 x 50,2 cm
Städtische Galerie im Lenbachhaus und
Kunstbau München, Gabriele Münter
Stiftung 1957

Abb. 3.6: **Grabkreuze in Kochel** (1909)
Öl auf Pappe, 40,5 x 32,8 cm
Städtische Galerie im Lenbachhaus und
Kunstbau München, Gabriele Münter
Stiftung 1957 (© 2021 VG Bildkunst, Bonn)

Abb. 3.7: **Selbstbildnis an der Staffelei**
(um 1911) Öl auf Pappe, 37,5 x 30,0 cm
Privatbesitz, Stuttgart (akg-images /
© 2021 VG Bildkunst, Bonn)

Abb. 3.8: **Mann im Sessel (Paul Klee)**
(1913) Öl auf Leinwand, 95 x 125,5 cm
Pinakothek der Moderne, München
(Blauel / Gnamm / Artothek /
© 2021 VG Bildkunst, Bonn)

Abb. 3.9: **Nach dem Tee II,** Kandinsky
und seine Freunde (1912)
Öl auf Karton, 51 x 68 cm
Sammlung Firmengruppe Ahlers
(akg-images / © 2021 VG Bildkunst, Bonn)

Abb. 3.10: **Entwurf zu Nach dem Tee II**
(1912) Bleistiftzeichnung, 20,8 x 20,0 cm
Gabriele Münter und Johannes Eichner-
Stiftung, München, Kon. 37/12
(© 2021 VG Bildkunst, Bonn)

Abb. 3.11: **Abstraktion** (1912)
Öl auf Pappe, 50 x 71 cm
Staatliche Museen zu Berlin, Nationalgalerie
(akg-images / © 2021 VG Bildkunst, Bonn)

Abb. 3.12: **Selbstbildnis** mit Hut
an der Staffelei (um 1909/10)
Öl auf Leinwand, 76,2 x 58,4 cm
The Princeton University, Art Museum.
Gift in memory of Frank E. Taplin, Jr.,
Class of 1937, from Margaret E. Taplin.
(akg-images / © 2021 VG Bildkunst, Bonn)

Abb. 3.13 und Umschlag:
Selbstbildnis (um 1911)
Öl auf Pappe, 49,0 x 33,7 cm
Museo Thyssen-Bornemisza, Madrid
(akg-images / © 2021 VG Bildkunst, Bonn)

Abb. 3.14: **Schlafendes Kind** (1908)
Holzschnitt, Kunsthaus Lempertz
(© 2021 VG Bildkunst, Bonn)

Abb. 3.15: **Bildnis Marianne von
Werefkin** (1909)
Öl auf Pappe, 81 x 55 cm
Städtische Galerie im Lenbachhaus und
Kunstbau München, Gabriele Münter
Stiftung 1957 (Artothek / © 2021 VG
Bildkunst, Bonn)

Abb. 3.16: **Narvik-Hafen** (1916)
Öl auf Leinwand, 47,5 x 64,5 cm
Nachlass-Nr. L 544, Privatsammlung
(ARTNET / © 2021 VG Bildkunst, Bonn)

Abb. 3.17: **Uhrmacher** (1916)
Kaltnadelradierung auf Zink, 7,4 x 9,9 cm
Städtische Galerie im Lenbachhaus und
Kunstbau München, Gabriele Münter
Stiftung 1957 (© 2021 VG Bildkunst, Bonn)

Abb. 3.18: **Stillleben mit Palette** (1916)
Öl auf Leinwand, 80,5 x 65,0 cm
Nachlass-Nr. S 368, Privatbesitz
(© 2021 VG Bildkunst, Bonn)

Abb. 3.19: **Musik** (1916)
Öl auf Leinwand, 90,0 x 114,0 cm
Privatbesitz (© 2021 VG Bildkunst, Bonn)

Abb. 3.20: **Ich bin deutsch** (1917)
Tuschfederskizze, Skizzenbuch
Städtische Galerie im Lenbachhaus und
Kunstbau München, Gabriele Münter
und Johannes Eichner-Stiftung
(© 2021 VG Bildkunst, Bonn)

Abb. 3.21: **Krank** (1917)
Öl auf Leinwand, 93,0 x 139,0 cm
Nachlass-Nr. P 3
Privatbesitz (© 2021 VG Bildkunst, Bonn)

Abb. 3.22: Wassily Kandinsky:
Heiliger Georg IV (1917 ?)
Öl auf Karton, 79,5 x 92 cm
Staatliche Tretjakow-Galerie, Moskau

Abb. 3.23: **Sinnende** (1917)
Öl auf Leinwand, 66,0 x 99,5 cm
Städtische Galerie im Lenbachhaus
und Kunstbau München,
Gabriele Münter Stiftung 1957
(© 2021 VG Bildkunst, Bonn)

Abb. 3.24: **Klippenpartie Bornholm** (1919)
Öl auf Leinwand, 36 x 54 cm
Städtische Galerie im Lenbachhaus
und Kunstbau München,
Gabriele Münter Stiftung 1957
(© 2021 VG Bildkunst, Bonn)

Abb. 3.25: **Der blaue Staffelsee** (1923)
Öl auf Karton, 33 x 45 cm
Privatbesitz (© 2021 VG Bildkunst, Bonn)

Abb. 3.26: **Selbstbildnis** (1926/27)
Bleistift, 21,0 x 16,4 cm
Städtische Galerie im Lenbachhaus und
Kunstbau München, Gabriele Münter
Stiftung 1957 (© 2021 VG Bildkunst, Bonn)

Abb. 3.27: **Sinnende II** (1928)
Öl auf Leinwand, 95 x 65 cm
The Museum of Modern Art, New York,
acquired as promised gift from Marie-Josée
and Henry R. Kravis (Fine Art Images /
Artothek / © 2021 VG Bildkunst, Bonn)

Abb. 3.28: **Johannes Eichner lesend
im Stuhl** (1928/30)
Schwarze Feder, 21 x 14,9 cm
Städtische Galerie im Lenbachhaus und
Kunstbau München, Gabriele Münter
Stiftung 1957 (© 2021 VG Bildkunst, Bonn)

Abb. 3.29: **Weg am Iseosee** (1933)
Öl auf Pappe, 26 x 35,8 cm
Kunsthandel Berlin 1997 (akg-images /
© 2021 VG Bildkunst, Bonn)

Abb. 3.30: **Drei Häuser im Schnee** (1933)
Öl auf Leinwand, 47 x 55,5 cm
Kunsthalle Bielefeld (Artothek /
© 2021 VG Bildkunst, Bonn)

Abb. 3.31: **Kokett** (um 1928)
Bleistiftzeichnung
Städtische Galerie im Lenbachhaus und
Kunstbau München, Gabriele Münter
Stiftung 1957 (© 2021 VG Bildkunst, Bonn)

Abb. 3.32: **Selbstbildnis** (1934)
Öl auf Pappe, 35,2 x 27,1 cm
Städtische Galerie im Lenbachhaus und
Kunstbau München, Gabriele Münter
Stiftung 1957 (© 2021 VG Bildkunst, Bonn)

Abb. 3.33: **Stillleben mit weißem
Pferdchen** (1935)
Öl auf Leinwand, 46 x 38 cm
Museum Morsbroich, Leverkusen
(© 2021 VG Bildkunst, Bonn)

Abb. 3.34: **Abend am Staffelsee /
Der blaue See** (1934)
Öl auf Leinwand, 39,0 x 56,0 cm
Privatbesitz (akg-images /
© 2021 VG Bildkunst, Bonn)

Abb. 3.35: **Frühstück der Vögel** (1934)
Öl auf Pappe, 45,5 x 55 cm
The National Museum of Women in the Art,
Washington D.C., Foto: Lee Stalsworth
(© 2021 VG Bildkunst, Bonn)

Abb. 3.36: **Kahl** (1949)
Öl auf Leinwand, 49 x 56,5 cm
The Princeton University Art Museum.
Gift in memory of Frank E. Taplin Jr.,
Class of 1937, from Margaret E. Taplin
(Art Resource, NY / © 2021 VG Bildkunst,
Bonn)

Abb. 3.37: **Stillleben vor dem
gelben Haus** (1953)
Öl auf Leinwand 46,5 x 54,5 cm
Gabriele Münter und Johannes Eichner-
Stiftung, München, Inv.-Nr. S19 (© 2021
VG Bildkunst, Bonn)

Abb. 3.38: **Weg im bunten Oktober** (1959)
Öl auf Leinwand, 50,4 x 37,5 cm
Milwaukee Art Museum, Schenkung
Mrs. Harry Lynde Bradley (© 2021 VG Bild-
kunst, Bonn)

Abb. 3.39: Wassily Kandinsky: **Dame in
Moskau** (1912) Aquarell, Gouache und
Bleistift auf Papier, 31,5 x 27,9 cm
Städtische Galerie im Lenbachhaus und
Kunstbau München, Gabriele Münter
Stiftung 1957

Der Verlag hat sich entsprechend den
gesetzlichen Bestimmungen bemüht, sämtliche Inhaber der Urheber- und Bildrechte
ausfindig zu machen, die jedoch trotz
ausführlicher Recherchen nicht in allen
Fällen ermittelt werden konnten. Wir bitten
im berechtigten Fall um Kontaktaufnahme
mit dem Verlag.

19. Literaturnachweis zu den Teilen I, II, III

Ahlers, Jan A. (1998): Künstler des Expressionismus. Köln: DuMont
Alexander, Eben (2013): Blick in die Ewigkeit. Die faszinierende Nahtoderfahrung eines Neurochirurgen. München: Ansata
Amann, Per (1980): Paul Gauguin. Ramerding: Berghaus Verlag
Ballreich, Rudi/Ciompi, Luc (2017): Hasslogik und Liebeslogik. Stuttgart: Concadora Verlag
Baer, Udo, und Frick-Baer, Gabriele (2014): Wie Traumata in die nächste Generation wirken. Untersuchungen, Erfahrungen, therapeutische Hilfen. Neukirchen-Vluyn: Semnos
Ballreich, Rudi / Ciompi, Luc / Glasl, Friedrich / Schlippe, Arist von (2016): Die Macht der Emotionen. Affektlogik im Konflikt und in der Konfliktbearbeitung. Stuttgart: Concadora Verlag
Ballreich, Rudi / Held, Wolfgang / Leschke, Matthias (2008): Stress-Balance. Esslingen: Gesundheitspflege initiativ
Barnett, Vivian Endicott / Friedel, Helmut (Hrsg.) (1995): Das bunte Leben. Wassily Kandinsky im Lenbachhaus. München: DuMont
Bauer, Joachim (2002): Das Gedächtnis des Körpers. Wie Beziehungen und Lebensstile unsere Gene steuern. München/Zürich: Piper
Bauer, Joachim (2005): Warum ich fühle, was du fühlst. München: Wilhelm Heyne Verlag
Bauer, Joachim (2015): Selbststeuerung. München: Blessing
Beck, Don Edward / Cowan, Christopher C. (2007): Spiral Dynamics – Leadership, Werte und Wandel. Bielefeld: J. Kamphausen Verlag
Becker, Christoph (1998): Paul Gauguin Tahiti. Stuttgart: Staatsgalerie Stuttgart
Becks-Malorny, Ulrike (1993): Wassily Kandinsky. Aufbruch zur Abstraktion. Köln: Taschen
Behr, Shulamith (1992): Die Arbeit am eigenen Bild: Das Selbstporträt bei Gabriele Münter. In: *Hoberg, Annegret / Friedel, Helmut* (1992): Gabriele Münter 1877–1962. S. 85-89. München: Prestel
Benesch, Evelyn / Brugger, Ingried / Fehlemann, Sabine (Hrsg.) (2004): Wassily Kandinsky. Der Klang der Farbe 1900–1921. Wien/Wuppertal: Palace Edition
Berne, Eric (1964): Games people play. New York: Pinguin
Blanchflower, David / Oswald, Andrew (2008): Krise in der Mitte des Lebens ist normal. Zitiert in Salzburger Nachrichten vom 11.02.2008, S. 15
Bloom, Benjamin S, (Hrsg.) (2001): Taxonomie von Lernzielen im kognitiven Bereich. Weinheim/Basel: Beltz

Borysenko, Joan (2001): Das Buch der Weiblichkeit. München: dtv
Breuninger-Ballreich, Susanne (2009): Was Sie stark macht – verborgene Kräfte aktivieren. Freiburg/Basel/Wien: Herder
Brug, Jos van der (2000): Levensfasen en werk. Coachen, leidinggeven, teamwork. Zeist: indigo
Brug, Jos van der / Locher, Kees (1997): Unternehmen Lebenslauf. Stuttgart: Urachhaus
Bühler, Charlotte (1959): Der menschliche Lebenslauf als psychologisches Problem. Göttingen: Vandenhoeck & Ruprecht
Burkhard, Gudrun (1997): Das Leben in die Hand nehmen. Stuttgart: Freies Geistesleben
Burkhard, Gudrun (2004): Die Freiheit im «Dritten Alter». Biografische Gesetzmäßigkeiten im Leben nach 63. Stuttgart: Freies Geistesleben
Cachin, Françoise (2004): Gauguin: «Ce malgré moi de sau sauvage». Paris: Éditions Flammarion
Cahn, Isabelle / Terrasse, Antoine (1998): Gauguin und die Schule von Pont-Aven. München: Hirmer
Ciompi, Luc (1999): Die emotionalen Grundlagen des Denkens. Entwurf einer fraktalen Affektlogik. Göttingen: Ruprecht & Vandenbroeck
Cook-Greuter, Susanne (2008): Selbst-Entwicklung – neun Stufen des zunehmenden Erfassens. In: Online-Journal der Integralen Bibliothek für die integrale Lerngemeinschaft, Nr. 14 Sept. / Okt. 2008. Frankfurt: www.integrale-bibliothek.info
Dellbrügger, Günther (2013): Ein Schlüssel zur inneren Biografie. Stuttgart: Urachhaus
Döring, Wolfgang (2007): Chancen der Lebensmitte. Impulse für den Lebensweg. 2 CDs mit Booklet. Gutenbrunn: Eptaphon
Döring, Wolfgang (2009): Lebensenergie und Stress. 4 CDs mit Booklet. Gutenbrunn: Eptaphon
Druick, Douglas W. / Kort Zegers, Peter (2002): Van Gogh und Gauguin. Das Atelier des Südens. Amsterdam: Van Gogh Museum
Dumont, Francois (1994): Gauguin. Les XX et la Libre Esthétique. Liege: Musee d'Art moderne
Eichner, Johannes (1957): Kandinsky und Gabriele Münter. Von Ursprüngen moderner Kunst. München: Verlag F. Bruckmann
Engels, Sibylle / Trischberger, Cornelia (2005): Der Blaue Reiter. München / London/New York: Prestel
Erikson, Erik H. (1973): Identität und Lebenszyklus. Frankfurt am Main: Suhrkamp
Flammer, August (2015): Entwicklungstheorien. Psychologische Theorien der menschlichen Entwicklung. Bern: Huber
Frankl, Viktor E. (1946): Ärztliche Seelsorge. Wien: Deuticke
Frankl, Viktor E. (1969): Der Wille zum Sinn und seine Frustration durch die mo-

derne Industriegesellschaft. In: *Gottlieb Duttweiler Institut* (Hrsg.): Hemmende Strukturen in der heutigen Industriegesellschaft. Zürich: GDI

Frankl, Viktor E. (2002): ... trotzdem Ja zum Leben sagen. Ein Psychologe erlebt das Konzentrationslager. München: dtv

Frisén, Jonas (2015): In: Fachzeitschrift Cell, 2015

Fromm, Erich (2005): Haben oder Sein. München: dtv

Gauguin, Paul (1903): Avant et après. In deutscher Übersetzung von Erik-Ernst Schwabach (2003) «Vorher und Nachher». Köln: DuMont

Gauguin, Paul (2005): Noa Noa (ursprünglich 1894). Deutsche Übersetzung von Hans Graber. Gießen: Psychosozial-Verlag

Gemeentemuseum Den Haag (1962): Kandinsky 1866–1944. New York: Guggenheim Foundation

Gerson, S. (2020): Exploring the Benefits of Doll Playing through Neuroscience. In: Frontiers in Human Neuroscience, Nov. 2020

Glas, Norbert (1981): Jugendzeit und mittleres Lebensalter. Stuttgart: Mellinger

Glas, Norbert (1982): Lichtvolles Altern. Stuttgart: Mellinger

Glas, Norbert (1984): Gefährdung und Heilung der Sinne. Stuttgart: Mellinger

Glasl, Friedrich (2008): Konflikt, Krise, Katharsis und die Verwandlung des Doppelgängers. Stuttgart: Freies Geistesleben

Glasl, Friedrich (2014 a): Durchbruch statt Zusammenbruch. In: *Huber, Erwin* (Hrsg.): Mut zur Konfliktlösung. S. 311-332, Stuttgart: Concadora

Glasl, Friedrich (2014 b): Die Geister, die sie riefen ... Eskalation zum Ersten Weltkrieg aus der Sicht eines Konfliktforschers. In: Jubel und Elend. Leben mit dem großen Krieg 1914-1918. S. 216-223, Wien: Schallaburg

Glasl, Friedrich (2014 c): Eskalationsdynamik – zur Logik der Affektsteigerung. In: KonfliktDynamik 3/2014.

Glasl, Friedrich (2019): Das anthroposophisch inspirierte Entwicklungsverständnis des NPI. In: *Narbeshuber, Johannes* (Hrsg.) (2019): In Beziehung. Wirksam. Werden. S. 44-59. Stuttgart: Concadora

Glasl, Friedrich (2020 a): Konfliktmanagement. 12. Aufl., Bern/Stuttgart: Haupt/ Freies Geistesleben

Glasl, Friedrich (2020 b): Mephistos Lektionen. Dornach: Verlag am Goetheanum

Glasl, Friedrich (2020 c): Konfliktfähigkeit statt Streitlust und Konfliktscheu. Dornach: Verlag am Goetheanum

Glasl, Friedrich (2022): Selbsthilfe in Konflikten. Bern / Stuttgart: Haupt / Freies Geistesleben

Glasl, Friedrich / Lievegoed, Bernard (2021): Dynamische Unternehmensentwicklung. 6. Aufl., Bern / Stuttgart: Haupt / Freies Geistesleben

Glöckler, Michaela (2016): Elternsprechstunde. Stuttgart: Urachhaus

Glöckler, Michaela / Goebel, Wolfgang / Michael, Karin (2015): Kindersprechstunde. Stuttgart: Urachhaus

Gollek, Rosel (1992): Das Münter-Haus in Murnau. München: Münter-Eichner Stiftung

Gottschall, Dietmar (1977): Biorhythmik: Spiel mit Kurven. In: manager magazin 2/1977, S. 108-112

Graves, Clare W. (1970): Levels of Existence: An open System Theory of Values. In: Journal of Humanistic Psychology, Nov. 1970

Gresser, Iris (2004): Psychologische Auswirkungen von Nah-Todes-Erfahrungen. Berlin: Logos

Gruss, Peter (Hrsg.) (2007): Die Zukunft des Alterns. München: C. H. Beck

Guardini, Romano (1986): Die Lebensalter. Mainz: Matthias-Grünewald-Verlag

Hatje Cantz (1999): Gabriele Münter. Eine Malerin des Blauen Reiters. Ostfildern-Ruit 1999: Verlag Hatje Cantz

Hausen, Ursula (2014): Den Tod als Freund erleben lernen. Stuttgart: Urachhaus

Heller, Reinhold (1992): Innenräume: Erlebnis, Erinnerung und Synthese in der Kunst Gabriele Münters. In: *Hoberg, Annegret / Friedel, Helmut* (1992): Gabriele Munter 1877–1962. S. 47- 66, München: Prestel

Hesse, Hermann (1986): Die Einheit hinter den Gegensätzen. Religionen und Mythen. Frankfurt am Main: Suhrkamp

Hesse, Hermann (1990): Mit der Reife wird man jünger. Betrachtungen und Gedichte über das Alter. Frankfurt am Main: Insel Verlag

Hille, Karoline (2012): Gabriele Münter. Die Künstlerin mit der Zauberhand. Köln: DuMont

Hoberg, Annegret (2000): Wassily Kandinsky und Gabriele Münter. München/London/New York: Prestel

Hoberg, Annegret / Friedel, Helmut (1992): Gabriele Münter 1877–1962. München: Prestel

Hoerner, Wilhelm (1990): Kosmische Rhythmen im Menschenleben. Stuttgart: Urachhaus

Hoog, Michel (1987): Paul Gauguin: Leben und Werk. München/Fribourg: Hirmer Verlag

Hüther, Gerald (2007): Bedienungsanleitung für ein menschliches Gehirn. Göttingen: Vandenhoeck & Ruprecht

Hüther, Gerald / Krens, Inge (2008): Das Geheimnis der ersten neun Monate. Düsseldorf: Patmos

Huyghe, René (o.J.): Gauguin. Lugano: The Uffici Press

Jaques, Elliot (1962): Measurement of Responsibility. Cambridge: Tavistock Publications

Jaques, Elliot (1996): Time-span Handbook. (Reprint der Ausgabe 1964). Arlington: Cason Hall & Co.

Jaspers, Karl (2013): Strindberg und van Gogh. Versuch einer vergleichenden pathographischen Analyse. München/Zürich: Piper

Johanson, Irene (1992): Christuswirken in der Biographie. Stuttgart: Urachhaus

Jung, Carl Gustav (1928): Die Beziehung zwischen dem Ich und dem Unbewussten. Gesammelte Werke, Bd. 7. Olten: Walter Verlag

Kabat-Zinn, Jon (2003): Gesund durch Meditation. Bern: Scherz-Verlag
Kabat-Zinn, Jon (2006): Zur Besinnung kommen. Freiamt: Arbor Verlag
Kailer, Norbert (Hrsg.): Neue Ansätze der betrieblichen Weiterbildung in Österreich. Wien: ibw – Institut für Bildungsforschung der Wirtschaft
Kandinsky, Nina (1976): Kandinsky und ich. München: Kindler Verlag
Kandinsky, Wassily (1912): Über das Geistige in der Kunst. Neuauflage Bern 1952: Bentely Verlag
Kandinsky, Wassily / Marc, Franz (1994): Der Blaue Reiter. München / Zürich: Piper
Kantor-Gukowskaja, Assja (1989): Paul Gauguin in den Museen der Sowjetunion. Düsseldorf/Leningrad: Brücken Verlag / Aurora Verlag
Kast, Verena (2002): Der Schatten in uns. München: dtv
Kegan, Robert (1986): Die Entwicklungsstufen des Selbst. Fortschritte und Krisen im menschlichen Leben. München: Kindt Verlag
Kegel, Bernhard (2009): Epigenetik. Wie Erfahrungen vererbt werden. Köln: DuMont
Kimpfler, Anton (2002): Der menschliche Lebenslauf als Einweihungsweg. Dornach: Verlag am Goetheanum
Kleine, Gisela (1994): Gabriele Münter und Wassily Kandinsky. Frankfurt am Main: Insel Taschenbuch
Klotz, Imanuel (2015): Goethes Leben im Rhythmus von sieben Jahren. Frankfurt am Main/Weimar/London/New York: August von Goethe Literaturverlag
Koepke, Hermann (1999): Das neunte Lebensjahr. Seine Bedeutung in der Entwicklung des Kindes. Dornach: Verlag am Goetheanum
König, Karl (1963): Die ersten drei Jahre des Kindes. Stuttgart: Freies Geistesleben
König, Karl (2007): Abwehrmechanismen. Göttingen: Vandenhoeck & Ruprecht
Koob, Olaf (2005): Das ICH und sein Doppelgänger. Zur Psychologie des Schattens. Stuttgart/Berlin: Mayer
Kruse, Andreas (2015): Resilienz bis ins hohe Alter – was wir von Johann Sebastian Bach lernen können. Wiesbaden: Springer
Kruse, Andreas (2017): Lebensphase hohes Alter. Verletzlichkeit und Reife. Berlin: Springer
Kruse, Andreas und Schmitt, E. (2015): Shared responsibility and civic engagement in very old age. Research in Human Development 12, 133-148
Kruse, Andreas und Schmitt, E. (2016): Die Sorge für und um andere Menschen als bedeutsames Motiv des hohen Alters – ein Beitrag zum Verständnis des zoon politikon echon. In: *G. Naegele, E. Olbermann und A. Kuhlmann* (Hrsg.): Teilhabe im Alter gestalten. S. 99-112. Wiesbaden: Springer
Kübler-Ross, Elisabeth (1991): Über den Tod und das Leben danach. Berlin: Die Silberschnur
Kuhl, Julius (2005): Der kalte Krieg im Kopf. Freiburg/Basel/Wien: Herder
Kummer, Irène (1992): Wendezeiten im Leben der Frau. München: Kösel
Ladwein, Michael (2019): Mensch Rembrandt. Stuttgart: Urachhaus

Landesmuseum Joanneum Graz (2000): Paul Gauguin. Von der Bretagne nach Tahiti. Ein Aufbruch zur Moderne. Graz: Milleniumsverlag
Lankheit, Klaus (1994): Die Geschichte des Almanachs. In: Der Blauer Reiter. Dokumentarische Neuausgabe. S. 251- 356. München/Zürich: Serie Piper
Lassaigne, Jacques (1972): Van Gogh. München: Schuler Verlag
Lauenstein, Diether (1974): Der Lebenslauf und seine Gesetze. Stuttgart: Urachhaus
Lauer, Hans Erhard (1952): Der menschliche Lebenslauf. Freiburg im Breisgau: Die Kommenden
Lievegoed, Bernard (1976): Entwicklungsphasen des Kindes. Stuttgart: Freies Geistesleben
Lievegoed, Bernard (1985): Der Mensch an der Schwelle: Biographische Krisen und Entwicklungsmöglichkeiten. Stuttgart: Freies Geistesleben
Lievegoed, Bernard (1991): Lebenskrisen – Lebenschancen. München: Kösel
Lommel, Pim van (2014): Endloses Bewusstsein. Neue medizinische Fakten zur Nahtoderfahrung. Ostfildern: Patmos
Maslow, Abraham (1973): Psychologie des Seins. Frankfurt am Main: Fischer
Metzger, Wolfgang (1962): Schöpferische Freiheit. Frankfurt am Main: Kramer
Minguet, Joan (1995): Gauguin. Der Mensch. Das Leben. Das Werk. Barcelona: Parkland
Moers, Martha (1953): Die Entwicklungsphasen des menschlichen Lebens. Ratingen: Kronenburger Schriften
Monbourquette, Jean (2003): Vergeben lernen in zwölf Schritten. Mainz: Grünewald
Moody, Raymond A. (2002): Leben nach dem Tod. Reinbek bei Hamburg: Rowohlt
Morgenstern, Christian (1984): Stufen. Eine Entwicklung in Aphorismen und Tagebuch-Notizen. 19. Aufl., München/Zürich: Piper
Morgenstrahl, Regina (2019): Intuition. Theorie und praktische Anwendung. Norderstedt: Books on Demand
Müller-Wiedemann, Hans (1980): Mitte der Kindheit. Stuttgart: Freies Geistesleben
Nagel, W. A. (Hrsg.) (1991): Alexej Jawlensky. Meditationen. Hanau: Peters
Narbeshuber, Johannes (Hrsg.) (2019): In Beziehung. Wirksam. Werden. Der systemisch-evolutionäre Coaching-Ansatz der Trigon Entwicklungsberatung. Stuttgart: Concadora
Neue Galerie der Stadt Linz (Hrsg.) (1961): Der Blaue Reiter und sein Kreis. Linz: Neue Galerie Linz
Nothrup, Christiane (1996): Frauenkörper – Frauenweisheit. München: Zabert Sandmann
Oerter, Rolf (1969): Moderne Entwicklungspsychologie. Donauwörth: Ludwig Auer
Omer, Haim/Streit, Philip (2016): Neue Autorität: Das Geheimnis starker Eltern. Göttingen: Vandenhoeck & Ruprecht

Paxino, Iris (2019): Brücken zwischen Leben und Tod. Begegnungen mit Verstorbenen. Stuttgart: Freies Geistesleben
Piaget, Jean (1976): Werk und Wirkung. Mit autobiographischen Aufzeichnungen von Jean Piaget. München: Kindler
Piaget, Jean / Inhelder, Bärbel (1980): Die Psychologie des Kindes. Stuttgart: Klett-Cotta
Poppe, Birgit (2011): «Ich bin Ich». Die Frauen des Blauen Reiter. Köln: DuMont
Pörksen, Bernhard / Schulz von Thun, Friedemann (2014): Kommunikation als Lebenskunst. Heidelberg: Carl Auer Verlag
Prather, Marla / Stuckey, Charles F. (1994): Paul Gauguin. Köln: Könemann
Radebold, Hartmut (Hrsg.) (2008): Transgenerationale Weitergabe kriegsbelasteter Kindheiten. Interdisziplinäre Studien zur Nachhaltigkeit historischer Erfahrungen über vier Generationen. Weinheim/München: Juventa
Ravagli, Lorenzo (1994): Schwellenerlebnisse der Seele. In: *Straube, Martin / Hasselberg, Renate* (1994): Schwellenerlebnisse. Grenzerfahrungen. Krisensituationen in der Biographie. S. 309-341. Stuttgart: Urachhaus
Reitsma, Floris E. (2001): Levensloop en lotsbestemming. Zeist: Christofoor
Remplein, Heinz (1961): Die seelische Entwicklung des Menschen im Kindes- und Jugendalter. München/Basel: Ernst Reinhardt Verlag
Ritchie, George / Sherill, Elisabeth (1990): Rückkehr von morgen. Marburg: Francke
Roder, Florian (2005): Die Mondknoten im Lebenslauf. 2. Aufl., Stuttgart: Freies Geistesleben
Rousset, Raymond (1994): Die Wege des Lichts. Van Gogh im pays d'Arles. Monaco
Sassen, Hans von (1988): Lernen von Organisationen. In: *Kailer, Norbert* (Hrsg.): Neue Ansätze der betrieblichen Weiterbildung in Österreich. Wien: ibw – Institut für Bildungsforschung der Wirtschaft
Sassen, Hans von (2004): Entwicklungsphasen des Menschen. Seminarunterlage der Trigon Entwicklungsberatung. Graz: Trigon Entwicklungsberatung
Schiller, Paul Eugen (1979): Der anthroposophische Schulungsweg. Ein Überblick. Dornach: Verlag am Goetheanum
Schmid-Heinisch, Ruth (1986): FrauenWende. Neuorientierung in der Lebensmitte. München: Knauer
Schneider, Marcus (1999): Mondknoten und Lebensgang. Dornach: Eigenverlag
Steindl-Rast, David (1988): Die Achtsamkeit des Herzens. Ein Leben in Kontemplation. München: Goldmann
Steindl-Rast, David (2012): Und ich mag mich nicht bewahren. Vom Älterwerden und Reifen. Innsbruck: Tyrolia
Steiner, Rudolf (1907): Der Lebenslauf des Menschen vom geisteswissenschaftlichen Standpunkt. Taschenbuchausgabe, Themen aus dem Gesamtwerk, Bd. 4. Stuttgart: Freies Geistesleben

Steiner, Rudolf (GA 10): Wie erlangt man Erkenntnisse der höheren Welten? 1904/1905. Basel: Rudolf Steiner Verlag

Steiner, Rudolf (GA 12): Dier Stufen der höheren Erkenntnis. 1905–1908. Basel: Rudolf Steiner Verlag

Steiner, Rudolf (GA 67): Das Ewige in der Menschenseele. Unsterblichkeit und Freiheit. 1918. Basel: Rudolf Steiner Verlag

Steiner, Rudolf (GA 80a): Vom Wesen der Anthroposophie. Basel: Rudolf Steiner Verlag

Steiner, Rudolf (GA 135): Wiederverkörperung und Karma. Basel: Rudolf Steiner Verlag

Steiner, Rudolf (GA 16): Ein Weg zur Selbsterkenntnis des Menschen. 1912. Basel: Rudolf Steiner Verlag

Steiner, Rudolf (GA 235, GA 236): Esoterische Betrachtungen karmischer Zusammenhänge. Band 1, Gesamtausgabe Bd. Nr. 235; Band 2, Gesamtausgabe Bd. Nr. 236. Basel: Rudolf Steiner Verlag

Steiner, Rudolf (GA 293): Allgemeine Menschenkunde als Grundlage der Pädagogik. 1919. Basel: Rudolf Steiner Verlag

Storch, Maja / Cantieni, Benita / Hüther, Gerald / Tschacher, Wolfgang (2006): Embodiment. Die Wechselwirkung von Körper und Psycho verstehen und nutzen. Bern: Huber

Straube, Martin (1994): Anatomie der Schwelle. In: *Straube, Martin / Hasselberg, Renate* (1994): Schwellenerlebnisse. Grenzerfahrungen. Krisensituationen in der Biographie. S. 13-92, Stuttgart: Urachhaus

Straube, Martin / Hasselberg, Renate (1994): Schwellenerlebnisse. Grenzerfahrungen. Krisensituationen in der Biographie. Stuttgart: Urachhaus

Sulser, Sibylle (o.J.): Lebensphasen der menschlichen Entwicklung. Unveröffentlichte Seminarunterlage, o. O.

Tan, Chade-Meng (2012): Search Inside Yourself. London: HarperCollinsPublisher

Treichler, Rudolf (1981): Die Entwicklung der Seele im Lebenslauf. Stuttgart: Freies Geistesleben

Wadley, Nicholas (1985): Gauguin. München: Hasso Ebeling International Publishing.

Wais, Mathias (1995): Ich bin, was ich werden könnte. Entwicklungschancen des Lebenslaufs. Ostfildern: edition tertium

Walther, Ingo F. (1988): Paul Gauguin. 1848–1903. Bilder eines Aussteigers. Köln: Taschen

Walther, Ingo F. / Metzger, Rainer (2002): Vincent van Gogh. Sämtliche Gemälde. Köln et.al.: Taschen

Wehr, Gerhard (1990): C. G. Jung und Rudolf Steiner. Zürich: Diogenes

Welman, A. J. (1992): Verwandlungen im Lebenslauf. Die therapeutische Dimension der Märchen. Schaffhausen: Novalis

Willi, Jürg (1975): Die Zweierbeziehung. Reinbek bei Hamburg: Rowohlt

Wörwag, Gabriele (1999): Gabriele Münter 1877–1962. Eine Malerin des Blauen Reiters. Ostfildern-Ruit: Hatje Cantz Verlag

Zajonc, Arthur (2009): Meditation as Contemplative Inquiry. Great Barrington (Mass.): Lindisfarne Books

20. Zum Autor Friedrich Glasl

Univ.-Prof. Dr. Dr.h.c. Friedrich Glasl, geb. 1941 in Wien als dritter Sohn von Leopold und Katharina Glasl, erlernte erst den Beruf des Schriftsetzers und holte als Werkstudent die Matura (Hochschulreife) nach. Er war einer der ersten zehn Wehrdienstverweigerer aus Gewissensgründen in Österreich und wurde sehr aktiv in der Friedensbewegung des Internationalen Versöhnungsbundes. Wegen seines Engagements für Friedensfragen studierte er Politikwissenschaften und Psychologie an der Universität Wien und promovierte in Internationalen Beziehungen zur Frage, wie neutrale Staaten an den Aktionen zur Kriegsverhütung mitwirken können. Er war während des Studiums und nachher berufstätig in Druckereien und Verlagen, in der Stadtverwaltung Linz an der Donau; als Sekretär des Internationalen Zivildienstes im Rahmen der UNESCO organisierte und leitete er International Volontary Workcamps in Österreich mit dem Ziel, in Zeiten des Kalten Krieges junge Menschen aus Ost und West miteinander gemeinnützige Arbeiten verrichten zu lassen und ins Gespräch zu bringen.

1966 Heirat mit der Physiotherapeutin Hannelie ten Siethoff in Den Haag und Umzug in die Niederlande. Von 1967 bis 1985 in den Niederlanden als Berater am NPI-Institut für Organisationsentwicklung tätig, mit dem Schwerpunkt in Konfliktforschung, Konfliktmanagement und Mediation und Lehre an Niederländischen Universitäten.

Geburt eines Sohnes und zweier Töchter in den Niederlanden. 1983 Habilitation an der Uni Wuppertal (D) mit einer Arbeit über Konfliktmanagement in Organisationen.

1985 Rückkehr nach Österreich mit Wohnsitz in Salzburg und Mitgründer der Trigon Entwicklungsberatung, Graz, als freiberuflicher Organisationsentwicklungs-Berater, Mediator. Er dozierte an Universitäten innerhalb und außerhalb Europas über Organisationsentwicklung und Konfliktmanagement bzw. Mediation.

Verfasste Märchen, Lyrik und Hörspiele, für die er 1966 einen Wettbewerb in Österreich gewann und 1967 den internationalen 3. UNDA-Preis für das religiöse Hörspiel «Von den sieben Körben». Betrieb mit seiner

Frau und Freundinnen ein Wander-Marionettentheater und schrieb das Libretto für die Kinderoper «Der Zauberspiegel» zu Mozarts 250. Geburtstag, mit Musik von Ludwig Nussbichler, uraufgeführt in Salzburg von Kindern und Jugendlichen.

Er ist Autor von zahlreichen Fachbüchern, Fachartikeln und Lehrfilmen. Zurzeit Visiting Professor an der Staatlichen Universität Tiflis (GE), wo er 2013 mit dem Dr.h.c. geehrt wurde. Erhielt 2014 den Deutschen Sokrates-Mediationspreis, 2015 den internationalen D.A.CH-Mediationspreis Win-Winno, 2017 den internationalen Life Achievement Award.